有限责任公司纠纷研究

STUDY ON LIMITED-LIABILITY COMPANY DISPUTES

潘玮璘——著

法律出版社 LAW PRESS · CHINA
北京

图书在版编目(CIP)数据

有限责任公司纠纷研究 / 潘玮璘著. -- 北京 ：法律出版社，2022(2022.12 重印)

ISBN 978 -7 -5197 -6324 -4

Ⅰ. ①有… Ⅱ. ①潘… Ⅲ. ①股份有限公司－经济纠纷－研究－中国 Ⅳ. ①D925.104

中国版本图书馆 CIP 数据核字(2022)第 009656 号

有限责任公司纠纷研究
YOUXIAN ZEREN GONGSI JIUFEN YANJIU

潘玮璘 著

责任编辑 章 雯 魏艳丽
装帧设计 汪奇峰

出版发行 法律出版社
编辑统筹 法商出版分社
责任校对 赵明霞
责任印制 胡晓雅
经　　销 新华书店

开本 710 毫米×1000 毫米 1/16
印张 18.75 **字数** 310 千
版本 2022 年 10 月第 1 版
印次 2022 年 12 月第 2 次印刷
印刷 唐山玺诚印务有限公司

地址：北京市丰台区莲花池西里 7 号(100073)
网址：www.lawpress.com.cn
投稿邮箱：info@lawpress.com.cn
举报盗版邮箱：jbwq@lawpress.com.cn

销售电话：010 - 83938349
客服电话：010 - 83938350
咨询电话：010 - 63939796

书号：ISBN 978 - 7 - 5197 - 6324 - 4　　**定价**：72.00 元

凡购买本社图书，如有印装错误，我社负责退换。电话：010 - 83938349

引　言

市场经济是法治经济、信用经济。不登记成为市场主体，也许可以私下做生意，但难有保障、也难以做大；成为市场主体，就可以促进合法守信经营、更好创造财富、更好履行应尽的社会责任。改革开放四十多年来，我国有这么大的经济体量、这么大的就业市场，主要是靠广大市场主体支撑起来的。市场主体的主力军就是量大面广的中小微企业，其主要存在形式就是有限责任公司。本书聚焦有限责任公司纠纷，以期对这类市场主体产权保护、合规经营、风险规避、理论研究等方面尽绵薄之力。所谓公司纠纷，主要指《民事案件案由规定》中二级案由“与公司有关的纠纷”之下的 24 个三级案由，如股东资格确认纠纷、股东出资纠纷、股东知情权纠纷、股权转让纠纷、公司决议纠纷、损害公司利益责任纠纷等。笔者从 2018 年年初开始关注该类案件，参与专门团队集中审理，在大量二审与再审（审查）案件中普遍发现：较之于一般民事案件，中、基层人民法院法官存在理解公司法有偏差、裁判不够统一、审理效率较低、办案效果不佳等问题。由于绝大多数案件涉及的是有限责任公司，故笔者聚焦有限责任公司案件，开展理论基础研究、梳理经办案件及类案、进行司法数据分析与问卷访谈等实证调研。近年来，本书相关理论、案例、调研成果转化成为该类案件的裁判指引，下发广西各法院参照适用；转化为公司企业经营法律风险提示与防范指南，面向社会公开发布；转化为一些提升公司纠纷审判工作质效的意见建议，供各法院借鉴参考。历经三年，学究研判，总结提炼，形成本书（本书也吸收参考了 2022 年颁布的《公司法（修订草案）》）。

本书的特色在于，多角度、多路径研究有限责任公司纠纷案件，致力于理论与实务之结合、教义与经验之融合，探索了一套可复制、可借鉴的司法科研模式，较之于高校科研成果，更适应实务部门的实践性需求，也凸显了实务部门实证素材丰富的优势，切实对司法实务中公正妥善处理该类纠纷提供了有益参考，为优化法治化营商环境提供了积极因素。具体而言，本书的特点可归纳为两方面：

第一，“三个全”。一是“全方位”，本书的研究路径较为全面，囊括了理论研究、案例分析、数据分析、观点访谈等方面，多角度研究了公司纠纷案件中主要疑难问题，具体深入地呈现问题、剖析问题、解决问题、预防问题。二是“全覆盖”，本书调研对象实现了对法官、法助、律师、企业家等多类人员覆盖。本团队借助高级法院下发通知的方式，请下级法院民商事审判人员填写问卷，并对部分法院走访问谈；同时还向省级司法厅和工商联去函，请其协调律师协会以及各商会，组织律师和企业家填写问卷。三是“全流程”，本书的研究成果支持司法审判各个流程，从重点疑难问题的解析与说理，到典型案例的梳理与提炼，再到裁判规则的指引与统一，最后是该类案件情况的分析与建议，本书为公司纠纷案件审理全过程提供丰富参考与充足支撑。

第二，“三个新”。一是“新模式”，目前，很多法学科研的不足在于高校等机构的科研项目可能偏于学术理论，审判实务针对性不足；法院等司法机关的课题项目可能偏于实务，理论支撑度不够。这种偏科问题会影响成果转化与实效落地。本书紧扣理论与实务相结合，不仅以学术标准探索创新、打好理论基础，更善用善借高级法院这一平台，联动各中、基层人民法院、司法厅、市场监管局、工商联、律协等，使实证调研既丰富多面又深入具体。在此基础上，相关成果转化为指导法院的裁判指引和引导企业的法律风险指南，形成了“理论 + 案例 + 调研 + 成效”的司法科研模式。二是“新角度”，公司法实务中问题纷繁复杂，对此做好基础研究并构建一定理论体系，属于打好地基的工作，本书以“出资法律关系”为主线，牵引出公司法实务中一系列最主要、最常见的疑难问题，不仅契合民商事法官的案由思维与法律关系思维，也作为一个框架结构，系统地将各个制度与问题进行梳理与论证，以实现逻辑自洽、理论协调、价值统一。三是“新成效”，本书的成果转化取得较好效果。例如，“裁判指引”一章转化为高级人民法院下发中、基层人民法院的指引性文件，梳理了公司法各项关键制度的理解适用，明确了规则背后的核心法理，统一了争议问题的裁判尺度，在全国范围内具有一定的先进性。本书“风险指南”一章转化为高级人民法院面向社会特别是民营企业家发布的《公司企业经营法律风险指南》，该指南以现行公司法及司法实务为基础，以企业家关心、关注的法律风险为回应，以企业家易理解的形式与文风来表达，展示了规范经营的价值导向与法治思维，为企业家的经营投资环境提供了更有针对性的司法服务。此外，本书实证调研部分为各法院提供了决策参考，本书典型案例分析部分为广西法官学院提供了教学案例。

简　目

目　录

第一章 法理与规则：以有限责任公司“出资法律关系”为主线

本章简介

理论研究的重要性在于，通过理论共识来统一裁判尺度，通过理论统一来实现司法统一。当我们将个案实务问题作一定抽象化，即可发现很多问题的本质与共性，这一方法是提升司法业务水平、促进司法裁判统一的重要方式之一。本章以“出资法律关系”为主线，引出公司法实务中的一系列重要、常见的疑难问题，不仅契合民商事法官的案由思维与法律关系思维，也作为一个框架结构，系统地将各个制度与问题进行梳理与论证，以实现逻辑自洽、理论协调、价值导向一致。

本章具有以下三个特点：第一，不过多地进行探讨式、批判式或漫谈式的学术行文，而是采借裁判文书式的语言风格，更多阐述对规则的理解与实务体验，旨在为基层法官提供看得懂、愿意看、用得上的裁判参考；第二，不将重点放在理论综述或观点评析等方面，而是针对所涉问题直接阐述本书观点与理论，适时兼评其他观点或外域理论；第三，注重以规则梳理为主要目标，论述服务于规则的精细化、具体化及类型化。

一、出资法律关系的基本内涵

(一)出资法律关系的含义

所谓“出资法律关系”这一概念,本书主要从以下三个方面进行讨论:第一,作为概括性的抽象概念。法律关系是人与人之间的、超越一般生活关系的法律现象,其往往不是单一的权利义务关系,而是一个由各种约定及法定联系组成的综合体,具体内容可包含权利、权能、期待利益、权限、义务、负担性义务(不真正义务)以及其他约束形式。① 据此,本书中的“出资法律关系”,是指基于出资人的共同意思表示与出资行为②而形成的发起人,股东,公司,董事、监事、高级管理人员(以下简称董监高人员),公司债权人等主体之间的各类法律联系或纽带。一方面,所谓“法律联系或纽带”是一种抽象的集合体③,其不仅体现为特定主体之间的债权、请求权、形成权等对人权或相对权,也包含公司财产权、自治权、成员权(股权)等绝对权或对世权,还体现为法定强制规范、内部治理规则、对外行为权限以及归责救济机制等内容。另一方面,这类关系的效力范围远超出最初的发起事务与发起人范围。出资人缔结出资法律关系的目的在于创造一个新的“人”,即成立公司,但实现这一目的又非该法律关系的终点,基于出资而获得新生的公司自此开始成长与发展,④出资法律关系也成为公司内部治理与对外经营的起点与根基,该关系会随着公司的发展变化不断丰富和展开,其效力范围囊括了股东、公司、董监高人员、公司债权人等多重主体。第二,注重以关系的存续状态展开论述。所谓“出资”不仅用作动词,指出资的动作或过程,也用作名词,指股东对于公司的出缴资本。据此,研究“出资法律关系”不限于出资过程本身,即发起人设立公司时的意思表示与履行出

① 参见[德]卡尔·拉伦茨:《德国民法通论》(上册),王晓晔等译,法律出版社2003年版,第262~271页。

② “出资行为”可包括两层含义:一是指认缴出资或者认购股份,即出资人之间或出资人与公司之间达成合意的过程;二是实缴出资或实缴股款的行为。参见王军:《中国公司法》(第2版),高等教育出版社2017年版,第113页。

③ 在由少数人(通常仅为二人)参与的债务关系与具有绝对的、相对于每个人都产生效力的权利之间,存在广泛和深远的差异,故想要把这两种关系置于一个共同的上位概念即法律关系之下,该概念必然高度一般抽象。参见[德]迪特尔·梅迪库斯:《德国民法总论》,邵建东译,法律出版社2009年版,第51页。

④ 公司资本将转为处于不断变动中的公司资产,其成为贯穿于公司设立、运行和终止全过程的法律现象。参见叶林:《公司法研究》,中国人民大学出版社2008年版,第237页。

资的行为（具体包括出资方式、规则、义务与责任等问题）；还重点研究：在出资法律关系形成之后，基于出缴资本，即公司独立财产，各方主体之间的持续性互动关系及其调整变动规则。学理上，法律关系的经典要素包含主体、客体、内容（或主体、客体、法律行为、责任），①本书在论述中不限于这些静态要素，而是兼顾法律关系的动态规则②，同时注意关系存续过程中的特定阶段或特殊情形。因此，本书在整体结构上既遵循一般法律关系的论述体例，即关系形成、变动、消灭等先后逻辑，还会兼采由静到动、由一般到特殊、由核心到旁支的路径，将出资法律关系相关重点问题逐一展开论述。第三，注重法律关系的规则梳理。在具体章节中，本书尽量呈现“完全法条”或完整“法规范”③，注重阐明构成要件、法律效力、救济与归责机制等方面问题，注重提炼各个机制的基本原理与核心法理，注重梳理并展开各个制度的具体适用规则。

出资法律关系的提法目前在理论研究领域并不常见，但基于司法科研的角度，本书认为，该提法具有两个必要性：第一，办案思维的必要性。民商事法官办案的核心思路就是“案由思维”或“法律关系思维”。例如，在一般的合同或侵权案件中，通过案由的进路与法律关系的梳理，大多情况下即可准确固定当事人诉请、确定争议焦点、明确举证与调查的重点。对于公司纠纷案件，要完成以上工作可能难度较大，这就更加需要借助或依赖“法律关系思维”。公司纠纷案件往往涉及多重法律关系、多类法律事实、多个利害关系人或当事人，且这类案件的纠纷事实可能长达几年甚至十几年，加上部分法官对于该类案件的经验与理论水平不足④，办案

① 参见王利明：《民法总则研究》（第2版），中国人民大学出版社2012年版，第74页。

② 法律关系之构成分为动、静两种要素，前者为主体与客体，后者为权利义务及其变动与变动之原因。参见梁慧星：《民法总论》（第4版），法律出版社2011年版，第58、63页。

③ 依据法学方法论，法律体系从外部观之，可由法条组成法律规定，再由法律规定组成法规范。所谓“法条”是制定法下基于立法技术之需要所发展出来的构建单元，为组合之灵活、体例之划分、语言之习惯、阅读之简明，单一法条所规定之事务不适合繁杂。所谓“完全法条”即为经过说明性法条、限制性法条、引用性法条、拟制性法条等不完全法条组合后的，完整包含构成要件与法律效力之规范结构的结果，这相当于一项“法律规定”。至于“法规范”则是指由多个功能与价值一致或协调的法律规定所组成的体系，其具体由法律概念、类型、法条、法律规定、法律制度等构成，其主要法源除制定法之外，还有习惯法，甚至仍出现法律漏洞时，学说、理论及判例等则发挥补充规范的作用，这使“法规范”具有变动性与开放性。参见黄茂荣：《法学方法与现代民法》（第5版），法律出版社2007年版，第133～140页。

④ 根据本书开展的课题调研“广西法院、律师对于公司法相关制度理解与观点的分析”（本书第五章第二部分），问卷的法院受访者在主观上表示，公司类案件较之于其他民商事案件办理难度更高；问卷的多数题目设置了“不太了解”的选项，受访者选择“不太了解”的平均比例达到1/4（25.7%），进一步说明，这些受访者在整体上对公司法制度的了解程度较低，对公司纠纷案件较为陌生。

过程中可能陷入思路混乱，审什么？审多少？审到哪？审谁跟谁？这都是办案法官的常见疑惑。对此，归纳起来主要存在以下三个问题：一是定性不准，部分案件由于未能固定和辨析当事人的真实诉求，从一审立案到审理、到二审、到再审阶段，案由定性各不相同，这导致审理重点也不断变化；二是思路不清晰，部分法官对出资法律关系理解不到位，在构成要件、适用条件、举证责任、审理重点、查明对象范围等方面把握不准，多审、乱审、错审时有发生；三是法律适用错误，部分案件中法官对具体法条规定理解错误，直接导致错案。总之，提出"出资法律关系"的概念，就是在契合司法审判规律的基础上，针对公司纠纷案件的审理思路、裁判理念、法律解释等方面，进行进一步规范和统一的有益尝试。第二，体系构建的必要性。法律关系是整理法律和展示法律的技术工具，是理论体系构建的基本方法。① 体系构建的优势在于：一是能够最大限度地保证体系内部规则之间的逻辑自洽性，有效提高规则背后说理与论证的可信服、可接受程度；二是能够保证各项规则及其理论背后的价值取向、利益衡量、精神原理等协调一致，即确保规则的内在体系或价值体系本身的协调统一性②；三是体系结构利于实现规则与原理的抽象性、开放性，使法官可以在已有规则原理的基础上，对于法律概念或法律规范中的模糊、空白或漏洞之处进行解释、类推以及填补。③

因此，本书以"出资法律关系"来梳理与统合公司法中的制度规则及其原理，并非要从立法论的角度来重构一个严谨的制度体系，而是打算从解释论角度，将这一概念作为一个框架结构，系统地将出资法律关系中最主要、最常见的或较疑难的问题进行梳理论证，并阐述司法上的具体适用规则④，以期在一个框架体系下实现各制度之间逻辑上的自洽性、理论上的互通协调性、价值取向上的一致性。

---

① Savigny, System des Heutigen Römischen Rechts, Bd. 1, SS. 401ff. 转引自王利明：《民法总则研究》(第2版)，中国人民大学出版社2012年版，第73页。

② 法律体系可分为内在体系与外在体系，内在体系的价值取向导引外在体系，而外在体系的各个要素——概念、规范与制度构成内在体系的载体。参见朱岩：《社会基础变迁与民法双重体系建构》，载《中国社会科学》2010年第6期。

③ 参见王泽鉴：《民法总则》，北京大学出版社2009年版，第21页。

④ 根据这一思路，出资法律关系是大多数公司类纠纷案由的基础关系，参考最高人民法院关于民事案件案由的规定以及相关请求权规范，以出资法律关系为基础所引发的公司类纠纷可包括：股东资格确认纠纷、股东名册记载纠纷、请求变更公司登记纠纷、股东出资纠纷、新增资本认购纠纷、请求公司收购股份纠纷、股权转让纠纷、公司设立纠纷、发起人责任纠纷、损害公司利益责任纠纷、公司减资纠纷、公司增资纠纷、公司解散纠纷等。参见人民法院出版社编著：《最高人民法院民事案件案由适用要点与请求权规范指引》，人民法院出版社2019年版，第665页以下。

(二)公司法的本质:危险背后的权衡

出资人之间订立的发起协议具有不同寻常的契约目的——成立公司,一旦目的实现,其后果首先表现为对交易相对人的"危险"或对市场交易的"威胁"。这种危险或威胁主要源于四个因素:一是责任之限,公司基于任意数额的注册资本均可获得法人人格,进而参与到任何可能承担巨额债务或责任的法律关系当中,但其又仅以自身现有全部资产为限,独立承担全部责任,而不必连累到出资人,即股东得以认缴出资额为限担责而不必负连带责任。二是拟制之虚,公司在一定程度上作为法律拟制主体,其行为和意志须通过自然人的行为和意志方可实现。这些自然人要么以股东身份组成股东会,作为公司权力机构来控制公司,要么凭借董事、经理等高级管理人员的地位,具体经营管理公司。然而,这些自然人原则上却无须承担个人责任,即行权之人无须负行权之责。三是资产之虚,出资人一旦完成出资,根据财产分离原则,市场上存在的资产额即可翻倍,该资产额包括两类:其一,公司作为独立法人自身拥有的资产价值;其二,股东所享有的股权价值。若再进一步借助担保融资杠杆,理论上将造成资产虚增。例如,以纯粹演算的方式来看,出资人以 100 万元完成出资后即可获得价值 100 万元的股权,同时新设立的公司也获得价值 100 万元的独立财产,据此,市场上形成了可由出资人控制的共计 200 万元资产,假设其进而利用该资产的担保价值另获 200 万元的融资,其可凭借该融资加上公司的 100 万元资金再设立新的资产为 300 万元的公司,并获得价值 300 万元的股权,那么市场上就形成了可由出资人控制的共计 800(100 + 100 + 300 + 300)万元资产,如此反复,资产可无限虚增。① 四是资产之变,公司在设立时所获出资仅为初始资本,即注册资本,公司自此开始自主经营,其实际资产或现有价值开始随着经营情况变动,既可能不断累增也可能逐年亏损,本质上这就是公司资产脱离了注册资本的公示外观,也意味着公司的清偿能力与所公示的注册资本总额不再具有必然联系。

上述现象反映的实质问题是,市场上的投资人得以以公司名义进行交易,且仅

---

① 针对这一风险,我国曾在 1993 年《公司法》第 12 条第 2 款规定:"公司向其他有限责任公司、股份有限公司投资的,除国务院规定的投资公司和控股公司外,所累计投资额不得超过本公司净资产的百分之五十,在投资后,接受被投资公司以利润转增的资本,其增加额不包括在内。"但该条已在 2005 年修法中被删去。

承担有限责任,这是一种对公司一方更为有利而不利于债权人的交易模式,其中隐含着高度道德风险或投机风险。[①] 该模式的极端情况是,出资人为最大化自身利益,可能将公司资产投身于高风险产业或高负债状态,一旦成功即可获取暴利,而在风险爆发之前却又可以通过股利分配将风险利益攫取殆尽,即便最终失败也仅须承担有限责任。公司风险行为的真正承担者,很大程度上并非风险收益的受领者,而是与风险利益无关且难以预测并控制风险的第三人(债权人和其他利益相关方)。[②] 若进一步从合同交易法理来看,出资人之间关于公司资本的内部约定实质上具有了对外效力,出资人进行资产分割[③]以及所选择的企业组织形式,可直接影响公司与交易第三人之间的权利义务关系,[④]出资人可据此仅以出资额为限承担责任,而合同相对人也仅能够在公司资产范围内向公司主张权利。这种交易模式不同于自然人之间责任财产制,特别是在信用交易中,对于那些已给付利益或已负担成本的合同相对人,将极易陷入风险与利益分配的失衡状态。[⑤]

对此,法律须有所回应。一方面,虽然公司是一种更偏袒于股东而不利于债权人的制度设计,但其制度收益极高,作为现代市场经济机制的核心环节,具有可以为个人或市场主体扩展资力、权力、行动力、控制力等方面的优势,公司在国家、个人之外构成了现代社会主体结构的第三极。[⑥] 毫无疑问,公司制必须坚持和发展。另一方面,公司制需要一套保护公司债权人的机制与之相配套,才能实现整体上的利益均衡,才能证成公司制度的正当性,才能赢得债权人的信任,使其愿意认可公

---

① See Frank H. Easterbrook & Daniel R. Fischel, *Limited Liability and the Corporation*, University of Chicago Law Review, Vol. 52, 1985, p. 89 – 117; James A. Brander & Barbara J. Spencer, *Moral Hazard and Limited Liability: Implications for the Theory of the Firm*, International Economic Review, Vol. 30, 1989, p. 833 – 849.

② 参见[英]保罗·戴维斯、[英]莎拉·沃辛顿:《现代公司法原理》(第9版),罗培新等译,法律出版社2016年版,第3、226页。

③ 各出资人将一定财产脱离原权利人并统一归属到一个新的名义之下,该名义基于财产的独立存在始获独立人格,这一过程理论上称为"资产分割"。See Henry Hansmann & Reinier Kraakman, *The Essential Role of Organization Law*, 110 Yale Law Review. 387 (2000).

④ 参见王文宇等:《商事法》(第2版),中国人民大学出版社2008年版,第5页。

⑤ 这也是早期采取公司特许制与核准制的主要原因,在19世纪20年代以前,设立公司属于立法许可,主要限于公共目的、属于一种政治行为。参见[美]罗伯特·W. 汉密尔顿:《美国公司法》(第5版),齐东祥等译,法律出版社2008年版,第47页。

⑥ 公司制度深刻改变了现代经济、政治及法律体系,其以规模化、计划性特征为现代社会带来"公司经济"、"社团主义或公司主义"或"公司社会"等新的社会结构。参见邓峰:《普通公司法》,中国人民大学出版社2009年版,第7~15页。

司独立人格，愿意接受股东仅承担有限责任。综上所述，公司法律制度的首要问题，就是如何为债权人提供足够的保护。解决这一问题的主要机制即为公司资本制，主要包括资本确定（充实）原则、资本维持原则、资本不变原则，理论上统称为“公司资本三原则”。①

公司资本制是整个公司制度的主旋律，是公司制度的基石，公司法中大多数带有强制性的规范基本都源于法定的资本制要求。其主要通过两条路径来保护和关照公司债权人之利益：一方面，遵循外观主义，交易相对人（债权人）对公司资本制的善意信赖原则上可获优先保护，债权人依据公司静态或动态的资产外观，可在一定程度上评估或预见交易风险②，进而提高交易的可预见性与安定性，以提高整个市场机制的效率与效益；另一方面，公司资本制严格规范出资过程以及资产运营，这实质上就是激励和鞭策出资人尽可能以特定事业或专属项目为设立公司的目标，将分割出来的财产专门服务于该特定事业或项目，使公司能像一个自然人一样具有“自利性”，进而真正实现公司人格的独立性，使其全部资产既能独立对公司债权人负全责，又能避免出资人自己的债权人来向公司追索。③

二、出资法律关系的内容④：资本三原则、公司章程

（一）法定性内容：资本三原则对出资法律关系的约束

虽然出资法律关系由出资人依契约所缔结，但该法律关系不同于一般合同关系，通常要受到更严格的规制并具有更强烈的法定属性，这种属性就集中体现在公司资本制度之中。“资本三原则”重点关注“出资”的两种动态过程：

第一，出资人将特定财产转入公司名下的“权利移转过程”。资本确定与资本

① 资本三原则是在公司债权人与股东利益关系出现失衡，尤其是公司债权人的风险加大的特定历史背景下，为了均衡地保护公司及其投资者与债权人的利益而创设的，其首要目标在于平衡有限责任制度对股东有利但对债权人难免保护不周的缺憾，以实现股东与公司债权人之间的利益平衡。参见赖源河：《实用商事法精义》，台北，五南图书出版有限公司 1983 年版，第 118 页。

② 在荷兰东印度公司开现代有限公司之滥觞以前，商业活动组织，例如，互助会（the guilds of merchants）或合伙（partnership），仍要求其成员以无限责任对外承担债务，而交易相对人也感到有所保障，且主要以成员个人资信情况为信赖基础。至公司独立责任及成员有限责任普遍确立后，交易相对人则开始转为对公司资信情况予以观察与判断。参见王文宇：《公司法论》，中国政法大学出版社 2004 年版，第 4～5 页。

③ 参见柯芳枝：《公司法论》，中国政法大学出版社 2004 年版，第 127 页。

④ 本书主要针对有限责任公司，以下未特别注明的情况下仅指有限责任公司。至于股份有限公司与上市公司另有法律法规的特别规定而与本书内容不相符的，以该特别规定为准。

充实原则主要针对这一过程，即指资本总额必须在公司章程中予以明确并公示，且应由发起人全部认足，否则公司不能成立；对于公司所公示的资本总额，出资人必须按期、按量实际缴足。①

第二，公司名下的资本随着公司经营而产生的“资产变化过程”。资本维持与不变原则主要针对这一过程，即公司在完成资本收缴后的存续过程中，必须依法维持与经营其自身资产，应坚持公司意志与公司资产的自利性与独立性，非因商业目的或经营需要不得转移或减少；公司注册资本一经章程确定并经登记机关登记，非依法定程序不得变更；公司应积极依法保护其自身资产，公司股东、董事、高级管理人员或他人侵害公司利益造成公司资产减损的，应当依法向公司承担返还或赔偿责任。

需要注意的是，“资本确定”并非“资产”确定，而“资本维持与不变”也绝非“资产”维持与不变。资本三原则并不旨在保证注册资本等同于公司实际资产或公司清偿能力，其强调的是规范出资人缴付出资、规范公司法人运营或调整自身资产，使公司具备和彰显独立财产、独立利益以及独立人格，使债权人能够与一个足够独立的民事主体进行交易。这是资本三原则的实质内涵，也是其能够独立于且分别契合于法定资本金制、授权资本金制、认缴资本金制等不同设立制度的根本原因。②《公司法》2013年修正后，出资形式与期限等情况可由出资人自主约定，加之公司对其资产可自由经营，公司资产必然随着其经营活动处于变动状态。③ 基于此，公司资本制并不致力于为出资人预设出资方案或为公司预设经营管理的行为模式；公司资本制的主要任务在于勾勒出自治的边界，即大量采用强制性或禁止性条款，

---

① 参见王保树：《“资本维持原则”的发展趋势》，载《法商研究》2004年第1期。

② 我们应当以发展辩证的态度来评价资本三原则，总体分为三个层次：第一，健全的资本三原则并不必然与严格的法定设立资本制相互捆绑，认缴设立资本制也可以与资本三原则相契合；第二，资本三原则有其独立的制度价值，特别是基于我国较差的社会信用体系与较普遍的股权高度集中结构，资本三原则的存续与发展具有充分必要性，但其仍需在新时代市场经济下更新、调整和细化其具体规则、功能与价值；第三，资本三原则在不同类型公司的发展路径不同，总体而言，其不再过于依赖资本担保的理念，而是激励交易相对人更多关注公司实时资产状况、信用状况、经营情况、行业前景等，但就人合性较强的有限公司而言，债权人可能更倾向于依赖公司股东的个人信任，而就具有公众性较强的股份公司而言，债权人可能更倾向于依赖公司的信息披露与行业监管体系。参见赵万一：《资本三原则的功能更新与价值定位》，载《法学评论》2017年第1期；冯果：《论公司资本三原则理论的时代局限》，载《中国法学》2001年第3期。

③ 参见张保华：《资本维持原则解析——以“维持”的误读与解析为视角》，载《法治研究》2012年第4期。

以“必须”或“不得”作为规范路径。① 具体而言：

1. 资本确定与资本充实原则的基本规则

第一，“正面”规范准则：

（1）公司章程的法定记载事项包括公司注册资本、股东情况、股东出资方式、出资额和出资时间（《公司法》第25条）。

（2）公示的注册资本必须由股东或发起人全部认购；银行业金融机构、证券公司、期货公司、基金管理公司、保险公司、担保公司等金融业公司仍采用注册资本实缴登记制（《公司法》第26条）。

（3）股东必须按期足额缴纳公司章程中规定的各自所认缴的出资额。以货币出资的，应足额存入公司的银行账户；以非货币财产出资的，应依法办理财产权移转手续；以房屋、土地使用权或知识产权等财产出资的，应向公司实际交付（《公司法》第28条、《公司法解释三》第10条）。

（4）出资人依据实缴登记制履行出资义务后必须经法定验资机构进行验资（《公司法》第89条第1款）。

（5）以其他公司股权出资的，必须符合法定条件予以作价出资（《公司法解释三》第11条）。

（6）以非自有财产出资的可以参照适用善意取得规则（《公司法解释三》第7条）。

（7）即使公司解散或破产，股东尚未缴纳的出资均应作为清算财产并继续缴足，尚未缴纳的出资既包括到期应缴未缴的出资，也包括尚未届满缴纳期限但加速到期的出资（《公司法解释二》第22条、《企业破产法》第35条）。

（8）股东或发起人应当以自己的名义出资；名义股东与实际出资人存在代持股关系的，仅为内部合同关系，名义股东当然享有股东资格，同时必须履行出资义务（《公司注册资本登记管理规定》第8条，《公司法解释三》第24条第3款、第26条）。

第二，“负面”否定清单：

---

① 公司资本制度中存在必要的倡导性规范与任意性规定，但更多的是行政规范、强制规范和管理规范。参见刘俊海：《现代公司法》（第3版）（上册），法律出版社2015年版，第178页。依据学者的归纳，判断公司法中的强行性规范的参考要素包括：公示性行为规范、较强的外部监控机制、信息不对称情形、涉及股东固有权利、涉及诉讼程序与法律责任等，这些特征均反映在公司资本制度之中，参见胡田野：《公司法任意性与强行性规范研究》，法律出版社2012年版，第199～215页。

(1)以非货币出资的不得高估作价(《公司法》第27条,《刑法》第159条);非货币财产须具有合法性、可转让性和可评估性,不得包括劳务、信用、自然人姓名、商誉、特许经营权、划拨土地使用权、设定担保的财产等(《公司登记管理条例》第14条、《公司法解释三》第8条)。

(2)公司成立后,不得抽逃出资或抽回股本(《公司法》第35条,《公司法解释三》第12、14条,《刑法》第159条)。

(3)以贪污、受贿、侵占、挪用等违反犯罪所得出资的,不得直接将相关财产从公司抽出,而必须采取拍卖或者变卖方式处置出资人所获得的股权(《公司法解释三》第7条)。

(4)有限公司变更为股份公司时,折合的实收股本总额不得高于公司净资产(《公司法》第95条)。

第三,违反规范的责任:

(1)股东未按期足额缴纳出资,或者作为出资的非货币财产的实际价额显著低于所认缴的出资额的,应当向已按期足额缴纳的股东承担违约责任。

(2)有上述情形的股东应对认缴差额予以补足,并加算银行同期存款利息,给公司造成损失的,还应承担赔偿责任(《公司法》第30条,《公司法解释三》第9、15条)。

(3)发起人股东之间有按期缴足出资额的连带责任(《公司法解释三》第13条第3款)。

(4)股东未履行出资义务或抽逃全部出资的,公司经书面催缴可解除该股东资格,并及时办理法定减资程序或由其他股东或第三人缴纳相应的出资(《公司法解释三》第17条)。

(5)即使股东转让了股权,只要其未按期履行或未全面履行出资义务,其必须继续履行出资义务;受让人对此知道或应当知道的,应承担连带责任(《公司法解释三》第18条)。

2. 资本维持与资本不变原则的基本规则

第一,"正面"规范准则:

(1)对于公司的特定无偿行为,例如,公司为股东或实际控制人提供担保的,必须经股东会决议,该股东或者实际控制人所支配的股东应回避表决,出席会议的其他股东必须过半数同意(《公司法》第16条);又如,企业法人的分支机构未经法人书面授权或者超出授权范围与债权人订立保证合同的,该合同无效或者超出授权范围的部分无效(《担保法》(已废止)第29条、最高人民法院《关于适用〈中华人民共和国担保法〉若干问题的解释》第 17 条）。

（2）公司分配当年税后利润时，必须提取 10% 列入公司法定公积金；法定公积金不足以弥补以前年度亏损的，在依法提取法定公积金前，必须先用当年的利润弥补亏损（《公司法》第 166 条第 1、2 款）。

（3）减资涉及公司信用外观的重大变化，必须由股东会以绝对多数决作出减资决议（《公司法》第 43 条），国有独资公司必须由国有资产监督管理机构决定（《公司法》第 66 条）。

（4）减资时公司必须编制资产负债表及财产清单，减资决议作出后公司必须在法定期限内通知债权人并作出公告（《公司法》第 177 条）。

（5）减资后公司必须依法向公司登记机关办理变更登记（《公司法》第 179 条）。

第二，“负面”否定清单：

（1）公司不得成为对所投资企业的债务承担连带责任的出资人，法律另有规定除外（国有独资公司、国有企业、上市公司不得成为普通合伙人；此三类公司之外的公司可以成为普通合伙人）（《公司法》第 15 条、《合伙企业法》第 3 条）。

（2）公司控股股东、实际控制人、董事、监事、高级管理人员不得利用其关联关系损害公司利益（《公司法》第 21、148 条，《公司法解释五》第 1 条）。

（3）公司不得直接或通过子公司向董事、监事、高级管理人员提供借款（《公司法》第 115 条）。

（4）公司原则上不得收购自己股权或发行的股票，只有在法定情形下才可以回购，也不得接受本公司股权或股票作为质押权的标的（《公司法》第 74、142 条）。

（5）公司弥补亏损前不得向股东分配股利（《公司法》第 166 条第 4、5 款）。

（6）公司持有的本公司股票不得分配利润（《公司法》第 166 条第 6 款）。

（7）资本公积金不得用于弥补公司亏损，须用于转增公司资本或扩大公司生产经营（《公司法》第 167、168 条）。

第三，违反规范的责任：

（1）股东不得滥用股东权利损害公司利益，股东不得滥用公司法人独立地位和股东有限责任损害公司债权人的利益，否则将依法承担赔偿责任或对公司债务承担连带责任（《公司法》第 20 条）。

（2）公司控股股东、实际控制人、董事、监事、高级管理人员不得利用其关联关系损害公司利益，否则将依法承担赔偿责任（《公司法》第 21 条）。

（3）公司董事、监事、高级管理人员不得违反忠实义务或勤勉义务给公司造成损失，否则应将所得收入归公司所有或依法承担赔偿责任；股东有权为了公司的利益以自己的名义直接向人民法院提起诉讼，请求违反忠实义务或勤勉义务的董事、监事、高级管理人员承担相应责任(《公司法》第148、149、151条)。

上述两方面的资本原则与动态过程，反映在司法实践中，所涉案由与讼争重点也有所区别：权利移转过程中的出资法律关系主要涉及"股东出资纠纷""公司增资纠纷"案由，具体包含虚假出资、出资不足、逾期出资、抽逃出资等情形；资产变化过程中的出资法律关系主要涉及"损害公司利益责任纠纷""损害公司债权人利益责任纠纷""公司关联交易损害责任""公司减资纠纷"等案由。①

(二)自治性内容：公司章程的多层次效力

公司章程是出资法律关系的有形载体，《公司法》第11条规定公司必须制定章程，其对公司、股东、董事、监事、高级管理人员均具有约束力，其在内容上具体展现了出资法律关系中各方当事人的权利、义务以及职责。② 因此，研究公司章程的效力实质上就是研究出资法律关系的效力。本书并非具体针对某一份公司章程予以解析，而是在出资法律关系的框架下，研究公司章程普遍具有的或最大范围内可具有的法律效力。

公司章程集中体现了出资法律关系的"契约属性"。较之于其"法定属性"的表现形式——强制性或禁止性规范，契约属性的核心在于私法自治原则：当事人相互间可以为自己约定行为规范，经法律评价并认可，形成法律上的权利义务关系，即可获得法律强制力。③ 公司章程首先体现了出资人之间的契约自由，法律认可并尊重公司章程就是对契约精神的继承与发展，同时使公司章程作为公司的"宪法"之地位得到确立。④ 因此，公司法中关于公司内部治理规则实质上就是对公司章程

---

① 参见人民法院出版社编著：《最高人民法院民事案件案由适用要点与请求权规范指引》，人民法院出版社2019年版，第665页以下。

② 公司章程的内容涉及公司法律关系中当事人的基本权利义务以及公司治理的基本规则，公司当事人均须按照公司章程的规定享有其权利，履行其义务，执行其权力，规范其行为。参见施天涛：《公司法论》，法律出版社2014年版，第124页。

③ 契约条款是以当事人为唯一的规范对象与相关者，但当以私法自治作为最高指导原则时，实际上即对法官作出受契约约束的命令，法官便成了各种私法契约、社团决议、公寓大厦规约、无第三人约束力的团体协约等的规范相关者，换言之，契约除了是当事人的行为法以外，同时变成法官的裁判法。参见苏永钦：《私法自治中的经济理性》，中国人民大学出版社2004年版，第14页。

④ 参见刘俊海：《现代公司法》(第3版)(上册)，法律出版社2015年版，第138页。

的展开、补充、授权和规范，这些规则大部分是关于公司章程的任意性规范或赋权性规范。

但承认公司章程的契约属性，并不意味着将其视同于普通合同（以双务合同为典型），两者的区别在于：第一，普通合同形成或变动所依赖的是合意机制，需所有当事人意思表示一致；公司章程的修改变动①则依赖的是多数决机制，仅部分当事人同意即可。后者体现的不是每位股东的意志，而是股东集体的意志，同时亦体现了公司作为独立人格自己的意志。第二，普通合同仅约束参与意思表示的当事人，其不能为缔约方之外的第三人设定义务；公司章程的约束力不仅包括反对股东及继受股东，还包括组成公司机关的董事会、监事会成员及其他高级管理人员，还囊括完成设立后具备独立人格的公司本身。② 第三，普通合同行为属于互负义务、互享权利的双方或多方法律行为，在当事人之间形成一种对立一致的合意；订立公司章程属于完成共同目标、共负同类义务、共享同类权利的共同法律行为，在当事人之间形成一种平行一致的合意。③ 故共同行为的多数人之间，并非利益的相互交换，而系利益的共同促成。④ 基于以上三点，公司章程在学理上除了“契约说”⑤，还存在“自治说”⑥，后者认为公司章程是在法律强制规范指导下公司内部自治性规

① 就公司章程的形成而言，属于发起人协议的一部分，应由全体发起人签章；公司成立后修改章程的，则无须全体股东一致同意，仅多数决即可修改。参见叶林：《公司法研究》，中国人民大学出版社2008年版，第215页。

② 参见郑冠宇：《民法总则》，台北，瑞兴图书股份有限公司2014年版，第224页。

③ 公司设立在股东间的意思表示一致是“平行的一致”，区别于合同中当事人之间“对立的一致”。参见施智谋：《公司法》，台北，三民书局1991年版，第25页。

④ 这一特性反映出各方当事人相互配合的主观意愿以及积极作为的必要性，这在法律上体现为，若当事人均不积极作为也未必构成明显违约，且违约损失赔偿往往仅限于信赖利益而非可得利益。参见潘玮璘：《合作合同的类型化与有名化研究》，载《私法》2016年第1期。

⑤ 该说认为，公司章程是股东以平等自愿协商方式对公司设立的权利义务达成一致的协议，是股东意思表示一致的结果，体现了股东的共同意志，对全体股东均有约束力。公司发起人通过相互协商的方式订立公司章程，当事人能否成为股东就在于同意或不同意公司章程。契约说充分表达了当事人的意思自治，强调在复杂多变的经济环境下的个体自治，反对外界对公司的干涉，有利于保障公司个体活力、自主经营和降低公司运行中的交易成本。契约说是英美法系关于公司章程的主流学说。参见葛伟军：《英国公司法要义》，法律出版社2014年版，第45页。

⑥ 该说认为，公司章程是根据公司法赋予的“公司自治立法权”而制定的规定公司组织和经营活动的自治性规范，即在法律强制性规范指导下全体股东订立的公司对内对外活动的自治性规范。自治说认为公司章程是在强制性规范指导下订立的平衡股东权益的公司内部根本法，公司章程不仅约束公司章程的制定人与公司发起人，而且约束公司机关及新股东。公司内部的各项规章制度均不得违背公司章程。自治说是大陆法系关于公司章程的主流学说。

则。这两种学说都表述了“自治”与“约束力”的属性，但问题在于，两者所解读的公司章程性质并未体现出实质差别①，这些理论的缺陷在于均未明确回答一个本质问题：违反章程到底有何法律效力？具言之，股东能否依据章程如同依据普通合同一样直接诉请其他股东履行义务？若将问题抽象化：章程中所提及或约束的主体能否依据章程，直接诉请其他提及或约束的主体履行章程义务？进一步问，章程在何种程度上属于公司自治范畴以至于司法不应直接介入？本书认为，虽然契约说与自治说都解说了公司章程的性质②，但仍不足以完整回答以上问题，实质上，公司章程所体现的出资法律关系，具有四个不同层次：一是股东与公司之间的双务合同效力；二是股东与股东之间的共同法律行为效力；三是侵权责任意义上的请求权基础；四是司法不应直接介入的内部自治效力。

1. 股东与公司之间的双务合同效力

双务合同（reciprocal contract）即双方互负给付与对待给付之义务，一方当事人的权利即为另一方当事人之义务，一方当事人订约之目的就是得到另一方当事人履约的承诺。③ 虽然公司章程是出资人共同法律行为的产物，但在公司与每一股东之间，公司章程仍体现出双务合同法律关系。④ 该关系的主要内容是股东负有向公司给付出资的义务，公司有请求股东按期缴足出资的权利；公司有义务确认股东资格并协助其实现股东权利，股东也有权请求公司满足其股东权利的实现。⑤ 因此，股东给付出资与公司给付股东权利形成了合同对价及双务联结（interdependence of the obligations），出资人承诺出资的目的在于获得股东权利，而公司愿意赋予出资

---

① “自治说”所强调的法律强制性部分实质上主要是关于资本三原则的范畴，而“契约说”即使强调当事人意思自治，其也不可能排斥对合同条款进行国家意志层面的评价，故两种学说中均有自治与他治因素的结合，两者主要回答的是公司章程到底可以写什么的问题。参见朱慈蕴：《公司章程两分法论——公司章程自治与他治理念的融合》，载《当代法学》2006 年第 5 期；温世扬、廖焕国：《公司章程与意思自治》，载王保树主编：《商事法论集》（第 6 卷），法律出版社 2002 年版。

② 参见郑云瑞：《公司法学》，北京大学出版社 2016 年版，第 199 页。

③ 参见韩世远：《合同法总论》（第 3 版），法律出版社 2011 年版，第 53 页。

④ 参见张民安：《公司法上的利益平衡》，北京大学出版社 2003 年版，第 67 页。

⑤ 这一分析角度实质上契合了美国法经济学对企业的解析，即企业是由一系列合同组成的“合同集束”（nexus of contracts），其中包括各种生产要素的提供者与企业的控制者签订的合同，如出资合同、雇佣合同、供货合同、销售合同等；基于此，股东并不是企业的所有者，而只是向企业提供资本的合同当事人。See R. H. Coase, *The Nature of the Firm*, 4 Economica 386 (1937). 中译本参见科斯：《企业、市场与法律》，盛洪、陈郁译，格致出版社 2014 年版，第 32 ~ 33 页；王军：《中国公司法》（第 2 版），高等教育出版社 2017 年版，第 18 ~ 19 页。

人股东资格及股东权利的原因正是相对人承诺出资。[①] 这种双务合同属性赋予公司章程三个方面的法律效力：

第一，请求给付之效力。一方面，公司有权向法院请求股东履行出资义务，具体包括：(1)请求股东按期、足额缴纳公司章程中规定的各自所认缴的出资额，以货币出资的，请求足额存入公司的银行账户；以非货币财产出资的，请求依法办理财产权移转手续；以房屋、土地使用权或知识产权等财产出资的，请求实际交付；已交付公司使用但未办理变更手续的，请求在指定的合理期间内办理权属变更手续(《公司法》第 28 条、《公司法解释三》第 10 条)。(2)以非货币出资的高估作价的，或以劳务、信用、自然人姓名、商誉、特许经营权、划拨土地使用权、设定担保的财产等不具有合法性、可转让性和可评估性的对象作价出资的，或以其他公司股权出资但又不符合法定作价出资条件的，或公司成立后股东抽逃出资或抽回股本的，均属于股东未履行或未全面履行出资义务，公司有权请求其补足或返还出资本息(《公司法》第 27、35 条，《公司登记管理条例》第 14 条，《公司法解释三》第 8、9、11、12、14 条)。(3)即使股东转让了股权，只要其未按期履行或未全面履行出资义务，公司仍有权请求其继续履行出资义务(《公司法解释三》第 18 条)。(4)公司债权人有权代位行使公司对股东的出资请求权，其有权请求该股东在未出资本息范围内对公司债务不能清偿的部分承担补充赔偿责任(《公司法解释三》第 13 条)。

另一方面，股东有权向法院请求公司满足其股东权利。股东权利可大致分为自益权与共益权，前者属于仅利于自己的财产性权利，是股东基于出资所获对待给付或对价的集中体现，是股东投资的直接回报，也是股东投资的目的所在。[②] 这类权利可直接向法院诉请公司履行、协助或认可，具体包括：红利分配请求权(《公司法》第 34、166 条)；新股优先认购权(《公司法》第 34 条)；剩余财产分配请求权(《公司法》第 186 条第 2 款)；异议回购请求权(《公司法》第 74 条)；优先购买权(《公司法》第 71 条)；请求确认股东资格、请求签发出资证明书并记载于股东名册、请求变更公司登记(《公司法》第 31、32、73 条、《公司法解释三》第 22、23 条)，等等。就共益权而言，其属于服务公司治理的非财产性权利，本质上属于成员权，

---

① 在“贵州益佰公司诉北京双鹤公司、湖北双鹤公司、湖北医药公司股权转让纠纷案”[最高人民法院(2008)民抗字第 59 号]中，该判决指出股权的本质是股东和公司之间的法律关系，既包括股东对公司享有的权利，也包括股东对公司的出资义务。

② 参见施天涛：《公司法论》(第 3 版)，法律出版社 2014 年版，第 257 页。

主要在公司内部自治中实现，而不以特定相对关系中的请求权来实现。其救济方式主要为事后救济，仅对不符合自治规则或股东共同利益的公司行为诉请撤销、确认不成立、确认无效（《公司法》第22条、《公司法解释四》第5条）。例外的是股东知情权或称查阅权（《公司法》第33、97条），该权利得以请求权的方式直接诉请实现。总之，共益权以公司整体利益或全体股东共同利益为首要，并不直接体现与单个股东出资的对价关系或双务联结性，不是直接而是间接实现股东个人利益。

第二，对待给付之效力。对待给付中的牵连关系（interdependence of the obligations/synallagmatic nature）体现为效力上的依存关系与履行中的对抗关系。[①] 具体而言，股东与公司之间的对待给付主要体现为以下三种牵连关系：

（1）成立上的牵连关系，即一方的债务因无效或被撤销而归于消灭时，对方的债务亦因此消灭，这涉及根本违约与解除合同的问题。具体到出资法律关系，有限责任公司的股东未履行出资义务或者抽逃全部出资，经催告及合理期间后，公司得以股东会决议解除该股东的股东资格（《公司法解释三》第17条）；股份有限公司的认股人未按期缴纳所认股份的股款，经催缴及合理期间后，公司发起人可以对该股份另行募集（《公司法解释三》第6条）；如果股东无法获得出资对价即股东资格或股东权利的，股东有请求返还出资的权利，依据《公司法》第89条的规定，公司未能完成募集设立的，认股人有权请求返还所缴股款本息。

（2）履行上的牵连关系，即一方债务的履行与对方债务的履行在期限上或顺序上的关系，一方的履行瑕疵将减损己方请求对方履行的权利，由此涉及同时履行与先后履行抗辩权。具体到出资法律关系：股东在充实其认缴出资之前其股权将受到一定限制，例如，股东的利润分配请求权与新股优先认购权是按照其“实缴”而非“认缴”的出资比例享有权利（《公司法》第34条）；股东未履行或者未全面履行出资义务或者抽逃出资，公司有权根据公司章程或者股东会决议，对其利润分配请求权、新股优先认购权、剩余财产分配请求权等股东权利作出相应的合理限制（《公司法解释三》第16条）；股东出资应当完成实际交付，未实际交付的可能无法享有相应股东权利（《公司法解释三》第10条）。

（3）存续上的牵连关系，即一方的给付因不可归责于当事人的事由而减损或灭失后，另一方的给付义务是否受影响，由此涉及风险负担的问题。依据《民法典》第604条之规定，双务合同的风险负担规则原则上采取“交付主义”。具体到出资法

---

① 参见韩世远：《合同法总论》（第3版），法律出版社2011年版，第53页。

律关系，依据《公司法》第27、28条等规定，股东出资应当移转所有权并实际交付，结合《公司法解释三》第10条之规定，只要股东完成了交付出资的义务，风险即转移给公司，即使交付公司的财产发生减损或灭失，股东也有权要求公司认可其股东资格并给付股东权利。

第三，固有权利之效力。公司章程集中彰显了出资法律关系的契约属性与自治属性，但自由仍有边界，是否存在一些股东权益，公司章程是不能完全限制或排除的。考虑这一问题，关键在于理解出资法律关系中的双务合同属性，这意味着公司的自治性不应破坏股东与公司之间关于出资与股权的对价关系，抑或是，公司章程的自治边界在于至少要保持出资法律关系的对价属性即双务属性。

对价（consideration）要件（也称约因）在英美合同法中是合同成立的主要标准。该制度源自早期英国普通法在契据之诉［具备封印等特定形式（sealed executory agreement /suit in covenant）之外所实际认可的"债务支付之诉"（action of debt）与"损害赔偿之诉"（action of assumpsit）］。[①] 也就是说，当事人除了订立封印契约之外，相互间的许诺并不当然具有法律意义，只有在允诺人（promisor）已接受对方之履行（performance/benefit）或对方基于对允诺的信赖而遭受损害（detriment）时，受允诺人（promisee）方有权提起诉讼要求对方履行债务或予以赔偿。该制度强调通过比量双方间的损益情况，平衡双方的利益状态，其伦理基础来自"矫正正义"（corrective justice）。[②] 类似的在大陆法系，合同的条款内容可分为要素、常素、偶素，当事人必须就具有实质意义的所有重要问题达成合意，该"实质合意"（essentialia negotii）即为要素，其决定了合同的性质以及当事人的基本权利义务，是合同成立的必要条件。[③] 当事人必须就这一内容达成意思表示一致，合同才能宣告成立并发生效力，要素缺失或不完整将导致合同不能成立。[④] 综上所述，无论是对价规则还是要素规则，其理论基础在于，合同法律关系的类型在性质上就决定了某些权利义务是固有的，若合同条款否定或排除这些固有权利，将导致相应性质的法律关系无法成立，或导致该种法律关系中出现利益根本失衡或不公平现象。

在出资法律关系中，股东与公司之间关于出资与股权的对价关系或双务关系

---

① See L. L. Fuller, *Consideration and Form*, 41 Columbia Law Review. 799 (1941).

② See L. L. Fuller & M. A. Eisenberg, *Basic Contract Law*, 7th ed., West Group, 2001, p. 85.

③ 参见［德］卡尔·拉伦茨：《德国民法通论》（下册），王晓晔等译，法律出版社2003年版，第735页。

④ 参见董安生：《民事法律行为》，中国人民大学出版社1994年版，第229页。

决定了股东的固有权利，即公司应向股东给付一定的财产。进言之，公司为股东提供的股权应当保有最基本的财产属性。财产价值由使用价值与交换价值构成，转让性和流通性是财产价值的固有特征，财产转让越自由、越频繁，就越能反映财产的交换价值，故不能转让和流通的财产就不是完全意义的财产。[①] 因此，"转让"即为股权最基本的财产性权能，其法律效力体现在：(1)转让权不得排除。无论是股份公司还是人合性更强的有限公司，法律不仅允许股东向他人转让股权或股份，并且对于公司章程禁止转让或实质上完全排除转让的自治性规则也应予以否定性评价。[②] 但法律仍可以对转让股权或股份予以一定限制，例如，有限公司中股东对外转让股权的征询同意程序(《公司法》第71条)，股份公司中的特殊主体在特定时间内的转让限制(《公司法》第141条，《证券法》第43、45、47条)；同样地，公司章程也可对股权转让另作规定(《公司法》第71条第4款)，其对于股权转让的"限制性规定"也具有正当性[③]，这也得到了司法实践的认可。[④] (2)知情权不得排除。股东进行股权转让交易的核心问题往往就是定价问题，即出让合同条款的"要素"即为价款的确定。虽然股东知情权在性质上属于共益权，但其同时也是股东特别是小股东实现股权转让的根本前提，其间接保障了股权财产属性，保障了小股东的退出机制；只有股东有机会了解、查阅公司相关的经营、资产及负债情况，才可能确定交易交款、完成相关交易行为，故《公司法解释四》第9条规定，公司章程或股东之间的协议不得实质性地剥夺股东知情权。

2. 股东与股东之间的共同法律行为效力

公司章程中的共同法律行为关系，实质上来源于发起人之间的发起协议或出

---

① 参见施天涛：《公司法论》(第3版)，法律出版社2014年版，第13页。

② 参见钱玉林：《公司章程"另有规定"检讨》，载《法学研究》2009年第2期；张民安：《公司法上的利益平衡》，北京大学出版社2003年版，第248~250页。

③ 参见赵莉：《公司章程限制股权转让的合理性审查》，载《法学杂志》2012年第9期。

④ 参见最高人民法院指导案例96号：宋某诉西安市大华餐饮有限公司股东资格确认纠纷案(最高人民法院审判委员会讨论通过2018年6月20日发布)，该案裁判要点：国有企业改制为有限责任公司，其初始章程对股权转让进行限制，明确约定公司回购条款，只要不违反公司法等法律强制性规定，可认定为有效。有限责任公司按照初始章程约定，支付合理对价回购股东股权，且通过转让给其他股东等方式进行合理处置的，人民法院应予支持。又如"徐某诉杭州杭挂机电有限公司案"[浙江省杭州市中级人民法院(2010)浙杭商终字第1526号民事判决书]中，案涉公司章程约定："公司注册资本中的权益可以而且只能转让给公司现有股东。除现有股东外，任何人不得受让公司股权……股东要求转让股权但无任何现有股东愿意受让股权的，由公司回购，回购价款按回购日上一年度经审计机构确定的公司净资本计算。"

资协议。[1] 发起协议就是典型的共同法律行为或协同法律行为[2]，指相互平行的两个或两个以上意思表示趋于一致而成立的法律行为，数人之间所追求的利益是一致的，不存在利益对立，而是共同利益的共同促成[3]。其与双务合同法律行为都具有“私法自治”效力，即约束当事人依约遵守相应的行为规范或行为模式。但共同法律行为的特殊效力在于：当事人并非仅受约定义务的束缚，所有当事人还负有互为担保的法定义务；当事人的约定义务不仅聚合为指向一致的“义务束”，其相互之间又由法定事由联结成为“义务链”。就设立公司的发起协议而言，实际上每个发起人仅向公司负有履行出资的义务，该义务的债之关系是单一指向且可独立存在的，各发起人约定的义务之间并未直接体现出关联性。但这样解析发起协议的效力及其当事人意志是不全面、不准确的，仅将共同法律行为理解为当事人各自义务的集合体，就忽略了当事人集结、商讨并共同订立协议的重要意义。发起协议类似于合伙协议，当事人并非仅承诺自己将致力于特定目标，更重要的是，当事人还互相就致力于共同事业、共同目标作出承诺，每个当事人面对其他当事人承诺将共担风险、共担债务、共担责任，正是各个参与订约的当事人都作出了这种共同努力的意思表示，各个当事人才愿意加入这一法律关系并接受约束，法律也应据此认可当事人之间互为担保的“义务链”[4]。

公司章程中关于“股东的姓名或者名称”“股东的出资方式、出资额和出资时间”“发起人的姓名或者名称、认购的股份数、出资方式和出资时间”“公司的解散事由与清算办法”等属于法定强制记载事项，承接并体现了发起协议或股东共同法律行为的内容，[5]能够完整反映发起人股东之间的共同合意。具体规则为：

（1）发起人是指为设立公司而签署公司章程、向公司认购出资或者股份并履行

---

① 虽然公司章程从性质上说并不完全是股东之间的契约，但却是在股东间“合意”的基础上通过法定程序所形成的，能够比较完整地反映股东之间“合意”的内容，特别是关于出资的问题，章程中的记载能够清楚明确地反映出资金金额、出资方式、出资时间等问题。因此，虽然章程本身不是合同，但却可以作为一份具有较强证明力的证据，用以证明股东之间关于设立公司相关问题的约定。参见周友苏等：《公司法学理与判例研究》，法律出版社 2008 年版，第 34 页。

② 共同法律行为的特征在于：一是意思表示的同向性；二是身份的一致性；三是效力的整体性；四是关系的团体性；五是合作的长期性；六是目标的涉他性。参见韩长印：《共同法律行为理论的初步构建——以公司设立为分析对象》，载《中国法学》2009 年第 3 期。

③ 参见陈华彬：《民法总则》，中国政法大学出版社 2017 年版，第 466 ~ 467 页。

④ 理论上可进一步分为“缴纳担保责任”与“认购担保责任”。参见郑云瑞：《公司法学》，北京大学出版社 2016 年版，第 244 页。

⑤ 参见朱锦清：《公司法学》（上），清华大学出版社 2017 年版，第 147 页。

公司设立职责的人，包括有限责任公司设立时的股东（《公司法解释三》第1条）；故《公司法》在有限公司的章节中第30条规定的“公司设立时的其他股东”与在股份公司章节中第93条规定的“发起人”具有同一含义并适用同一规则。

（2）发起人股东之间就出资义务互负连带保证责任，非发起人股东与其他股东之间不负连带保证责任；发起人对于其他发起人不履行或不完全履行出资义务承担连带保证责任，该出资包括货币以及非货币财产形式（《公司法》第30条、《公司法解释三》第13条）。

（3）股东不履行或不完全履行出资义务的，构成对发起协议的违约，已按期缴足出资的股东有权请求其继续履行出资义务并依据发起协议或章程承担违约责任（《公司法》第28条、《公司法解释三》第13条）。①

（4）通过公司增资或股权转让成为新股东的，也可视为对发起协议或出资协议的加入，但后入股东却无须与其他发起人承担连带责任。其中的原理在于：第一，后入股东毕竟从未真正签署过发起协议，其未曾与发起股东一起作出设立公司的共同法律行为，而自己在股转交易或增资过程中，也未明确表示与发起股东共担联保责任；第二，后入股东进入一个已存在的出资法律关系中，其与其他股东之间的信任度与人合性并不如发起人股东之间这么紧密；第三，后入股东的潜在义务不宜设置过重，否则将普遍影响市场中股权投资者对于股权对价的判断，影响股权作为财产的交易性与流动性。基于上述理由，原则上后入股东无须与其他发起人股东承担连带责任；但若受让股东知道或应当知道原股东未履行或未全面履行出资义务的，仍应与原股东一并承担连带补足责任（《公司法解释三》第18条）。

（5）发起人之间还对公司设立过程中所产生的债务、费用及损害赔偿责任承担连带责任；对返还认股人已缴股款及利息承担连带责任（《公司法》第94条、《公司法解释三》第2～5条）。

（6）对于股东之间在章程中约定的营业期限或其他公司解散事由，任何股东均可诉请人民法院对公司予以强制清算（《公司法》第183条、《公司法解释二》第7条）。

3. 侵权责任意义上的请求权基础

除双务合同属性与共同行为属性之外，公司章程包含的侵权责任请求权基础

---

① 实践中，适用这一违约责任时应注意主体范围问题，通过受让取得股权的股东不适用该违约责任。参见周友苏等：《公司法学理与判例研究》，法律出版社2008年版，第34页。

主要涉及：(1)就公司章程中的董事、监事及高级管理人员的职权或职责而言，涉及公司与董监高人员、股东与董监高人员之间的关系，这一内容来源于董监高人员的受信义务，即忠实义务与勤勉义务(《公司法》第148、149条)，当他们在履职时违反受信义务损害公司利益或损害股东利益的，公司或股东对他们享有损害赔偿请求权。(2)就公司章程中关于股东不得侵害公司利益的规定，涉及股东滥用股东权利造成公司损失后，公司对股东享有损害赔偿请求权，该救济权利源于法人的独立财产权，本质上属于财产权侵权法律关系(《公司法》第20条)。(3)就公司章程中关于股东不得侵害其他股东利益的规定，涉及股东滥用股东权利造成其他股东损失后，受损股东对滥用权利的股东享有损害赔偿请求权，该救济权利以竞合的方式来源于股权的财产权属性以及股东之间基于共同出资所形成的合同关系(《公司法》第20条)。

在适用上述请求权基础时，还应当注意以下两个问题：

第一，公司高级管理人员的受信义务。公司与董监高人员之间是一种受信法律关系。董事、监事为股东会选举产生，但通常主要由股东派驻公司，作为股东代表，不必然与公司之间产生聘用关系，甚至不必然从公司领取薪酬。其作为公司法人机关的成员，即使与公司之间订立某种协议，其与公司之间也不存在隶属服从关系，其地位既不能简单以劳动关系、劳务关系或服务关系解释，也不能仅适用一般行为人的注意义务予以约束。至于经理、财务总监等其他高级管理人员，即使是由董事、监事聘请，但公司与他们所订立的劳动合同一般也并无职责方面的具体约定。总体而言，公司与董监高人员之间的法律关系理论上是一种较为模糊的状态。理论也将这一特定关系称为“受信义务”或“忠实义务与勤勉义务”。目前主要有两种解说：一是信托关系说，即股东作为委托人，在其出资成立公司后即委托董监高人员经营管理该公司，公司作为独立的法人主体是信托关系中的受益人，受托人董监高人员应对公司负有受信义务；二是委托代理关系说，即股东是被代理人，董监高人员作为股东的代理人入驻公司，代理事项即为经营管理该公司，董监高人员对公司所负忠实勤勉义务即为其作为代理人的代理事务处理准则。[①] 本书认为，这两种理论都未能准确、完整地解析受信义务法律关系，原因在于：一是信托关系中受托人应采取保守性或保值性的财产管理方式，但公司财产却应当服务于积极的

① See Michael Jensen & William Meckling, *Theory of The Firm: Managerial Behavior, Agency Costs and Ownership Structure*, 3 J. Fin. Econ. 395 (1976).

营利性经营活动;二是信托关系中委托人不再有权直接对信托财产的管理与处置予以决策,但公司股东得以自己成员权资格通过股东会决议随时集体决策公司的重大经营管理事项;三是公司有独立财产、独立人格以及独立利益,故董监高人员在经营管理时,不能仅作为代理人直接服务于股东利益,而应当以公司整体或全体股东最佳利益为履职标准。综上,现代公司法已经将受信义务法定化、制度化[①],整体反映出董监高人员对外代表或代理公司、对内受托于公司的制度构架[②],并具体化为忠实义务与勤勉义务,无须借助信托关系或代理关系来解说[③]。

实际上,董监高人员具有公司机关成员的地位。公司作出法人意志不仅源于股东会,且在日常经营管理中更多的是源于董监高人员或由其组成的公司机关。因此,对于作为公司治理总纲的公司章程,《公司法》(第25、81条)明确要求其从公司机构事项的角度,以强制记载事项的地位,集中规范董监高人员的受信义务法律关系。公司章程既可以援用《公司法》中关于忠实义务与勤勉义务的规定,也可以自行就受信义务扩展或细化出更为个性化的具体规则。总之,公司或股东与董监高人员之间模糊的关系状态,可以在公司章程中找到制度依托、找到规范之源,公司可以依此向违反受信义务的董监高人员主张侵权法意义上的请求权,即利益归入责任与损害赔偿责任(《公司法》第21、148、149条);股东也可以依此向违反受信义务的董监高人员主张债法意义上的损害赔偿请求权(《公司法》第152条、《公司法解释二》第15条第2款、《公司法解释三》第14条第1款、《公司法解释四》第12条)。

第二,股东、控股股东、实际控制人的受信义务问题。在公司法理论上有观点认为,依据《公司法》第20、21条之规定,股东、控股股东、实际控制人[④]对公司及其他股东负有受信义务。实践中,许多公司章程也往往援引类似规定,要求滥用股东权利侵害公司或其他股东权利的股东承担赔偿责任。这一观点主要源于美国公司

---

① 现今英美学者已不认为董事是公司的代理人,而是法律直接授权管理公司的人。See James D. Cox & Thomas L. Hazen, *Cox & Hazen on Corporations*, 2th ed., Vol. 1, Aspen Publishers, 2003, p. 333.

② 参见甘培忠:《企业与公司法学》(第8版),北京大学出版社2017年版,第257页。

③ 参见施天涛:《公司法论》(第3版),法律出版社2014年版,第393页。

④ 《公司法》第216条第1款规定:……(二)控股股东,是指其出资额占有限责任公司资本总额百分之五十以上或者其持有的股份占股份有限公司股本总额百分之五十以上的股东;出资额或者持有股份的比例虽然不足百分之五十,但依其出资额或者持有的股份所享有的表决权已足以对股东会、股东大会的决议产生重大影响的股东。(三)实际控制人,是指虽不是公司的股东,但通过投资关系、协议或者其他安排,能够实际支配公司行为的人……

法理论：首先，与公众公司（publicly held corporation/public corporation）相对应的是封闭公司（closely held corporation/close corporation），后者具有较强的人合性，封闭公司类似于合伙，有“公司型合伙”（incorporated partnership）之称。① 股东往往像合伙人那样亲自执行公司业务并管理公司事务，公司的内部治理要求股东之间形成一种信任、善意和忠诚的关系，即一个股东对另一个股东应承担如同一个合伙人对另一合伙人那样的受信义务（fiduciary duties）。② 其次，虽然法律赋予了公司内部治理较大的自治空间，但无论是公司章程还是内部规章等事先安排都不可能是完善的，其难以预测今后所发生交易或事务的每一种具体情况，故受信义务就起到了股东之间关于公司治理协议的隐含条款之作用，且受信义务也更接近当事人自己本可能达成的协议条款。③ 这类义务往往适用于大股东不正当地排挤小股东的经营管理机会或在公司利益分配中大股东不正当地为自己获取更多利益等案件。④

本书认为，上述理论并不完全适用我国的司法实践。原因在于：（1）上述理论主要源于美国法经济学在判例法的背景下，对于“公司性质”及“公司章程性质”所提出的“契约关系理论”（nexus of contract theory）⑤，即把合同关系以及合伙关系类推适用到公司与股东以及股东之间的关系中；当前我国公司法的成文化体系已经较为完善，股东的权利义务内容在立法上已较为明晰，并不需要借鉴英美判例法中的类推技术将合伙制度中的受信义务适用到公司股东身上。我国公司法上无论是股东自益权还是共益权，均可自由行使或放弃，股东在完成向公司履行出资义务后

---

① See *Principle of Corporate Governance: Analysis and Recommendations*, The American Law Institute, Vol. 1. 1994, § 1. 06 Comment.

② 美国的马萨诸塞州首先在经典判例 Donahue v. Rodd Electrotype Corp.（323 N. Y. S. 2d 505（1975））案中确立了股东的受信义务规则，其运用类推方法将合伙人的受信义务运用到了封闭公司中的股东。

③ See Frank H. Easterbrook & Daniel R. Fischel, *The Economic Structure of Corporate Law*, Harvard University Press, 1988, p. 41 – 44.

④ See Wilkes v. Springside Nursing Home Inc., 353 N. E. 2d 657 (Mass. 1976); Crowley v. Communications for Hospitals Inc., 573 N. E. 2d 996 (Mass. App. 1991).

⑤ 判例法国家往往运用个案到个案的类推技术回应社会发展的新情况，其实将契约概念运用到公司性质问题并非起源于法经济学家，早在 Tustee of Dartmouth College v. Woodward（17 U. S. 14 wheat, 518, 4L. ED. 629（1819））案中法官就将公司特许令状（charter）视为政府与公司之间的契约；到了 20 世纪中期，合同理论开始用于解释公司与股东以及股东之间的关系，即普遍承认股东的权利是可以通过协议来修改的，这些权利主要也反映在公司章程之中。但真正运用经济学分析方法提出公司契约理论则肇始于美国法经济学家科斯在 1937 年发表的论文《企业的性质》（R. H. Coase, *The Nature of the Firm*, Economica, New Series, Vol. 4, No. 16（Nov., 1937）, p. 386 – 405）。

即不再负有其他股东义务，故股东的受信义务在我国并无成文法依据。(2)股东权利在内容上并无直接决策公司经营管理事项的权能，但实践中某些股东或控股股东在公司经营中确实具有管控与决策权，这实际上是股东行使了公司董监高人员的职权，故所谓股东个人在内部经营管理中侵害公司或其他股东的情况，实质上是基于公司董监高人员的地位而实施的侵害行为，就此不应简单依据《公司法》第20、21条来判断其是否应承担相关责任，而是应当以公司法及公司章程中关于董监高人员的忠实及勤勉义务作为判断标准。① (3)对于股东、控股股东、实际控制人确实滥用股东权利损害公司或其他股东利益的情形，这实质上属于利用其地位损害他人利益的侵权行为，行为人所违反的义务并非特定的股东义务，而是基于他人财产权而负担的消极保护义务，由此应依据旨在事后救济的一般侵权责任处理即可，并不需要援引更偏重于事先规范行为模式或职责范围的受信义务。

4. 公司章程的自治范畴与司法介入界限

仅以合同关系或侵权关系来理解公司与股东之间的关系仍然是不完整的。股东与公司之间还存在成员与组织体之间不平等、不独立的关系。一旦出资法律关系形成，股东所获得的权益包含两个层次：一是自益权，包括股利分配权、剩余价值分配权、优先认购权等财产性权利，这类权利明显体现出与股东出资义务的对价关系；二是共益权，包括参会权、决议权、知情权、质询权等服务于公司治理与公司人格的非财产权利，虽然不能完全将共益权排除于股东出资义务的对价范畴，因为有些出资人就是为获取这类权利而实现控制公司目的，但这种服务团体的共益权还有更重要的一层意义，那就是体现了成员权的基本权能。

(1)成员权的目的与权能。成员权的效力并非源于单个股东与公司之间的合同对价关系，而是基于公司作为独立主体机体运行的必要性。一方面，股东对共益

---

① 参见“恩迪公司诉苏某公司高管损害公司利益纠纷案”[广西壮族自治区高级人民法院(2018)桂民申831号民事裁定书]。在本案中，恩迪公司股东分别为韦某与苏某。原审法院将本案案由定为损害公司利益纠纷，认定苏某滥用股东权利侵害公司财产。苏某申请再审称，恩迪公司的经营模式为两股东均有权支配公司资金，苏某一直在经营管理公司，其合法持有公司公章，有权使用公章，苏某将公司款项转至其个人账户再进行经营的行为无须经韦某的同意，原审法院未对恩迪公司经营模式进行审查，就认定其将公司款项转入其个人账户的行为侵害恩迪公司财产权利，显然是错误的。再审审查法院认为：公司股东并不当然享有直接管理和经营公司的权利和地位，苏某错误地将其经营行为视为股东固有权利，原审法院也错误认为苏某利用其管理公司公章、法定代表人印章等职务之便将公司款项转入自己账户属于滥用股东权利，实际上该行为的发生并非基于股东身份而是基于其实际作为公司高级管理人员的身份，其涉嫌不当行为属于公司实际高级管理人员的失职行为。

权的行使并不能或不应直接收获个人利益，就全资股东或控制股东而言，应以公司整体利益为决策依据或致力于公司独立财产的增益，若其经营决策完全服务于母公司或公司外的其他利益主体，则可能构成滥用股东权利或造成公司独立人格被否定而不得仅对债权人承担有限责任或因对公司或其他股东造成损害而承担赔偿责任(《公司法》第20条)；就一般股东或小股东而言，虽然其表决也可能与股东会决议结果相一致，但其并不能通过其表决而直接形成自己预期的法律效果，只是股比份额具有优势的股东更有实现个人表决与决议结果相一致的可能性，故股东行使决议权时的利己目的或实际效果并不当然属于共益权的权能。另一方面，公司要如同一个自然人主体一样以独立财产承担无限责任，就必须具备独立人格与独立意思。① 股东是公司权力机关的组成单元，公司法人意志的形成离不开其权力机关的顺利运行，故法律保护股东的共益权并不完全基于对股东个人权益的保护，更多的制度基础在于成员权是组织机体存续的必要。② 因此，成员权并非一种服务个体的权利，甚至单个股东的行权结果还可能与其个人意愿完全相反，成员权更多的是一种集体权或集体身份③。单个股东虽享有成员权，但其必须集体行使，单个股东虽能够行使成员权，但不产出个人意志，而是在集体行权的情况下为全体股东产出独立意志，故成员权在制度设计上更重视服务集体，与其说这是一种权利，其实更接近一种参与团体行动的自由与资格，其更关注成员集体行权的结果，该结果使集体获得独立的意志、行为与名义，这种效果是法律在自然人之外构造民事主体的根基。

(2)成员权的法律效果。第一，以多数决方式服从团体。股东的共益权体现了股东与公司之间具有的“成员—团体”关系，这种关系不是一般的平等主体之间的民事关系，这种关系的首要目标在于构建团体的独立主体地位，这就要求成员服务并服从于团体。这不仅要求成员将其财产转移为团体所有，更重要的是，全体成员必须有效地将个人意志上升为团体意志，这才能为团体赋予独立人格。这种团体意志并非每位成员意志的简单合并，而是通过多数决的机制，将少数异议或少数弃权的成员意志排除在外，在兼顾效率与整体公平的情况下产出团体意志。第二，多

---

① 参见郑云瑞：《公司法学》，北京大学出版社2016年版，第22页。

② See Arthur W. Machen, *Corporate Personality*, Harvard Law Review, Vol. 24, 1911, p. 253 - 260.

③ 个人作为团体成员有另一种身份，即使该团体只剩下他一人，该身份也区别于其个人人格。参见[意]彼德罗·彭凡得：《罗马法教科书》，黄风译，中国政法大学出版社1992年版，第51～53页。

数决机制限于团体治理事务。股权是一种复合的权利集,股东行使共益权的时候是一种隶属于团体的成员身份,其要服从于多数决,但反过来,多数决规则也必须限于股东的成员义务、限于股东作为成员时所服从的团体治理事务。例如,公司的经营目标、决策以及公司内部管理决策等事务。至于股东的自益权以及与自益权具有对价关系的个人出资义务,如特定某位股东的出资义务或实缴期限,就不属于多数决机制的管辖范畴,而必须经由股东个人认缴或明确同意。① 实践中也出现了不少案件:大股东通过股东会多数决的方式修改公司章程,加速小股东的出资义务期限,并以此为由主张小股东不履行出资义务,进而将其除名。② 第三,团体内部具有一定的自治能力。股东共益权与一般的"权利"构造有所不同③,既不像债权一样依赖请求权即可完全实现其权能,也并非如同物权等绝对权一样仅要求免于侵扰之状态即可实现权能,而是通过一种集体交涉磋商的自治过程来完成权利内容,其更近似于一种自由或利益,而非一种权利。因此,股东会作为公司最高权力机关,即法人的"大脑",其有能力实现其自身事务的计划、安排与控制。对于公司内部治理和运行规则,法律原则上无须为单个股东或公司本身赋予强制执行请求权,这些领域属于司法不宜直接介入的公司自治范畴,股东会、控股股东或实际控制人都可以在事实上实现其对公司内部治理或事务决策的实际效果。④ 总之,公司章程关于这类事项的规定并非任由当事人诉请法院审判执行,而是交由当事人自主实

① 需要注意的是,《公司法》第43、103条规定股东会可以通过绝对多数决的方式决议"增加注册资本金",但这里指的是公司的资本金总额增加,而不是说股东会能够直接决议具体每位股东的增加数,每位股东的增资义务必须由每位股东各自认缴后才能生效。

② 参见"叶道公司与刘希雄公司决议纠纷案"[广西壮族自治区柳州市中级人民法院(2020)桂02民终1779号民事判决书]。

③ 根据传统大陆法系理论,"权利"构造分为实质因素与形式因素,前者包括自由意志、利益、资源、价值等,后者为法律的保护力或法律之力,具有典型构造的权利类型为请求权(对人权)、支配权(对物权、绝对权)、形成权等。参见[德]卡尔·拉伦茨:《德国民法通论》(下册),王晓晔等译,法律出版社2003年版,第277~280页;朱庆育:《民法总论》,北京大学出版社2013年版,第478~479页。

④ 只有在"公司僵局"这种极端情况下,公司自治失效,公司机关无法作出法人意志,导致公司无法正常运营,股东利益也因此严重受损,公司失去了以营利为目的的存续价值,这是股东请求公司解散的正当性基础。反之,即使股东之间存在矛盾或不可调和的对立情形,即使公司长期不召开或无法召开股东会,即使股东因与其他股东分歧而被排斥参与公司日常管理,但只要没有完全造成公司日常经营管理困难,都不属于僵局,都不应解散。参见"强远公司诉朝华公司解散纠纷案"[广西壮族自治区高级人民法院(2019)桂民申1271号民事判决书],本案中,朝华公司的股东有强远公司(49%)、庞某(26%)、庞某某(25%),虽然作为股东之一的强远公司与另两位股东之间存在分歧隔阂,但另两位股东的股权份额合计达到51%,且分别任法定代表人、执行董事、监事,故目前公司完全能够正常作出意思表示或内部管理决议,公司实际上也在正常地运营中。

现其中的权能，而法律仅提供相关权能无法实现的事后救济。

（3）司法介入的边界。结合上述三个层次的出资法律关系来理解公司章程，即可区分出两大类章程记载事项：一类是明确含有请求权基础的。例如，股东出资义务、股东个人权利及其实现规则、董监高人员职权与职责、股东权利滥用责任等内容。另一类是关于公司内部治理的机构规则、程序规则、运行规则或其他公司情况说明。就后者而言，原则上无须司法介入。① 仅提供事后司法救济，即对于“内容上”或“程序上”违反公司章程的股东会决议或董事会决议，股东有权在法定期限内请求法院予以撤销或确认不成立（《公司法》第22条、《公司法解释四》第5条）。就违反章程的“程序瑕疵”而言，涉及诉请撤销或确认不成立，这是股东共益权或成员权的必要延伸，股东通过集体意志来管控公司的前提就是该意志能够合法、完整、顺利地产出，故重置性、恢复性的事后救济具有实效性与必要性。就违反章程的“内容瑕疵”而言，主要涉及诉请撤销，由于公司章程是发起人股东“共同制定”的，其体现了股东集体意志最高程度的一致性，其地位类似于公司内部运行的“宪法”，在公司治理规则中具有最高效力，故原则上股东会决议也不能对抗具有最高效力的公司章程。

应当意识到的是，上述撤销权等司法介入也并非公司治理的必要路径，若某一股东会决议达到了全体一致同意或足以修改章程的绝对多数②，即使其与现有公司章程内容有所冲突，也不宜由司法机关直接予以撤销，加之主张撤销往往属于事后救济，对于已经体现了公司整体意志且生效施行的决议，司法机关不应再对已趋于稳定的公司内部治理状态予以干涉。③ 此外，若某一董事会决议与现有公司章程内

① 这也是国际上公司章程早有简化或分化趋势的原因，公司章程往往分化为两类文件：一是章程大纲或者组织大纲、设立章程、外部章程等（Memorandum or Memorandum of Association or External Constitution、Certificate of Incorporation or Articles of Incorporation），二是章程细则或者运作章程、内部细则、内部章程等（英国 Articles of Association or Internal Constitution，By－laws）。后者往往不要求登记注册。参见朱慈蕴：《公司章程两分法论——公司章程自治与他治理念的融合》，载《当代法学》2006年第5期。

② 例如，公司章程规定的营业期限届满或者其他解散事由出现的，《公司法》第181条规定可以通过修改公司章程而存续，有限责任公司须经持有2/3以上表决权的股东通过，股份有限公司须经出席股东大会会议的股东所持表决权的2/3以上通过。但实际上，如果股东会直接以绝对多数决或一致意见作出了公司存续决议，即使尚未修改公司章程，也应当认为公司能够有效存续。

③ 除了《公司法》第22条明确规定了撤销权的行使期限以外，《公司法解释四》第4条还规定：“股东请求撤销股东会或者股东大会、董事会决议，符合公司法第二十二条第二款规定的，人民法院应当予以支持，但会议召集程序或者表决方式仅有轻微瑕疵，且对决议未产生实质影响的，人民法院不予支持。”

容有所冲突，实际上股东会也能以其最高权力机关的地位修正或撤销董事会的相关决议，而无须通过司法途径予以撤销。当然，对于在内容上与公司章程不符的情况，股东会并不一定能够形成一致意见或绝对多数决，也不一定会对于体现了大股东或控股股东意志的董事会决议予以干预，故《公司法》规定的撤销权更重要的意义在于保护中小股东利益，即在中小股东或代表其利益的董事、监事不同意某一决议内容，但股东会或董事会仍予通过时，其有权通过司法途径撤销与公司章程内容不符的决议。

5. 公司章程记载事项的可诉类型

基于上文对有限责任公司章程中法律关系性质的分层次梳理，就此本书以可诉请的类型将相关记载事项梳理如下：

第一，可通过诉请执行的方式实现的记载事项。这类记载事项由法律赋予强制履行的效力，公司、股东或董监高人员可以诉请相关义务人执行或履行。体现在"法定强制记载事项"的内容有：公司注册资本，股东的姓名或者名称，股东的出资方式、出资额和出资时间（《公司法》第 25 条）。体现在"相对必要记载事项"①以及"任意记载事项"②的内容例如：公司章程可以就股东知情权中关于查阅、复制特定文件材料等事项予以具体规定，股东可就此直接诉请执行（《公司法解释四》第 7 条）；公司章程可以根据发起协议或出资协议，就股东未履行出资义务的违约责任予以具体规定（《公司法》第 28 条第 2 款）；公司章程可以规定公司向各股东送交财务会计报告的期限（《公司法》第 165 条第 1 款）；公司章程可以对股东采取不按持股比例进行利润分配的方式作出规定（《公司法》第 166 条第 4 款、《公司法解释四》第 14、15 条）；公司章程可以就公司解散事由予以规定（《公司法》第 180、183 条，《公司法解释二》第 7 条）。

第二，可通过事后追责的救济方式实现的记载事项。这类事项主要涉及两类

① 相对必要记载事项（relative necessary item）属于授权性规范，即虽然《公司法》对此有所规定，但公司章程可以选择予以记载，也可以不予记载，不予记载的不影响公司章程的效力与完整性，而一旦记载则具有合法效力，而不需要像"任意记载事项"那样还须经合法性审查。就"授权规范"本身而言，可分为公法意义与司法意义，实际上授权规范是以公法规范为原型的，即旨在配置立法、行政与司法诸项公权力，由于公权机关对所授之权不得放弃，故授权规范与强行规范合二为一；在私法领域，授权性规范可由当事人自由选择行使与否，故不存在遵行或违法的问题，其与许可规范相似，又称为"赋权规范"。参见朱庆育：《民法总论》，北京大学出版社 2013 年版，第 57 ~ 58 页。

② 任意记载事项（arbitrary item）是指在《公司法》规定的法定强制记载事项与相对必要记载事项之外，只要不违反法律强制性规定或不违背公序良俗、诚实信用等原则，即可任意记载于公司章程的事项。

责任:一是董监高人员违反忠实或勤勉义务损害公司或股东利益的责任(《公司法》第147、148、149条);二是股东滥用权利而损害公司或股东利益的责任。两者的本质差别在于,前者是一种违反法定或约定的行为模式或行为准则的受信义务责任,而后者实质上是股东故意侵害公司或股东财产权的一般侵权责任。因此,特定的行为模式或行为准则当然需要预先设定,董监高人员作为受信义务人,其职权、职责及相关限制往往成为公司章程中的主要内容之一①。对于要求股东不为侵害行为的消极性义务,则无须过于关注预先设定,大部分公司的章程仅援引《公司法》第20条之规定即可。与上一类事项不同,此类记载事项涉及的大量行为规范无法通过诉请强制履行来实现,反而可作为启动事后救济的条件或构成要件的反面规定。

第三,可通过撤销权或不成立之诉实现的记载事项。这些事项事关公司治理与运行的基本规则与情况,完全可以由股东会以其最高权力机关的地位将其付诸实践,保障记载事项内容与实际运行情况保持一致。因此,这些事项原则上属于公司自治的范畴,其对外公示与表征的意义要大于对内规范的效力。这类记载事项原则上无独立请求权基础。就公司经营与治理而言,股东无权诉请公司依据章程记载的经营范围履行相关经营活动,也无权诉请公司在日常经营中注意公司名称的规范使用或诉请公司应将主要办公地置于所载明的住所,也无权诉请股东会应依据章程记载的职权或利润分配办法作出决议,更无权诉请公司法定代表人、董事会或其他机构在今后的工作中依据章程记载的议事规则行事,等等。就股东共益权而言,无论是参会权、召集权,还是表决权、提案权、质询权,股东都无法借助司法强制力直接实现股东会的召集或个别股东的参会,也无法强制完成个别股东在会上的表决、提案以及质询等行为。总之,股东、董事或监事等不得依靠司法强制力来完成公司内部治理,而这类事项与上述第二类一样,实质上可视为启动事后救济的条件或构成要件的反面规定,本质上属于一种"不完全法条"②,其与撤销权或不成立之诉的相关规定共同构成完整的救济机制。

---

① 《公司法》提及的公司章程记载事项包括:第13条(法定代表人的选任)、第46条(董事会的职权)、第49条(经理的职权)、第50条(执行董事的职权)、第53条(监事会的职权)、第141条(董监高人员的股份转让限制)、第169条(审计业务的决策权)、第216条(高级管理人员的范围)等。

② 参见黄茂荣:《法学方法与现代民法》(第5版),法律出版社2007年版,第133~140页。

第二、三类事项具体包括：

（1）法定强制记载事项：公司名称和住所、公司经营范围、公司设立方式、公司机构的产生办法及议事规则、公司法定代表人产生和变更办法、公司利润分配办法、公司的通知和公告办法（《公司法》第25、81条），等等。

（2）相对必要记载事项①：股东会的定期会议（《公司法》第39条），董事长、副董事长的产生办法（《公司法》第44条），董事任期（《公司法》第45条），执行董事的职权（《公司法》第50条），监事会中职工代表的具体比例（《公司法》第51、117条），国有独资公司监事会成员中职工代表的具体比例（《公司法》第70条），公司对外担保的决定权及担保限额（《公司法》第16条），等等。

（3）任意记载事项②：股东会法定职权以外的职权（《公司法》第37条），关于召开股东会通知的规定（《公司法》第41条），股东在股东会上不按出资比例行使表决权（《公司法》第42条），董事会、监事会法定职权之外的职权（《公司法》第46、53条），董事会、监事会法定议事方式和表决程序之外的规定（《公司法》第48、55、119条），公司经理法定职权之外的职权或其他规定（《公司法》第49条），股权转让法定规则之外的规定（《公司法》第71条），召开临时股东会法定以外的情形（《公司法》第100条），关于股份公司转让、受让重大资产或者对外提供担保等事项是否必须由股东大会作出决议（《公司法》第104条），关于股份公司股东大会选举董事、监事是否实行累积投票制（《公司法》第105条），等等。

三、出资法律关系的内部变动：股权内转、份额变更

（一）出资主体的变更：股权对内转让

主体变更具体有新增与退出两种方式：前一种方式包括对外增资与对外转让股权；后一种方式包括自有全部股权对内或对外转让。除了自有全部股权对内转让的情形之外，其他情形都涉及新的出资法律关系的形成，详述请见下文“四、出资法律关系的外部变动：设立形成、股权外转、增资入股”。而就股权对内转让规则而

---

① 相对必要记载事项（relative necessary item），是指虽然《公司法》对此有所规定，但公司章程可以选择予以记载，也可以不予记载，不予记载的不影响公司章程的效力与完整性，而一旦记载则具有合法效力，而不需要像“任意记载事项”那样还须经合法性审查。

② 任意记载事项（arbitrary item），是指在《公司法》规定的法定强制记载事项与相对必要记载事项之外，只要不违反法律强制性规定或不违背公序良俗、诚实信用等原则，即可任意记载于公司章程的事项。

言，依据《公司法》第71、137条之规定，无论有限公司还是股份公司，均无须其他股东同意，也不涉及对其他股东优先购买权的保护，故出让股东得以一般契约规则实现股权转让目的。① 但由于股权转让合同本身属于权利变动的原因行为，其直接效果在于约束合同交易双方如约进行交易，而不是当然地产生交易效果或实现交易目的。② 传统债法理论也指出，债权的标的或债之客体是给付行为（包括作为或不作为），而并非该给付行为所直接针对的物或财产。③ 因此，参照债权效力与物权效力区分原则，权利移转的约定与权利移转的实现应当区分对待，④股权合同生效时间不等同于股权变动时间，股权能否依约发生变动不影响转让合同的成立与生效⑤。股权转让行为的法律意义不仅在于转让合同的效力问题，更关键的在于对股权变动效力的判断。但由于法律并未明文规定股权何时转移，很多中基层人民法院法官往往对此把握不准，甚至将这个问题模糊化或避而不谈，使一些案件结论或说理存在瑕疵。

1.股权变动的分阶段效力

股权转让是由一系列环节组成的过程。这种权利变动往往涉及多方关系变动，故变动效力不是一蹴而就的，其涉及多个环节的衔接，涉及多方主体的通知、同意以及确认。从当事人签订转让合同开始，一直到工商登记完成、交接事务完成等最终步骤，笔者认为，相关的效力变化可以分为以下三个阶段⑥：

（1）合同双方之间的股权权属转移效力。当事人内部之间的股权权属变动效

---

① 根据国际上的立法例，如日本《有限公司法》第19条、德国《有限责任公司法》第15条、法国《商事公司法》第47条等，均对股东之间的股权转让不做限制，这种交由商人自治或股东自治的不干预态度，符合当前国际社会公司法律制度的一般价值标准。参见甘培忠：《企业与公司法学》（第8版），北京大学出版社2017年版，第188～189页。当然，也有学者观点及其他国家或地区公司法认为，维持有限责任公司股东经深思熟虑精巧设计的股权比例关系和公司股权结构，也是一项重要价值取向，故同意权制度不应仅适用于股权对外转让。参见段威：《有限责任公司股权转让时“其他股东同意权”制度研究》，载《法律科学》（西北政法大学学报）2013年第3期。

② 参见郑云瑞：《公司法学》，北京大学出版社2016年版，第136页。

③ “债权的标的”（债权的内容）是指债务人的行为，“债权的标的物”是指以转移物为目的的债务中的物。参见[日]我妻荣：《新订民法总则》，于敏译，中国法制出版社2008年版，第17页；王洪亮：《债法总论》，北京大学出版社2016年版，第20页。

④ 参见蒋华胜：《有限责任公司股权转让法律制度研究》，载《政治与法律》2017年第10期。

⑤ 参见张平：《股权转让效力层次论》，载《法学》2003年第12期。

⑥ 在此先以股东内部转让为标准，在不考虑其他股东同意权和优先购买权的情况下，股权对外转让也可适用该规则。此外，对于以有形载体的股票作为转让形式的情形，依据《公司法》第139、140条关于记名股票与无记名股票转让之规定，则接近物权法上的动产物权变动规则，本书就此不再予以讨论。

力，应当首先尊重意思自治的规则：转让合同有约定依约定，无约定以转让合同生效之时发生变动，且以请求公司认可新股东资格并办理变更手续的通知到达公司之日起，股权权属变动对公司发生效力。第一，遵循意思自治的理由在于：公司具有独立财产与独立人格，股东仅对公司享有股利分配权、剩余财产分配权等自益权，以及参会权、表决权、提案权、知情权等共益权，股东对公司及其特定财产并无支配权或处分权；即使控股股东可以利用其地位实现管控公司之目的，但这一支配力并非源自其股权，该管控过程的实质仍是股东在股东会上行使表决权或在经营管理中行使高级管理人员的职权。因此，股权从权能上看主要属于对人权而非对世权，①反映了股东与公司之间的相对性关系，而非绝对权模式下的排他支配关系，②股权作用的对象是主体（公司）而非客体（物），股权在流转规则上更类似于债权转让而非物权转移，股权转让规则原则上可类推适用债权转让规则，在不违反法律或事前约定的情况下，交易当事人可以自主约定权属转移的时间点。第二，股权权属变动效力意味着，如果当事人约定股权变动时间点早于公司确认该次股权转让的，股权受让人至少可获两项效力：一是股权收益权，即向股权出让人请求给付该出让人在权益转移时间点之后仍从公司获取的财产性权益；二是办理变更手续请求权，即向公司请求变更股东名册、签发出资证明以及办理工商变更登记等权利。③ 后一种权利实际上是在请求公司确认其新股东资格，依据《民法典》第 546 条规定的“债权人转让债权，未通知债务人的，该转让对债务人不发生效力”，股东股权的义务人是公司，故股权转移情况要通知到公司，公司才负有义务来确认受让人的新股东资格。

（2）新股东与公司之间的成员资格变动效力。股权远比债权复杂，仅类推适用债权转移规则显然不够完善，这一难题源自股权性质的复杂性。针对股权性质，本

① 最高人民法院在处理出资不足的股份转让案件时指出：股权的本质是股东和公司之间的法律关系，既包括股东对公司享有的权利，也包括股东对公司的出资义务，因此，股权的转让导致股东权利义务的概括转移，受让人在受让股东资格权利的同时，受让了股东的出资义务。参见“贵州益佰公司诉北京双鹤公司、湖北双鹤公司、湖北医药公司股权转让纠纷案”［最高人民法院（2008）民抗字第 59 号］。

② 关于“所有权二重结构”（公司中并存着两个分属股东与公司法人的所有权）的错误认识也已被纠正。参见雷兴虎主编：《公司法学》（第 2 版），北京大学出版社 2012 年版，第 171 页。

③ 参见胡晓静：《股权转让中的股东资格确认——基于股权权属与股东资格的区分》，载《当代法学》2016 年第 2 期。也有学者通过股权“二分论”（财产权与人身权）的理论，持类似观点，参见蔡元庆：《股权二分论下的有限责任公司股权转让》，载《北方法学》2014 年第 1 期。

书并不单独赞同"债权说"[1]或者"请求权说"，这两种角度分别揭示了股权的财产属性与法律强制属性，其也确实包括了股权的大部分权能，在法律适用与司法实务中能起关键作用；但对于股权的成员权或共益权部分，这两种学说则难以解释清楚。[2] 本书认为，股东行使成员权或共益权，就是在参与公司内部治理，这一过程与事实属于公司自治范畴，法律在此无法直接形成或赋予某种债权或请求权[3]，而仅保护成员参与治理的结果及所获利益，且以一定事后救济的方式激励公司尽可能合法、规范地开展内部治理，这就说明成员资格无法仅通过转让请求权的方式来实现；此外，成员权还体现一定人身性与特定性[4]，表现出一种在团体中才享有的资格与自由，这就使团体对成员身份的认可必不可少。综上所述，基于股权的复杂性，受让股东要概括性地承接出让股东的权利义务、替代性地进入与公司及其他股东之间的出资法律关系之中，应当经过公司及全体股东的知晓与确认环节，受让股东才能完整获得股东成员资格，才能完整行使股权权利并承担股东义务。[5] 具体确认的方式一般为公司开始办理工商变更登记、变更公司章程记载事项、变更公司股东名册、向新股东签发出资证明等手续，或特殊情形下新股东在事实上已开始正常行使股东权利的，均可视为公司对新股东成员资格的确认。[6]

(3)工商登记的对抗效力。依据我国法律规定，工商登记真正的效力类型是针对善意第三人的对抗效力。[7] 这并非意味着工商登记在股权转让交易中不够重要，反而是强调我们须重视工商变更登记，因为这才是股转交易最终完结的真正标志，否则一旦善意第三人通过另一桩交易先获变更登记，那么基于对登记事项的信赖

① "股权债权说"(参见郭峰:《股份制企业所有权问题的探讨》，载《中国法学》1988 年第 3 期)通过指出成员权或共益权的日渐式微而强调自益权的债权属性，存在明显缺陷。

② 还有观点认为，如果说股权是近现代出现的一种不同于债权、物权等传统民事权利的内容丰富、较为复杂的权利，那么用一个暂时处于不确定状态、可以不断补充其内涵的"独立权利说"来解释或许更加妥当。参见蔡元庆:《股权二分论下的有限责任公司股权转让》，载《北方法学》2014 年第 1 期。

③ 例如，《全国法院民商事审判工作会议纪要》(以下简称《会议纪要》，法〔2019〕254 号)第 29 条即指出股东请求召开股东会不可诉。

④ 公司成员权与源于自然人人格的人身权也不完全相同，该权利本质上仍属于可予财产性评价的范畴，故股权在基本面上应属于财产权。

⑤ 参见蔡元庆:《股权二分论下的有限责任公司股权转让》，载《北方法学》2014 年第 1 期；钱玉林:《股权转让行为的属性及其规范》，载《中国法学》2021 年第 1 期。

⑥ 参见郑云瑞:《公司法学》，北京大学出版社 2016 年版，第 136 页；古锡麟、李洪堂:《股权转让若干审判实务问题》，载《法律适用》2007 年第 3 期。

⑦ 参见郑艳丽:《论有限责任公司股权转让效力与相关文件记载的关系》，载《当代法学》2009 年第 1 期。

保护机制，可能会造成在先的股权受让人权益受损甚至失去股权。因此，所谓对抗效力，意味着股权受让人可以凭借工商变更登记防止原股东或公司与第三人再来侵害其已获权利。

对于上述“三阶段”理论，还需要澄清的是，其与大陆法系公司法中的“禁止分离原则”(Abspaltungsverbot)①并不冲突。后者强调的是权利在权属上不得分离，即权利的归属主体须保持唯一性；前者强调的是股权受让人在不同阶段下的股权效力状态，这并不意味着存在权属主体的多重性，即并不存在由受让人与出让人共同享有股权的状态。受让人依据股权转让合同获得股权之时，所获权能可能尚不完整，还须经过公司及全体股东的知晓与确认环节，方能完整行使某些成员权或共益权，但这并不意味着出让人仍保有受让人未完整取得的权能，即使在这一阶段里出让人以自己名义行使了相关成员权或共益权，也不属于有效行权，而仅能依据外观主义或第三人善意保护的规制予以处理。例如，某股东在与他人订立股权出让合同后，其又在公司知晓之前参与了利润分配，该股利受领行为并非完全合法有效，新股东(受让人)有权追回；又如，其在公司知晓之前参与某项重要决议的表决，该表决决定公司与他人订立重大合同，即使新股东(受让人)反对其表决行为，公司与他人之间的合同效力也受外观主义和善意保护机制维护。

2. 关于股权变动时间点的讨论与判断

(1)基本规则。正是由于股权转让交易是一系列环节组成的过程，且每个阶段都反映了一定的进展，同时体现出不断趋于完整的变动效力，因此，法律并没有具体且明确地规定股权变动的时间点。但如果一定要在整个股权转让过程中，选择一个最为关键、最具标志性的环节作为变动时间点，本书认为，考虑到交易的完整度与交易效率，应当以公司认可新股东资格之时作为股权变动时间点，但法律、行政法规规定应当办理批准手续的股权转让除外。个案中应以公司确认该次股权转让的时候为变动时间点。具体的时间点一般为公司开始变更公司股东名册、变更公司章程记载事项、办理工商变更登记、向新股东签发出资证明等变更手续；或在个案中新股东在事实上已开始行使股东权利的，也可视为公司对新股东成员资格

① 即股权的各项权能不可分离，股权应保持一体性，股东身份、资格与权利行使不得分离。参见[德]格茨·怀克、[德]克里斯蒂娜·温德比西勒：《德国公司法》(第21版)，殷盛译，法律出版社2010年版，第50、546页；[德]托马斯·莱塞尔、[德]吕迪格·法伊尔：《德国资合公司法》(第3版)，高旭军等译，法律出版社2005年版，第103～104页。

的确认，并以此为股权变动时间点。

（2）观点评析。有观点直接以公司内部变更股东名册之时作为股权变动唯一的时间点或形式要件。[①] 本书并不完全赞同，原因在于：第一，以变更股东名册作为股权变动标志，实质上是不当沿用了物权变动中重视外观表征的观点[②]。这种解释路径的问题在于：物权的行使对象是“物”本身，物属于法律关系的客体，不特定第三人作为义务主体仅负消极勿扰义务，而股权的行使对象是“公司”，公司须以积极作为来实现股权权能，公司属于法律关系的主体，股权主要体现主体之间的相对性关系，这也是为何他人侵害公司不等于直接侵害股东且股东无权直接起诉该侵权人的原因。第二，有些公司在不置备或不重视股东名册的情况下，在交易完成或转让合同生效后的一段时间里，并未办理股东名册变动，但新股东可能已开始行使股权或收获相关股权利益，或该公司已开始分配股利，这种情形下应当认定已完成股权变动。[③] 第三，将股权变动完全依附于名册变动，可能引发道德风险。公司或其他股东可能利用收到变更通知（或知晓变更）与实际变更之间的间隙，恶意作出一些公司决议或处分行为，以造成新股东的特定预期落空或相关利益受损。第四，股东信息也属于公司登记机关的登记事项，对于尚未完成公司外部变更登记之前的内部名册变动，并没有较强的公示效力，这种变动模式并不能有效保护第三人信赖

---

① 参见刘俊海：《现代公司法》（第3版）（上册），法律出版社2015年版，第470页；胡田野：《公司法任意性与强行性规范研究》，法律出版社2012年版，第332页；郑艳丽：《论有限责任公司股权转让效力与相关文件记载的关系》，载《当代法学》2009年第1期；杨瑞峰：《股权转让合同的生效与股权变动》，载《法律适用》2007年第10期；张平：《股权转让效力层次论》，载《法学》2003年第12期。

② 甚至有的观点直接参照一般买卖合同，将股权的“交付”作为股权变动的标志，但是基于股权交易的现实情况，同时又认为交付的判断应以合同约定为准，可能表现为约定交割日、出资证明交付、实际行使股权等事实，参见潘福仁主编：《股权转让纠纷》（第2版），法律出版社2010年版，第124～125页。本书认为，这种观点完全改变了“交付”原本以外观变动为信赖基础的内涵，而陷入了自相矛盾、不能自圆其说的境地。

③ 实务中公司故意推迟或拒绝变更股东名册的情形并不少见，比如，北京市第二中级人民法院在（2009）二中民终字第02382号民事判决中确认了已经通过诉讼请求变更但尚未变更股东名册和工商登记的股权受让人的股东身份。参见徐浩：《公司法股权转让与股东资格取得关系探讨——以（2009）皖民二终字第0011号判决为素材》，载《北方法学》2013年第2期。

利益。第五，实践中当事人在合同中往往根据交易需求约定股权变动时间点①，在法律并未规定以登记或交付等外观变动为必要的情况下，否定当事人意思自治、不认可当事人具体约定，而仅将名册变更作为股权转移标志，并无足够正当性。

但是，如果股权受让人的姓名或名称已经得到了该公司股东名册的变更记载，那么反过来，往往是可以证明受让人已经取得股权的。② 这一规则与上述基本规则并不冲突，基本规则指出的是股权变动的时间点不应直接或唯一地绑定为股东名册变更，实际上，股东名册变更记载与办理工商登记、变更公司章程记载事项、签发出资证明等手续具有类似意义，即证明股权转让交易的完成进度已较为深入并获得了公司的认可。

此外，工商变更登记也并非股权变动的标志，这基本得到了理论和实务的共识。《公司法》第 32 条第 3 款表明，工商变更登记并非股权变动的生效要件，而是针对善意第三人的对抗要件；《公司法》第 73 条也规定，“依照本法第 71 条、第 72 条转让股权后”，公司应注销原股东出资证明并签发新的出资证明，同时相应修改公司章程和股东名册中有关股东及其出资额的记载。这一“后”字的表述逻辑也印证了股权可以先发生变动，公司再办理相关内外部变更程序；《公司法解释三》第 23 条规定了“当事人依法继受取得股权后”可以要求公司签发出资证明、记载于股东名册及申请工商登记，这一“后”字也表明公司进行内部或外部登记均是在股权变动事实之后，登记系对股权变动这一事实的确认，而不是判断股权是否变动的标准③。当然，当事人也可以约定以办理工商登记为股权发生变动的要件。④

3. 股权受让人的请求权类型

基于上述股权变动效力内容，股权受让人的请求权基础一般有以下三种：

---

① 参见“德保公司诉周某解除股权转让合同案”［广西壮族自治区桂林市中级人民法院（2019）桂 03 民终 3722 号民事裁定书］。本案中，当事人在股权转让合同中约定“自协议生效之日起，周某不再持有公司的股权，完全退出公司的经营管理，不再参与公司财产和利润的分配……从协议生效之日起，德保公司实际行使作为报业房开公司股东的权利，并履行相应的股东义务，在报业房开公司工商变更登记完成前，周某应协助原告行使股东权利、履行股东义务，包括以周某名义签署相关文件（但责任由德保公司完全负责）……”这意味着，当事人将权利变动的时间点定为股转协议生效之时。

② 《会议纪要》第 8 条指出：“当事人之间转让有限责任公司股权，受让人以其姓名或者名称已记载于股东名册为由主张其已经取得股权的，人民法院依法予以支持，但法律、行政法规规定应当办理批准手续生效的股权转让除外。”

③ 参见王纯强：《有限公司股东资格认定》，载《人民司法·案例》2019 年第 20 期。

④ 参见“陈某诉周某解除乾龙公司股权转让合同案”［广西壮族自治区高级人民法院（2018）桂民申 1518 号民事裁定书］。本案中，当事人在股权转让合同中约定：首期付款支付到账后 3 日内，由受让方和转让方共同到工商行政管理机关办理股东变更登记，受让方始获得股权权益。

第一，基于股权转让合同法律关系，主要涉及“股权转让纠纷”案由，具体涉及合同当事人之间的股权权属转移效力。据此，受让人有权依据转让合同请求出让方履行移转股权的相关义务，包括请求出让人协助变更公司章程、股东名册、工商登记、出资证明等手续。

第二，基于公司出资法律关系，主要涉及“股东资格确认纠纷”与“股东名册记载纠纷”案由。[①] 受让人的主张不限于转让合同当事人之间的内部效力，而是涉及股权权属转移对于公司的效力。一旦受让人获得股权权属，其就有权直接请求公司认可其股东成员资格，即请求变更公司股东名册、注销原股东出资证明书并向自己签发出资证明书，该请求权主要涉及《公司法》第31、32、73条之规定。

第三，基于公司出资法律关系，还可能涉及“请求变更公司登记纠纷”案由。对于已获得公司确认或认可的新股东，即已获股东成员资格的受让人，有权直接请求公司将新股东的姓名或名称及其出资额向公司登记机关变更登记，主要涉及《公司法》第32条规定的“公司应当将股东的姓名或者名称向公司登记机关登记；登记事项发生变更的，应当办理变更登记。未经登记或者变更登记的，不得对抗第三人”。

（二）出资份额的变更：增资与减资

出资份额的变更主要涉及股东增资与减资的相关规则（《公司法》第177～179条）。增资与减资相同的程序有：一是均应当由股东会对此作出决议，且应以2/3的绝对多数决通过，国有独资公司须由国有资产监督管理机构（以下简称国资委）决定；[②]二是均涉及相关货币或非货币财产的评估、交割及移转；三是均涉及股东出资证明、股东名册、股东章程以及工商登记等相关记载事项的变更（《公司法》第27、28、31、32条、第37条第1款第7项、第43、66、73、103条）。

增资与减资程序的不同在于：减资涉及编制资产负债表和财产清单、向债权人通知或公告、提前清偿债务或提供相应担保等旨在保护债权人的程序；增资则涉及

---

① 参见人民法院出版社编著：《最高人民法院民事案件案由适用要点与请求权规范指引》，人民法院出版社2019年版，第666页。

② 虽然《公司法》第177、178条并未直接规定公司减资或增资须经股东会决议通过，而第43、103条也仅是对股东会关于减资或增资的决议应采取绝对多数决作出规定，但实际上，在此股东会决议的必要性主要源于公司减资或增资已涉及公司章程中法定事项的变动，即章程中股东之间关于出资的约定属于共同法律行为，任何单方当事人不得擅自变更共同出资协议的内容，故此类事项在公司内部治理中须经股东会决议通过，《公司法》第37条第1款第7项关于股东会职权之规定也就此予以明列。

股东优先认购权或原有股东新股认购权等旨在保护原有股比结构、防止股权稀释的相关机制(《公司法》第 34 条、第 133 条第 4 项)。

(三)认定股或债的审理思路——“名股实债”还是“名债实股”

实践中时常会遇到一个问题:股东向公司投资或向公司名下的项目投资是否属于增资?现实中,大量以在建项目设立的公司通常注册资金不高,特别是在注册资本由实缴制修改为认缴制之前,公司的发起人往往在公司成立后根据项目需求不断向公司投入资金。对于这种直接投资而未经法定增资程序的行为,将其认定为增资还是借款,会直接影响股东、公司以及债权人的利益得失。其中可能涉及如下问题:是否依据新的投资计算股东的出资额与股比份额?股东是否以该股比份额行使股东权利、享有股利并承担义务?股东从公司收回这类投资是否要遵守减资程序?否则是否构成抽逃出资?出让股东在计算股权价值时是否应当以全部投资额及项目资产作为公司资产基数?公司进入破产程序后股东对于这类投资是处于债权人地位还是出资人地位?这些问题延展开来,不仅可能涉及股东新增投资的情形,而且可能涉及非股东的投资人出资入股的情形。当事人在诉讼中往往以利益最大化主张权利,其中可能存在道德风险:股东可根据公司的经营状况事后或随时决定其投资性质,当公司经营收益向好时,其可提出“股”的主张,将新增投资额作为出资额而享有股东权益;当公司经营状态转差时,其可提出“债”的主张,将之前的投资作为借款而不经法定减资程序抽出公司,甚至在进入破产程序时作为债权人申报债权。① 这些行为可能实质上属于未经法定减资程序的抽资行为或旨在规避法定利息管制与流质流押管制,就此可能对于相关利益主体造成不当损害。

---

① 例如,在“新华信托公司等诉港城置业公司破产债权确认纠纷案”[浙江省湖州市吴兴区人民法院(2016)浙 0502 民初 1671 号]中,原告新华信托在破产程序中提出“名股实债”并主张其债权人地位。法院认为,在名实股东的问题上要区分内部关系和外部关系,对内部关系产生的股权权益争议纠纷,可以当事人之间的约定为依据,或是隐名股东,或是名股实债;对外部关系上不适用内部约定,按照《公司法》第 32 条第 3 款规定,第三人不受当事人之间的内部约定约束,而是以当事人之间对外的公示为信赖依据。本案不是一般的借款合同纠纷或股权转让纠纷,而是港城置业破产清算案中衍生的诉讼,本案的处理结果涉及港城置业破产清算案的所有债权人的利益,应适用公司的外观主义原则。即对港城置业公司的股东名册记载、管理机关登记所公示的内容,即新华信托为持有港城置业 80% 股份的股东身份,港城置业之外的第三人有合理信赖的理由……新华信托作为一个有资质的信托投资机构,应对此所产生的法律后果有清晰的认识,故新华信托提出的“名股实债”“让与担保”等主张,与本案事实并不相符,依法不予采纳。

1."股"与"债"的分析框架

本书认为，在公司类纠纷中讨论股与债的区分问题，应注意以下两个方面：

（1）基于有名合同的分析角度。投资人作为诉讼当事人并非要求法院确认其权利是股权还是债权，毕竟股权的权能往往包含债权，而是诉请确认其与公司订立的是何种有名合同，即双方之间的交易安排在整体上是出资法律关系还是借贷法律关系。当事人实质上是对其订约的法效意思请求司法确认，所谓法效意思，即当事人意欲依其表示达成的特定法律效果，[①]这一范畴属于法律关系的定性及效力评价，应由司法机关依职权予以认定。在具体认定有名合同性质时，应注意当事人意思自治与举证责任分配之间的衔接问题。双方在订约时、订约后及履约中凭借书面、口头或行为等形式所达成的明示或默示合意，都可以成为双方法律关系的具体内容。但意思自治不意味着当事人可以随时自治、任意自治，一旦双方就某一事项达成合意，任何一方不得擅自改变或否认合同效力。因此，主张特定有名合同的投资人应当首先负担举证责任，但如果双方在订约时或在诉讼前，对于有名合同的定性要素（基本要素）并无明确合意的，且依据《民法典》第510、511条仍无法确定时，原则上应赋予作为资金所有者的投资人选择资金用途的权利，即以其诉请主张为定性标准，对方当事人予以否定的，则应当承担举证责任。

（2）股债杂糅的商业自治。判断某一投资安排到底是出资关系还是借贷关系，这主要是一种司法评判的视角。实际上，法律并不禁止投资人脱离有名合同下的典型范式，依据自身交易最优化之需求来拟定合同条款。在公司融资的语境下，甚至当事人会有意杂糅或模糊出资关系与借贷关系之间的界限，使权利人得以保留特定条件下的选择权，这种符合期权（option）理念的交易安排也符合现代商业融资的实际需求。[②] 本书认为，这一现象的本质原因在于：第一，股债之间的共通性。借贷关系形成的债务属于金钱之债，借贷资金的所有权完全移转至公司名下，这一现象与出资关系中投资人将财产所有权移转至公司名下的情况是相同的，加之借贷款项与新增出资往往均直接投入公司在建项目或转化为公司有形财产，即使是股东按股比新增的投资，也通常直接记入公司公积金而不必变动公司的登记股本，因

① 在传统民法理论中，意思表示分为外部（客观）要素与内部（主观）要素，前者即表示行为，后者包括行为意思、表示意思及法效意思；其与表示意思区别在于，后者仅要求行为人意识到其行为具有"某种"法律意义，前者则必须指向一项"特定具体"的法律效果。参见朱庆育：《民法总论》，北京大学出版社2013年版，第188～194页。

② 参见许德风：《公司融资语境下股与债的界分》，载《法学研究》2019年第2期。

此分别基于借贷关系与出资关系所形成的公司新增财产外观可能高度相似,[①]股权与债权的区别主要体现在面向未来收益的内部契约关系之中。[②] 第二,股权本身的复杂性。当不以有名合同而仅以权利性质为视角时,股权与债权之间并非两个对等或平行的概念,两者不可相提并论,股权是一种综合性的集合权利,股权的大部分权能特别是自益权本身就体现为一种债权,理论上股权性质"债权说"与"请求权说"也分别揭示了股权的财产属性与法律强制属性,故股权某种程度上包含了债权权能。至于股权的成员权部分,股东参与内部治理的过程与事实属于公司自治范畴,法律在此无法直接形成或赋予某种债权或请求权,而仅认可和保护成员参与治理的结果及所获利益,并配套相应的事后救济机制,实际上在相应的追责或救济机制启动后,这类权利仍主要以一定债权或请求权的形式体现出其法律效力。

(3)小结:司法审查之进路。正是基于股债之间的共通性以及股权本身的复杂多样性,其各类具体权能与关系安排一定会被商事交易者们按需摘取,这也就是为什么司法上认可股东债权在破产程序中应劣后于普通债权的规则,因为股东与公司形成借贷关系时其可能利用关联关系在该借贷关系中掺入不少属于出资关系的权能或要素,以至于这种借贷关系有了出资关系的属性,较之于一般借贷关系更接近于出资关系,故其应当适当接受公司资本制度之约束,其劣后于借贷关系的债权人具有正当性。[③] 同时,这也是为什么司法上要对于"对赌"协议持审慎态度,因为股东或投资人与公司形成出资关系时,本意上就融入了许多属于借贷关系的权能或要素,以至于这种出资关系有了借贷关系的属性,较之于一般出资关系更接近于借贷关系,故这种协议除了公司资本制之约束,可能还要接受如利息管制、流质流押管制等方面的审查。总之,商事审判中的法官应当注意自身姿态,尊重商事自治、谦抑司法评判,当投资人诉请主张出资法律关系时,法官要注意的是案涉交易模式中是否掺入借贷法律关系要素,以至于法官要对借贷关系下的相关利益主体保护机制予以审查;反之,当投资人诉请主张借贷法律关系时,法官要注意的是案

① 当然,出资关系与借贷关系还是会在公司资产负债表中的"负债"与"所有者权益"项目里体现差别。参见《企业财务会计报告条例》(国务院令第287号)第9条。

② 因此,在传统公司融资理论中,投资人的概念主要分为股权型投资和债权型投资人,后者包括购买公司债券以及向公司贷款的债权人。参见施天涛:《商法学》(第4版),法律出版社2010年版,第175页。

③ 在司法实践上已开始判定股东对公司的债权应当后位于其他债权人的债权。例如,最高人民法院发布的典型案例"沙港公司诉开天公司执行分配方案异议案"。

涉交易模式中是否掺入出资法律关系要素，以至于法官要对出资关系下的相关利益主体保护机制予以审查。①

2. 认定“股”或“债”的典型情形

（1）实际增资类型。判断要点在于投资是否在事实上净增加了公司资产，以至于其投资回报是通过公司增值或股权收益来体现的。具体的参考标准为：第一，资金是否进入公司账下或财产是否转为公司名下，资金是否不记为公司负债，同时新增资金所投入的项目是否明显形成目标公司的新增财产外观，该项目是否以公司名义对外经营联系；第二，新增投资的股东在事实上是否依新增的投资额及新的股比结构行使相应的共益权并享受自益性利益；第三，股东之间、投资人之间或股东会是否对新增投资的用途、性质、收益方式、风险承担等作出过协议、表态或决议。对于第一项标准，新增投资所形成的财产外观可能大幅超过登记资本金，这将改变善意债权人或潜在债权人的信赖对象，故新增财产外观产生的新的善意信赖应得到一定保护，若股东能够过于任意地为其新增投资自由定性，则可能不当损害善意债权人的利益；对于后两项标准，主要涉及公司其他股东或小股东的利益保护问题，同时兼顾投资股东的意思自治。当个案中越多地出现以上标准情形时，就越可以认定股东已实际上完成对公司的增资，股东就不能像收回借款那样直接从公司取出相应资产，若股东要收回相应投资就必须完成减资程序，否则可能构成抽逃出资。②该类型就是对“名债实股”的认定，即虽然新增投资在某些方面表现出借款的外在形式，但基于公司资本制以及保护善意债权人的考量，综合各方面要素与情形整体

① 公司融资交易的形式多样，在设计有关融资交易的制度框架时，应尊重股权、债权内在的相通性，鼓励自主选择和自愿交易。现行法上影响公司融资交易合同效力的制度，主要是借款交易中的利息管制、借贷主体资格管制、流质流押管制和公司资本制度中限制撤回出资、保护债权人等规则。有关融资安排是否有效，应结合这些制度的管制目的加以判断。总体而言，影响融资安排效力的，一个是隐藏在利息管制及流质流押管制背后的弱者保护考量，另一个是公司资本制度中债权人保护的考量。在司法实务中，对前者的判断误区体现在以形式替代实质的倾向上，如只要有丧失所有权的约定，就认为是流质流押，只要利息高，就认为是高利贷，其问题是忽略了交易背后真实的风险分配安排；对后者的判断误区体现在以抽象替代具体的倾向上，不去考察是否真实存在受损害的债权人，而以抽象的“债权人利益”乃至“公司利益”作为否定诸如股权回购等义务的主要标准。参见许德风：《公司融资语境下股与债的界分》，载《法学研究》2019 年第 2 期。

② 例如，在“现代集团公司与超大集团公司股权转让纠纷案”［广西壮族自治区高级人民法院（2018）桂民申 833 号民事裁定书］中，案涉公司属于汽车客运站的建站公司，其在客运站项目动工之前设立，注册资本金仅 500 万元，各股东根据客运站项目推进建设情况直接对项目投入资金，总计上亿元，而十多年前的公司注册资本金仍保持不变，但法院以各股东依股比追加投资并行使表决权为由，依据各股东的实际投入资金认可了各股东的实际出资额以及实际股权价值。

判断,而将其与公司的实际交易定性为出资法律关系。

实践中,还常存在股东以借款替代其对公司的出资义务,以便获取更优受偿地位和更优税收待遇的情况。若过度宽容这种以债代股的做法,就会破坏股东与债权人之间围绕有限责任作出的伦理上、经济上的约定,使公司过度依赖外部借款展开经营,降低股东与公司的利益关联,进而损害其他债权人的利益。① 基于此,在破产程序中则要注意股东以借款规避出资义务损害公司利益的情形,最高人民法院《企业破产法解释二》中就确立了股东身份的债权人对公司的破产债权不得与其对公司的出资义务相抵销的规则。② 至于依据《企业破产法》第35条加速到期的股东,其债务不属于"债权人在破产申请受理前对债务人负有债务"(《企业破产法》第40条)的情形,故也不得行使抵销权。

(2)实际借款型。即外观形式上明确表示为出资入股关系,但实质上是借贷关系。典型情形是投资人与公司进行"入股+回购"式的"对赌"。虽然最高人民法院(2012)民提字第11号海富公司诉世恒公司和迪亚公司增资案确立了"与公司对赌无效"之规则③,但近年来也出现了"与公司对赌有效"的新案例[如"江苏华工案",江苏省高级人民法院(2019)苏民再62号],这些案件的焦点就在于如何评判"名股实债"的问题。④ 本书认为,公司回购股权与股东抽回出资是密切相关的,这是司法评价上对于"与公司对赌"持高度审慎态度的根本原因,甚至在"与股东对赌"同时涉及公司提供连带担保的情况下,也应进入这一审查范围。⑤ 质言之,其实"对赌协议"中回购的实质目的就是抽回投资,本质上就是收回"借款",但其既然以"名股"的形式体现交易过程,那在司法上也应以"名股"的要求进行一定程度

① 参见许德风:《论公司债权人的体系保护》,载《中国人民大学学报》2017年第2期。

② 《企业破产法解释二》第46条规定:"债务人的股东主张以下列债务与债务人对其负有的债务抵销,债务人管理人提出异议的,人民法院应予支持:(一)债务人股东因欠缴债务人的出资或者抽逃出资对债务人所负的债务……"

③ 海富公司诉请要求原股东迪亚公司和世恒公司共同补偿未达业绩的差额部分。海富公司投资2000万元,约定2008年世恒公司(中外合资企业)业绩目标是不低于3000万元,实际利润约2万元。按补偿公式,世恒公司需补偿海富公司约1998万元。最高人民法院在该案判决中认为:在《增资协议书》中约定,如果世恒公司实际净利润低于3000万元,则海富公司有权从世恒公司处获得补偿,并约定了计算公式。这一约定使海富公司的投资可以取得相对固定的收益,该收益脱离了世恒公司的经营业绩,损害了公司利益和公司债权人利益而无效。

④ 参见许德风:《公司融资语境下股与债的界分》,载《法学研究》2019年第2期。

⑤ 新《公司法(修订草案)》第174条规定:"公司及其子公司不得为他人取得本公司的股份提供赠与、贷款、担保以及其他财务资助……"

的审查，以保证抽回出资或收回“借款”行为背后的各方利益得到公平权衡与保护，在这样的前提下，法院认定“名股实债”或认可“与公司对赌”的判断才具有足够正当性。①

这种“名股”的审查主要针对“回购型”公司对赌协议，相关保障机制为：一是法定减资程序，其中囊括了股东知情权、股东绝对多数决、债权人知情权与相关受偿保障（可请求提前清偿或提供担保权）、变更登记对外表征等保障机制；二是公司股本变化的对抗效力规则，如果公司回购过程脱离上述减资程序，则公司与原股东的回购行为不得对抗其他善意债权人；三是对赌协议的善意审查机制，对于脱离减资程序的回购条款或合同，法院应当严格审查投资人订约时的善意程度，投资人应对于公司（特别是法定代表人）对外订立涉及重大利益的对赌协议，是否经股东会决议、是否衔接合法减资等情况，负有适当形式审查义务。以上三项机制，即可在整体上起到保护公司独立财产以及维护其他股东与债权人利益之作用。

（3）股债混杂型。以上两种对立类型类似于光谱的两端，实践中很多案件是处于“光谱”两端之间的位置。② 具体而言，可分为默示混杂与明示混杂。就前者而言，股东对公司项目的投资可能仅体现为给付资金，双方既无协议约定且该股东也未在任何场合行使相关权利或作出相应表态，该投资是何种性质在外观形式上并不明显；后者是指投资人与公司之间虽存在明确的合同约定，但其中的合同条款却在收益方式、风险承担、公司治理、知情决策等方面同时体现出借贷关系与出资关系的性质特征，即该投资是何种性质在外观形式上处于混杂的状态，以至于在司法

---

① 对于补偿型对赌，较之于回购型对赌是缺少减资程序与公司资本制的直接约束的，目前，有学者基于比较法角度提出在证明公司有可用资金或公司有溢余的情况下，也可适当认可补偿型对赌的有效性（参见刘燕：《对赌协议与公司法资本管制：美国实践及其启示》，载《环球法律评论》2016 年第 3 期）。但毕竟这一判断规则在我国司法实践上并不成熟，这也就是目前最高人民法院关于“与公司对赌无效”涉及的案例是补偿型对赌、而江苏省高级人民法院关于“与公司对赌有效”涉及的案例是回购型对赌的原因。

② 这就需要法官依据上述参考标准作具体判断，越多的参考要素符合典型类型，则该案就越接近典型类型，法官就越应当依据典型类型作出判决；某一个案越接近“光谱”的中间位置，则类型指向就越模糊，法官就越需要利用举证责任分配及法理论证的方法明确自己的判决依据，依据一种整体评价来决定规则适用。参见［德］卡尔·拉伦茨：《法学方法论》，陈爱娥译，商务印书馆 2003 年版，第 343 ~ 345 页。

上不易区分判断。①

对此，依据上文所述的区分标准已经不能直接得出结论，在司法审判中应掌握的方法如下：第一，对于默示混杂，在依据《民法典》第510、511条仍无法确定时，原则上以投资人的自身表意为定性标准；对方当事人否定该种定性的，则应当承担举证责任。原因在于其作为投资资金的所有人，对其财产享有支配权与处分权，其有权决定资金用途及性质。② 但对于投资人的定性主张，还要同时注意其他当事人的诉请或主张，注意从法定资本制、利息管制、流质流押管制等角度进行实质审查，必要时依职权认定投资人的实际交易性质。第二，对于明示混杂，则应当注意反向审查：当投资人诉请主张“名债实股”时，法官要反向审查案涉交易关系是否具备借贷法律关系要素，并相应地对借贷关系下的相关利益主体保护机制予以审查；反之，当投资人诉请主张“名股实债”时，法官要反向审查案涉交易关系是否具备出资法律关系要素，并相应地对出资关系下的相关利益主体保护机制予以审查。

四、出资法律关系的外部变动：设立形成、股权外转、增资入股

出资法律关系的外部变动即指新形成。其主要有以下三种方式：一是发起人之间以发起协议为基础认缴股权并设立公司；二是股权受让人通过股权转让协议取得新股东资格；三是投资人以投资协议为基础向公司增资。出资法律关系的形成主要依赖于私法自治，形成过程主要适用一般契约规则，同时兼顾相应的法定形式要件，即完成相关公司内部法定程序以及外部登记手续。本书关注的不仅在于相关合同效力问题，更多的是对于法律关系形成时间点的判断。

① 参见江苏省扬州市中级人民法院（2012）扬商再终字第0004号民事判决书。本案中，乙方出资2000万元与甲方合作开发房地产项目，约定甲方到期返还2000万元，且无论盈亏，甲方均须支付投资收益2000万元，若日后销售价格较高，甲方还应奖励乙方。再审法院认为，甲乙双方虽在名义上合作开发房地产，但并不共同经营，亦不共担风险，不具有合作的基本特征，而与借贷法律关系更为接近。在此基础上，本案所涉合同约定的利息明显过高，故不支持乙方的诉讼请求。

② 例如，在广西壮族自治区高级人民法院（2018）桂民终460号案中，法官认为，债权人对债务人仅有请求权权能，债权人并不享有对债务人特定财产的支配权，债务人作为资金所有人对其财产享有支配权与处分权，其有权决定资金的用途及其清偿对象，故对于所支付资金性质的认定，应当以付款方的意思为准，并由收款方承担异议的举证责任。本案中，在双方就付款行为并无约定或共识的情况下，中恒公司主张其支付款项属于股权转让款，而伟峰公司并未提供相反证据支持其抗辩，故伟峰公司主张对方所支付款项应首先清偿其他债务没有事实与法律依据，不应予支持。

（一）出资法律关系的设立形成

早期的公司设立模式主要采取特许制或核准制。主要原因是，个人自由的法思想在法国革命前后达到最高潮，社团因具有管控其成员的权力、高于个体成员的地位，被视为拘束个人自由、妨碍社会进步的现象。故在19世纪20年代以前，设立公司属于立法许可，主要限于公共目的、属于一种政治行为。[①] 但实际上，这种对待社团的态度是不尊重社会事实的，根据日本法学家我妻荣教授的总结，其错误地将人类社会生活只视为由个人与国家两个要素组成，这是一种反动的法思想，在19世纪的发展过程中必将被改变纠正，而促成改变的原动力在于，个人的经济活动自由带来了资本的优势，资本优势不久便产生出资本集中的必然性，资本团体设立的自由，恰恰是个人经济活动自由的延伸与自然趋向。其结果是各国的法律自19世纪60年代起，逐渐地使各种公司的设立简易化，大部分国家开始认可准则主义，即依一定预设条件与规则即可自由设立公示，只是对极少部分团体采用须行政部门审批的许可主义。[②] 我国自1993年颁布《公司法》以来即采取公司设立准则主义，仅例外情况须依法办理审批。

发起人设立公司的行为就是在缔结出资法律关系，故应以公司成立之时为该关系的形成时间点。由于我国在公司设立上实行强制登记主义，故公司登记的法律效力在理论上称为“公司成立要件主义”，即公司登记是公司取得合法主体资格的必要和唯一的途径，公司登记是公司设立完成的标志。[③] 依据《公司法》规定的出资认缴制，一旦股东所认缴的出资额在公司章程中明确并记载下来，全体股东即可向公司登记机关报送章程与申请书（《公司法》第29条），公司自完成登记之日起成立，公司营业执照签发日期为公司成立日期（《公司法》第7条）。至此，股东所承诺的出资义务有了承享主体（公司），出资法律关系在股东与公司之间形成，公司可向股东主张出资义务，出资法律关系中的相关主体也自始享有相应权利并负有相应义务。

① 参见[美]罗伯特·W.汉密尔顿：《美国公司法》（第5版），齐东祥等译，法律出版社2008年版，第47页。

② 参见[日]我妻荣：《新订民法总则》，于敏译，中国法制出版社2008年版，第110～111页。

③ 参见范建、王建文：《公司法》，法律出版社2006年版，第176页。

(二)以股权对外转让的方式形成

该种方式主要涉及股东向股东之外第三人转让股权之情形,即股权对外转让。依据《公司法》第71条的规定,有限公司股权转让区分对内转让与对外转让。[①] 而外部转让意味着新成员加入,这势必会引起原股东之间的信赖关系与行为预期受到改变,故各国立法例均设一定限制,大体上存在两类:外部转让同意制度与强行放行制度,后者包括指定受让、强制收购、公司回购等机制。[②] 但该种限制直接影响的是股权变动效力,而并不影响股权转让合同效力,故双方当事人可依据有效的转让合同主张违约责任。[③] 在此限制机制下,判断股权变动时间点的难处在于:在转让合同当事人之外,法律明确要求优先保护特定第三人利益,即其他股东的人合信赖与优先购买权。因此,如何理解这种人合性保护机制对股权转让的影响,是判断股权发生变动的关键。

根据《公司法》第71条的规定,股权对外转让的变动规则是,在内部转让程序的基础上,额外增加关于其他股东同意权与优先购买权的限制。针对这两个要件的效力问题,本书认为,应当区分这两个要件的效力[④],前者属于股权变动效力的法定生效要件,后者属于股权变动效力的法定解除条件。

---

① 由于股份公司股东可自由转让股份(《公司法》第137条),故无须区分对内转让与对外转让。

② 参见甘培忠:《企业与公司法学》(第8版),北京大学出版社2017年版,第189~191页;徐胜强:《股权转让限制规定的效力》,载《环球法律评论》2015年第1期。

③ 《会议纪要》第9条指出:"审判实践中,部分人民法院对公司法司法解释(四)第21条规定的理解存在偏差,往往以保护其他股东的优先购买权为由认定股权转让合同无效。准确理解该条规定,既要注意保护其他股东的优先购买权,也要注意保护股东以外的股权受让人的合法权益,正确认定有限责任公司的股东与股东以外的股权受让人订立的股权转让合同的效力。一方面,其他股东依法享有优先购买权,在其主张按照股权转让合同约定的同等条件购买股权的情况下,应当支持其诉讼请求,除非出现该条第1款规定的情形。另一方面,为保护股东以外的股权受让人的合法权益,股权转让合同如无其他影响合同效力的事由,应当认定有效。其他股东行使优先购买权的,虽然股东以外的股权受让人关于继续履行股权转让合同的请求不能得到支持,但不影响其依约请求转让股东承担相应的违约责任。"

④ 国际立法例上有以下三种模式:一是双重限制规则,即股东优先购买权与同意权双重限制;二是仅规定股东优先购买权,不规定同意权;三是仅规定同意权,不规定股东优先购买权。我国《公司法》第71条第2款规定了股东同意权,其第3款规定了法定股东优先购买权,对于股东对外转让股权进行双重限制。参见蒋华胜:《有限责任公司股权转让法律制度研究——基于我国〈公司法〉第71条规范之解释》,载《政治与法律》2017年第10期。

1. 其他股东同意转让的效力问题

《公司法》第71条第2款明确体现出对人合性的保护，[①]这种旨在维持股东相互信任与现有控制权结构的价值取向，得到了国际上普遍采纳。[②] 但从私法自治的角度来理解，股权变动规则中的逻辑在于：股权对外转让意味着公司股东发生了主体变更，同时体现股东共同意志与共同法律行为的公司章程也发生了重大变动，实质上股东对外转让股权就是在主体上变更其与公司、其他股东之间的出资法律关系，也是变更其与其他股东之间的共同出资协议，故作为利益相关者的其他股东应获一定保障机制，[③]股东单方面擅自变更其与公司及其他股东之间的出资法律关系，不应获得法律的肯定性效力评价。因此，其他股东多数同意应当作为股权变动的必要条件即生效要件。[④] 该生效要件是股权外部转让时相较于对内转让多出的一个生效要件。

关于默示同意的问题。实际上，其他股东同意转让的意思表示，在形式上具有多样性，除明示表达之外，还可能以共同参会、共同决议或默认股权变更登记等方式，客观默示地表达出“接纳、认可”新股东的意思，这也是认定“同意”的主要标志。实务中要注意的是，其他股东“默示同意”很可能与股权对内转让所要求的“公司认可股权转让”要件相重合，也就是说，即使是股权外转，当公司认可该次股权转让时，也可能同时达成了其他股东默示同意的事实。

具体而言，“默示同意”有两种类型：

第一，从未书面征求其他股东同意，但已完成了变更股东名册、公司章程以及工商登记等内外法定程序。对此，应以完成法定程序之时，作为股权发生变动的时间点。理由在于：对于股权转让当事人、目标公司及其他股东，他们在推进股权转让内外法定程序的过程中，已在事实上完成了对公司人合性及股东优先购买权的

---

① 人合性的另一面也不应忽视，当出现股东间失去信任、在公司事务上发生重大分歧或部分股东受到压榨等情形时，人合性也会推导出允许股东通过转让股权退出公司的结论，故股权限制转让的依据固然是人合性，但可以转让的依据也不仅是资合性，也内含了人合性因素。参见张其鉴：《我国股权转让限制模式的立法溯源与偏差校正——兼评〈公司法司法解释（四）〉第16－22条》，载《现代法学》2018年第4期。

② 参见邓峰：《普通公司法》，中国人民大学出版社2009年版，第375页；段威：《有限责任公司股权转让时“其他股东同意权”制度研究》，载《法律科学》（西北政法大学学报）2013年第3期。

③ 参见甘培忠：《企业与公司法学》（第8版），北京大学出版社2017年版，第186～187页。

④ 当然，这一规则实质上属于任意性规范，公司股东可以以明确的意思表示排除这种人合性保护。参见钱玉林：《公司章程“另有规定”检讨》，载《法学研究》2009年第2期。

保护。一方面,公司在进行股东名册变更、签发出资证明等股权凭证以及办理工商变更登记时,从公司整体法人意志的角度,就已经完全知悉并认可受让人的新股东地位。另一方面,在公司股东会通过关于因股东变化而修改公司章程的决议时,其他股东也在客观上知悉且同意了出让股东的对外转让行为。依据《公司法》第73条关于股权转让后续手续之规定,该条表明“对公司章程的该项修改无须再由股东会表决”,即只要过半数的其他股东同意转让即可不必就章程的修改再次表决,就此反向解释,即使未征得其他股东书面同意的,只要股东会决议同意修改章程中的新股东事项,也能反向起到过半数股东同意股权转让的效果。当然,如果公司治理极不规范,公司控制股东或实控人在其他股东完全不知情或完全不存在默认机会的情况下,擅自完成了相关法定变更程序,则不应适用这一默示规则。

第二,从未向其他股东书面征求同意,公司也未完成任何内外法定变更程序。这种情形下,即使股权转让合同成立生效,且明确约定股权自合同订立生效之日起转移,原则上股权尚未完成转移。但例外情形在于,公司可能在事实上已认可、接受出让股东的股权转让行为或退出出资法律关系的事实。例如,出让股东在订立股权转让合同并完成相关交接后,公司在召开股东会或分配股东权益时不再通知出让股东,而仅以受让股东为实际权利人,其他股东在参会时也未提出任何异议。在此,就应以新股东实际开始参加股东会等参与公司治理之时作为股权变更的标志。就公司治理的内部关系而言,应尊重公司的自治选择与治理惯例,在司法评价上认可股权已完成转移的事实,这包括出让行为已获得其他股东认可、新股东已获其他股东接纳等关键事实。但就公司外部关系而言,仍应遵循《公司法》第32条第3款之规定,即未经登记或变更登记的,不得对抗善意第三人。

2. 其他股东“多数同意”与“优先购买权”的区分问题

其他股东是否“行使优先购买权”的意思表示与其“同意转让”的意思表示应当有所区别,即向出让股东购买股权的意思表示应独立于同意出资法律关系发生主体变更的意思表示。[①] 理由在于:

第一,当出让股东没有书面征求其他每一位股东意见的时候,即仅向过半数的

① 我国立法及司法解释中的表述也体现了这一区分,例如,《公司法》第71条第2款第1句“经股东同意转让的股权,在同等条件下,其他股东有优先购买权”以及《公司法解释四》第17条第2款“经股东同意转让的股权,其他股东主张转让股东应当向其以书面或者其他能够确认收悉的合理方式通知转让股权的同等条件的,人民法院应当予以支持”。

股东书面征求同意，但剩余的没有书面征求意见，这就会导致股权对外转让的要件得到了满足，但未获征求意见的股东仍享有优先购买权的情形。

第二，当出让股东根本没有书面征求任何一位股东意见的时候，其他股东事后仍可能以默示的方式对该次股权转让予以认可，即完成了默示同意。例如，股东会以绝对多数决同意依此次转让修改公司章程，或新的受让人已与其他股东一同参加股东会，且其他股东并无异议。在这一情形下，其他股东仍可能在一定期限内享有优先购买权。

第三，即使依据《公司法》第71条第2款的规定，其他股东受到通知后仅表示“同意”的，也不绝对意味着其完全放弃优先购买权。实际上，股权转让交易具有一定复杂性，同意权与优先购买权确实可能在现实中发生重合，但仅限于以下情形：出让股东已确定好股权买受人、转让价格、条件等并就此通知其他股东，此时其他股东表示同意即同时包含放弃购买之意，或其不同意也可同时直接行使优先购买权。但在现实交易中，出让股东可能首先仅就出让意向或计划向其他各股东征求意见，在得到其他多数股东同意意见后，再进一步与受让意向方商谈、评估公司资产与行业前景、确定交易价格与具体方案等，其他股东在决定行使购买权之前也需要一定时间评估受让前景、出价、自身资力以及融资成本等。总之，从股东决定出让股权到最后完成股权出让之间，很可能要经历漫长的评估、议价、磋商、融资等众多环节，出让股东在得到其他股东多数同意后，即可同时与第三人以及有购买意向的其他股东商谈出让事宜，只是在最后交易条件确定时作为股东的购买人相较第三人而言有优先地位。

总之，同意机制处理的是股东之间“静态”的出资关系，而优先权机制则处理的是其他股东与第三人之间的竞争关系，后者是在“动态”关系中决定如何形成新的出资关系。① 一旦出让股东取得其他过半数股东同意，就具备了转让股权的处分权，只是仍存在应当向谁出让的问题。当然，笔者不得不承认，同意机制与优先购

① 曾经我国有学者一度认为，既然不同意又不购买则视为同意，那么同意制度与优先制度并无实质不同；如果同意其他股东转让股权，即为放弃优先购买权；如不同意其他股东转让股权的，即为行使优先购买权；“须经其他股东过半数同意”的规定没有任何实际意义，建议删除关于同意权的规定而仅保留优先购买权的规定。这种观点参见叶林、辛汀芷：《关于股权优先购买权的案例评述——北京新奥特集团等诉华融公司股权转让合同纠纷案》，载《判解研究》2006年第3辑；王子正：《有限责任公司出资转让若干法律问题探析》，载《当代法学》2002年第6期；叶金强：《有限责任公司股权转让初探》，载《河北法学》2005年第6期。

买权保护可能在一个事实或一个过程中同时完成，也就是说，在大多数规范交易的情况下，无须单独判断同意机制与优先购买权的效力问题。但我们从法律逻辑的完整性与体系性角度出发，则必须考虑到两种机制的分离情况，并在制度上保障各类情形之间的协调统一。

3. 其他股东行使优先购买权的效力问题

(1) 规范目的及实现方式

优先购买权目的在于赋予其他每位股东优先于普通买受人的特殊地位，但又并非保障其他股东直接取得出让股权，该权利不具有强制缔约效力，[①]其不能直接形成与出让股东之间的转让合同关系，此时出让股东可以选择向行使优先购买权的股东转让股权[②]；当其不愿如此转让时，其不得在同等条件下再向第三人转让股权[③]。因此，为实现优先购买权的规范目的，当其他股东向出让股东发出优先购买要约且得到后者承诺时，只需在股权未向第三人变动时优先向该股东发生变动，或在股权已向第三人变动时解除该变动效力即可。质言之，在股转制度设计上，无须将其他股东放弃优先购买权设置为股权变动的必要条件即生效要件，而是应将行使优先购买权视为股权变动效力的法定“附解除条件”[④]。

(2) 效力类型的选择及其合理性

关于优先购买权与股权转让的效力关系问题，主要存在三种解释路径：一是将

---

① 优先购买权并非一种强制缔约权，行使该权利的实质是向出让股东发出具有优先性的受让要约，而出让股东可以选择予以承诺，也可以选择拒绝要约。参见《最高人民法院关于适用〈中华人民共和国公司法〉若干问题的规定（四）新闻发布会》，载中国法院网，http://www.court.gov.cn/zixun-xiangqing-57052.html，最后访问时间：2019 年 8 月 11 日。

② 本质上出让股东是获得了一种受限的选择权，抑或说在此仅得以某种特定方式行使自己的股权转让权：其要么与行使优先购买权的其他股东完成交易，要么取消这次股权转让交易而恢复原来的股比状态。参见吴建斌：《上海外滩“地王”案的二维解析》，载《法学》2013 年第 7 期。

③ 《公司法解释四》第 20 条规定：“有限责任公司的转让股东，在其他股东主张优先购买后又不同意转让股权的，对其他股东优先购买的主张，人民法院不予支持，但公司章程另有规定或者全体股东另有约定的除外。其他股东主张转让股东赔偿其损失合理的，人民法院应当予以支持。”

④ “附解除条件”与“合同解除”不完全相同。第一，前者是指一旦条件成就，现存关系即面向未来解除，即未履行的义务不再履行，已履行的现状得以维持。后者是指一旦符合解除条件，现存关系则应当回归原来状态，即未履行的义务终止履行，已履行的则须恢复原状（参见韩世远：《合同法总论》（第 3 版），法律出版社 2011 年版，第 528～529 页）。当然，解除持续性合同的情形下，已履行的部分也得以维持，这与附解除条件的效力是类似的。第二，前者是指一旦条件成就，现存关系自动解除，无须当事人另行主张解除权；但在合同解除中，无论是法定解除权还是约定解除权，均须当事人主张解除或做出解除行为。

其他股东放弃优先购买权视为股权向第三人变动的生效要件[①]；二是未获优先购买权保护的其他股东可以诉请第三人订立的股权转让合同为可撤销合同[②]；三是将其他股东行使优先购买权视为股权变动效力的法定附解除条件。本书持第三种解释路径。理由是，该路径更利于处理其他股东默示同意，但优先购买权又尚未消灭的这段时间内[③]的股权归属问题。

具言之，在《公司法解释四》第 21 条[④]的情形下，可能会出现一个"真空期"：当出让股东没有明确通知其他股东或其以欺诈等方式损害其他股东优先购买权时，并且善意第三人作为受让人可能在订立股权转让合同后较快地参与并融入了公司治理[⑤]，一方面该第三人的"新股东"身份随时可能因其他股东行使优先购买权而消失，另一方面其可能开始充分地行使参会、表决等共益权以及分配股利等自益权，若不处理好这段时间内的股东资格问题，则会出现相关股东权益无处归属或决议效力未决的"真空期"。因此，把行使优先购买权的效力解释为股权变动的附解除条件，并承认这段时间内股权向善意第三人变动的有效性，则可以较好地解决"真空期"问题。这不仅能较好保护合同善意相对人，而且符合公司治理的实际需求：一是维护了公司治理事实的安定性。即使受让人必须在其他股东行使优先购买权时退出公司，那么在退出之前的这段期间内，依据附解除条件的效力，相关公司决议效力与利益归属仍可得到保持；若优先购买权在法定合理期限后或其他股东确认放弃后消灭，则受让人持股的有效性则可自实际受让以来一直保持，相关公司决议效力与利益归属亦可自始不受影响。二是符合法人人格的内在要求。虽然

---

① 参见甘培忠：《企业与公司法学》（第 8 版），北京大学出版社 2017 年版，第 193 页；王军：《中国公司法》（第 2 版），高等教育出版社 2017 年版，第 414 页。

② 参见潘福仁主编：《股权转让纠纷》（第 2 版），法律出版社 2010 年版，第 104 页。但这种解释路径明显将股权转让合同效力与股权变动效力混为一谈，值得商榷。

③ 《公司法解释四》第 19、21 条明确了行使优先购买权的合理期限，一方面，对于权利人收到通知的情形下，应在公司章程规定的期间内提出购买请求，章程没有或者不明确规定的，以通知确定的期间为准，通知确定的期间短于 30 日或者不明确的，行使期间为 30 日；另一方面，对于权利人未收到通知的情形下，应自权利人知道或者应当知道行使优先购买权的同等条件之日起 30 日内主张，或者自股权变更登记之日起 1 年内主张。

④ 《公司法解释四》第 21 条第 1 款规定："有限责任公司的股东向股东以外的人转让股权，未就其股权转让事项征求其他股东意见，或者以欺诈、恶意串通等手段，损害其他股东优先购买权，其他股东主张按照同等条件购买该转让股权的，人民法院应当予以支持，但其他股东自知道或者应当知道行使优先购买权的同等条件之日起三十日内没有主张，或者自股权变更登记之日起超过一年的除外。"

⑤ 对于非善意的情形，可适用《民法典》第 154 条（原《合同法》第 52 条第 1 款第 2 项）规定的相对无效规则，不在此讨论。

公司的法人意志来自其成员的集体表意,但公司作为具有独立人格的市场主体,其成员的意义更趋于服务集体,公司制度更关注成员集体行权的结果,该结果使集体获得独立的意志、行为与名义,这种效果是法律在自然人之外构造民事主体的根基,因此,法人意志一旦形成,就应尽可能独立于个别股东的股权利益归属纠纷,为此不宜再回溯推翻已形成的法人意志与相关公司内部治理事实。①

此外,在以"同意转让"作为生效要件与"行使优先购买权"作为解除条件的解释体系下,较为特殊的情形为:其他股东接到通知后多数表示同意转让但随后某一股东又行使优先购买权。就此,股权确定不会向第三人发生变动,故此时如何解释"行使优先购买权"的效力类型仅属于"纯粹民法学问题"②。具言之,既可以解释为自"同意转让"时向第三人发生变动,但同时被"行使优先购买权"予以解除效力;也可以解释为"放弃优先购买权"依属于股权变动的生效要件:因向第三人发生股权变动效力的法定条件不具备,而自始未发生变动效力。无论何种解释均不影响在实务中对这一情形作判断的实体结论。

(3)股转关系中的典型类型

在较典型的股权转让情形中,其他股东是否"同意"与是否"放弃"的意思表示往往是一致表达的。在实践中主要有两种类型:一是股权转让双方先订立意向书,待出让股东征得其他多数股东的同意,并取得每位其他股东不行使优先购买权的申明后,双方签订股权转让合同。就此可直接适用前述股权内部转让规则。此外,出让股东取得其他股东同意以及放弃优先购买权的过程,可能是通过召开股东会并书面记录的方式完成的,故在此情形下,出让股东无须再单独通知公司相关转让事项,公司也无须再次认可该次股权转让交易,此时股权已发生变动效力,今后公司应在股东会召集过程中以新股东资格为准。二是预先同意并放弃优先购买权的情形。股东可以通过公司章程、决议、声明等方式预先约定股东可以任意对外出让股权,且相互间放弃优先购买权。就此可直接适用股权内部转让规则。

---

① 根据本书的调研结果,第五章"调研与建议"第二部分"二、广西法院、律师对于公司法相关制度理解与观点的分析"第16个问卷问题就表明:本书关于优先购买权在股权转让中效力类型的观点,得到的赞同比例最高。

② 参见王轶:《民法原理与民法学方法》,法律出版社2009年版,第3~28页;王轶:《论民事法律事实的类型区分》,载《中国法学》2013年第1期。

（三）以增资入股的方式形成

1. 增资完成的判断方法

虽然增资能够直接提升公司资力、增强公司盈利能力并惠及公司债权人，但增资仍会给股东带来财力负担，并使不参与增资的股东股权比例被稀释，且实践中增资可能沦为控股股东排挤小股东、稀释小股东股权比例的手段①。因此，我国《公司法》对增资主要在两个方面予以规制：一是公司增资决定必须基于股东会的资本绝对多数决；二是原股东享有优先增资权（《公司法》第 34 条）。在公司对外增资以形成新的出资法律关系的情况下，则主要考虑前一程序。因此，在增资程序上，公司对外增资与公司股权对外转让具有相似性，均不完全依赖权利外观的变动，即法律并未明确规定相关公示程序是权利发生变动的生效要件，而是更看重相关当事人之间的合意事实，一是公司或者股东具有增资意愿以及接纳、认可新股东的意思，二是投资人具有投资入股或认购股份的意思。只有当事人之间的表意、行为及相关事实能够体现出这两方面的表意事实，才算完成了公司增资的必备前提；即使当事人之间存在支付相关款项、交付转移财产等行为，若没有以明示或默示等方式体现这两项表意事实，则不应当认定投资人的新股东资格。②

在当事人具备增资合意的情况下，法律并未具体规定完成增资及新股东身份生效的时间点。公司增资并吸纳新股东通常表现为以下三个阶段：一是公司与投资人之间，订立投资入股协议或股权认购协议；二是投资人对于公司，依法缴纳出资或股款，或交付、移转非货币财产；三是公司对于投资人，依法完成吸纳、认可新股东的法定程序。这些阶段中的法定程序具体包括：公司就增资事项通过代表 2/3

---

① 参见刘俊海：《现代公司法》（第 3 版）（上册），法律出版社 2015 年版，第 182 页。

② 例如，在“张某诉雄风公司增资纠纷案”［广西壮族自治区高级人民法院（2018）桂民申 1774 号］中，雄风公司成立后，张某等人的 10 辆车变更登记在雄风公司名下。此后张某等人向一审法院起诉请求，要求确认张某等人股东资格。法院认为，本案张某等人主张其具有股东资格的主要依据是通过公司增资扩股方式成为雄风公司股东。但张某等人将其车辆登记在雄风公司名下的行为并不必然构成履行出资。车辆过户登记作为一种事实行为，须与相关意思表示行为相结合才能产生相应的法律效力。经法院查明，双方之间并不存在任何书面或口头等形式的股权认购协议，双方曾签订过车辆挂靠管理协议，张某等人未在雄风公司中行使股东权利或享受股东利益，雄风公司也从未履行签发出资证明、变更股东名册、变更公司章程等增资程序。据此，张某等人的车辆过户登记行为与履行出资并获得股东资格之间并无必然联系。

以上表决权的股东或出席会议的股东所持表决权2/3以上的股东会决议①;向新股东出具出资证明书并修改公司股东名册;依法向公司登记机关办理变更登记,等等(《公司法》第31、32、43、103、178、179条)。单一地看,这些法定程序并非每一个都是增资并吸纳新股东的必备要件,但都是公司股东重要事项的实质变更,应结合这些程序手续的办理情况与认缴或实缴情况,综合判定公司是否在整体上完成增资。

因此,有观点指出②,可将增资扩股各个阶段的行为融合成为一个公式:1 + N模式,即1代表投资者与公司签订的增资扩股协议(存在增资扩股合意),N代表的是签订协议后的若干履行行为;故1为股东身份确认的核心标准,N可以包括股东名册、工商登记等所有后续行为,也可以仅包含其中一类;总之,要认定增资完成,须先存在1,再依个案审查N的情形。

2. 增资完成的通常方式

以上阶段或程序在实践中可能体现为以下四种完成方式:(1)先由公司股东会作出对外增资的决议,公司再依此与投资人具体订立投资入股协议或股权认购协议,随后双方依约履行认缴或实缴出资、出具出资证明书、修改股东名册以及办理变更登记等义务;(2)投资人与公司先订立投资入股协议或投资意向书,公司股东会就该增资事项作出决议,随后双方依约认缴或实缴出资,并继续完成余下法定变更程序;(3)控制股东或大股东代表公司与投资人订立投资入股协议后,该投资人即开始认缴或实缴出资,公司也随后履行增资的法定变更程序,但公司从未就增资事项召开股东会并作出决议;(4)投资人既未与公司订立投资入股协议或相关意向书,该公司也从未就增资事项召开股东会并作出决议,但投资人与公司之间又存在支付与接受款项、交付与转移财产、变更名册或工商登记等符合增资程序的行为。

就(1)、(2)类方式而言,投资人与公司股东会的表意事实可能互有先后地完成,就此应以在后发生的表意事实作为起始点,进而结合关于增资的履行行为或法定程序完成情况,具体判定投资人获得股权或股东身份的时间点。

就(3)、(4)类方式而言,则涉及对当事人默示表意的判断,公司、股东以及投资人可能在相关增资变更程序或公司内部治理过程中,体现出投资人意在出资入

---

① 一人公司增资时由一人股东决定,但要采用书面形式,并由股东签名后备置于公司(《公司法》第61条);国有独资公司增资的,必须由国有资产决定(《公司法》第66条)。

② 参见王纯强:《有限公司股东资格认定》,载《人民司法·案例》2019年第20期。

股、公司意在接纳新股东的客观表象，法官须就此结合相关事实综合认定。例如，公司股东会就公司章程的股东变动事项予以审议表决，投资人在支付款项时明确表达出资入股的用途，投资人开始参与公司股东会决议并依据相应股权比例行使共益权，公司开始依据投资人的股比向其分配股利，等等。总之，应在这类个案中找出体现默示表意的关键事实，并结合相关履行行为来判定完成增资的时间点。

五、出资法律关系的退出机制：异议退股权

（一）制度背后的价值衡量

异议退股权（又称异议股东股权回购权、评估权）不能简单理解为一种专为救济小股东、偏袒小股东的特设机制。实际上，退股权的立法表达（《公司法》第74、142条）并没有在字面上直接体现出与小股东的必然联系，只是退股权的适用主体为"对股东会该项决议投反对票的股东"，即所谓的反对但又无法阻止该决议通过的股东，一般来说，这就指小股东，但也不必然是小股东，也可能是表决权少的股东。总之，救济小股东的视角过于单一，实际上退股权背后蕴含着比较复杂的价值衡量问题，属于多方利益平衡的产物，甚至在福利经济学看来是贯彻了促进各方更优的帕累托原则①。

1. 小股东与大股东之间的平衡

公司作为一种社团，其成员理应有权共同决定团体事项，故早期的公司法理论要求决议应由全体一致同意通过，这也意味着每一位股东都有一票否决的权利。②这种过于注重成员个体权利的态度，无疑是不适应现代商业发展和市场经济的表现，即"全体一致决"不能处理好现代公司法中公平与效率问题。因此，20世纪以后"多数同意决"规则得到了普遍认可。但我们仍要清晰认识其中的进化逻辑：一方面，多数决无疑提高了公司意志与行动的效率，但小股东的决定权一定程度上被减损，反之大股东的权利地位得到提升，这种变化也有其正当性，即公司效率提升也能惠及小股东，这种整体增益使小股东也愿意接受多数决，其参股的积极性没有受实质性打击，公司的集资功能仍得以充分发挥；另一方面，当公司随着大股东的意志发生根本性重大改变时，小股东（包括表决权少的股东）即使反对也无法阻止，

① 参见[美]弗兰克·伊斯特布鲁克、[美]丹尼尔·费希尔：《公司法的经济结构》（中译本第2版），罗培新、张建伟译，北京大学出版社2014年版，第144～145页。

② 参见施天涛：《公司法论》，法律出版社2014年版，第565页。

那么小股东对于整体增益的预期也同时被破坏了，此时赋予小股东强制退出权，就是为了让小股东及时"止损"，保护其在公司重大变化前的股权价值[①]，这使小股东的权利强度适当上升，同时大股东的负担适当加重。综上所述，退股权本质上是与"多数同意决"相配套的[②]，两者分别强化了小股东和大股东的权利，同时两者又形成合力，优化了公司制度，提升了公司效率，促进了整体增益。

2. 股东与债权人之间的平衡

退股权不仅涉及大小股东之间的权利博弈，其行权的直接后果即为公司出资人减少且公司自持自身股权，进而导致资本与资产的减少。公司作为独立法人，以其全部财产独立向债权人承担债务，公司减资必然涉及债务偿付能力降低。因此，基于保护债权人的预期和信赖，从体系解释上看，退股权在程序上通常应包含通知、公告、变更登记等法定减资程序（《公司法》第177、179条）。[③] 此外，退股权的法定适用范围还应当有所限制，不应过于泛化，以尽可能保护债权人预期与信赖的安定性。现实中，即使公司债权人有法定减资程序的保护，但仍会破坏债权人原先的预期，更为严重的是，债权人在减资程序中有权要求公司清偿债务或提供担保，这会进一步加剧公司资本与资产的变动，特别在多个债权人或债权人众多的情况下，还可能引发连锁反应，甚至彻底破坏公司的资信基础。综上所述，退股权与减资程序相互衔接，同时法定退股权要受到严格限制，这均源于股东与债权人之间的利益平衡。

3. 小股东与公司之间的平衡

这一层次的利益平衡不等同于大小股东之间的情况。公司作为一个独立法人、独立的民事主体，对于其自身利益也应专门考量。从制度逻辑角度来看，股东利益不等同于公司利益，公司及其经营者应以公司自身利益最优为决策与行动的标准。当然，多数情况下大股东的意志更可能上升为公司意志，其利益与公司利益高度契合，至于小股东的意志及其利益，则可能与公司发生偏离甚至冲突。但事实

---

① 美国成文化的公司法，如特拉华州公司法（Delaware Code）、模范商业公司法案（Model Business Corporation Act 等）就专门规定，退股评估权在估价时，应以异议股东所反对的公司决议发生之前为评估时间点，即排除所反对的公司决议对股权价值的影响。

② "多数决"代替了"一致决"，作为丧失否决权的一种补偿，异议股东可以彻底退出公司并以金钱形式取得他们股份的合理价值。参见朱锦清：《公司法学》（下），清华大学出版社2017年版，第12页。

③ 虽法律未在退股权中直接规定减资程序，但可参照《公司法解释二》第5条的规定，回购股权的公司有义务在合理期限内将收购的股权及时转让或者办理减资手续，股份转让或者注销之前，退股人（股权出让人）不得以公司收购其股份为由对抗公司债权人。

上，并不能因此看低小股东、忽视其利益，反而应认识到，众多的小股东对公司的参股与投资信心具有重要价值，他们是公司资本基础的重要来源。这一理念不难理解，但处理好小股东与公司之间的利益平衡不能仅依靠理念自觉，更重要的是机制保障，如退股权。一方面，退股权要求公平地评估股权的合理价格，使弱势的小股东不至于被公司或大股东低价回收其股权，这在普遍意义上确保了小股东入股时的投资信心；另一方面，该机制实质上对公司是一种威胁，如果过多股东行使这一权利，则可能减损甚至破坏公司的资本基础。[①] 总之，这些机制都在牵制着公司意志的走向，倒逼公司管理层重视小股东对公司决策的建议与担忧，督促他们注意将小股东的意志与利益尽可能地融入公司整体意志与利益，这就是退股权在小股东与公司之间起到的平衡作用。

（二）制度基本构造及特征

1. 退股权的行使主体

退股权限于异议股东。《公司法》第 74 条第 1 款前半句规定为"对股东会该项决议投反对票的股东"，《公司法》第 142 条第 1 款第 4 项规定为"股东因对股东大会作出的公司合并、分立决议持异议……"法条规定字义清晰，无须赘述，但仍有两个问题须进一步明确：

（1）退股权是否仅限于有表决权的股东？从逻辑解释角度看，能够对股东会决议投反对票的股东，肯定是有投票权的股东；没有投票权的股东也就无法投反对票，那么就无法成为退股权要求的"异议"股东。其原理在于，放弃投票权的股东往往是在其成为股东之时就设计好的，其完全不参与公司的决策机制，而是在收益或其他方面可能有特殊获得，同时可能与公司或其他股东约定了其他保障机制，质言之，这类股东根本没有因多数决规则而导致地位下降或权益减损，故完全无须法定退股权为其提供救济。

（2）仅有少量表决权的股东能否请求回购大于其表决权比例的股份？例如，仅有 1% 表决权的股东能否请求公司回购其全部 60% 的份额？抑或说不这么极端，

① 参见施天涛：《公司法论》，法律出版社 2014 年版，第 566 页。

有10%表决权的股东能否请求回购其全部20%的股份?[①] 这类股东无疑在名义上是有表决权的,当然能够成为异议股东,从文义解释来看,他们也就有退股权。但文义没有表明的是,表决权是否应与回购份额相匹配?本书认为,原则上这类股东仍有全部退股权。首先,即使这类股东的持股比例属于大股东,或其持股比例大于表决权,他们仍属于"反对但又无法阻止该决议通过"的股东,退股权就是专为他们设置的,而非专门指向小股东;其次,退股权不是针对个别决议的抗议机制,而是在公司发生根本变化时,股东预期遭到根本破坏时的救济机制,故退股权不单纯涉及表面所呈现的强制交易问题,更重要的是"全身而退",强调放弃成员资格、退出该团体。因此,只要股东有表决权,就有权请求回购其全部持股份额。反之,异议股东也不得主动请求仅回购部分份额,不得在行使退股权的同时保留部分份额。[②] 但仍有一种特殊情况:表决权极少的股东(如1%或0.1%)可能在当初入股协议中就已表达放弃参与公司决议的意思,或已明确另有退出机制或保障机制,若在此能认定该股东实质上已放弃表决权的,即可参考上一问题,认定这类股东没有法定退股权。

2. 退股权的行使情形

《公司法》第74条规定了有限责任公司的三类情形:公司连续5年不向股东分配利润,而公司该5年连续盈利,并且符合本法规定的分配利润条件的;公司合并、分立、转让主要财产的;公司章程规定的营业期限届满或者章程规定的其他解散事由出现,股东会会议通过决议修改章程使公司存续的。《公司法》第142条规定的股份有限公司行使情形与有限责任公司基本一致,差异在第二类情形中股份有限公司限于"公司转让主要财产"。这些法定情形主要聚焦于公司发生根本性重大改变、公司决策根本性影响异议股东基本预期等情况。当然,由于股份公司的股份流

---

① 根据《公司法》第42条的规定,有限责任公司章程可以规定股东不按照出资比例行使表决权,公司章程可以单独规定股东的表决权份额。例如,新《公司法(修订草案)》规定了股份有限公司可以按照公司章程发行与普通股权利不同的类别股,其中就包括每股表决权数多于或者少于普通股的股份。

② 参见"深圳康乐公司与钟某请求公司收购股份纠纷案"[广东省深圳市中级人民法院(2016)粤03民终8891号]。该判决指出,第74条系基于对持反对意见的股东财产权利的保护,因为在该条规定的情况下,持有反对意见的股东与公司其他股东之间存在观念上的冲突,即公司的人合性出现分裂和不可调和,持有反对意见的股东以退出公司的方式,由公司回购其拥有的公司股权,以保障其股权的资产价值。本案钟某拥有康乐公司14%的股份,却要求康乐公司回购其13%的股份,保留了1%的股份。钟某保留1%的股份表明其同意康乐公司继续存续,并愿意继续保持作为康乐公司股东的身份,这与钟某反对康乐公司继续经营的意见相互矛盾,也与上述立法精神相悖。

通性更好，股东通过转让股份等其他方式退出公司的可能性更大，故在制度设计上，有限责任公司的法定退出情形更多一些。

在法条字面文义的基础上，还应注意以下五个问题：

(1)行使退股权的前提要件包括：被投反对票的决议已获有效通过。法条并没有明确这一要件，但根据逻辑解释与目的解释，如果因大量小股东都投了反对票，或过多小股东表示异议，或表决权少但持股比例高的股东明确表示反对，最后导致该决议根本没有获得股东会有效通过，或公司管理层在上会审议前就否决了该决议的，那么就没有必要行使退股权，此情形不符合退股权的制度价值。

(2)要准确界定“公司合并、分立”。这里的合并、分立指涉及公司法人人格消灭的情形，具体存在以下两种情形：①“二合一”与“一分为二”，即通过注销原有公司并成立新的公司，来完成两个公司的合并或者一个公司的分立。②“一吞并一”，即被吞并的公司人格消灭，吞并的公司人格存续。[①] 对于人格消灭的公司，其股东享有异议退股权，自不待言。但在第二种情形下存续公司的股东是否也享有退股权？本书认为，虽然在公司吞并另一公司的情形下，小股东的资本基础也得到了增加，且股权稀释对于小股东而言影响也不大，但需注意的是，合并还意味着债权债务的继受，这家吞进来的公司可能带来高额债务，因此存续股东的异议退股权不应被剥夺。[②] 此外，不属于退股权的合并、分立情形还有：①仅是业务意义上或经营意义上的合并、分立，如开设或撤销分公司、办事处、营业分部等情形；②公司出资设立子公司或参股成立子公司的情形，这完全不涉及该公司(作为母公司)的人格变动，且出资财产转化为子公司股权，这也不涉及公司自身发生根本性变化。

(3)如何界定“转让主要财产”。首先需明确的是，判断“主要财产”本质上就是一种带有价值指向的裁量空间，须法官在个案中具体判断，而无法在抽象规则的语境下精确量化。其判断标准就是：转让该财产事关公司根本性重大改变，或转让该财产会根本性影响异议股东的基本预期。具体而言，“主要财产”可能是其货币价值占公司资产总额比重较大，或是其功能作用在公司业务中处于核心地位，或是

---

① 这里的概念范围与《公司法(修订草案)》第214条规定的“公司合并”含义一致。即公司合并可以采取吸收合并或者新设合并。一个公司吸收其他公司为吸收合并，被吸收的公司解散。两个以上公司合并设立一个新的公司为新设合并，合并各方解散。

② 据此新《公司法(修订草案)》第215条规定：公司与其持股超过百分之九十以上的公司合并，被合并的公司不需经股东会决议，但应当通知其他股东，其他股东有权请求公司按照合理价格收购其股权或者股份。

其留存意义关系公司发展前景，其中不仅指有形财产，还可以包括知识产权。《公司法》第 121 条对上市公司的重大资产交易与重要担保界定为超过公司资产总额 30%。从体系解释的角度来看，这个比例有一定参考价值，但对于普通有限公司而言，更重要的还是要结合上述多种因素与标准，在整体上对"主要财产"进行综合评判。总之，这是立法上的"留白"，法官不能单纯依靠立法在文义上精准量化，而必须在具体案件中承担个案判断、释法说理的法定职责。

（4）法定性问题。实际上这个问题似乎不难回答，《公司法》在具体条文中没有兜底条款，也没有可扩张解释的一般性规定，因此，《公司法》规定的退股权行使情形是一种封闭规范，即法律明确仅限于这几类情形。但这里仍可能有一些误区，有些法院会把法定退股权的"法定性"不当泛化到所有退股机制或退股行为，即认为股东退股只能去行使法定的异议股东退股权，且只限于《公司法》规定的那几类情形。[①] 实际上，我们说异议股东退股权具有法定性，是指小股东（包括表决权少的股东）可以直接依据法律就能强行请求公司回购其股权，但至于公司、股东各方合意实施的退股减资，法律并不禁止。即公司回购股权完全可以出于意定，无论是公司章程提前约定特定的退股情形，还是股东会决议允许一些股东退股，只要合法遵守减资程序或通过内部认购、外部出售等方式及时消化回购份额，这都是在不损害公司资本、不损害债权人的情况下合法有效地"自定义"退股，不能认为这种公司回购行为就是无效的[②]。例如，新《公司法（修订草案）》第 172 条为股份有限公司明确规定了异议退股权，但仍保留了原第 142 条之规定（现为第 173 条），两者关于公司重大事项决议的差别在于：一个是涉及"公司转让主要财产"，另一个是涉及"公司合并、分立"。这说明《公司法（修订草案）》明确区分了异议股东强制退股权与公司同意股东回购请求（决议退股）两类机制，前者属于强制性保护机制，后者属于公司自治结果。最高人民法院指导案例 96 号也指出，合意约定的回购不适用

---

① 有的法院存在误解（无论是广西区内法院还是区外各地法院都有这类情况），认为公司股东会通过允许某股东退股的决议是违反退股权法定性的，或公司与股东约定股权回购是违反公司资本维持原则的，因此是无效的。实际上，只要注意走减资程序，该决议不存在无效的问题。换言之，即使该决议有问题，也是法定资本制或债权人保护机制来予以规制，而不是说退股权的法定性导致了其他退股行为的直接无效。

② 据此，与公司"对赌"并约定公司回购股权，也并非当然无效。近年来也出现了"与公司对赌有效"的典型案例[如"江苏华工案"，江苏省高级人民法院（2019）苏民再 62 号]。

《公司法》第74条。[①] 因此,关于退股权行使情形的法定性问题,一定要在体系上结合其他退股机制予以系统理解与适用。

(5)排他性问题。股东的救济权利众多,如知情权、决议撤销权、转股权、分红权、索赔权、退股权、解散权等。但《公司法》在字面表述上,并没有指出退股权与其他救济机制的协同关系或互斥关系。实际上,这些权利均有自己的规范目的与价值指向,相互间存在互动关系。[②] 其中有些救济机制在功能作用上是配合、协同、促进退股权的,例如,知情权有利于退股定价的问题、分红权保障股东退股前完整的合法权益等。这些权利与退股权不冲突,可同时行使,不产生排他性问题。但有些救济机制在功能作用上可能与退股权发生重叠、互斥,就应当在多个同质权利之中择一行使。[③] 例如,决议撤销权或主张决议不成立之诉,就旨在消灭股东所反对的公司决议,若该路径救济成功,也就不存在退股权行使的基础。又如转股权,如果公司章程或股东间协议约定了在特定情形下由特定股东以特定价格收购异议股东股权,那么此种转股权就实现了退股权的立法目的,也无须另行主张退股权。此外,退股权属于较为强力、激进的救济机制,其对公司产生的动荡比其他机制都大(仅次于解散权),因此在多项具有同质性的救济机制中,退股权应当列后行使。

3. 退股权的行使程序

《公司法》第74条第2款表述了两个环节:自股东会会议决议通过之日起60日内,股东可与公司达成股权收购协议;若不能达成的,股东可以自股东会会议决议通过之日起90日内向人民法院提起诉讼。但原文关于程序上的表述仍不够清晰,应当进一步从逻辑与体系上看,明确以下三个环节:

(1)股东应对于具有法定情形的股东会决议投反对票。这是股东行使法定退股权的第一步——成为异议股东。需研究的问题是,异议是否仅限于在股东会上投反对票?这一问题的实质是,如果放弃参会权或错过参会是否意味着失去退股权?由于股东会一般以全体表决权的多数决来通过决议,而不是以实际到会的多

---

① 参见最高人民法院指导案例96号“宋某诉西安市大华餐饮有限公司股东资格确认纠纷案”。裁判要点如下:有限责任公司按照初始章程约定,支付合理对价回购股东股权,且通过转让给其他股东等方式进行合理处置的,人民法院应予支持。

② 参见刘俊海:《现代公司法》(第3版)(上册),法律出版社2015年版,第386页。

③ 美国公司法无论是在判例法还是成文法方面,都明确规定评估权是异议股东的排他性救济措施,除非异议股东受到欺诈或其他不法影响。参见[美]弗兰克·伊斯特布鲁克、[美]丹尼尔·费希尔:《公司法的经济结构》(中译本第2版),罗培新、张建伟译,北京大学出版社2014年版,第156~157页。

数决为准，故小股东（包括表决权少的股东）即使不参加股东会也不会影响决议的通过。因此，放弃或错过参会的小股东也可以成为反对但又无法阻止决议通过的股东，退股权没有必要与参会权相互绑定，参会并不是获得退股权的前提要件，股东可以通过参与投票表达反对，也可以在决议通过后及时向公司表达异议并请求回购，对此最高人民法院亦有案例予以肯定①。当然，如果股东先于股东会召开之前就明确甚至书面表示反对的，该异议股东也可以不必参加此次股东会，其在决议通过后即享有退股权。

（2）股东应在股东会会议决议通过 60 日内尝试与公司达成股权收购协议。该环节须研究的问题是，这个步骤是否具有强制性？是不是股东向法院诉请公司回购的前置条件？实际上，这一环节的作用在于，尽可能降低制度成本。退股权作为一种请求权，实质上是不完整的，其没有确定交易价格，故在当事人诉请之时并不具备强制执行性。因此，理论上退股权又称“评估权”，小股东与公司之间最大的退股障碍往往就是股权定价的问题，加之有限责任公司的封闭性与个性化较强，较难存在客观的一般市场价值，非上市的股份有限公司亦存在这一问题，故双方对于股价的预期可能分歧很大，法院在审理中也常通过第三方评估来确定股价，这都使退股权实际上是一个相当费时、费力、费资源的机制，故加入一个协商自治环节，利于尽可能节约诉讼资源，是退股权制度成熟的标志。综上所述，自行协商本质上并不会使小股东“反对但又无法阻止重大决议通过”的处境变好或变差，也不影响退股权机制背后的各类利益平衡，故协商机制不应具有强制性，没有协商也不影响其诉权，且 60 日后双方仍可以继续商定回购协议。② 据此，需要注意以下两种情形：

第一，如果股东在决议通过后 60 日内直接起诉，且没有与公司充分协商过的或还正在协商的，法院原则上可驳回其起诉，告知其应当先尝试与公司商定回购协议，自决议通过 60 日后再起诉；但如果股东与公司已充分协商不成或公司明确拒绝的，股东可在决议通过后第 90 天内随时起诉。

第二，如果股东在决议通过后第 61 日至 90 日内直接起诉，此前完全没有与公司协商过的，法院应当在受理后首先对双方进行调解（参照《民事诉讼法》第 122

① 参见“袁某与长江置业（湖南）公司请求公司收购股份纠纷案”［最高人民法院（2014）民申字第 2154 号］。该判决指出，未能参加股东会的股东，虽未对股东会决议投反对票，但对公司转让主要财产明确提出反对意见的，其请求公司以公平价格收购其股权，法院应予支持。

② 有学者认为，该协商环节属于倡导性规定。参见刘俊海：《现代公司法》（第 3 版）（上册），法律出版社 2015 年版，第 389 页。

条),同时也告知双方可以自行和解。

(3)股东可在股东会决议通过90日内向法院起诉。此处的"90日"属于除斥期间,超过该法定期限不行使回购请求权的,异议股东丧失诉权。若当事人超过期限仍向法院起诉,法院立案后经核实确实超过法定期限的,应裁定不予受理(《公司法解释一》第3条)。实务中应注意以下两个问题:

第一,异议股东超过起诉期限后不影响继续与公司达成回购协议。法律本来就没有完全禁止股东与公司协议回购,只要注意遵守减资程序或资本制原则即可。① 故股东即使丧失法定退股权,或失去强行诉请公司回购其股权的机会,其仍有与公司自愿达成回购协议的自治空间,在此没有违反退股权的法定性,不会因此存在无效事由。

第二,注意当事人多个诉请之间的互斥性。如果异议股东在诉请退股权的同时,又提起撤销决议之诉、决议不成立之诉或决议无效之诉的,如上文所述,这些诉请的功能有一定重叠,须择一行使。例如,该决议被撤销或认定无效、不成立的,股东也就没有必要提出异议进而要求退股;同样地,异议股东行使退股权的,也就没有必要诉请撤销该决议了。此外,由于退股权属于影响更大、更为激进、彻底的救济机制,在多项具有同质性的权利当中,退股权应列后行使,故出现上述情形的,可以在受理后针对退股权的案件驳回起诉或中止审理。

(三)司法实务中常见疑问

1. 公司没有针对退股权的行使情形召开股东会怎么办?

法定退股权存在一个隐含前提,就是公司必须规范地针对特定事项召开股东会并作出决议。② 但现实中,大量的有限责任公司股东自己就是公司高管或经营者,且公司内部治理并不规范,例如,转让主要财产或是否分红等问题,可能几位大

---

① 需要注意的是,如诉请执行这类协议回购的,应当实质性实施了减资程序。参见"大连市华摩投资等与熊某等股权转让纠纷案"[北京市高级人民法院(2020)京02民终5788号]。该裁判指出,约定的股权回购行为应当经过法定的减资程序。即使控股股东愿意减资,公司减资不存在实质障碍,但在诉讼时并未举证证明公司已完成减资程序或公司股东已就减资事宜作出有效决议的,不认可已实际具备回购条件。

② 反之,如果公司依据其章程、股东协议或此前决议等,针对特定事项无须召开股东会的,那么股东也就无权主张法定退股权了。例如,针对特定事项已授权董事会或执行董事等高管决定的,股东可以主张公司高管损害公司利益或损害股东利益,但不能主张法定退股权。参见"张某与上海丽卡文化传媒公司等股权转让纠纷案"[上海市高级人民法院(2017)沪01民终12948号]。

股东私下商定就付诸实施了，小股东连投反对票的机会都没有，这种情形如何处理？本书认为，应当尽可能以公司法既有的治理体系来化解这一问题，这样更利于倡导公司法的价值指向，更利于引导现实中公司治理规范化。具体分为以下三种处理情形：

(1)股东可以针对特定事项自行召开临时股东会。代表1/10以上表决权的股东可以依据《公司法》第39条之规定，自行召开临时股东会，针对第74条规定的退股权适用情形进行表决，在大股东来参会并投票的情况下，异议股东即可完成投出反对票的环节。此外，表决权未到1/10的股东，可以向董事、监事提出召开临时股东会的建议。

(2)股东自行召开临时会议但大股东不来参会的，或自己无资格召开临时会议的情形。第一种情形可能会失效，因为异议股东可能不能代表1/10的表决权，或相关董事或监事也不愿提议召开临时会议，或大股东根本不来参加临时股东会等。在此，正常的公司治理已失效，公司自治机制无法起效，异议股东无法完成投反对票的环节。本书认为，可对此情形作出法律拟制，即当股东以书面形式告知其反对公司关于《公司法》第74条规定的特定事项，且公司仍不顾反对继续施行特定事项的，则应当视为该股东对公司决策投了反对票，其实际已处于反对但又无法阻止公司重大决策的处境，该股东应有权行使法定退股权。① 此外，权利行使期限应当自反对通知到达公司之日起计算90日除斥期间；或反对时公司尚未施行特定事项的，自公司正式施行特定事项之日起计算90日除斥期间。

(3)股东事后才知道公司施行特定事项的情形。即使公司针对《公司法》第74条规定的事项召开了股东会，也可能没有通知小股东参会；或者公司在不开股东会的情况下实际施行了《公司法》第74条规定的事项，但平时不管公司经营的小股东并不知晓。这都可能造成股东不能及时了解情况并及时提出反对。如果股东自股东会决议作出之后或公司实际施行特定事项之后，超过90日才知晓的，应如何处理？本书认为，此时应当综合考量各方面利益平衡：第一，此类情形一般意味着小股东是远离公司日常经营管理的，其要么高度信赖主要股东或管理层对公司的经营管理，要么对公司经营状况的预期相当宽泛，这都意味着小股东对公司重大事项的概括默许；第二，公司作为追求效率同时兼顾交易安全的商事主体，其重要事项

① 我国司法实务上也早已认可这种目的性扩张解释，认为召开股东会并非必要条件。参见王军：《中国公司法》(第2版)，高等教育出版社2017年版，第354～355页。

施行后，在较长一段时间后（90 日后）或未来不定期之时还须回溯处理，是不利于对外交易安全以及公司运营安定性的；第三，如果公司大股东或管理层损害或故意减损公司利益的，小股东仍可依据公司法主张相关索赔救济机制。综上所述，在股东会作出决议或公司实际施行特定事项 90 日后，即使股东才知晓的，也不再享有《公司法》第 74 条规定的法定退股权。

2. 诉讼费用及评估费用等负担如何在当事人之间分配？

简单来看，退股权是异议股东向公司提起的，诉请内容是收购其全部股权份额，要么得到法院支持，意味着全部诉请胜诉；要么得不到支持，意味着全部诉请败诉。因此，看起来诉讼费用等负担是非此即彼的，要么公司一方败诉全部承担，要么股东一方败诉全部承担。但实际上，有一种情况需要特别考虑：当异议股东向公司请求回购并与公司磋商过程中，公司明确以书面形式给出回购价，但股东不接受而另向法院起诉的，如果法院经过审理以及委托第三方评估后，判决的回购价与当初公司的主动出价相接近的，在这种情况下若还要公司承担全部诉讼费用与评估费用，其实是不太公平的。客观来看，股东的诉请在一定程度上浪费了诉讼资源和公司资金，且还会造成不当激励①。本书认为，对此应进一步在法律上解析当事人诉请，即异议股东在公司已明确出价的情况下仍起诉的，应当将该诉请的实质内容视为：在出价的基础上请求更高的收购价。据此，法院经审理确定的价格与公司原出价越接近，就意味着股东的败诉比例越高，其就应承担更多的诉讼费用；法院经审理确定的价格明显高于公司原出价的②，就意味着股东的胜诉比例越高，其就应承担较少的诉讼费用。在个案中应依据《诉讼费用交纳办法》第 29 条第 2 款的规定，根据案件的具体情况决定当事人各自负担的诉讼费用数额。

3. 在诉讼中法院委托第三方评估后得出的股价低于诉讼前公司出价的，应如何处理？

该情形的实质就是"诉了还不如不诉"，即异议股东后悔起诉了。对此应当积

---

① 一方面，激励了股东可以高于市场价值要价；另一方面，倒逼公司高于市场价值开价，这都不符合退股权被称为"评估权"所具有的"公平性"。

② 实践中，由于第三方专业评估需要被告公司予以配合，如果其经法院多次释明，仍不提供完整会计账簿等必要材料的，且导致审计或评估无法进行的，法院可以直接推定原告股东所主张的出价为合理回购价格。参见"上海建维工贸公司诉上海尊蓝山餐饮公司股份收购请求权纠纷案"［上海市第二中级人民法院（2010）沪二中民四（商）终字第 1406 号］，载《人民法院案例选》2012 年第 4 辑，人民法院出版社 2013 年版。

极做双方的工作，因为公司作为回购付款的一方，主观上愿意高于市场价回购股东股权，其实就说明双方矛盾化解并达成和解的可能性较大。在公司愿意保留原先出价的情况下，引导股东一方接受该出价，双方可以和解撤诉或由法院制作调解书；如果公司明确表示反悔，拒绝保留原先出价的，法院可以在参考第三方评估价的基础上综合相关因素确定合理价格，并以该价格组织双方调解，调解不成及时作出裁判。退股权的特征就在于其公平性，即通过司法程序确定公平股价，法院就是股权的公平价值最终裁判者。① 因此，确定股价不必专门倾斜照顾股东一方，而应以市场价值合理确定即可，否则过于高出市场价值的回购价，本质上会造成公司资产不当流失。

4. 如何看待“1 元分红”的现象？

《公司法》第 74 条第 1 款第 1 项规定了异议股东行使退股权的情形之一，“公司连续五年不向股东分配利润，而公司该五年连续盈利，并且符合本法规定的分配利润条件的”。该项规定的客观条件其实是很苛刻的，包括“五年”“连续”“盈利”等要求。同时，有的条件还具有主观可操作性：只要 5 年间公司分配过利润即可中断 5 年连续计算，或只要公司分红过任何金额即算作已分配利润。据此，如果公司有意用极少的分红阻碍关于“不分红”这一条件的成就，对此应如何处理？本书认为，判断的关键在于，公司是否存在“恶意”，处理的方式为“视为未分红”。② 在个案判断时，要结合具体证据或实际情况综合认定“恶意”，例如，分红极少，完全是象征性的，如“1 元分红”或“百元分红”等；又如，该公司每 5 年都有类似操作，同时在公司内部从来不接受股东提出的退股减资请求；再如，该公司确实符合多年连续盈利且可分红的情况，但公司管理层或大股东明确表示不作分红或拒绝其他股东分红请求的，等等。需注意的是，应审慎认定“恶意”，因少量分红而造成小股东不满意等情形，仍属于公司自治范畴，原则上无须司法介入干预。至于“视为未分红”，则属于法律拟制，其基本依据是诚实信用原则。例如，《民法典》第 159 条就规定了为自己利益不正当地阻止条件成就的视为条件已成就，在处理退股权问题上也可参考借鉴该原理。

5. 公司用自身可分配利润回购股权是否需减资程序？

行使退股权将直接导致公司出资人减少并形成公司自持股份的现象，且由于

① 参见施天涛：《公司法论》，法律出版社 2014 年版，第 565 ~ 566 页。

② 类似观点参见刘俊海：《现代公司法》（第 3 版）（上册），法律出版社 2015 年版，第 390 ~ 391 页。

公司须向退股人支付对价，故通常会造成公司资本与资产减少。但从现实来看，公司经过多年经营，其资产可能不断增加，特别是在公司连续多年盈利或出资人不断追加投资的情况下，公司资产规模与偿付能力可能远超其注册资本，此时，公司能否用可分配利润或超过其注册资本金的资产回购股权而不必履行减资程序？本书认为，这个问题的本质在于对债权人的保护是否限于对注册资本金的信赖保护。如果这个问题的回答是肯定的，那么只要公司资产超过其注册资本金，超过部分即可任意支配，任由股东提取。但实际上，公司资本制不只有资本确定原则，还有资本维持原则，即公司在经营存续过程中，必须依法维持其自身资产，坚持公司意志与公司资产的自利性与独立性，非因商业目的或经营需要不得转移或减少。因此，债权人的信赖保护不仅仅源于公司登记所明示的股本金，更重要的是对公司偿付能力的预期与信任，这包括现有资产规模、经营交易情况、市场发展价值等因素。公司资产的任何非经营减少都可能减损公司偿付能力。虽然公司用可分配利润回购股权是影响公司偿付能力较小的方式①，但仍可能影响未来到期或未来新生债务的清偿能力。对此，可借鉴《英国公司法》(2006 年)关于此种情形之规定，即虽然用可分配利润支付回购款可以不经法定减资程序，但仍要作出关于清偿能力的"董事声明"，并附加公司审计报告，以显示在考虑了现有全部及潜在债务的情况下仍具有充足清偿能力。② 在我国司法实务中，如果公司能够提供充分证据(如公司审计报告)证明其对全部债务具备清偿能力，其以可分配利润支付股权回购款的，可不经法定减资程序。

6. 公司处于资不抵债或具有破产原因的情况下，股东还能否行使退股权？

当公司处于资不抵债或具有破产原因时，意味着公司的市场价值已为负值，股权的财产权益已基本丧失，但股权还包含成员权或共益权这类非财产权益，因此"退股"还意味着退出公司社团、退出股东资格，理论上看退股权仍有适用空间。但仍有两种情况需注意：(1)如果请求退股的股东并未履行或完全履行自己的出资义务，即使其不向公司收取任何对价，也不能彻底退股，而应当参照《公司法解释三》第 13、18 条之规定，在缴足出资之前一直负有出资义务。原因在于，出资认缴不仅

---

① 可分配利润就是弥补亏损和提取公积金后所余税后利润，其已减去应付款项等支出，因此就当年而言，该公司的偿付能力是充足的。参见《公司法》第 166 条。

② 参见[英]保罗・戴维斯、[英]莎拉・沃辛顿：《现代公司法原理》(第 9 版)，罗培新等译，法律出版社 2016 年版，第 326 ~ 327 页。

是对其他股东、对公司的承诺,也是对未来公司债权人的承诺,而破产法意义上的资不抵债中的“资”,就是要求以全部注册资本缴足到位为基础的全部资产,故破产管理人负有向未完成出资义务的股东要求补足出资的职责(《企业破产法》第35条)。(2)在该公司已进入法院破产程序的情况下,无论是破产清算还是破产重整,都涉及原股东权益清零,即原股东将失去股东资格,故在此就没有必要另行启动一个退出股东资格的程序。此外,法院受理破产案件后,公司各项事务将由法院指定的管理人接管,股东会也失去了经营和管控公司的权力①,股东并没有机会再对股东会的重大决议投反对票,故实际上股东也就不再有机会行使法定退股权。

六、出资法律关系的外在形象:独立人格与有限责任

(一)公司法人人格与有限责任的区分

法人人格的主要作用就是实现团体的独立性,确保成为独立的法律关系主体。这不仅是名义、利益、财产等方面实现独立,更显著的功能是责任之独立,或称为成员之免责,即所谓“有限责任制”。因此,法人的人格独立体现出两个层次,独立性越强,就越应当适用有限责任;即使独立性不够强,前者也具有单独的存在意义与制度作用。

1. 法人人格的构成要件

人们以某一团体或组织的名义独立从事某项事业的历史,远比现代法律所谓的“有限公司”要早得多。实际上,不仅法人人格与有限责任在历史上先后形成,且法人人格与有限责任也并非捆绑同步。② 法人人格的构成要件首先体现为三个方面③:一是理论上的永续性。法人不应依赖于其成员的生命或是否健在,当某一成员死亡时、成员继承人不得当然地取回出资,而仅重新确认该继承人在法人中的身份与财产权。这意味着法人克服了自然人的生命局限性,使法人事业的存续期限与个人的有限生命得以分离,促进了世代自然人不断投入法人之事业。二是名义

① 根据《企业破产法》第13条之规定,法院受理破产后应当同时指定管理人;根据《企业破产法》第25条之规定,管理人负有接管公司财产、印章等,决定公司内部管理事务,管理和处分公司财产等职责。这就意味着一旦法院受理破产申请,该股东会不再享有经营和管控公司的权力。

② See L. C B. Gower, *Gower's Principles of Modern Company Law*, 5th ed., Sweet & Maxwell, 1992, p. 19 – 36. 转引自朱慈蕴:《公司法人格否认法理研究》,法律出版社1998年版,第6～10页。

③ 参见邓峰:《普通公司法》,中国人民大学出版社2009年版,第106～109页。

上的独立性。法人应以自身专有的名称彰显其独立名义，该名义在外观上与成员个人名义不再直接相关。据此，法人应取得司法诉讼中的独立主体资格；应以自己的名义享有财产的所有权，并以自己的名义处分其财产及相关债权债务，在公司日常经营中则意味着独立签约权；其还能够对外承担自己责任，即法人行为可产生法人责任，而不是他人（如成员）担责，不必然同时产生成员责任。三是表意上的集中性。法人作为一种组织，应当具备决策和指挥的集中性，同时一致对外表意并承担责任。以公司为例，股东须通过集体决议的方式将多个且可能相左的个人意志上升为统一的团体意志；同时公司所有者（股东）须选举产生管理者，而不是直接管理公司，即使股东事实上可以管控公司，但仍要遵循法人内部的分权制度和治理结构，以管理者或经营者的身份来进行，即股东不得废除法人的决议机制或治理模式而私自管理。就外部而言，当法人的成员或管理者对外作出个人表意或行为时，不必然能够代表公司或代理公司，不过一旦该表意或行为依法应当归属于法人，则该法人行为即视为全体成员集中意志的体现，对每一位成员均具有约束力。

以上三个方面的要件，已足以使某一团体具有一定的主体形象，使其能够具备主体资格，并与成员个人人格相区别。但该主体仍不一定具备足够独立的人格，此时债权人还不一定愿意单独与该法人（公司）建立信用交易，甚至可能利用债权人优势地位要求其成员（公司股东）共签或连带保证。因此，只有当人格独立性在密度与强度上再进一步增加，使法人人格具备第四个特征——意志上的自利性，法人才真正具备“责任独立”的人格。何为“意志上的自利性”？即法人意志要以自身最佳利益为标准，法人不应作出有损自身利益的表意或行为。强调这一要件的原因在于自然人作为一个生理、情感、精神、尊严等多方面需求的结合体，其市场逐利行为仅为手段途径而非目的，其天然地会对所获资源予以享用消费、保存维护、规划用益，以便能最大化、持续性地满足自己的多层次需求。基于此，当市场主体致力于信用交易、顺序交易或持续性交易时，先位获益的一方并不会任意散失其已获资源，已有的财产外观也不会遭到任意散失，甚至其在人性上会尽力增益已获资源，这就天然地提供了一种外观信赖，使愿意后位获益的一方可以合理期待——前者的财产增益或现有规模可为后位获益提供足够保障。如此一来，市场交易始可超脱即时交易，市场供需关系机制始可发挥调节作用。然而，与自然人所不同，法人并不天然地具备人性的多层次需求，甚至一定程度上是一种手段工具，其内在结构依赖于自然人成员的内在结构，易于受到成员操控，即使其能做到存在永续、名义的独立、意志的集中,其仍难以提供如同自然人一样的独立形象。因此,只有当一个法人能尽可能具备上述内在因素,如具备明确的独立事业、职责或目标,其内部经营者与所有者之间存在足够隔离,其经营与决策体现出对特定事业的追求与维护,其将已获资源致力于特定事业的发展与提升,其自然人员工以其工作成果归属于法人名义等,那么社会与市场才会认可,该法人也能具备类似于自然人的内在财产保持力。这种特征本书归纳为“意志上的自利性”。当法人意志能够整体上体现出自利性时,即可真正脱离成员之人格而始具有完全独立的人格,也真正地使其在社会地位与社会价值上体现出一个市场主体的实体形象。

2. 法人人格与有限责任的关联与区别

当法人人格达到“意志上的自利性”这一程度时,其不仅仅指涉一种名义上的主体资格,由于其人格的独立性已非常充分,其已开始接近一个理性自然人在市场中的地位与价值,此时赋予其独立的责任能力,同时不再追究其成员的个人责任,这是一种在债权人、法人及其成员之间最为平衡、合理的制度设计与价值选择。此时独立人格会自然地与有限责任发生结合,这是一种自然产生的结论,若不在此承认有限责任规则,反而会造成利益失衡。这也就不难解释,为何现代公司法制度中具有独立人格的公司往往标配有限责任,反之,否定有限责任的条件往往也是对于独立人格的否认。

当然,对于有限责任这一制度,其与主体资格意义上的法人人格仍有一定区别:第一,有限责任的指涉对象是出资人或股东,而法人人格的指涉对象是公司本身。就前者而言,股东仅就认缴股本为限承担出资责任,即使公司所负债务超出其资产,股东也无须补充或连带担责;就后者而言,其直接对应的规则是独立财产与独立责任,即具有独立人格的主体可以自己名义取得财产,且对自己行为或特定债务独立担责,而不直接产生其成员或股东之责任。第二,法人人格不必然与有限责任绑定,公司股东也可为具有主体资格的公司承担补充或连带责任,理论上法人人格与有限责任可以自由组合。例如无限公司,虽有法人人格与主体资格,但不存在独立财产,也就不适用有限责任;又如信托制度,即受托人须将自身财产与委托人财产作出区分,但又以自己的人格对外作出意思表示,故虽然信托财产具有独立性,依附于财产上的责任也是有限的,但在信托财产之上不存在独立人格或主体资格;再如个人独资企业,其具有一定人格或主体资格,其以自身名义享有特定财产、商号以及雇员等,但其没有独立意志,其财产所有权实际上归属于业主财产①,故其也不得适用有限责任。总之,不能简单将法人人格与有限责任等同,法人人格的含义不当然包含"以自己的财产独立地承担民事责任"这层意义。② 第三,有限责任是一种基于价值判断与利益衡量的制度选择,这种制度设计的优缺点明确,一方面,其能够隔离追责风险、促进股东投资、分散投资风险、促进股份转让流通、节约对外交易成本、反映公司价值等③;另一方面,其具有极高的被滥用风险,债权人被置于较为不利的境地,其运行须同时依赖公示制度、披露制度以及事后救济等配套机制。故是否选择以及如何设计这一制度,主要取决于国家代议制立法机关的决议意志。但对于法人人格特别是独立人格而言,这是法律关系对于既有社会关系的确认,是法律规范对于现有社会事实的认可。法人作为一个有机实体,其在现实中已发挥了作为独立主体的社会作用,其公认地具有适合且应当作为权利能力主体的社会价值。④ 因此,法人人格制度本质上是法律视角中的一种社会现象,而不像有限责任那样主要源于某些市场需求而做出的制度设计,法律规范上对于法人人格更多的是予以确认,而并非选与不选的问题。

(二)独立人格的减损现象与救济机制

1. 人合性与有限责任的相互侵蚀与平衡

有限责任公司的人合性早已得到普遍认可,实际上人合性的本质就是合伙属性。该属性主要包含两个方面:一是基于合伙人之间的信赖开展经营事务,而非完全遵守相关职位职责或团体机构职能;二是合伙成员们开展经营事务往往以"做自己的生意"或"为自己做生意"自居,而非严格以具有另一独立人格的团体最佳利益为行动标准。历史上"公司"(company)一词也曾泛指包括合伙在内的团体或组织(association),甚至在19世纪中叶有限责任普遍地与公司制度结合之前,合伙与公司的主要区别仅在于,前者适合做小生意,后者适合做大生意;人数较少时会选

---

① 我国《个人独资企业法》第17条前半句规定"个人独资企业投资人对本企业的财产依法享有所有权"。

② 参见邓峰:《普通公司法》,中国人民大学出版社2009年版,第114~115页。

③ 参见[美]弗兰克·伊斯特布鲁克、[美]丹尼尔·费希尔:《公司法的经济结构》(中译本第2版),罗培新、张建伟译,北京大学出版社2014年版,第42~43页;葛伟军:《英国公司法——原理与判例》,中国法制出版社2007年版,第57页。

④ 参见[日]我妻荣:《新订民法总则》,于敏译,中国法制出版社2008年版,第117页。

择合伙开展营业,而人数较多时会选择公司进行营业。[①] 但随着有限责任的兴起,无疑给了选择公司形式的一方更有利、更强势的地位,特别是对于市场上绝大多数的中小经营团体而言,有限责任与人合性拍档组合,是极富吸引力的。据此,现代英国商法创造出了一种新模式——有限责任合伙(Limited Liability Partnership)[②],这种组织形式是有限责任与人合性需求最直接之结合。

但是,人合性与有限责任并非天然契合,相反,两者是一种相互侵蚀之关系。一方面,一个团体的人合性过强或越强,其越彰显的是成员的人格,越接近的是合伙组织,意味着越像"搞合伙"一样地"开公司",团体人格处于微弱状态;另一方面,一个团体的成员想要能够享受有限责任,则要求尽可能弱化人合性,而更多地彰显团体本身的独立人格。为凸显上述各项构成要件,无论其成员亲自作为经营管理者(如董事高管),还是集体作为决策权力机关(如股东会),每个成员均应当脱离自身人格,超脱地形成追求团体最佳利益的另一人格,使团体如同一个自然人一样能够对自身独立财产予以珍视并利用,使其接近一个理性且自利的自然人,使其资信表征脱离其成员的资信情况,使债权人或市场参与者愿意承认该团体的人格独立性,使他们愿意仅由这个团体自己独立承担交易风险与责任,同时相对应地,该团体成员可仅承担有限责任。因此,人合性与有限责任之间存在此消彼长之关系,当团体的人合性或合伙属性越强,其成员利用团体名义滥用有限责任的道德风险或投机风险就越大,其就越不适合享受有限责任;当我们越坚持适用有限责任,则意味着赋予了公司一方越高的强势地位或优势地位,这就越易于造成团体成员与其债权人之间的利益失衡,[③]这就要求团体成员尽可能排除自身资信对团体资

---

① 参见[英]保罗·戴维斯、[英]莎拉·沃辛顿:《现代公司法原理》(第9版),罗培新等译,法律出版社2016年版,第4~6页。

② 其与有限合伙(Limited Partnerships)不同,有限合伙仍属于一种合伙,以代理法为基础,受合伙法原理的调整。有限责任合伙则受公司法原理的调整,其与公司一样具备独立法律人格,其成员仅承担有限责任,其与公司所不同的是应税规则与内部决策机制,即不存在成员与董事高管之间的分野,每个成员当然地被赋予参与经营管理的权利,其成员与合伙组织中的合伙人一样,对于内部决策结构拥有同样的自由决定权。英国议会于2000年通过《有限责任合伙法》(Limited Liability Partnership Law),此后该法被2006年《英国公司法》吸收。

③ 有学者指出,公司股东较之于公司债权人而言,在公司法人人格制度上处于一种优势地位,公司股东是否恪守分离原则,真正放弃对投入公司的财产支配权,公司外部的债权人既难以实施监督,又难以进行调查,故当股东在享受股东有限责任优惠的同时,仍然直接支配公司财产,就意味着股东违背了由法律设计的对公司债权人的承诺。参见朱慈蕴:《公司法人格否认法理研究》,法律出版社1998年版,第70~71页。

信的影响，使团体的独立人格得到充分彰显，进而真正具有独立主体与独立责任的社会价值。

综上所述，虽然人合性与有限责任相结合的组织极具吸引力，但各国商事法律必然设置保护措施以遏制有限责任的滥用，故这类组织应在制度设计的角度寻找平衡点。我国《公司法》对于有限责任公司的规定则体现了这种平衡，一方面全面规范其成员的出资义务与责任、内部治理结构、财务与会计规则、公示表征规则、董事高管职责等，另一方面认可了有限责任公司独有的人合属性：股权对外转让须经其他股东同意，且其他股东享有优先购买权（第 71 条）；股东享有对公司新增资本的优先认购权（第 34 条）；股东对于股东会重大决策持异议的，可请求公司按合理价格回购股权（第 74 条）；股东会会议可不现场召开，股东以书面形式一致表示同意的，可直接在决定文件上签章即可（第 37 条第 2 款）；董事会可不予设立，可仅设执行董事（第 40 条第 2 款），等等。

2. 有限责任的实体保障机制：检验法人人格的独立性

人合性并非侵蚀有限责任基础的唯一因素，公司单一控股股东或实际控制人与公司财产混同、对公司过度控制等情形，也可能不当侵害公司债权人，导致股东承担相应连带责任或补偿责任。本书主要研究由多个出资人的共同行为所形成的出资法律关系，故在上文主要探讨人合性对有限责任的影响。这些可能排除股东有限责任而承担无限责任的情形，本质上揭示了一个原则：当公司越像一个"人"的时候，越具有适用有限责任的正当性；当公司越不像一个"人"的时候，就越不应当适用有限责任。何为一个具备社会作用与价值的"人"？即具备独立意志与独立财产。重要的是，所谓的"独立意志"并非仅指依据股东会决议并对外签章等法定程序所形成的公司意志，而是指上文所谓的"意志上的自利性"，即如同一个理性且自利的自然人一样，对自己所拥有的独立财产予以珍视并最优化利用。

因此，以判断公司人格独立性的方式来决定是否适用有限责任，无疑是一个有效方法。毕竟"滥用有限责任"这种表述方式，本质上指向出资人的内心动机，其实际行动的直接效果就是破坏公司人格的独立性。因此，虽然我国有学者在理论上批评我国法律和实务中时常把独立人格与有限责任绑定混同，但实际上，我国法律现代化主要源于外域移植技术，公司制度并非原生于我国社会，独立人格与有限责任同时引进我国，两者历史上先后兴起的关系并未体现出来，反而在我国，人格的独立性可作为一种有效检验标准，用于判定出资人是否滥用有限责任。我国在2005年修订《公司法》(现行《公司法》第20、63条)之时就启用了这一检验规则。2020年颁布的《民法典》第83条第2款对营利法人也沿用了该检验规则。

2019年最高人民法院发布《会议纪要》,进一步从识别独立财产与独立意志的角度出发,细化了债权人诉请公司人格否认纠纷案件的裁判规则。(1)从是否具有独立财产的角度表现为:第一,财产混同(《会议纪要》第10条),即公司的财产与股东的财产是否混同且无法区分,在认定时应当综合考虑以下因素:①股东无偿使用公司资金或者财产,不作财务记载的;②股东用公司的资金偿还股东的债务,或者将公司的资金供关联公司无偿使用,不作财务记载的;③公司账簿与股东账簿不分,致使公司财产与股东财产无法区分的;④股东自身收益与公司盈利不加区分,致使双方利益不清的;⑤公司的财产记载于股东名下,由股东占有、使用的,等等。在出现财产混同的同时,还可能出现以下混同:公司业务和股东业务混同;公司员工与股东员工混同,特别是财务人员混同;公司住所与股东住所混同。人民法院在审理案件时,关键要审查是否构成人格混同,而不要求同时具备其他方面的混同,其他方面的混同往往只是人格混同的补强。第二,表现为独立财产明显不足(《会议纪要》第12条),即公司设立后在经营过程中,股东实际投入公司的资本数额与公司经营所隐含的风险相比明显不匹配。股东利用较少资本从事力所不及的经营,表明其没有从事公司经营的诚意,实质是恶意利用公司独立人格和股东有限责任把投资风险转嫁给债权人。由于资本显著不足的判断标准有很大的模糊性,特别是要与公司采取"以小博大"的正常经营方式相区分,因此在适用时要十分谨慎,应当与其他因素结合起来综合判断。(2)从是否具有独立意志的角度(《会议纪要》第11条),主要表现是公司控制股东对公司过度支配与控制,操纵公司的决策过程,使公司完全丧失独立性,沦为控制股东的工具或躯壳,严重损害公司债权人利益,实践中常见的情形包括:①母子公司之间或者子公司之间进行利益输送的;②母子公司或者子公司之间进行交易,收益归一方,损失却由另一方承担的;③先从原公司抽走资金,然后再成立经营目的相同或者类似的公司,逃避原公司债务的;④先解散公司,再以原公司场所、设备、人员及相同或者相似的经营目的另设公司,逃避原公司债务的;⑤过度支配与控制的其他情形。①

(三)有限责任公司的"浮动"人格

上述检验规则存在一个天然弊端:法律对有限责任公司的管制主要为权利人"事后"救济。这与许可设立制或注册资本实缴制等"事前"管制不同,也与上市公司或金融机构等通过信息披露、行政监管机关实时监控并依职权处置等"事中"管制不同。债权人诉诸事后救济的最大难题就是举证证明已发生的他人行为之事实(滥用独立人格和有限责任的事实)。这种举证证明义务天然地存在困难。此外,有限责任公司属于封闭公司而非公众公司,其特点就是在享受独立人格及有限责任的同时,能够充分实现出资人之间的人合性或个性化需求。这些制度设计及其救济机制反映了法律的态度:承认法人人格在现实中可能无法满足全部构成要件,承认其独立性在现实中可能达不到适用有限责任的强度,承认有限责任公司的法人人格在独立性上具有浮动特性。具体而言:

1. 正向充实的人格。无论是《民法典》还是《公司法》都没有专门关注有限责任公司法人人格的现实状态,都是在登记设立之时就"一揽子"赋予各项独立人格之下的权利义务。从法律解释来看,这属于对独立人格的预设,该预设是一种应然状态,可由债权人人格否定之诉等机制予以个案检验。实际上,在完成登记设立之时,公司可能既没有基本账户或独立财产,也没有相关经营地场地或管理人员,公司仅为名义上的设立并存在,在现实中的独立人格尚未落实。今后,公司将随着银行账户的设立,认缴资金的注入、营业场地与人员的加入,事业及业务的开展等,不断将其法律人格发展充实,形成独立财产与独立意志,公司法在公司设立之初的预设将逐渐得以实现,这是一种正向充实公司法人人格的发展进程。

2. 反向退化的人格。有限责任公司在具体运营中可能出现反向或退化式的人格减弱,当公司的出资人、控制股东或实际控制人决定减少公司业务或暂缓公司事

---

① 此外,《会议纪要》第13条还规定了此类诉讼中当事人地位的问题:(1)债权人对债务人公司享有的债权已经由生效裁判确认,其另行提起公司人格否认诉讼,请求股东对公司债务承担连带责任的,列股东为被告,公司为第三人;(2)债权人对债务人公司享有的债权提起诉讼的同时,一并提起公司人格否认诉讼,请求股东对公司债务承担连带责任的,列公司和股东为共同被告;(3)债权人对债务人公司享有的债权尚未经生效裁判确认,直接提起公司人格否认诉讼,请求公司股东对公司债务承担连带责任的,人民法院应当向债权人释明,告知其追加公司为共同被告。债权人拒绝追加的,人民法院应当裁定驳回起诉。

业发展时,以上关于充实、具化公司人格的正向进程可能终止并出现逆流,其独立财产可能不断缩减或被转移,公司意志也不再完全以自身最佳利益为目标,反而更加注重服务公司出资人或控制人的其他经济目的,甚至作为集体公司的子公司变得更倾向于服务整体大局,更倾向以母公司或其他特定子公司利益最大化为行动目标,甚至该公司可能基于整体经营策略而最终走向衰亡。

3. 反复进退的人格。有限责任公司是现代市场里中小企业的最主要存在形式,这类企业的出资人往往在公司经营上亲力亲为、灵活自由。[①] 特别是在初创企业的几位发起人之间,若过于强调公司法上股东与董事高管之分野、股东财产与公司财产之分割、完备的决议机制、财务会计机制等治理范式,反而对于他们来说可能是一种累赘,故这类公司可能在创立几年内都处于一种法人人格较为模糊的状态,公司经营可能主要依赖这几位发起人的个人关系与资信情况。但随着公司的发展壮大,可能更专业全面的经营团队入驻,所有权与经营权开始发生分离,公司独立财产开始显现,公司事业开始脱离出资人的人格要素而独立发展。但此后,公司还可能不断发展成为集团公司、关联公司或家族企业,出资人或控制人开始有了超出该公司的其他经济目标、其他投资目标或整体经营策略;或出资人、实际控制人的继承人有了全新的经营策略与思路,这都使原本已充实的人格可能因经营策略的重大变动,而陷入独立性与自利性衰弱的状态。或者,因某一特殊时期或某一单交易需要,该公司须倾尽全力为其他关联公司或其他经济目标,暂时地失去独立人格的基本特质。总之,在有限责任公司的经营存续历程中,可能随着其人格独立性的增减起伏。

综上所述,正是基于有限责任公司的人合性、封闭性、灵活性等特质,其现实中的公司人格往往处于一种浮动状态或变动状态。[②] 虽然我国《公司法》为有限责任

---

① 有限责任公司在理论上称为封闭公司(closely held corporation/close corporation),其与公众公司(publicly held corporation/public corporation)相对应,前者具有较强的人合性,类似于合伙,有“公司型合伙”(incorporated partnership)之称,其股东往往像合伙人那样亲自执行公司业务并管理公司事务,公司内部治理要求股东之间形成一种信任、善意和忠诚的关系。See Principle of Corporate Governance: Analysis and Recommendations, The American Law Institute, Vol. 1, 1994, § 1.06 Comment.

② 其实民法理论上的人格制度也具有可变性,其与生物上的自然人或现实存在的团体不完全对等,不同类型与状态下的自然人或组织体,可能在法律上分别对应不同的人格。例如,罗马法上奴隶和非罗马人就不具有法律上的人格(persona);团体与有生命的自然人一样,可以具有人格,也可以不具有人格;可以从无人格到有人格,也可以从具备人格到丧失人格。参见江平主编:《法人制度论》,中国政法大学出版社1994年版,第3页;朱慈蕴:《公司法人格否认法理研究》,法律出版社1998年版,第3页。

公司预设了一整套关于资本、治理及财务等方面的制度范式，且兼顾了人合性与封闭性要素的平衡点，但实际中公司人格仍可能在这一平衡点之外上下浮动，使法人人格及其独立性不断处于充实或稀释之状态。对于这种浮动人格，立法与司法并不直接给予否定评价，只要公司股东或控制人能够保证公司债权人的权利实现，法律无须如同“查水表”那样一家一户地介入市场中每一有限责任公司的内部治理机制。但是，公司股东或控制人也必须同时清楚认识到，《民法典》与《公司法》关于有限责任公司所规定的制度范式并非单纯的任意性规范，一旦公司的所有者过于侵蚀法人人格，或如果他们选择弱化公司人格的经营模式或治理模式，其就必须承担相应的法律风险——公司人格独立性被否定，股东或控制人不再享受有限责任，转而承担无限责任。① 总之，既然公司法人的现实人格是动态的，那么法律评价之下的法律人格也应该是动态的。

（四）独立人格的程序性保障：破产程序路径

有限责任公司的浮动人格能够获得法律承认的代价是其独立性可能随时经由债权人的司法诉请而被检验（《民法典》第 83 条第 2 款，《公司法》第 20、63 条）。但不得不承认，这种事后司法救济所要求的举证责任往往是债权人难以承受之重，即使有观点主张一般性地适用举证责任倒置规则②，但对于这种封闭公司内部的治理情况，往往存在严重的信息不对称，债权人作为局外人或“门外客”的维权成本与难度远超出合理幅度，因此，以事后救济来检验公司的独立人格，不可能成为一种高效且常态的路径。其实，基于我国对于有限责任公司采取设立准则制与出资认缴制，并结合法律对于有限责任公司浮动人格之默许以及对于独立人格与有限责任之事后检验，可见，就整体而言，在我国设立有限责任公司并开展经营事业，这一

---

① 据此，本书反对将公司人格与有限责任完全割裂开的观点（参见孟勤国、张素华：《公司法人人格否认理论与股东有限责任》，载《中国法学》2004 年第 3 期），这一观点忽视了公司获得独立人格的基础以及有限责任的正当性基础。

② 虽然《公司法》第 63 条对于一人公司已采取了举证责任倒置的规制，但仍有学者主张一般性地适用倒置规则，即如果公司没有建立法律规定的会计簿记账制度、会议记录和档案制度的，只要公司债权人能够提供股东滥用股东权利的初步线索，则可适用举证责任倒置。参见高旭军：《我国公司人格否认制度适用研究》，法律出版社 2014 年版，第 180 页。但实际上，毕竟这一情形下的举证责任倒置并未得到立法确认，且现实情况可能较为复杂，公司完全没有建账立档的情况极少，更多的是不规范或被藏匿、销毁等情形，同时某些股东也可能完全不参与经营或不了解经营情况，此外，人民法院通过灵活运用证据规则与举证责任转移规则等，也并非不可以实现向债权人倾斜保护的实质正义。

运作是相当自由宽松的。① 这当然有利于增进我国市场经济的活力与自由度，但公司制度对于市场的危险性、出资人滥用有限责任的道德风险与投机风险，无疑是被进一步扩大了的。② 质言之，目前我国有限责任公司的门槛可谓相当低，进了这个门槛也属于"散养"状态，公司法规定的法定性内容并未得到实时监督，这对于整个市场机制与债权人利益存在巨大威胁。目前一些金融机构早已利用其优势地位，要求贷款公司的股东共签债务或连带保证，该现象的潜台词即公司并非一个独立个体，该现象的实质就是以约定或意定（而非法定）的方式"刺破公司面纱"否定法人独立人格。

对此，法律必须有所回应，对于"宽进"必须"严出"。所谓"严出"就是施以破产程序之保障，使债权人在到期债权无法实现之际即可提出破产申请，由人民法院通过破产程序"踢开"有限责任公司"封闭的大门"，对照《民法典》与《公司法》规定的治理范式，彻查其财务账册、决策文件、交易合同等资料，或依法追诉取回被出资人侵蚀公司人格期间不当侵占、挪用、转移、侵吞的财产，或依法对出资人施以无限责任之重担，让那些当年享尽公司治理之个性自由的出资人或控制人们兑现应负之法律风险。综上所述，出资法律关系是一种严肃的商事关系，出资法律关系的健康运行必须在我国公司法走向"宽进"之时施以"严出"之责，在未来进一步加强债权人申请破产且由司法检验独立人格的机制，将成为完善出资法律关系制度的重要一环。由破产程序检验独立人格并提供相应救济的路径，主要规则如下：

（1）只要债务人不能清偿到期债务，债权人即可向人民法院提出对债务人进行重整或者破产清算的申请。所谓"债务人不能清偿到期债务"，是指债权债务关系依法成立、债务履行期限已经届满、债务人未完全清偿债务。对此，债权人应当提交有

---

① 就注册资本金而言，从我国 1993 年制定的《公司法》将有限责任公司分为四类并分别规定 50 万元、30 万元、10 万元的最低注册资本额，同时规定了足额实缴制（该法第 23、25 条）；到 2005 年修订《公司法》，有限责任公司统一降为 3 万元，一人公司为 10 万元，同时规定了分期缴足制（该法第 26 条）；再到 2013 年修正《公司法》，取消了最低注册资本金，股东认齐全部资本金即可。目前注册资本制、验资程序也已取消，发起人可以在形式手续上完成设立公司后，依需要随后开设公司账户、注资雇员、开展营业等。就转投资再设立新公司而言，我国 1993 年《公司法》第 12 条第 2 款曾规定：公司向其他有限责任公司、股份有限公司投资的，除国务院规定的投资公司和控股公司外，所累计投资额不得超过本公司净资产的 50%，在投资后，接受被投资公司以利润转增的资本，其增加额不包括在内。该条在 2005 年修法中已被删去。

② 有学者归纳公司法人的负面作用为以下几个方面：设立空壳公司；抽逃出资；资本过低；转移公司资产、利用公司的商业机会；设立关联企业，滥用关联关系；公司混同等。参见朱慈蕴：《我国〈公司法〉应确立揭开公司面纱规则》，载《法律适用》2005 年第 3 期。

关证据(《企业破产法》第7条第2款,《企业破产法解释一》第2条、第6条第1款)。

(2)债权人提出破产申请的,人民法院应当自收到申请之日起5日内通知债务人。债务人对申请有异议的,应当自收到人民法院的通知之日起7日内向人民法院提出。所谓“异议”应旨在证明债务人资产充足,并未资不抵债,其有能力清偿该债权人之债权。债务人未提出异议或者异议不成立的,人民法院应当依法受理破产申请(《企业破产法》第10条、《企业破产法解释一》第6条第1款)。

(3)债权人所依据的债权凭证(如合同书、借条等)未经生效司法裁判文书确认的,接受债权人申请的人民法院应当注意债务人是否就实体权利义务关系提出异议、双方当事人是否存在实体争议、该债权是否存在虚假可能等情况,如果对于“债权债务关系依法成立”这一破产申请要件存疑,可以不予受理该破产申请,并应当引导当事人先通过司法诉讼解决实体争议。

(4)人民法院裁定受理破产申请的应同时指定管理人。管理人的职责包括:接管债务人的财产、印章和账簿、文书等资料;调查债务人财产状况,制作财产状况报告。管理人必须追回以下情况中的财产:第一,涉嫌逃债的情况。在法律上体现为可撤销行为和无效行为。前者是指破产申请受理前1年内涉及债务人财产的下列行为:无偿转让财产的;以明显不合理的价格进行交易的;对没有财产担保的债务提供财产担保的;对未到期的债务提前清偿的;放弃债权的。后者是指涉及债务人财产的下列行为:为逃避债务而隐匿、转移财产的;虚构债务或者承认不真实的债务的。管理人有权向他人追回因债务人以上行为而取得的财产,同时债务人因以上行为损害债权人利益的,管理人应当向债务人的法定代表人和其他直接责任人员主张赔偿责任。第二,债务人存在偏颇行为的情况。破产申请受理前6个月内,债务人已具有破产原因的,仍对个别债权人进行清偿的,管理人有权请求人民法院予以撤销。破产申请受理后,债务人对个别债权人的债务清偿无效。管理人有权追回他人因债务人以上行为而取得的财产。[①] 第三,出资人加速出资的情况。债务人的出资人尚未完全履行出资义务的,应当要求该出资人缴纳所认缴的出资,而不受出资期限的限制。第四,高管人员非正常收入的情况。债务人的董事、监事和高级管理人员利用职权从企业获取的非正常收入和侵占的企业财产应当追回。债务人的股东或实际控制人在事实上享有该公司重大或关键事务决策权的,应当视为

① 参见韩长印:《破产撤销权行使问题研究》,载《法商研究》2013年第1期;陈韵希:《论民事实体法秩序下偏颇行为的撤销》,载《法学家》2018年第3期。

公司高级管理人员(《企业破产法》第13、16、25、31~36、128条)。

(5)破产程序启动后,债务人负有两项义务:第一,提交义务。向受理法院或管理人提交财产状况说明、债务清册、债权清册、财务会计报告以及职工工资的支付情况和社会保险费用的缴纳情况等有关材料,但如果其拒不提交或者提交不真实的,人民法院可以对债务人的直接责任人员采取罚款等强制措施。第二,移交义务。向管理人移交财产、印章和账簿、文书等资料,但如果其拒不移交或者伪造、销毁有关财产证据材料而使财产状况不明的,人民法院可以对直接责任人员依法处以罚款等强制措施(《企业破产法》第11、127条、《企业破产法解释一》第6条第2款)。

(6)自受理裁定送达债务人之日起至破产程序终结之日,债务人的法定代表人、财务管理人员或其他高级管理人员应承担下列义务:妥善保管其占有和管理的财产、印章和账簿、文书等资料;根据人民法院、管理人的要求进行工作,并如实回答询问;列席债权人会议并如实回答债权人的询问;未经人民法院许可,不得离开住所地。债务人的有关人员违反本法规定,擅自离开住所地的,人民法院可以予以训诫、拘留,可以依法并处罚款。债务人的股东或实际控制人在事实上享有该公司重大或关键事务决策权的,应当视为公司高级管理人员(《企业破产法》第15、129条)。

(7)对于管理人起诉出资人、实际控制人、董事高管等不当抽逃、侵占、挪用、转移、侵吞公司财产的,或者在人民法院受理申请时已发现这些不当行为或恶意逃债行为的明显迹象的,或者发现企业账册文件等严重缺失且情况异常的,人民法院可依据管理人申请及时作出查控相关人员财产的民事裁定。①

(8)人民法院在审理破产案件中发现该公司出资人、实际控制人、董事高管等可能构成犯罪的,及时通过府院联动与公安或监察部门配合协作,着重打击以下类型犯罪:一是虚假破产罪。公司、企业通过隐匿财产、承担虚构的债务或者以其他方法转移、处分财产,实施虚假破产,严重损害债权人或者其他人利益的,对其直接负责的主管人员和其他直接责任人员,处5年以下有期徒刑或者拘役,并处或者单

① 参见蒋太仁、潘玮璘:《破产程序中民事裁定的扩展适用》,载戴红兵主编:《广西审判实务与探索》(第16辑),法律出版社2020年版,第109页。

处 2 万元以上 20 万元以下罚金(《刑法》第 162 条之二)。[①] 所谓"直接负责的主管人员和其他直接责任人员"包括该公司出资人、实际控制人、董事高管等人员。二是隐匿、故意销毁会计凭证、会计账簿、财务会计报告罪。隐匿或者故意销毁依法应当保存的会计凭证、会计账簿、财务会计报告,情节严重的,处 5 年以下有期徒刑或者拘役,并处或者单处 2 万元以上 20 万元以下罚金(《刑法》第 162 条之一)。[②] 三是妨碍清算罪。公司、企业进行清算时,隐匿财产,对资产负债表或者财产清单作虚伪记载或者在未清偿债务前分配公司、企业财产,严重损害债权人或者其他人利益的,对其直接负责的主管人员和其他直接责任人员,处 5 年以下有期徒刑或者拘役,并处或者单处 2 万元以上 20 万元以下罚金(《刑法》第 162 条)。[③]

七、出资法律关系的特殊形态:隐名出资

(一)隐名出资与代持股之辨析与选择

1. 不同提法背后的实质趋同

关于名义股东与实际出资人(代持人与隐名股东)之间的关系定性问题,目前的提法主要有两种,即"隐名出资"或"代持股",两者分别倾向于"形式要件说"与"实质要件说",区别在于:前者认为,名义股东具有股东资格,是真股东,而实际出

---

① 根据最高人民检察院、公安部《关于公安机关管辖的刑事案件立案追诉标准的规定(二)》(以下简称《追诉标准二》)第 9 条的规定,公司、企业通过隐匿财产、承担虚构的债务或者以其他方法转移、处分财产,实施虚假破产,涉嫌下列情形之一的,应予立案追诉:(1)隐匿财产价值在 50 万元以上的;(2)承担虚构的债务涉及金额在 50 万元以上的;(3)以其他方法转移、处分财产价值在 50 万元以上的;(4)造成债权人或者其他人直接经济损失数额累计在 10 万元以上的;(5)虽未达到上述数额标准,但应清偿的职工的工资、社会保险费用和法定补偿金得不到及时清偿,造成恶劣社会影响的;(6)其他严重损害债权人或者其他人利益的情形。

② 根据《追诉标准二》第 8 条的规定,隐匿或者故意销毁依法应当保存的会计凭证、会计账簿、财务会计报告,涉嫌下列情形之一的,应予立案追诉:(1)隐匿、故意销毁的会计凭证、会计账簿、财务会计报告涉及金额在 50 万元以上的;(2)依法应当向司法机关、行政机关、有关主管部门等提供而隐匿、故意销毁或者拒不交出会计凭证、会计账簿、财务会计报告的;(3)其他情节严重的情形。

③ 根据《追诉标准二》第 7 条的规定,公司、企业进行清算时,隐匿财产,对资产负债表或者财产清单作虚伪记载或者在未清偿债务前分配公司、企业财产,涉嫌下列情形之一的,应予立案追诉:(1)隐匿财产价值在 50 万元以上的;(2)对资产负债表或者财产清单作虚伪记载涉及金额在 50 万元以上的;(3)在未清偿债务前分配公司、企业财产价值在 50 万元以上的;(4)造成债权人或者其他人直接经济损失数额累计在 10 万元以上的;(5)虽未达到上述数额标准,但应清偿的职工的工资、社会保险费用和法定补偿金得不到及时清偿,造成恶劣社会影响的;(6)其他严重损害债权人或者其他人利益的情形。

资人不是[①];后者则认为,隐名股东(代持委托人)才真正具有股东资格,其与代持人之间类似间接代理关系,代持人不是真股东[②]。本书认为,两者并非根本对立,两者之争主要源于解释选择问题[③],虽解题路径不同,但实体结论趋同。具体体现为:第一,无论是"代持股"的司法案例还是理论分析,大多针对公司或其他股东知悉代持的情形,所涉个案也主要处理公司内部纠纷;在这种情形下,实际上"形式要件说"也可一定程度弱化;无论采"隐名出资"还是"代持股"来解题,实体结论就是要承认隐名或代持关系在公司内部治理中的实质效力,即承认实际出资人在公司的内部权益。第二,在处理公司外部关系纠纷时,"隐名出资"路径通过确认名义股东的股东资格,来保护公司债权人对公司登记的信赖利益;"代持股"路径则主要通过外观表见规则,同样可实现保护善意第三人目的,可谓殊途同归。第三,对于"隐转显"或"显名化"问题,"隐名出资"路径视其为一次新的股权转让,而"代持股"路径则解释为代持关系终止后的当然效力,但其实后者仍要求遵守类似股权转让的相关规则[④],且现实中大多约定了"隐转显"或"显名化"条款,这都使个案裁判不会因采取何种解释路径而发生差异。

2. 选择"隐名出资"路径之理由

虽然上述两种路径不难形成共识,或实际冲突并不明显,但本书仍主张坚持"隐名出资"的定性路径。原因在于:第一,认定实际出资人(代持委托人)具有股东资格,不一定符合其真实意图。隐名出资其实是间接出资,就是打算避开自己负有股东资格,这既可能旨在合理避税或合法避开行政管制,也可能是基于特定投资目的或经营安排。实际出资人本来就打算利用与显名人的私人关系来实现投资安排,将其认定为真股东反而违背了其初衷,存在过多干预商事业务之嫌。第二,认定实际出资人具有股东资格,易导致利益失衡。公司法明确了成为股东的法定方

---

① 参见张双根:《论隐名出资——对〈公司法解释(三)〉相关规定的批判与发展》,载《法学家》2014 年第 2 期;黄文俊主编:《司法案例大讲坛》(第 2 辑),人民法院出版社 2019 年版,第 41 页。

② 参见葛伟军:《有限责任公司股权代持的法律性质——兼评我国〈公司法司法解释(三)〉第 24 条》,载《法律科学》(西北政法大学学报)2016 年第 5 期;丁广宇:《股权代持纠纷的有关法律问题》,载《人民司法·案例》2019 年第 17 期。

③ 指不直接影响法规范的设计与适用结果的问题,可称为"纯粹民法学问题"。参见王轶:《民法原理与民法学方法》,法律出版社 2009 年版,第 3 ~ 28 页。

④ 《公司法解释三》第 24 条第 3 款规定:"实际出资人未经公司其他股东半数以上同意,请求公司变更股东、签发出资证明书、记载于股东名册、记载于公司章程并办理公司登记机关登记的,人民法院不予支持。"这实质上就源于《公司法》第 71 条关于有限责任公司的人合性保护规则。

式，但出资人仍可通过隐名或代持的方式扩展股权投资模式，此时出资人并不想直接成为股东，但当名义股东失控的时候，出资人又想直接获得股东资格。如果司法上完全满足出资人，由其任意转换身份或资格，那么，一方面，从外部市场秩序与交易安全来看，债权人的信赖利益将受较大威胁，难以获得公平保护，最终徒增交易成本；另一方面，从内部公司治理来看，这种股东资格不确定性也极易泛化，将严重削弱股东集体表意或公司法人意志的安定性，同时破坏公司内部运行机制的稳定性，公司其他股东权益也将受较大威胁。第三，承认名义股东的股东资格是更优选择。出资人通过私下关系实现隐名出资，实事求是地看，以合同关系来定性更符合实际，其在有意绕开法定出资方式的情况下，本身也应当预见此种股权投资的风险。[①]现实中，隐名出资的形态较多，“隐”的范围也各自不同，“代持股”路径主要限于他人知悉代持的情形，而“隐名出资”路径则可以更协调自洽地适应现实中多种情况、多种类型。下文将以承认名义股东资格为基准，进一步展开隐名出资关系的规则体系。[②]

（二）隐名出资的法律关系构造

1. 名义股东具有股东资格的法理依据

“隐名”并非严格的法律用语，其直接含义是出资人不在公司的商事登记或外观表征中显名。但笔者清楚，出资人并非想将自己的权益赠与显名者，也并非想完全放弃对公司的管控，无论是“隐名”还是“代持”的提法，潜台词都是“躲在背后的人”才是真正权利人。可是，这种投资意图是否能直接实现？本书认为，在目前我国公司法制度框架内，回答是否定的。根据《公司法》第 26 条第 1 款以及《公司注册资本登记管理规定》第 8 条的规定[③]，显名的登记股东与公司注册资本、出资义务等有法定关联，作为股东就应当以自己名义出资。其核心法理在于，公司法首先

---

① 参见张双根：《论隐名出资——对〈公司法解释（三）〉相关规定的批判与发展》，载《法学家》2014 年第 2 期。

② 本书讨论的范围不完全囊括所有股权“名实不符”的情形，如《公司法解释三》第 27、28 条规定的因股权交易中登记不及时、冒名出资行为等情况，也是典型的股权“名实不符”，但这与本书讨论的由当事人主动谋划的隐名出资或代持股有所不同。这两类情况的行为目的和主观态度均有本质区别，不宜一并讨论。

③ 《公司法》第 26 条第 1 款规定：“公司注册资本为在公司登记机关登记的全体股东认缴的出资额。”《公司注册资本登记管理规定》第 8 条规定：“股东或发起人应当以自己的名义出资。就此反向解释为：以自己名义向公司出资的，应当为股东或发起人；只有登记股东的出资行为方构成公司资本，只有登记股东方负有出资义务。”

是团体法、组织法,公司制度的首要任务是形成一个独立人格、一个获认可的市场主体,要树立这一形象,就要尽可能保证公司资本的外观安定以及公司治理的内部稳定。显名出资首先在于保障出资义务明确,进而利于实现资本充实原则;其次是保障股东成员权有序行使,进而利于公司决议等法人意志的安定性。因此,公司法要求的显名出资属于强制性规则,不能任由出资人私下通过合同协议改变。总结起来,正是公司制度的集体利益导向要置于首位,故显名出资须予遵守,即名义股东就是具有股东资格的"真股东"。

2. 隐名出资的法律解构

与公司制度不同,合同机制并不需要恪守集体利益导向,合同当事人仅须避开强制性禁止性规范的红线,即可自由约定其意图与计划。这种在公司制度的基础上结合合同自由的现象,就是隐名出资的实质。以"公司股东 + 合同约束"的二元形式来解构隐名出资,不仅能够实现股权投资人的主要意图,而且能较好平衡各方之间的利益与风险,并且还符合传统公司法理论上的"禁止分离原则"①。故有学者将这种投资方式称为"间接参股"②。

基于此,从法律评价视角来看,隐名出资作为一种交易形态或商业模式,实际出资人须通过"两步走"即两个法律关系来实现投资目的,见图 1 - 7 - 1 中的关系①与关系②。

具体阐述如下③:

(1)关系①属于当事人之间的合同法律关系,该种协议属于实际出资人与名义股东之间的内部关系,受合同相对性原则约束,当事人享有合同自由与意思自治,但其权利仅为合同权利,不具有公示性与对世性。

---

① 大陆法系公司法一般要求:股权的各项权能不可分离,股权内容应保持一体性;股东身份、资格与权利行使不得分离,股权权属应保持唯一性。[德]格茨 · 怀克、[德]克里斯蒂娜 · 温德比西勒:《德国公司法》(第 21 版),殷盛译,法律出版社 2010 年版,第 50、546 页;[德]托马斯 · 莱塞尔、[德]吕迪格 · 法伊尔:《德国资合公司法》(第 3 版),高旭军等译,法律出版社 2005 年版,第 103 ~ 104 页。

② 张双根:《论隐名出资——对〈公司法解释(三)〉相关规定的批判与发展》,载《法学家》2014 年第 2 期。

③ 参见最高人民法院(2014)民二终字第 21 号民事判决书,该判决表达了实际出资人非公司股东而不予确认股东资格,实际出资人并不具备股东身份也不享有股东权利的观点;最高人民法院(2013)民四终字第 20 号民事判决书,该判决经最高人民法院审判委员会讨论决定认为,虽然案涉代持股协议均系双方当事人真实意思表示,但由于股权归属关系应依法律确定,不能交由当事人自由约定,故当事人仅存在合同上的关系,而其不能以股东的身份行使权利。

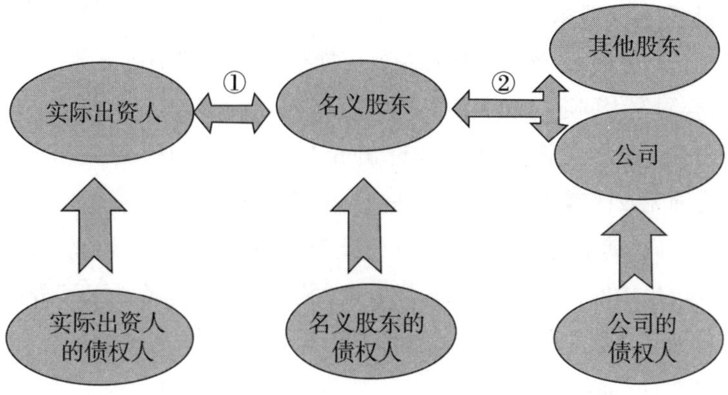

图 1-7-1 隐名出资关系构造

(2)关系②属于股东与其他股东、股东与公司之间形成的出资法律关系,该种关系受公司法定资本制的管控,具有一定公示性,名义股东享有股东资格,其权利具有对世性、绝对性。

(3)至于各类债权人,原则上应向对应的名义债务人主张权利:名义股东因未能清偿个人债务而成为被执行人的,其债权人有权依据工商登记中记载的股权归属向人民法院申请强制执行①;名义股东未履行或未完全履行出资义务的,公司的债权人可向其主张补充赔偿责任②;实际出资人因未能清偿个人债务而成为被执行人的,其债权人不能直接申请执行名义股东的股权,但可以依据代位权向名义股东主张相关合同权利。

(三)隐名出资关系的一般规则

依据上述“公司股东+合同约束”的二元结构,实际上隐名或代持关系的作用范围主要限于合同当事人之间,即该关系“隐”于外人,属于私下关系,当事人之间以及与公司、股东、债权人等外人之间,主要遵循合同相对性原理即可,当事人之外的其他主体可以完全无视隐名或代持关系的存在,而将名义股东视为一般股东同

① 最高人民法院在“哈尔滨国家粮食交易中心等执行异议纠纷案”[(2013)民二终字第111号民事判决书]中采纳了这一观点。

② 《公司法解释三》第26条第1款规定:“公司债权人以登记机关的股东未履行出资义务为由,请求其对公司债务不能清偿的部分在未出资本息范围内承担补充赔偿责任,股东以其仅为名义股东而非实际出资人为由进行抗辩的,人民法院不予支持。”

等对待。当然,名义股东背后的隐名出资或代持股合同,仍会一定程度传导影响公司内部治理。具体而言,该二元结构主要可推导出以下规则:

第一,合同效力问题。隐名出资合同的当事人为实际出资人与名义出资人,约定以名义出资人为名义股东,但由实际出资人出资并享有投资权益、承担投资风险。对该合同无效的判断主要以《民法典》第153、154条规定的情形为依据。该合同为非要式合同,其生效不以特定书面形式为要件。该合同生效也不以征得其他股东同意为前提条件;即使公司章程或股东内部协议禁止股东为公司外第三人"代持",也仅导致名义股东对公司或其他股东承担相应责任,名义股东与实际出资人之间的合同效力不必然受影响。

第二,股东资格问题。名义股东(名义出资人)实质上具有股东资格,其享有公司股权并承担股东义务与责任,其原则上不得以隐名出资关系对抗公司、其他股东及债权人向其主张相关股东义务与责任。实际出资人并非公司股东,其不享有公司股权,原则上不得凭借隐名或代持关系直接向公司主张股权,其仅有权依据隐名出资合同向名义股东主张合同权利。[①] 据此,我国《公司法解释三》第24条第2款所谓"实际出资人与名义股东因投资权益的归属发生争议"中的"投资权益",有别于因出资而形成的公司股权,该权益仍处于隐名出资合同这一语境下,即指隐名出资关系中的合同权益。[②] 同理,该条第2款规定的"实际出资人以其实际履行了出资义务为由向名义股东主张权利的……名义股东以公司股东名册记载、公司登记机关登记为由否认实际出资人权利的"中两次出现的"权利",也是指实际出资人的合同债权,履行标的包括名义股东在公司所获得的财产性权益,也包括名义股东未依约行使股权的违约赔偿。

第三,公司治理问题。在内部治理中应由名义股东直接参与公司经营管理。凡需要股东签字的股东会决议等公司文件,只能由名义股东或其代理人签字才为合法有效;实际出资人并不记载于股东名册或公司章程,其不得直接以股东身份参与公司经营管理,其参与途径是通过名义股东授权、以名义股东代理人之身份参加

---

① 根据本书的调研结果,在第五章"调研与建议"第二部分"二、广西法院、律师对于公司法相关制度理解与观点的分析"中第27个问卷问题表明:本书关于实际出资人是否具有股东资格的观点,得到的认同比例最高。

② 有学者将所谓"投资权益"理解为公司股东权利(参见葛伟军:《有限责任公司股权代持的法律性质——兼评我国〈公司法司法解释(一)〉第24条》,载《法律科学》(西北政法大学学报)2016年第5期),即法院认定实际出资人享有该投资权益的,即可直接向公司主张股东权利,本书对此不予认同。

股东会、主张股东权利等；实际出资人直接以自己名义在公司文件上署名的，将导致该文件效力存在瑕疵。

第四，出资义务问题。名义股东负有向公司出资的义务，出资则意味着向公司转移相应财产，而实际出资人不是出资义务人，原则上不能直接向公司转移财产，而应先将拟出资财产转给名义股东，再由名义股东转给公司。当然，出资义务本质上是一种财产给付，完全可由实际出资人以第三人身份代为履行（参见《民法典》第 524 条），即以名义股东缴纳出资的名义直接向公司转让财产，该出资效果可归属于名义股东；但若出资财产存在瑕疵而导致出资不足或不实的，仍应直接由名义股东承担补足责任（参见《民法典》第 523 条）。

第五，知情权问题。实际出资人不具备股东资格，自然无权依据《公司法》第 33 条直接向公司主张权利，即对账册文件等资料的查阅权或复制权。基于此逻辑，名义股东也不得将公司内部信息直接转达给实际出资人，否则该名义股东可能涉嫌利用股东权利不当侵害公司或其他股东利益。但至少在以下情况中，名义股东可以向实际出资人转交查阅或复制结果：一是公司或其他股东多数同意的情况下，即公司形成自己的法人意志，同意向特定第三人披露相关公司信息；二是隐名出资或代持股关系已为全体股东所知晓并认可，甚至实际出资人一直以登记股东的名义实际参与公司经营管理。

第六，“隐转显”之问题。隐名出资合同的必要内容①是：显名出资人作为名义股东，但由实际出资人提供出资并依合同享有投资权益、承担投资风险。该种法律关系并不当然包含实际出资人是否有权或如何成为登记股东之内容，该合同终止后，也并不意味着实际出资人自动获得股东资格。② 实际出资人想要成为显名股东或真正的股东，实质上是要形成新的股权转让关系，即由名义股东将其股权转让给实际出资人。③ “隐转显”主要有两种情形：一是当事人在合同中约定了何时名义股东应将股权转给实际出资人，或者合同内容、双方行为可以推理出合同解除就意

① 也可称为“要素”，即必须具备的条款，其所设定的权利义务内容直接决定合同性质，是区别于其他性质的合同的关键因素，缺失该必要内容，则该种合同不成立。参见王利明：《合同法研究》（第 1 卷），中国人民大学出版社 2011 年版，第 373 页。

② 审理隐名出资关系不必然处理股权归属问题，否则就混淆了股权归属与投资权益归属的区别。参见尚晓茜、张禾：《代持情况下的股权归属》，载《人民司法 · 案例》2019 年第 17 期。

③ 隐名股东要显名，就要履行《公司法》规定的股权转让程序，经其他股东过半数同意。参见黄文俊主编：《司法案例大讲坛》（第 2 辑），人民法院出版社 2019 年版，第 38 页。

味着股权应当转给实际出资人的，则可视为双方已达成股权转让合意。其中，若实际出资人自己就是该公司股东的，“隐转显”属于股权内部转让，无须取得其他股东同意（适用《公司法》第71条第1款）。大部分情况下实际出资人并非该公司股东，“隐转显”属于股权外部转让，故应取得其他股东半数同意（根据《公司法解释三》第24条第3款）。[①] 二是当事人没有约定关系解除时应如何处理股权的，或者合同内容、双方行为推理不出应如何处理股权的，且双方解除关系后也未达成补充协议或一致意见的，实际出资人不得直接凭借其合同权利向名义股东或公司请求变更股权，名义股东仅向实际出资人承担隐名出资合同约定的补偿或赔偿责任。

第七，名义股东擅自对股权的处分问题。《公司法解释三》第25条对此予以规定，但也受到了学术界的一些批判，[②]理由在于：善意取得制度针对的是无权处分行为，[③]而名义股东本身就是真实合法的登记股东，就是其名下股权的所有人，故不存在错误登记，登记股东处分股权的任何行为，均为有权处分行为，在此已充分保护了他人对登记的信赖利益，无须另外适用其他保护制度，故无善意取得制度之适用余地。本书赞同这一批评。当名义股东违背隐名或代持约定擅自处分股权时，法官不应直接引用现行《民法典》第311条（所有权善意取得的规定），而是应当参照其意旨，注意考察第三人的善意情况，若属于名义股东与第三人恶意串通以出让、质押或以其他方式处分，故意损害实际出资人投资权益的，可依据我国《民法典》第154条认定名义股东处分股权行为无效。[④]

---

① 新《公司法（修订草案）》取消股权外转的同意机制，该司法解释亦将调整为向其他股东通知行使优先购买权。

② 参见甘培忠、周淳：《隐名出资纠纷司法审裁若干问题探讨》，载《法律适用》2013年第5期；张双根：《论隐名出资——对〈公司法解释（三）〉相关规定的批判与发展》，载《法学家》2014年第2期。

③ 只有在无权处分的情况下才涉及财产权属的静态安全与财产交易的动态安全之间的冲突平衡。若处分人具有处分权，则处分行为可直接发生效力，而无须善意取得制度的作用。参见朱广新：《不动产适用善意取得制度的限度》，载《法学研究》2009年第4期；陈华彬：《民法物权论》，中国法制出版社2010年版，第286页。

④ 有学者指出，该条所谓“参照”实际上是指适用善意取得规定的意旨，即依据外观主义理论，保护善意第三人的合理信赖和交易的安全、快捷。参见胡晓静、崔志伟：《有限责任公司隐名出资法律问题研究——对〈公司法解释（三）〉的解读》，载《当代法学》2012年第4期。

（四）隐名出资关系的扩展规则

现实中隐名出资或代持股关系的成因很多，具体的情形、类型及形式也较丰富。[①] 在坚持上述二元结构的基础上，可以根据“隐”或“不隐”的范围，适当调整与公司、股东、特定债权人之间的关系规则。这种受到隐名或代持关系影响而依法推导出的衍生规则或经调整的解释论规则，可称为隐名出资关系的扩展规则。具体有三种情形（见图1－7－2）：一是“隐”于公司之外，抑或说“不隐”于公司之内，即隐名或代持关系为公司内部所知或应知的情形，可称为公司内部公开型；二是虽然“隐”于公司之外，但“不隐”于公司外部某人，即公司外部特定人所知或应知的情形，可称为公司外部知晓型；三是仅“隐”于公司登记，但实际已为全社会所知或应知的情形，可称为实质股东型。

1. 公司内部公开型

实际出资人往往就是实际控制人，其对公司的控制与影响通常早已为公司、股东所知悉或认可，或者名义股东的身份本身就是公司内部治理的特意安排[②]，这类情形下“隐”的对象主要针对公司外部人员，而公司或其他股东对此知悉或应当知悉，这种“隐外不隐内”的模式可称为内部公开型，在理论上又称为“不完全隐名出资”。该情况下，公司内部实际形成了一种默示的、非书面的自治协议，在一定程度上改变了公司法中的任意性规范，甚至在遵守强制性规范时也予以一定的灵活变通。[③] 具体涉及以下内部规则：

（1）关于公司内部治理。对于要求实际出资人获得名义股东授权并以名义股东名义行动的规则，应适当放宽。实际出资人参与股东会或行使股权的形式手续无须严苛，特别是诉讼纠纷仅涉及公司内部主体关系的，可以尽可能依据股权权益

---

① 根据笔者在课题中对民营企业家的问卷调研，对于目前我国市场上公司隐名出资或代持股的现象，53%的受访企业家认为该现象普遍存在。至于存在该现象的主要原因，例如，基于个人原因不愿显示自己名字、基于特定企业管理或内部治理需求、便于隐藏个人资产、规避特定行政管制、基于合理避税等。

② 例如，在最高人民法院（2015）民申字第2889号案[原审判决为山东省高级人民法院（2015）鲁商终字第61号]中，某股份有限公司自2003年开始对自身公司股权进行清理，将社会自然人股东的38%左右股权分别挂在内部职工名下，由特定的内部职工与原社会自然人股东签订股权受托协议，该协议签订后由该公司证券部统一向原股东出具股权确认书暂存单，对委托持股情况予以确认。

③ 我国早有观点指出，就公司内部关系而言，隐名出资协议改变的仅仅是该公司股东间权利义务的分配，这种权利义务的分配在不涉及第三人利益时，完全可以以一般契约原则加以调整。参见王成勇、陈广秀：《隐名股东之资格认定若干问题探析》，载《法律适用》2004年第7期。

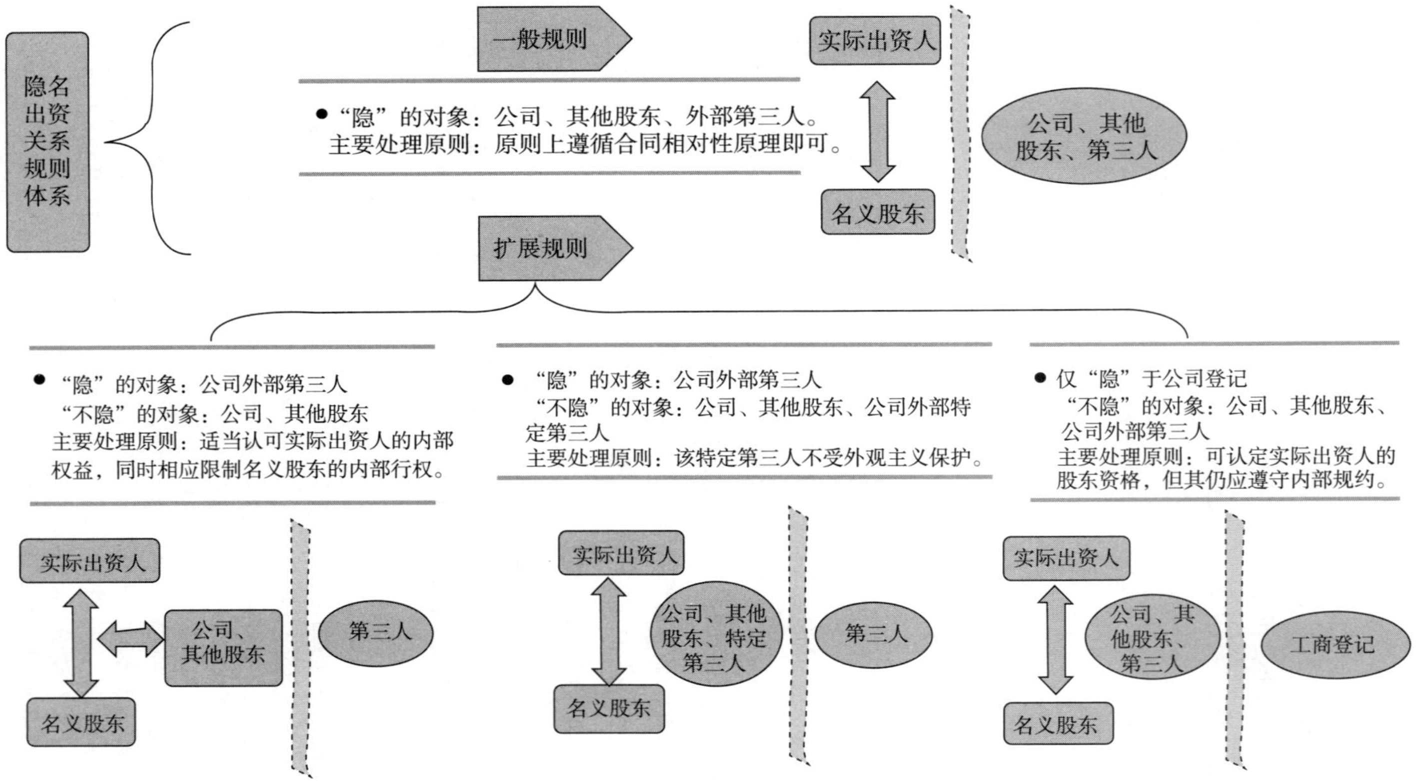

图1–7–2　隐名出资关系规则体系图

的实质归属，依法认定实际出资人直接参与公司治理行为的合法性。

（2）关于出资义务。实际出资人可以直接向公司转让相应财产权利，以完成名义股东的出资义务。出资财产存在瑕疵而导致出资不足或不实的，公司可向名义股东主张补足责任自不待言。但该瑕疵是由实际出资人原因造成的，名义股东应依隐名或代持约定请求其履行义务。若名义股东怠于要求实际出资人履约的，公司可基于债权人代位权，向负有实际出资义务的隐名出资人主张权利。实际上，公司也可向实际出资人直接主张权利，此原理可借鉴间接代理制度中的第三人选择权（参见《民法典》第926条第2款）。

（3）关于股东知情权。名义股东可以将行使知情权的结果直接向实际出资人转交或报告，而无须公司或其他股东的同意；公司或高管允许实际出资人直接就相关账册文件进行查阅复制的，此时也不应简单认为因实际出资人不具有知情权或公司高管存在渎职行为，而机械认定实际出资人或公司高管损害了公司或其他股东利益。

（4）关于显名化规则。实际出资人“隐转显”过程可以简化，即使实际出资人并非公司股东，也可不再专门取得其他股东多数同意，且无须由其他股东明确表示放弃优先购买权。① 原因在于，其他股东对实际出资人地位的知悉与认可，意味着其接受并承认实际出资人参与公司治理或实际管控公司的事实，同时意味着其愿意不干涉实际出资人与名义股东之间的协同关系或转换关系，当实际出资人通过终止隐名或代持关系而将合同权益转为股东资格时，可推定其他股东在这一股权转让过程中放弃优先购买权。同理，即使实际出资人与名义股东之间不存在关于显名化的书面协议，实践中仍可根据双方在公司内部的实际关系、地位、态度以及默示行为等情形，认定双方之间事实上存在显名化合意。

（5）关于股权权益的给付。当公司依据内部公开的隐名或代持关系直接向实际出资人给付相关利益时，名义股东不得凭借股东名册、公司章程等所登记、置备或公示的外观来对抗公司或否定公司行为，例如，要求公司直接向其给付利益，或以登记股东身份要求归还已给付利益，或者以股权所有人的身份主张公司或他人

---

① 《会议纪要》第28条规定：“实际出资人能够提供证据证明有限责任公司过半数的其他股东知道其实际出资的事实，且对其实际行使股东权利未曾提出异议的，对实际出资人提出的登记为公司股东的请求，人民法院依法予以支持。公司以实际出资人的请求不符合公司法司法解释（三）第24条的规定为由抗辩的，人民法院不予支持。”

承担侵权责任。[1] 就此，应当认可隐名或代持协议在公司内部的实质效力，并依据该关系在一定程度上限制名义股东的权利行使。

(6)关于适用范围。发起人股东与后加入股东的认知情况与态度可能存在差别，故名义股东之外的其他股东仅部分知悉或应当知悉的，注意区分对待不知悉或不应当知悉的其他股东。

2. 公司外部知晓型

隐名或代持关系主要作用于名义股东与实际出资人之间，原则上这种合同效力不会直接影响外部关系，不会约束他们之外的其他主体(公司、股东、债权人等第三人)。但是，一旦特定第三人知晓该关系，就会“阻却”第三人善意之形成，“刺破”对第三人信赖的保护，意味着在法律上不再认可其对权利外观之依赖，不再保护其信赖利益，这就是隐名或代持关系之效力向外传导的主要方式。公司内部知悉或应当知悉的情形已于上文讨论，在此涉及为公司外部特定人所知或应知的情形，可称为公司外部知晓型。主要扩展出两项规则：一是诚信“找人”，既然公司外人知晓了隐名或代持关系，那么只要是针对股权进行交易，如转让、互易、抵债、质押等，就应当基于诚信原则，注意要与实际出资人磋商、对接、交易，即要么直接与实际出资人订立合同，要么与实际出资人、名义股东订立三方协议，要么在核查名义股东获得授权后方与其订立合同。二是初步推定“恶意”，如果知晓隐名或代持关系的公司外人，绕过实际出资人，单独与名义股东进行交易的，在没有授权证明或实际出资人事后认可的情况下，可推定交易方或名义股东存在“恶意”之嫌，故其负有“自证清白”之义务。换言之，实际出资人可主张交易方与名义股东具有《民法典》第154条规定的“恶意串通”情形，而交易方或名义股东负有证明其没有恶意串通的举证责任，否则实际出资人可据此请求法院确认交易方与名义股东之间所订立合同无效。

3. 实质股东型

即使公司或股东在内部治理中允许实际出资人直接行使各类股东权利，但就公司外部关系而言，名义股东的股东资格仍不应被剥夺，而实际出资人在公司里的地位也不具有外部对抗效力。但现实中存在一种特殊情形，全民所有制、集体所有制等非公司制企业改制为公司时，基于有限责任公司或股份有限公司的股东人数

---

① 参见荣明潇：《对股权代持行为的审查认定》，载《人民司法·案例》2019年第17期。

限制，而采取公司高管或代表代为原企业职工持股的方式。在某案例中①，南宁市某公司的前身为南宁水泥制品总厂，始建于1964年，2000年从国有企业的性质改制为有限责任公司，改制时由全体职工共同出资设立，设立公司时颁布的持股管理办法规定：“各车间以车间为持股小组，各小组在已出资认购股份的职工里投票选举产生一名持股代表，在工商注册登记时代表所在车间持股；持股代表无条件提供有关材料协助公司进行工商登记和其他工作，职工股东与持股代表的关系是委托与被委托的关系，持股代表和股东各自所持的股份依照法律、法规和本管理办法具有所有权和继承权。”在此，虽然这些职工股东隐名于公司章程与工商登记，但其实际出资人的身份却完全为公司内部与外部所知悉，且这种隐名状态源于一种被动变化而非有意的投资安排；同时从结论处逆向考量，我国的社会常理与实践也不允许在司法上否定这些职工的股东资格。因此，这种情形下隐名职工股东应认定为“实质股东”，其真正地享有股东权利并承担股东义务，原则上不适用上述隐名出资关系的一般规则。但同时，这类公司的章程或规约中往往对相关共益权或自益权予以一定限制或特别规定，实质股东仍要受制于这些特殊约定，质言之，承认其股东资格与受章程或规约之约束并不冲突。

（五）再投资或连环投资中的隐名出资

出资人对于其控股公司或全资一人公司具有管控能力，该管控能力可以随着该控股公司或一人公司的再投资，而对于下一个投资控股的公司保持管控力。这一现象可能衍生出一类情形：如果隐名出资的目标公司A再向另一公司B出资成为法人股东，后一公司B再继续向另一公司C出资成为法人股东，依此类推连环投资，当每次出资都能形成控股公司或一人公司时②，那么最初的实际出资人是否有权直接向最后一环的持股人（法人股东）主张隐名出资关系中的投资权益？本书认为，这个问题实质上涉及股东能否对其公司的子公司直接行使权利。基于公司的独立人格与独立财产制，股东权利的义务方或作用对象限于其持股的公司法人，故即使对于控股子公司也不得直接行使权利，对于一人公司亦然，对于连环出资成

① “韦某诉张某、百纳公司股权转让纠纷案”［广西壮族自治区高级人民法院（2019）桂民申1323号］。

② 依据《公司法》第58条的规定，一人公司不得再设立一人公司，故此类再投资形成一人公司后，下一次再投资仅能形成控股公司。

立的多个控股公司或一人公司也同理。但在实务中的情况有一定复杂性。

1. 推定的隐名出资关系

上述问题不应简单否定，虽然股东不能超出自己股东资格范围主张权利，但以上问题的实质是实际出资人与最后一环的持股人是否存在隐名出资法律关系？抑或说，最后一环的持股人是否受某种合同约束？本书认为，在特定情形下，即使实际出资人与最后一环的持股人并未订立书面协议，也可能推定双方之间事实上存在隐名出资关系。原因在于：实际出资人通过名义股东向公司出资形成控股的，实质上即为实际控制人，故当该公司不断地连环投资形成多个控股公司或一人公司之时，虽然每家公司在理论上可以保持独立人格，但从客观上该实际出资人可以实现对多家控股公司或一人公司的管控力，从主观上看，这些连环投资的行为也是基于该实际出资人的意愿或授意，特别是在家族集团公司的情况下，最后一环的持股人往往是默认、知晓或认可这一控制或投资关系的，就此实际出资人与最后一环持股人之间可能存在事实上的隐名出资关系，法官可以在个案中基于实质公平与内心确信来选择这一解释路径，尤其是在该实际出资人死亡而由其继承人主张相关权利之时，过于机械地恪守公司独立人格制度可能造成实质上的不公平。

2. 个人独资企业的情形

个人独资企业不具有独立人格，其财产属于投资人的个人财产，投资人对该企业的财产享有所有权。[①] 如果实际出资人 A 与代持人（自然人）B 订立隐名出资协议或代持协议后，该代持人得到出资后设立的是个人独资企业 C，后又以 C 企业的名义向另一有限责任公司 D 出资，现 D 公司的登记股东显示为 C。[②] 对此，实际出资人 A 是否有权直接向 C 主张隐名出资关系中的投资权益？本书认为，由于代持人 B 与登记股东 C 属于同一人格，并非两个独立的民事主体，因此实际出资人 A 对于 B 所享有的合同权利或对人权，同时约束 C 名下的财产，A 有权依据隐名出资关系直接向 C 主张其名下 D 公司的股权权益。但实务中可能会遇到如下情况，也

① 我国《个人独资企业法》第 2 条规定："本法所称个人独资企业，是指依照本法在中国境内设立，由一个自然人投资，财产为投资人个人所有，投资人以其个人财产对企业债务承担无限责任的经营实体。"第 17 条规定："个人独资企业投资人对本企业的财产依法享有所有权，其有关权利可以依法进行转让或继承。"

② 参见"郭某勇、博海公司债权转让合同纠纷案"［广西壮族自治区柳州市中级人民法院（2018）桂 02 民终 4156 号民事判决书］。本案中，虽然与实际出资人 A 签订代持协议的是 B，但 A 去世后，其继承人却直接向个人独资企业 C 主张其作为 D 公司股东所享有的股权权益。

是法院审理该类案件注意查明的情况：此后B私自将个人独资企业C转卖给了第三人。[①] 就此，虽然D公司显示的登记股东仍为C，但C已不再属于代持人B的个人财产，由于实际出资人A与代持人B之间仅属于非对世性的合同法律关系，故A无权再向善意第三人名下的C主张权利，而仅能向隐名出资合同相对人B主张违约责任。当然，如果代持人B与非善意的第三人恶意串通，故意通过转卖方式对抗A的实际出资人地位，损害了A在隐名出资关系中的相关权益，则可能造成该次转卖无效。[②]

八、出资法律关系中的特殊责任：董事、高管的勤勉义务

依据《公司法》第149条的规定，董事、高管[③]在执行职务时损害公司利益有两种方式：一是主动利用其职权之便侵害公司利益；二是因执行公司职务客观引发了公司利益受损。对于前种方式，董事、高管在主观上已偏离公司最佳利益，本质上是一种故意侵权，应由《公司法》第148条以列举式与兜底式确立的忠实义务予以归责。但对于后一方式，本质上属于过失侵权，即使董事、高管在主观上遵守公司最佳利益的履职原则，其仍可能因违反勤勉义务而承担赔偿责任。新《公司法（修订草案）》第180条第2款为勤勉义务规定了一般标准：执行职务应当为公司的最大利益尽到管理者通常应有的合理注意，但其与一般过失侵权中的注意义务有何区别？[④] 勤勉义务的特殊性及其价值基础应如何理解？特别在司法实务上，法官对于违反勤勉义务责任的理解时有偏差，有的法院对责任主体范围界定把握不准[⑤]；

---

① 在上述案例中，原审法院正是没有注意并查清案涉个人独资企业已转卖给第三人的事实，即该个人独资企业已不再是代持人个人财产的组成部分，故广西壮族自治区高级人民法院即对此案进行了提级再审。

② 指原《合同法》第52条第2项（《民法典》第154条）针对特定第三人利益规定的相对无效。参见潘玮璘：《相对无效合同的界定与类型化研究》，载《判解研究》2015年第1期。

③ 《公司法》第147条明确规定董事、监事、高级管理人员对公司负有忠实义务和勤勉义务，但本书主要关注董事与高管的经营决策行为的法律后果，故暂不考虑监事的责任问题。以下就“董事、高级管理人员”简称“董事、高管”。

④ 有学者将勤勉义务（Duty of Diligence）等同于注意义务、小心义务或善管义务（Duty of Care），参见甘培忠：《企业与公司法学》（第8版），北京大学出版社2017年版，第265页；刘俊海：《现代公司法》（第3版）（上册），法律出版社2015年版，第632页。

⑤ 参见“野麦公司诉李某荣、李某损害公司利益纠纷案”［广西壮族自治区桂林市叠彩区人民法院（2016）桂0303民初60号民事判决书］。本案的侵害行为主体为公司出纳以及原部门负责人，该案却归入“损害公司利益责任纠纷”，以违反忠实或勤勉义务责任审理。

有的法院对董事、高管的经营决策合理性进行实质判断①。目前,董事、高管被诉违反勤勉义务责任的案件屡见不鲜,但至今法院认定承担责任的却为数不多②;该现象的根源不完全在于勤勉义务标准有一定立法缺失③,而是该责任本身就具有免责抗辩功能,在公司因商业风险遭受损失时,可保护相关董事、高管。④

(一)勤勉义务的豁免功能

1. 勤勉义务的特殊性

勤勉义务的特殊性在于针对的是董事、高管的职务行为。根据《公司法》第147~149条的体系解释,董事、高管在确保忠实履职的情况下,其职务行为仍损害公司利益的,排除一般过失责任的适用空间,不适用注意义务的评判标准,而仅承担违反勤勉义务的损害赔偿责任,这说明勤勉义务有别于一般过失侵权中的注意义务。本书认为,勤勉义务的特殊性主要体现为以下三个方面:

(1)义务主体的特定身份。董事、高管身份的特殊性体现在两点:一是董事相对于公司具有独立性。董事通常作为股东代表,不必然与公司之间产生聘用关系,甚至不必然从公司领取薪酬;其作为公司法人机关的成员,即使与公司之间订立某种协议,其与公司之间也不存在隶属服从关系,其地位既不能简单以劳动关系、劳务关系、委托关系或服务关系解释,也不能仅以一般行为人的注意义务来约束其行

① 反面例子,如上海市闵行区人民法院(2009)闵民二(商)初字第1724号民事判决书,本案法官以"经营的一般常识"为标准对被告的具体商业判断及经营行为予以否定性评价,该案文书对特定经营行为的合理性进行了详细论述,该案被收录了《中国审判案例要览》(2011年商事审判案例卷),该案的二审法院维持了原判。但是,这种法官直接针对经营行为合理性进行的实质判断也受到了质疑,参见王军:《中国公司法》(第2版),高等教育出版社2017年版,第393~394页。本书也不赞成这种裁判思路。

② 参见罗培新、李剑、赵颖洁:《我国公司高管勤勉义务之司法裁量的实证分析》,载《证券法苑》(第3卷),法律出版社2010年版。笔者在广西壮族自治区高级人民法院辖区内审理的此类案件中也发现了这一司法现象。

③ 参见王建文、许飞剑:《公司高管勤勉义务判断标准的构造:外国经验与中国方案》,载《南京社会科学》2012年第9期;张红、石一峰:《上市公司董事勤勉义务的司法裁判标准》,载《东方法学》2013年第1期。

④ 参见常亮、孙莹:《勤勉义务规则的司法适用》,载《人民司法·案例》2012年第2期;何琼、史久瑜:《董事违反勤勉义务的判断标准及证明责任分配》,载《人民司法·案例》2009年第14期。

为。① 因此，现代公司法特设受信义务或忠实勤勉义务以规范其履职行为。二是董事、高管的职务直接触及公司损失风险。董事、高管的工作内容往往涉及超出其他普通员工职权的重大或关键事务决策权，他们不是仅处理一般事务性或行政性工作，其属于企业科层制的顶端，无法仅以上级指示或固有规范为履职标准就能圆满完成自身职务，其每次作出决策时均需创造性思考。因此，董事、高管的日常工作往往触及公司利益得失风险，即使其保持忠实守信且始终维护公司最佳利益，其也不得不经常走在可能致公司利益受损的悬崖边上。②

（2）对待损害风险的义务要求。一般侵权责任中的注意义务要求行为人只要能够或应当预见可能导致某种损害，就应负担与自己能力和便利程度相适应的注意、保护和照顾义务，特别是当行为人意识到损害风险具有较高盖然性时，其首要义务是避开、防范损害发生或最大限度地减低损害风险。③ 但勤勉义务则遵循“程序正义”④，在不涉及徇私不忠的情形下，只要董事、高管勤劳不懈地履行职责，就不必为其决策所引发的经济损失承担个人赔偿责任，该损失主要属于公司经营风险。⑤ 因此，当董事、高管行使决策性职权时，法律为其提供了一个责任豁免的自由判断空间：其既可以去冒险追求高风险、高收益的商业机会，即使自己或类似职位的理性人已经或应当意识到该决策牵涉的公司利益损失概率明显大于获益概率；

① 我国实践中对于大多数公司董事、监事的任职过程为：股东会选举→会议记录予以记载→签发任职通知→章程记载并办理登记。从比较法角度来看董事与公司之间的关系，大陆法系主要采用委托代理理论，但其主要用于解释和处理公司高管行为的对外效力，而英美学者则不认为董事是公司的代理人，而是法律直接授权管理公司的人。See James D. Cox and Thomas L. Hazen, *Cox & Hazen on Corporations*, 2th ed., Vol. 1, Aspen Publishers, 2003, p. 333.

② 这意味着以信托制度来理解勤勉义务也是行不通的，因为信托受托人的主要职责是保存和维护受托财产，并尽量避免风险；董事高管的经营决策权和自由裁量权较之于信托受托人的权力要大得多。参见施天涛：《公司法论》（第3版），法律出版社2014年版，第395页。

③ 美国公司法上的董事注意义务与这种侵权法上的注意义务也有所不同，前者却更接近我国“勤勉义务”的字义，即董事应通过监控、监督及调查等及时知悉公司的各项业务信息并采取合理的决策程序。See Melvin A. Eisenberg, *The Duty of Care of Corporate Directions and Officers*, University of Pittsburgh Law Review, Vol. 51, 1989, p. 948.

④ 在“商业判断规则”（Business Judgment Rule）的经典判例Brazen案中，法官指出：当董事的商业判断受到质疑时，应主要对于该判断过程进行调查，只要董事的决策是通过适当程序作出的，法院就应当保护他们。“商业判断规则”又称“安全港规则”，即一旦法院认可了董事的行为或决策已符合勤勉职责的各个方面，就如同驶入了安全港的船舶一样，董事的决策行为不受质疑。See Brazen v. Bell Atlantic Corp., 695 A. 2d 43 (Del. 1997).

⑤ 我国早有学者提出类似观点，参见江平、李国光：《最新公司法疑难释解》，人民法院出版社2006年版，第184页；常亮、孙莹：《勤勉义务规则的司法适用》，载《人民司法·案例》2012年第2期。

也可以为了公司长远经营战略或更大的收益率而决定承受当前损失,即使该策略性的利益牺牲最后也没有实现公司的长远受益计划;其无须受一般注意义务的制约而主动避开损害、远离风险,而可以在严格审慎履行相关勤勉义务的前提下,迎着风险而上。

(3)违反义务的损害对象。董事、高管在履职时无须事必躬亲,其并不直接以自身行为对他人固有的人身财产权益造成损害,而是在对公司特定事务进行表态和决断过程中,这些职务行为会上升为公司法人意志,进而涉及公司对外法律行为或对内处分行为,其侵害方式是法律行为效力或处分结果对公司造成不良影响,该种损失在性质上属于纯经济损失。[①] 因此,对于违反勤勉义务而产生的损害及其因果关系,也与违反注意义务下的一般侵权责任有所不同。

2. 勤勉义务的价值基础

勤勉义务的价值基础源于两个方面:一是过失责任对行为人自由之保护。勤勉义务的具体内容可视为判断过失的客观标准,在不涉及忠实义务的前提下,违反勤勉义务责任在性质上属于过失责任,其除了补偿、督促、阻吓等正面功能,也应具有保护行为人自由之功能[②],这是其作为过失责任的内在属性,故勤勉义务所划出的"豁免空间"为董事高管提供了自由决策权,这是在董事高管的激励与规惩之间所设置的平衡点,司法实务中法官应当准确理解并予以遵循。二是豁免功能符合公司治理规律。一方面,勤勉义务的豁免功能并非要去保护愚蠢的决策,反而是保护或激励天才的决策。[③] 其利益平衡考量在于潜在的利润总是与潜在的风险相连,[④]如果董事、高管总是要对其事后看来失败的决策承担个人责任,而那些事后来看成功的决策所产生的利益却流向了公司或股东,[⑤]这将导致公司经营者与所有者的利益失衡,董事、高管将极力避开有风险的决策,而主要采取保守消极的决策,这与公司以发展营利为目的基本理念以及股东的根本利益背道而驰。[⑥] 另一方面,在

---

① 有学者通过借鉴比较法意识到,若通过侵权责任中的注意义务来理解公司法上的勤勉义务,则会遇到纯经济损失在侵权法中原则上不予救济的困境。参见邓峰:《普通公司法》,中国人民大学出版社2009年版,第503页。

② 参见张新宝:《侵权责任法立法的利益衡量》,载《中国法学》2009年第4期。

③ 参见邓峰:《业务判断规则的进化和理性》,载《法学》2008年第2期。

④ 参见王军:《中国公司法》(第2版),高等教育出版社2017年版,第390页。

⑤ See Kenneth B. Davis, Jr., *Once More, The Business Judgment Rule*, Wisconsin Law Review, 2000, p. 574.

⑥ 参见任自力:《公司董事的勤勉义务标准研究》,载《中国法学》2008年第6期。

董事、高管换届、调整、离职等权力交接时期，明晰的责任清单或免责清单，是顺利交接的基本保障。特别是在交接时可能会出现"暗箱操作"或恶意阻挠，这通常就是一种虽然不当但又确实发生的自保行为，而明晰的勤勉义务及责任清单意味着董事、高管可以全身而退，这是一种降低该道德风险的有效机制。

虽然勤勉义务对于董事、高管具有规制功能，旨在督促其决策时应充分知悉决策事项的情况与风险，勤勉义务内容越细致、越丰富，董事、高管的履职标准越高，其怠于履职而承担责任的可能性越大，但法官仍应意识到，勤勉义务还另有责任豁免功能，其为董事、高管提供了一个能够较为自由进行商业决策的"豁免空间"，只要董事、高管在决策前妥善履行勤勉义务，法官就不会对其决策本身进行实质性商业判断，当公司向其主张损害公司利益责任时，其有权以已经履行勤勉义务为由主张免责抗辩。①

当然，"豁免空间"并非一个免除问责的真空地带，在此公司自治将发挥主要作用：一方面，股东会、董事会或监事会可以对董事、高管的相关履职情况进行评价并做相应处理或奖惩，董事、高管偏于冒进或过于投机的决策行为可能遭到否定性评价，其现有职位与薪酬可能受到负面影响；对此，法官并非经营上的专家，其不应以"事后诸葛亮"（Second Guess）的方式试图回溯董事高管的事前决策②，事后诉讼不是一个评价商业决策优劣的适当机制，不应对其商业决策的合理性予以实质判断，法院应将"豁免空间"交予公司自治范畴。③ 另一方面，若董事高管触碰了"豁免空间"的底线，即履职过程存在例如《公司法》第148条规定的各类违反忠实义务的禁止性行为④，公司不仅有权向其追回相关财产或诉请赔偿，还可以对已做出的决策

① 例如，北京市东城区人民法院（2011）东民初字第00883号民事判决书中，法院认为，勤勉义务规则既是与公司董事权利相辅相成的义务，也是公司因商业风险而遭受损失时董事借以抗辩、维护自身合法权益的依据。

② See Bayless Manning, *The Business Judgment Rule in Overview*, Ohio State Law Journal, Vol. 45, 1984, p. 618.

③ 在美国的法经济学看来，这种对董事高管的保护机制背后，是符合市场机制与司法规律的，市场自会检验和惩罚作出错判的公司经营者，但没有谁能够检验法官事后的商业判断是否准确，更不能以法官的商业判断有误而对法官降薪或免职，毕竟法官之被选任并非基于他们具有敏锐的商业眼光。See Frank H. Easterbrook & Daniel R. Fischel, *The Economic Structure of Corporate Law*, Harvard University Press, 1991, p. 100.

④ 但其已做出的决策行为并非当然无效，依据《民法典》第170条的规定，公司内部权限的限制不影响公司对外法律行为；此外，《公司法解释四》第6条也作类似提示：董事会决议被法院判决无效或者撤销的，公司依据该决议与善意相对人形成的民事法律关系不受影响。

行为或对外法律行为主张无效或可撤销,或通过事后补救回转已做出的内部处分行为。①

(二)违反勤勉义务责任的构成要件

1. 责任主体:内部封闭性

勤勉义务属于公司内部关系中对特定主体的特定履职要求。《公司法》第147、216条采取穷尽列举方式将勤勉义务主体限于:董事、监事、经理、副经理、财务负责人以及上市公司董事会秘书和公司章程规定的其他人员。义务主体范围体现出特定性与封闭性,该范围之外的其他民事主体都不能基于主观上的共谋或客观上的一致行动成为该种责任的承担主体。这一要件在适用时应注意以下两点:

(1)主体适格的实质标准。有限责任公司人合性、封闭性的特征在司法实务中尤为明显,越是易起纠纷的中小企业就越在公司治理方面呈现出受股东地位、能力、性格及相互间人际、身份或利益关系等因素影响的特点。因此,虽然法律具体明列了董事、高管的准确职称,但不应仅固守其字面表述,而应当以实质标准来理解适用。一方面,任何实际上享有或行使董事、高管职权的人员,都属于勤勉义务的责任主体。② 具体有两类情形:一是名义不适格但实质适格。例如,名为公司部门经理(负责人)或办公室主任(负责人),但实际上享有总经理或副经理的职位或职权。③ 二是不显名的实质适格。例如,股东、控股股东或实际控制人未在公司中显名任职,但在公司经营中却实际享有管控与决策权的,他们实质上行使了公司董事、高管的职权。由于股权本身并无直接参与公司经营管理的权能,故不应简单依据《公司法》第20条来判断其是否滥用股东权利而承担相关责任,而是应当以公司法及章程关于董事、高管的忠实勤勉义务作为判断标准;④又如,在家族企业中,某

① 参见楼建波等:《公司法中董事、监事、高管人员信义义务的法律适用研究——以北京市法院系统2005-2007年间的相关案例为样本的实证研究》,载甘培忠、刘兰芳主编:《新类型公司诉讼疑难问题研究》,北京大学出版社2009年版,第329~334页。

② 英美公司法理论也采这种实质标准:除了名义上的董事高管外,实际上行使了董事高管才能行使的职权的人员,也属于受信义务规制对象。参见邓峰:《业务判断规则的进化和理性》,载《法学》2008年第2期。

③ 参见"建大集团公司与黎某莲损害公司利益责任纠纷案"[广西壮族自治区玉林市中级人民法院(2016)桂09民终1714号民事判决书]。

④ 参见"恩迪公司诉苏某损害公司利益纠纷案"[广西壮族自治区高级人民法院(2018)桂民申831号民事裁定书]。

些家族成员在公司无显名任职也不领取薪酬，但实际行使公司经理职权或作为公司财务负责人。① 另一方面，如果实际职权所对应的职位在该公司中并未设立，也能从反面印证实质标准的合理性，例如，某人不显名而作为实际财务负责人时，该公司也未设置任何财务总监或相应职位，即可印证该财务负责人的地位。综上所述，人合属性决定了每个公司都可能有着脱离法律范式的个性化公司治理惯例，法官应查明并适当尊重这些治理惯例，对责任主体资格进行实质性判断。

（2）合谋或共同行为的排除。董事、高管往往并非独自完成侵害行为，其可能与《公司法》第147、216条明列之外的人员主观合谋或行动上一致配合，对此可否依据共同侵权或数人侵权的规则，一并将所有侵害行为人诉请担责呢？由于董事、高管基于职务行为的侵害方式有两种，对此应区分对待：第一，其不忠于公司最佳利益、利用职权之便直接侵害公司利益，该种行为本质上属于故意侵权，与一般侵权行为无异，董事、高管与其他人员进行主观合谋或行动上一致配合的，两者可以构成《民法典》第1168条规定的共同侵权行为。② 第二，其因执行公司职务时违反勤勉义务，客观引发了公司利益受损，对于参与合谋或协助的其他人员，如公司其他一般职员、股东或公司外第三人等，其既不享有公司决策性职权，也不受勤勉义务的规制或督促，故不应获得勤勉义务为董事、高管提供的“豁免空间”，也不应与董事、高管共同承担违反勤勉义务责任。但就其行为可另行评价，法院应依其过错及因果关系等要件判断其是否承担一般侵权责任。

2. 侵害行为：勤勉义务与决策行为的区分

（1）勤勉义务的字义。《公司法》中的勤勉义务并不等于一般注意义务，其自有它的价值理念。③ 就用词而言，早在中国证券监督管理委员会（以下简称证监会）与原国家经贸委于2002年发布的《上市公司治理准则》（证监发〔2002〕1号）以及2003年年底关于修改《公司法》的建议和论证稿中，就使用了“勤勉”及“勤勉义务”的表述，这意味着《公司法》的立法者对该用词具有一贯、明确的意图。就字

---

① 参见“新华信息技术公司诉徐某建等损害公司权益案”［浙江省宁波市鄞州区人民法院（2007）甬鄞民二初字第2号民事判决书］；“梁某与丹阳某某机械有限公司损害公司利益纠纷案”［江苏省高级人民法院（2007）苏民三终字第0078号民事判决书］；“大珩机电公司与傅强、兴控机电公司损害公司利益赔偿纠纷案”［上海市第一中级人民法院（2009）沪一中民三终字第88号民事判决书］。

② 参见“德鑫陶氏公司与周某等损害公司利益责任纠纷案”［江苏省苏州市姑苏区人民法院（2015）姑苏商初字第01122号民事判决书］，本案中公司监事与其妻子共同侵占公司财产。

③ 参见殷道飞：《公司董事勤勉义务研究》，载《法制与社会》2009年第1期。

面原义而言,“勤”有“劳、出力”之意,“勉”有“尽力”之意。所谓“勤勉”作为义务而言,强调在执行职务时应勤勤恳恳、努力不懈,这是对态度而非能力的要求。① 正如《上市公司治理准则》第 34 条的规定:董事应保证有足够的时间和精力履行其应尽的职责。实质上,职责与勤勉义务是同一意义的两种表述方式,前者侧重从正面对职责内容予以积极作为的要求,其既是权利又是责任;②后者强调行为人不得拖延或消极履行,应以公司最佳利益为准,尽力且慎重地履行职责。

(2)勤勉义务的依据与标准。新《公司法(修订草案)》第 180 条第 2 款规定董事、高管对公司负有勤勉义务,其执行职务“应当为公司的最大利益尽到管理者通常应有的合理注意”。表述中“为公司最大利益”实质上仍为忠实义务的范畴,真正属于勤勉义务的规则提示是“管理者”、“通常应有”、“合理”。在作具体判断时,可源于法律法规、公司章程所要求的勤勉标准,也可依据经验和事实在个案中确定特定的勤勉标准。在理解勤勉义务时,还应当注意以下两个方面:第一,勤勉义务体现的是“过程导向”而非“结果导向”,其注重应当履行的职责是否妥善完成,而不问完成结果,是否成功或有效并不必然影响勤勉义务的完成;若结果不符合公司最佳利益或公司所有者的目标方向,可由公司内部选任及规惩机制予以自主处理;当然,若在履职过程中不遵以公司最佳利益,则属于违反忠实义务责任的范畴。第二,义务标准的来源应更注重“有法可依”、“有章可循”。《公司法》第 149 条关于赔偿责任的表述进一步明确规定:董事、高管“执行公司职务时违反法律、行政法规或者公司章程的规定”的,应对给公司造成的损失承担赔偿责任。③ 这意味着勤勉义务在行为标准上,主要指向并限于法律法规、公司章程为董事、高管所规定的职责。④

---

① 参见王军:《公司经营者忠实和勤勉义务诉讼研究——以 14 省、直辖市的 137 件判决书为样本》,载《北方法学》2011 年第 4 期。

② 参见张忠野:《公司治理的法理学研究》,北京大学出版社 2006 年版。

③ 试举一个细化的例子,广西壮族自治区高级人民法院与人民银行南宁支行、广西发展和改革委员会(以下简称发改委)、财政厅、金融监督管理局(以下简称金融监管局)等会签发布的《关于进一步优化广西获得信贷营商环境的若干措施》中,专章规定了“健全金融信贷容错机制”,其中强调了“尽职免责机制”,即只要不良贷款率未超出可容忍的程度,那么,在无违反法律法规和监管规则行为的前提下,对该金融机构负责人、部门负责人或业务人员免于追责,营造“敢贷”的制度环境。

④ 司法实务也采该观点,将勤勉义务理解为“依照法律和公司章程进行决策”,只要依法决策即履行了勤勉义务。参见“民丰特种纸公司、吕某与同创房地产公司实控人、董事损害公司利益赔偿纠纷案”[浙江省嘉兴市中级人民法院(2008)嘉民二初字第 67 号民事判决书;湖北省咸宁市中级人民法院(2016)鄂 12 民终 7 号民事判决书]。

既然勤勉义务不是封闭式而是采开放性的一般条款模式，法官在个案中要注重适当扩展性、细化性解释与类推，并适当加入对行为人善管义务、注意义务的判断。① 例如，《公司法》并未明确规定经理或其他高管的事务性职责，就此可类推适用董事、监事关于请示、知悉或督查等方面的职责；又如，通过解释可认为已卸任高管仍负印章、证照及相关事务的移交义务。② 此外，相关法律法规也会对特定履职行为予以细化性规范；③或者依据相关授权或公司组织结构设置，特定董事、高管的职权还得以扩充；④或者在公司进入解散清算等特殊状态时，勤勉义务的主体范围将予扩大⑤。虽然法官可以在相关职责规范基础上予以解释、填补和扩张适用，但仍应尽量保持谦抑，注意与商事经营判断保持距离，因为在董事、高管不违反忠实义务的前提下，对其履职评价可以尽量交予公司自治范畴，法院原则上仅在明确的勤勉职责范围内介入，这种司法界限的背后不仅是对公司自治的尊重，也是对投资风险、选任风险、经营风险的市场化还原。

(3)事务性职责与决策性职权的区分。违反勤勉义务而致害的行为模式可分为两个阶段：一是违反事务性职责；二是行使决策性职权。事务性职责是勤勉义务的主要内容，其规范内容具体、操作要求明确，主观自由裁量空间小，需要的是不懈不怠、亲力亲为；决策性职权则不属于勤勉义务的范围，其规范内容较为概况抽象，主观自由裁量空间大，既可以是方向路线上的宏观性决策，也可以是细化行动方案的指示性决策，这些决策的结果往往涉及公司对外法律行为或对内处分行为。第一，就事务性职责而言，依据《公司法》规定，包括依法或依章程规定召集⑥、筹备、主持、出席或列席及记录定期或临时股东会或董事会、审查表决提案的合法性与合

---

① 参见[日]佐藤孝弘：《董事勤勉义务和遵守法律、公司章程的关系——从比较法的角度》，载《时代法学》2010年第3期。

② 参见"六点半公司诉胡某、李某损害公司利益纠纷案"[广西壮族自治区高级人民法院(2018)桂民申745号民事裁定书]；"南宁端丰贸易公司诉诸某等公司证照返还纠纷案"[广西壮族自治区南宁市青秀区人民法院(2012)青民二初字第64号民事判决书]。

③ 如《上市公司治理准则》、《上市公司股东大会规则》、《上市公司信息披露管理办法》、《非上市公众公司监督管理办法》、《上市公司章程指引》以及上海、深圳、香港的《证券交易所股票上市规则》等进一步就董事、高管的职责作出详细规定。

④ 如就国有独资公司而言，国有资产监督管理机构可以授权董事会行使股东会的部分职权、决定公司重大事项，故董事会或董事还可能行使股东会的决策性职责(《公司法》第66条)。

⑤ 例如，《公司法解释二》第23条将整个清算组纳入违反勤勉义务责任的主体范围，其中可能包括股东、中介机构或其他有资质的人员，清算组应当依据《公司法》第184条履行其勤勉义务。

⑥ 召集会议的勤勉义务包括两项内容：一是依法或依章程"定期或按期"召开会议(《公司法》第100、110、119条)；二是依法或依章程"及时"就相关事项召开会议(《公司法》第104、121条)。

规性[①]、就表决事项采适当的议事方式和表决程序[②]、向股东会或董事会及时报告并请示、接受质询并作说明、检查决议或委派的实施情况、检查公司财务、定期信息披露、妥善保管和管理重要资料等事宜；依据《上市公司治理准则》与《非上市公众公司监督管理办法》的规定，作为董事有参加有关培训以了解董事的职权职责、熟悉有关法律法规、掌握相关知识的义务，以及为会议提供足够的资料的义务，包括相关背景材料以及相关信息和数据等；作为独立董事、董事会专门委员会成员、董事会秘书均有明确的事务性职责。至于经理或其他高管的决策程序，也可以类推适用上述关于董事的事务性责任。第二，就决策性职权而言，依据《公司法》的规定，董事的职责主要通过董事会集体实现，但在大多数的中小有限公司或一人公司中，董事或董事长往往直接履行董事会职责。具体包括：决定经营计划和投资方案，制订年度财务预算方案或决算方案，制订利润分配方案和弥补亏损方案，制订增加或者减少注册资本以及发行债券方案，制订公司合并、分立、解散或者变更公司形式方案，决定公司内部管理机构设置，决定聘任或者解聘公司经理、副经理、财务负责人及其报酬事项，制定公司基本管理制度等；经理的职权包括主持生产经营管理工作、组织实施董事会决议、组织实施年度经营计划和投资方案、决定聘任或者解聘除应由董事会决定聘任或者解聘以外的负责管理人员等。当然，上述事务性职责与决策性职权的区分规则并无绝对界限，类型模糊或类型混合的情况普遍存在。[③]

上述区分的意义在于：事务性职责作为勤勉义务的主要内容，是典型范式下公司运行与治理程式的体现，董事、高管履行这类职责往往有益于公司而不会侵害公司，其不履行也不直接侵害公司；决策性职权主要涉及公司对外法律行为或对内处分行为，其赋予董事、高管高度自主裁量权，正是其履行了这类职权才事后引发公司利益损失。

① 指审查所提交的表决事项及程序是否符合法律法规、公司章程或股东会决议，如提交董事会的决议事项违反法律法规或者公司章程的，致使公司遭受严重损失，则参与决议的董事应对公司负赔偿责任（《公司法》第 112 条）。

② 董事与监事应依据法律法规以及公司章程的规定决定股东会、董事会及监事会的议事方式和表决程序，例如，依据表决事项采取简单多数决还是绝对多数决、采取一股一票还是累计投票制等（《公司法》第 43、103、105、121 条）。

③ 参见黄茂荣：《法学方法与现代民法》，法律出版社 2007 年版，第 130 页。

3. 因果关系：违反勤勉义务与损失的关联性

（1）事务性职责与决策性职权的关联性。事务性职责的功能在于：为履行决策性职权做充足准备，使董事、高管在决策时处于其信息、知识以及能力等方面的最优状态。这两类行为阶段可概称为“准备—决策”的联动模式。换言之，只要董事、高管能够证明自己通过履行事务性职责达到了这一最优状态，则可认定其为特定决策行为完成了勤勉义务。

这两个阶段所涉内容广泛，在制定法或章程中并无明确区分及对应关系。董事、高管究竟应履行何种事务性职责才能认定尽到管理者通常应有的合理注意？才能在决策时享有“豁免空间”？具体主要有三种对应关系：第一，请示型对应关系，即董事、高管应通过及时召集会议、参会、提案、报告及说明等方式，在其行使决策性职权之前，知悉并遵守公司股东会或董事会对相关事宜的基本态度，[①]例如，依法或依章程就影响公司利益的重大事项向股东会或董事会及时汇报并获指示。[②]第二，知悉型对应关系，即董事、高管应通过审阅、调查、鉴定、审计及自身培训等方式，在其行使决策性职权之前充分知悉相关背景材料和情况进展的信息和数据，如董事、高管有认真阅读各项报告以及持续关注舆情并求证报道的义务。[③] 第三，督察型对应关系，即在决策前后应谨慎监督、审查该决策事项的合法合规性以及实施进展。例如，董事应审查所提交董事会的表决事项及程序是否违反法律法规、公司章程以及股东会决议[④]；又如，董事、高管应将决议内容或自身重要事务委任他人实

① 并非要求董监高人员在每次决策时逐次请示股东会或董事会，如股东会在之前已就该类事项表态或认可处理原则的，也属于完成请示型的事务性职责，参见“龙州左江游船公司与唐某损害公司利益责任纠纷案”［广西壮族自治区桂林市中级人民法院（2013）桂市民二终字第183号民事判决书］。

② 参见“朱某某等与汉邦（杭州）精细化工公司等公司利益责任纠纷案”［浙江省高级人民法院（2016）浙民申3238号民事裁定书］；“泰瑞斯特新材料公司与江某等损害公司利益责任纠纷案”［江苏省常州市中级人民法院（2016）苏04民终2892号民事判决书］。

③ 参见“北京国际艺苑公司诉薛某董事损害公司利益案”［浙江省高级人民法院（2010）浙商终字第37号民事判决书］，法院认为被告作为董事有了解公司的财务状况的义务，其因怠于了解而作出失误决策，应承担相应责任。此外，《上市公司信息披露管理办法》第42、45条规定，董事应当了解并持续关注公司生产经营情况、财务状况和公司已经发生的或者可能发生的重大事件及其影响，主动调查、获取决策所需要的资料；董事会秘书应持续关注媒体对公司的报道并主动求证报道的真实情况。上海、深圳的《证券交易所股票上市规则》要求董事认真阅读公司各项商务、财务报告和公共传媒有关公司的重大报道，及时了解并持续关注公司业务经营管理状况和公司已经发生的或者可能发生的重大事项及其影响。

④ 例如，《上市公司治理准则》第6条规定：“董事会应认真审议并安排股东大会审议事项。”

施时,负有监督事务进展、检查事务完成情况的义务。①

(2)决策性职权与公司利益损失的关联性。决策行为通常涉及公司对外法律行为或对内处分行为,正是这些行为的效力或结果可能对公司造成不良影响,故违反勤勉义务而造成损害的因果链条体现为:违反事务性职责(勤勉义务)→行使决策性职权→决策结果引发损失。这种关联性与一般侵权责任中的"相当因果关系"有一定区别。后者区分"条件关系"和"相当性"两个阶段,后一判断又称"法律因果",即在确定"自然事实"的关联性后,进而判断被诉行为是否会在通常的情形下增加该类损害的发生概率。这意味着在责任成立的认定阶段,相当因果关系规则旨在排除仅有较低概率损害或原因力链条过远的被诉行为。② 但对于违反勤勉义务责任中的因果关系,决策行为与利益损失之间往往不能满足"相当性"关系。这两者之间通常会掺入人为或客观介入因素,造成原因力链条较长、较远,故决策行为一般不具有引发公司利益损失的高概率。但由于董事、高管作为公司自身内部组成部分,其负有妥善履行相关请示、知悉或监查等事务性职责,使自身在决策时处于其信息、知识以及能力等方面的最优状态,其有义务将较低概率的损害风险也充分考虑,故低概率事件对于董事高管也具有可预见性,其未尽勤勉为其决策做充足准备的,仍应对低概率损害结果承担责任。因此,在《公司法》第 149 条并未明确因果关系规则的情况下,应主要采"事实因果"或"条件因果"规则,即决策行为与公司利益损失具有事实上的直接因果关系即可,在此可具体适用"but - for 规则"③、"实质性原因"④以及"风险增加规则"⑤的判断标准,法官应进一步依据行为的原因力比例及主观过错程度,综合确定董事高管所应当承担的责任份额。

---

① 参见"南宁中冶矿源公司与杨某等损害公司利益责任纠纷案"[广西壮族自治区南宁市中级人民法院(2013)南市民二终字第 467 号民事判决书];该案再审审查阶段:广西壮族自治区高级人民法院(2014)桂民申字第 391 号民事裁定书。

② 参见潘玮璘:《构建损害赔偿法中统一的可预见性规则》,载《法学家》2017 年第 4 期。

③ 程啸:《侵权行为法总论》,中国人民大学出版社 2008 年版,第 266 ~ 268 页。

④ "but - for"规则的补充性规则:只要被告的行为是原告损害的直接的、即刻引发的或实质性的原因,则该行为仍须归责;即任何一个在实质上导致某一损害发生的过错行为,都不应当因为还存在其他的引发事由而得到免责。See W. Prosser, W. Keeton, *Prosser and Keeton on Torts*, 5th ed., St. Paul: West Group, 1984, p. 266.

⑤ 若在事实上引发了损害的行为在一般情形下并不会提高该损害发生的概率,则该行为人无须承担责任。See *Restatement of the Law III*, *Torts*: *Liability for Physical and Emotional Harm*, The American Law Institute, Vol. 1. 2012, § 30, Comment: a. p. 542 - 543.

4. 损害结果：利益损失的已然性

无论董事、高管是否违反或违反何种勤勉义务，其承担责任的前提是公司已实际遭受利益损失：公司固有利益遭受实际损失，自不待言；债权性利益也应达到已遭受损失的程度。债权性利益属于金钱给付或可转化为金钱给付的债权，依据《民法典》第579条金钱债务必须实际履行；金钱债务之不履行，原则上唯发生迟延，并无给付不能。① 原因在于金钱债务标的为货币，属一般等价物，不可能发生不可替代的灭失；债务人暂遇经济困难而无资力给付的，仅导致履行迟延。② 我国司法实务也认可这一规则。③ 据此，只有当债务人确定无可供执行财产或遗产之后，或在确定破产财产分配方案或重整清偿率之后，未完全受偿的金钱本息债权才属于“已然”的公司利益损失，就此方能认定相关董事高管的职务行为已导致了公司利益损失，并进而明确损失具体数额。④ 此外，当对债务人确已执行完毕仍不能清偿因董事、高管的决策所产生的公司债权时，可以认定公司已遭受损失，但法院在判决董事、高管相应赔偿责任的同时，要注意防止公司获得双重利益，即可以在判决中申明公司事后收回欠款后应扣减董事、高管的赔偿数额，或申明公司应将对债务人的等额债权让与该董事、高管。⑤

损失的存在可依据一般损害理论“差额说”予以证明，但还应兼采“现实损害说（组织说）”。⑥ 例如，董事或高管人员决定对外出售公司主要财产时，虽然其违反勤勉义务未请示或提交股东会或董事会，并以低于市场价格对外出售，但作为公

---

① 参见史尚宽：《债法总论》，中国政法大学出版社2000年版，第405页。

② 参见王利明：《合同法研究》（第2卷），中国人民大学出版社2011年版，第587页。

③ 早在1991年最高人民法院《关于人民法院审理借贷案件的若干意见》（已失效）中，第19、21条就规定金钱债务因不可抗力不能履行仅导致延期履行、分期履行，而非免除责任。

④ 参见“泰瑞斯特新材料公司与江某等损害公司利益责任纠纷案”［江苏省常州市天宁区人民法院（2016）苏0402民初1948号民事判决书］，法院认为，法定代表人以公司名义为他人承担连带保证责任，但在公司尚未承担清偿责任时，公司利益并未受损。早期案例如“北大学园教育投资公司苏曹建伟案”（参见北京市高级人民法院编：《公司法新型疑难案例判解》，法律出版社2006年版，第49～54页）中，涉及公司贷款给他人，无法收回本金和利息，决定该事项的总经理应否对公司承担损害赔偿责任？一审法院认为，即使公司对债务人的诉讼已进入执行程序，但该债务人尚未完全丧失偿还能力，故难以认定未还款项已构成公司最终损失，一审法院以“损失数额目前不能确定”为由驳回公司对总经理的诉请。

⑤ 参见王军：《中国公司法》（第2版），高等教育出版社2017年版，第405～407页。

⑥ 依差额说，即有损害行为与无损害行为下所发生的财产状态之差额；依组织说，损害由客观损害的成分及其他整体所受损害成分组成。详见曾世雄：《损害赔偿法原理》，中国政法大学出版社2001年版，第120～127页。

司资金链紧张时的应急措施，该决策从整体利益的角度有利于公司经营发展，就此法院驳回原告诉请时应主要以“公司未遭受实质损失”为理由，而不应抛开其已违反勤勉义务的情况，而以肯定决策行为的合理性为由驳回公司一方的诉请。[①] 这样就避免了让法官对商主体的经营决策合理性进行实质判断，同时能有效运用责任构成要件适当保护行为人的决策自由。

（三）违反勤勉义务责任的举证责任分配

执行职务时违反勤勉义务直接侵害的是公司利益，故公司自身以及派生诉讼的股东有权以原告身份起诉，并就上述各项构成要件予以举证。[②] 但诉辩双方的举证责任分配还应契合勤勉义务的豁免功能。实务中主要存在两种举证诉辩的方式：一是原告公司或股东仅就被告董事、高管的主体资格、公司利益损失以及决策行为与损失间的关联性完成举证，这三项构成要件组成的证据链仅指明：董事、高管因作出决策行为而客观引发了公司利益受损。根据勤勉义务所构造的“豁免空间”，被告董事、高管可就此以未违反勤勉义务为由，主张勤勉义务的免责抗辩效力。[③] 二是原告公司或股东不仅就上述三项构成要件完成举证，其还提供了被告违反相关法律、行政法规或公司章程等规定的勤勉义务的证据材料。在此，原告已提供了董事、高管应承担违反勤勉义务责任的表面证据，其初步完成了己方举证责任；作为被告的董事、高管则应承担反证的举证责任，其可以利用上述事务性职责与决策性职权的区分规则，即举证证明其已经完成了其决策行为所对应的勤勉义务。例如，举证其已完成了关于请示、知悉或督察等对应类型下的各项事务性职责；其也可以举证其涉嫌违反的相关法律法规或公司章程与其决策行为不存在关联性或对应关系；还可以举证其执行职务时仅在程序上有轻微瑕疵而未对决策行

---

① 此类反面案例参见“耀国能源科技公司与高某经理损害公司利益纠纷案”［上海市高级人民法院（2005）沪高民二（商）终字第188号民事判决书］；“湖广商会株式会社与姚某、劳防用品厂、南桥镇农工商联合社董事损害公司利益赔偿纠纷案”［上海市第一中级人民法院（2008）沪一中民五（商）初字第181号民事判决书］。

② 参见“六点半公司诉胡某、李某损害公司利益纠纷案”［广西壮族自治区桂林市中级人民法院（2017）桂03民终1675号民事判决书］。

③ 参见“长久汽车贸易公司与何某损害公司利益责任纠纷案”［广西壮族自治区钦州市中级人民法院（2016）桂0702民初496号民事判决书］。

为产生实质影响，[①]其实际上已为自己行使决策性职权做充足准备，已尽到管理者通常应有的合理注意，使自身处于其信息、知识以及能力等方面的最优状态。[②]

小结：

"勤勉"作为义务是对态度而非能力的要求。勤勉义务与一般过失责任中的注意义务区别在于：后者的首要目标是避开损害发生或最大限度减低损害风险；但勤勉义务则遵循"程序正义"，义务人无须主动避开损害，其可以在妥善履行相关勤勉义务的前提下勇迎风险、自由决策。因此，勤勉义务除了对董事、高管具有督促、规制功能，其还另有保护行为人自由的重要功能，其为董事、高管构造了个人责任的"豁免空间"，当公司向董事、高管主张损害公司利益责任时，其有权以已履行勤勉义务为由主张免责抗辩。据此，本书论述的责任构成要件不仅是法官在个案中判断责任是否成立的依据，更是其甄别董事、高管的免责抗辩理由的重要标准。

九、出资法律关系中的特殊交易：对赌协议

（一）对赌的基本概念及法理性质

1. 对赌的基本认识

（1）对赌是什么。对赌交易实际上源于当前公司融资的现实需求。在目前司法实践中，如何从法律视角定性"对赌"这一现象，且如何适用相关法律，仍在不断探索与研究。"对赌"并非法律专业术语，只是商业实践中的俗称，源自金融投资行业，常出现在公司上市或具有一定规模企业的扩张性发展当中。所谓"对赌协议"，又称估值调整协议，是指投资方与融资方在达成股权性融资协议时，为解决交易双方对目标公司未来发展的不确定性、信息不对称以及代理成本而设计的包含了股权回购、金钱补偿等对未来目标公司的估值进行调整的协议。[③]

---

① 司法实务中也承认类似处理原则。《公司法解释四》第 4 条规定，股东请求撤销股东会或者股东大会、董事会决议，但会议召集程序或者表决方式仅有轻微瑕疵，且对决议未产生实质影响的，人民法院不予支持。典型案例参见上述（2008）沪一中民五（商）初字第 181 号民事判决书。

② 已有学者认识到，即使董事违反了某些法律、行政法规或公司章程，但在董事能够证明其行为未违反勤勉义务，如具备合理的信息基础、是为了公司的最大利益而行事等情形下，继续让董事承担赔偿责任存在明显的不合理性。参见任自力：《公司董事的勤勉义务标准研究》，载《中国法学》2008 年第 6 期。

③ 参见最高人民法院民事审判第二庭编著：《〈全国法院民商事审判工作会议纪要〉理解与适用》，人民法院出版社 2019 年版，第 112 页。

当然，对赌中的“赌”可能被误解与赌博有一定的关联，因为两者都包含了不确定性事件，并以其发生与否决定是否向另一方转移特定财产；在股权投融资中，基于对目标公司未来业绩的过高预期而确定的多倍溢价预估值，以及随之翻倍的投资风险，都加重了对赌协议中“赌”的味道。然而，对赌较之于赌博而言，前者发生于股权交易中，是对高风险股权投融资双方的利益平衡，是一种风险分配机制，其目的是降低投资风险；后者则仅是利用风险进行的财产转移行为；两者对风险的态度各有不同，一种属于合理规避，另一种则是主动制造或者是积极利用。①

(2)对赌如何运行。从我国不同行业的交易案例来看，对赌协议可分为单向模式与双向模式，这涉及是否同时设计奖励与惩罚内容，单向对赌一般只有惩罚性内容。目前，司法实务中的多数情况是单向对赌，其通常被用于两种情形：一种情形是已具有一定规模但正追求扩大发展的企业，由于大规模融资困难，通常与私募股权投资方合作获取资金，而私募投资方对资金的安全性要求普遍较高，对赌便由此产生，在此投融资双方的谈判力量并不对等，通常采用单向对赌，仅对融资方(股权交付方)设置惩罚条款，即或有债务；另一种情形是公司并购即大鱼吃小鱼的规模化发展中，小鱼欲以高价转手出售，而收购方则通过对赌协议确保投资利益，因此也多采单向对赌以调节股权对价背后的风险负担。相对而言，双向对赌主要发生在投融资双方实力旗鼓相当的情况下，对赌条款中往往包含融资方(股权交付方)正向(奖励)和反向(惩罚)的激励机制。

公司股权交易采取对赌模式的，其协议可具体包含股权总价(投资数额)、股权数量、股权单价及对赌目标与方式等要素，其关系如图1－9－1所示。对赌目标在约定时间内的情况会影响股权单价的变动，进而出现股权总体实际价值与预期价值存在偏差，这种偏差可通过约定的补偿方式及计算标准进行相应弥补。左边的投资总价应当与右边的补偿内容(现金补偿或股权回购)加上股权价值(股权单价×数量)保持平衡，若股权价值降为0的情况下，补偿内容最大值为投资总价。

① 参见许德风：《赌博的法律规制》，载《中国社会科学》2016年第3期。赌博行为通常是两个人达成协议，双方对未来不确定的事件持相左意见，根据事件的最终结果，一方从对方赢得一定数量的金钱或其他赌注。双方在该合同中除了会输掉或赢得赌注外，并无其他利益。客观不确定性是赌博的基本出发点，是赌博关系中确定财产转移的唯一依据。

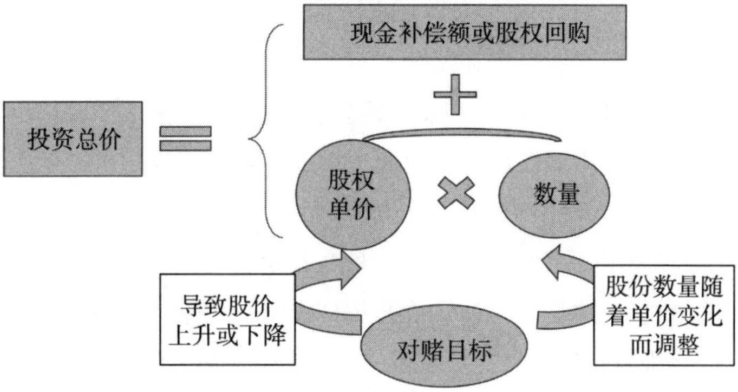

图1－9－1 公司股权交易对赌模式示意图

商业实践中，对赌交易中的常见内容有以下几组（见表1－9－1）。

表1－9－1 常见对赌交易类型表

序号	类型标准	种　类
1	投资方式	基于增资协议；基于股权转让协议。
2	对赌主体	投资方与目标企业大股东、实际控制人；投资方与目标企业。
3	对赌标的	赌业绩；赌上市；其他。
4	对赌结果	投资方追加投资或给付其他权益；融资方补偿现金或补偿股权或回购股权，或给付其他权益。

2. 对赌条款的法律性质

早期的司法审判持较为保守的态度，主要考虑与公司法强制性规定相冲突的理由，通常否定对赌条款的效力。但近年来，对该问题出现不同的理解，《会议纪要》也明确了“与目标公司对赌”并不必然无效的观点。① 有关补偿条款的性质认

① 《会议纪要》第5条第1款规定：投资方与目标公司订立的“对赌协议”在不存在法定无效事由的情况下，目标公司仅以存在股权回购或者金钱补偿约定为由，主张“对赌协议”无效的，人民法院不予支持，但投资方主张实际履行的，人民法院应当审查是否符合《公司法》关于“股东不得抽逃出资”及股份回购的强制性规定，判决是否支持其诉讼请求。

定，从检索到的案例来看，多数认定为合同义务①，少数认定为违约金②。由于对计算标准的认识不同，审理法院对补偿金额也会进行不同的调整③。关于约定公司回购股权的补偿类型，自江苏省高级人民法院对扬锻公司与华工公司对赌案④作出再审判决后，对此种类型应如何评判及规制也形成了新的认识。本书认为，对有关对赌条款的股权纠纷案件的审理，应当首先认识到以下几个法律特征：

（1）对赌条款从属于股权交易合同。股权投资交易中，基础法律关系通常是股权转让合同法律关系，这是业绩补偿或股权回购等"对赌"条款的载体。一般的股权转让以股权价款与股权份额互为对价，但在增加对赌内容的股权转让交易中，补偿或回购均为股转交易合同内容，股权投资总额与出让股权份额数量加业绩补偿或股权回购互为对价，即股权出让方（融资方）的债务包括交付目标股权以及附条件发生的或有债务两个部分。因此，对赌内容本质上是整体股权转让合同框架中的组成部分，即使其以形式上较为独立的对赌协议书为载体，其性质上也依附且从属于股权转让合同关系，股权转让交易是对赌条款存设的前提与基础，两者具有整体性，在诉讼中应一并审理。

（2）形式上体现为或有债务。对赌条款在法理上属于一种"或有债务"。在一般买卖交易中，当事人经磋商一旦对价款达成合意，该价款往往为不变之定数，双方同时进入"法锁"之约束，在此种情况下，意思自治原则体现出一种节点式的、刚性的效力，这实质上是符合当事人主观意愿的，当事人就是有意愿、有信心在订约之时定下确定的价款或者价款计算方法。但在含有对赌条款的股权交易中，当事

① 在本书筛选研究的7个业绩对赌案例中，有5个案例法院将业绩对赌内容认定为合同义务。但在"山东新华医疗与成都英德对赌案"［山东省高级人民法院（2018）鲁民初103号民事判决书］中，法院在认定为合同义务后，又以因投资方参与经营关联，酌定投资方负担一倍业绩补偿的70%责任。

② 参见"春秋案"［广东省高级人民法院（2016）粤民申2202号民事裁定书］，增资扩股认购方为齐桓公司等，目标公司为南菱公司，补偿义务方为目标公司股东邓某晖等人，该案一审、二审、再审法院均认定对赌协议属于违约金性质，该认定是依据案涉补充协议中"如果南菱公司2011年、2012年和2013年任一年度业绩未达到承诺水平，齐桓公司、晋文公司、楚庄公司可要求邓某晖、马某欣以自有资金予以现金补偿"等条款的文义认定为违约金性质。

③ 除注释中的案例外，法院对补偿标准进行解读及对结果予以调整的案例有"天津盛彦投资与宋某、曙光农牧合同纠纷案"［辽宁省高级人民法院（2015）辽民二初字第00029号民事判决书］，该院根据业绩补偿条款计算公式计算出的业绩补偿金额为负数，认定投资者无法获得业绩补偿款；"中宙科技公司与富丽泰泓投资企业、中宙光电公司合同纠纷案"［浙江省杭州市中级人民法院（2014）浙杭商终字第2488号民事判决书］，该院认为目标公司实际净利润为负数，投资者按照业绩补偿条款计算补偿金额时，补偿款超过了实际投资额，应视净利润为零带入公式计算补偿金额。

④ 参见"江苏华工案"［江苏省高级人民法院（2019）苏民再62号民事判决书］。

人要商定的目标是股权的未来价值，其实双方各自并没有足够信心在订约时就能定下价款，反而双方很清楚定价的难度以及背后诸多的不确定性，双方很有意识地将这些不确定因素主动纳入交易定价机制中，这就产生了或有债务的现象，在此意思自治原则体现出一种浮动的、弹性的效力。从合同法框架来看，交易价格作为合同构成的重要内容，其确定性直接影响合同的成立及生效，故对赌交易中所称的"预估值"可视为订约时的股权定价；后续发生的所谓"估值调整"，则可视为双方约定的风险分担机制。

(3)性质上属于瑕疵担保违约责任。股权的价值往往与该公司经营状况具有正相关性，对赌双方约定的目标公司应达到一定业绩水平或经营水平，实为约定所出让股权的"质量"标准，即交易标的物是特定时间内符合一定价值标准的对象，若届时作为标的物的股权未达约定价值标准，则出让方构成瑕疵给付或者构成违约，买受方按照约定可以在继续持有股权的基础上请求赔偿损失，或者请求解除合同互相返还价款、标的物及赔偿损失。以上"或有债务"的效力类型与《民法典》第582条规定的"质量不符合约定之违约责任"最为相近，故前者也可视为股权转让交易中的价值瑕疵担保责任。这一定性实际上与现行合同法体系的规则是相符的，依据《民法典》第646条规定的"法律对其他有偿合同有规定的，依照其规定；没有规定的，参照适用买卖合同的有关规定"以及最高人民法院《关于审理买卖合同纠纷案件适用法律问题的解释》第45条"法律或行政法规对股权转让有规定的，依照其规定；没有规定的，可以根据参照适用买卖合同的有关规定"（已失效）之规定，股权转让合同与买卖合同具有同质性，二者均为双务有偿合同，均以移转标的物所有权为合同目的，以一定金钱给付为对价，故股权转让交易可以参照适用买卖合同规则中的瑕疵担保违约责任。

(4)与射幸合同之区别。虽然在对赌目标发生的不确定性、对赌结果于双方均有获得利益和遭受损失的可能等方面，对赌协议与射幸合同存在相似性。但射幸合同的触发条件所涉及的事件与合同双方一般没有关联，事件的偶发性是影响条件是否成就的变数，该事件无法通过任何一方的干预或努力进行掌控。① 由此，射

① 射幸合同中的等价是指各方当事人依据不确定性事件均有获得利益或损失之可能，是一种机会均等；其以机会性事项作为合同标的订立的合同，该机会性事项带有极强的主观猜测性和客观随意性。罗马法学家将与射幸合同有关的买卖活动称为"买希望"。参见谢海霞：《对赌协议的法律性质探析》，载《法学杂志》2010年第1期；傅穹：《对赌协议的法律构造与定性观察》，载《政法论丛》2011年第6期。

幸合同的偶然性或不确定性指数极高。对赌协议与之区别亦在此,对赌条件是否触发并非完全不可控,股权交易的融资方可以通过自身努力实现对赌目标或阻止不利条件的触发。并且,在实现对赌目标这一事件上,投融资双方均为目标公司股东或公司本身,双方利益并非完全对立,更不是事件发生的旁观者,在追求对赌目标上具有一致性。因此,两者存在一定区别。对赌不会致使交易双方利益出现极为明显的失衡,质言之,若对赌的设计导致交易双方权利在对价上严重不一致,则应重新审视对赌条款。

(5)与赌博行为之区别。赌博行为通常是双方对未来不确定的事件持相左意见,根据事件的最终结果,一方从对方赢得一定数量的金钱或其他赌注。双方在赌博中除了会输掉或赢得赌注外,并无其他利益。客观不确定性是赌博的基本出发点,是赌博关系中确定财产转移的唯一依据。① 对赌安排是投融资双方出于对企业未来发展的不确定性为确保各自利益而设定的不完全金融契约,它是锁定投资者投资风险的重要方式,因此其虽具有不确定性,但却与保险行为属于同一原理。对赌安排中的"赌"并非以不确定事件的发生导致投资或融资一方遭受损失或获得财产,其与赌博的最大区别在于对赌以股权交易作为基础,无论对赌条件达成与否,双方均围绕股权交易的对价进行调整,若公司价值没有达到预期约定,融资方应向投资方进行相应补足,表现为调整股份或补偿现金;若公司价值达到预期约定,投资方应向融资方进行补足,结果表现为增加出资或减持股份或失去对公司的控制权,但投资方作为公司股东,其仍然能够享受公司升值后带来的利好。因此,"对赌"双方并非完全是此消彼长的立场。对于实际出资的股权投资人而言,"对赌安排"允许以某一时间某一条件对交易价值予以调整,本质上是一种保障机制,对于降低投资风险与激励公司内部人忠实勤勉均有助益。

(二)对赌协议的合同法裁判要点

1. 关于对赌目标

对赌目标是指目标公司在约定时间内应当达到的经营业绩或上市目标,是反映股权价值的质量标准,是瑕疵担保违约责任的触发条件。对于如何设定对赌目标,原则上属于股权交易双方的商业判断自治范畴,应当给予充分尊重,但由于对赌目标与或有债务的不确定因素存在直接关联,如果某对赌目标在客观上完全不

---

① 参见许德风:《赌博的法律规制》,载《中国社会科学》2016 年第 3 期。

可能实现，这就改变了所附条件的不确定性，那么约定的瑕疵担保责任亦成为必然发生的结果，该内容也就不属于对赌条款了。对于对赌目标是否存在客观不能实现情形之审查，应秉持当事人主张原则。实务中通常是股权出让方（融资方）提出该方面主张，其本质目的是通过否定对赌条款的合理性而减免相应瑕疵担保责任的，其应负有更为严格的举证证明责任；此外，股权出让方（融资方）与目标公司属于同一利益相关方，对赌目标系目标公司的业绩量或完成上市，出让方对于目标设计合理与否掌握着最全面的信息，理应负担更重的举证义务。

2. 关于借贷关系规制的判断要点

对赌与民间借贷最大的区别是投资方是否获得固定收益或报酬，民间借贷是出借人将款项交付给借款人，无论借款人经营状况如何、无论盈亏，出借人均按期收回本息或分期收取固定利润；对赌协议中投资方获得的补偿与目标公司盈利息息相关，投融资双方均有一定的风险。据此，区别对赌与借贷的关键在于，获得利益是否具有"不确定性"，即交易双方设定的对赌目标是否明显与目标公司实际条件不符，客观上是否不可能达到。如果对赌条款的或有债务性质被改变，其所附条件并不实际存在，不确定性消失，这意味着投资方所得变为固定收益，则双方交易的性质可能被认定为借贷关系。在此情形下，该借贷关系须接受法定利率上限的约束，若高于法定上限，法院可以依当事人请求或依职权予以调整。特别是投融资双方虽名为订立股权转让（投资）对赌协议，实为形成金钱借贷关系时，即使双方已经变更股权登记，也不能直接否定交易双方可能实质上属于借贷关系，法院仍可以进行借贷与对赌的区分，并进行借贷利率规制上的司法评判。① 需注意的是，股权回购或业绩补偿体现为固定数额的，并不必然导致将对赌认定为借贷。对赌协议中关于股权回购或业绩补偿等约定，本质上为质量承诺之违约责任约定，故该种约定中出现的固定数额利益也是双方合意一致的违约赔偿条款，其与所附条件结合组成对赌内容，就是一种不确定利益，而非固定收益。

---

① 参见"吴某与天种牧业公司、张某等民间借贷纠纷案"[江苏省徐州市云龙区人民法院（2018）苏0303民初1601号民事判决书]，法院认为，双方之间签订的协议虽名为"定向增资认购协议"，但从协议中关于固定收益率、固定利息支付期间及回购条款的约定来看，天种牧业公司系通过短期让与该公司流通股份的形式获取吴某的款项，双方之间的真实意思表示并非由吴某出资成为天种牧业公司的股东，而是由吴某出借款项给天种牧业公司、天种牧业公司支付利息的借款关系，故工商登记资料中的记载情况并不能否定天种牧业公司与吴某之间实际上系民间借贷关系这一事实。

3. 对赌受益主体与股权交易的关联性审查

在财产保险合同中，被保险人对保险标的是否具有保险利益，是保险合同效力维持的关键。发生损害时，如被保险人无保险利益，那么本身就无损害可言，根据“无损害即无保险”的理念，保险合同理当失去效力。被保险人只有具备保险利益，方能防止保险变质为赌博，诱发道德风险。[①] 在股权投资的对赌安排中，若受益主体与股权交易的任何一方均无直接关系，即意味着受益主体不存在因股权交易而遭受损失的可能，其仅依据融资方是否能够交付符合约定的股权这一不确定事件本身而获得收益，则可能具有赌博性质的嫌疑。

值得注意的是，在金融领域频繁出现的多层嵌套、通道业务也衍生出层层连环投资关系，其中每一环节的投资方与最终的融资主体是否具有关联利益？是否均可订立对赌协议？本书认为，两层或两层以上结构化资产管理产品通常是为了规避市场准入限制、计提风险资本义务、杠杆限制或投资主体资格等限制而设计。该类资管产品的交易结构还常涉及券商、基金公司、信托等融资通道，而多元通道的存在也在一定程度上掩盖、模糊真正的权利义务关系和主体。[②] 实际上，多环投资中众多投资者之间的关系与终端的股权交易关系并不在同一维度，不属于同一法律关系，前者相对于后者而言是一种内部关系，后者作为投资链条末端的真实交易，其交易相对人也只需向以自身名义对外交易的投资者履行合同义务、交换合同利益。前续多层投资者与终端股权交易的相对人并不具有直接关联性，股权交易相对方为其提供风险保障缺乏合理的利益基础。

4. 关于对赌中情势变更的认定

适用情势变更事由的关键在于，识别是否属于作为商业理性人不可预见的范畴。从目前司法实践来看，经济环境的波动变化属于商业风险，并非不可预见[③]；国际贸易中违反竞争政策的强制措施是国家常用的贸易保护措施，也属于正常商业

---

① 参见吕岩、朱铭来：《论保险利益原则在我国保险立法中的修订与完善》，载《保险研究》2009 年第 3 期。

② 参见戚庆余：《分业监管体制下多层嵌套资管产品的法律规制》，载《现代管理科学》2018 年第 2 期。

③ 参见“章某与田某、张某债权转让合同纠纷案”[上海市第一中级人民法院(2014)沪一中民四(商)终字第 1334 号民事判决书]，当事人主张“受国际经济环境和国内产能过剩的影响，2011 年我国 LED 行业增速放缓众所周知”，进而以上述市场环境变化，企业整体利润率下滑为由主张适用情势变更原则。对此，法院认为“公司业绩未达到协议约定目标，虽与当时行业整体状况有关，但该种状况属于行业经营性风险，并不符合情势变更法定要件”。

风险[①]。金融监管机构实施的管理性措施（如暂停 IPO）直接阻碍合同目的实现的，当事人以情势变更事由主张变更内容或解除合同的，法院可以支持；但若目标公司本身不具备上市条件，那么该管理措施不能认定为合同目的无法实现的直接原因。[②]

5. 关于对赌的履行方式及结果

对赌主要包括两种形式：一是业绩补偿；二是股权回购。具体分为三种履行模式：单一业绩补偿、单一股权回购、业绩补偿与股权回购并用。目前司法实务中归纳出的主要裁判要点如下：(1)单一的业绩补偿实为请求瑕疵损失赔偿，投资方（股权受让人）仍持有股权，融资方（股权出让人）向投资方支付的补偿款总计不应高于投资方已支付的股权价款。(2)单一的股权回购实为双方约定合同解除并履行相互返还原物的义务，若一方因对方违约存在损失还可以同时请求损失赔偿，故对赌条款中可能同时约定回购与损失赔偿，但违约损失的界定应主要限于融资方（股权出让人）在此交易期间占用股权价款所获利益，或者以投资方（股权受让人）一般情形下所损失之利益为限。若融资方主张回购价格及业绩补偿过高而请求予以调整的，法院可以“应返还价款”+“价款占用期间之利息”之总价为参考范围。(3)在对赌期间投资方（股权受让人）获得股权分红的，属于交易标的物的法定孳息，在合同解除后应连同原物（股权）一并返还出让方，故融资方（股权出让人）在返还价款时请求将目标公司已经支付的股权分红予以减除的，可予支持。[③] (4)若融资方（股权出让人）主张投资方（股权受让人）作为股东在参与公司重大事项决策过程中，对未能达到对赌目标的后果存在一定过错的，融资方得以投资方的过错程度及其原因力抵减一定比例的损失赔偿责任，法院在审理中应注意从投资方是否对目标公司有管控力的角度，综合判断目标公司的经营结果与投资方的参与是

① 参见“金泰九鼎诉骆某、旭阳雷迪高科技公司公司增资纠纷案”[福建省厦门市中级人民法院(2014)厦民初字第137号民事判决书]。该院认为“双反措施”作为一国常用的贸易保护措施，进口国对出口国产品进行“双反”调查并非不可预见的情形，属于正常的商业风险。

② 参见“硅谷天堂与李某、新疆天海绿洲农业科技公司增资协议纠纷案”[新疆维吾尔自治区阿克苏地区中级人民法院(2015)阿中民二初字第112号民事判决书]。该院认为，以暂停IPO为由主张情势变更，目标公司要首先已经实际具备实现上市的条件，即未能上市仅仅是由于IPO暂停导致。本案中，目标公司本身处于连年亏损的状态，即便证监会没有暂停IPO，目标公司也不具备上市可能，故不支持当事人的主张。

③ 参见“山东江诣创业投资公司与陈某等股权转让纠纷案”[北京市朝阳区人民法院(2018)京0105民初48188号民事判决书]。该院认为，鉴于投资方在本案中主张了在其投资期间的业绩补偿款，法院支持的业绩补偿的金额，应在股权回购款中予以扣除。

否存在直接因果关系。

(三)对赌协议的公司法规制审查要点

1. 与公司对赌的规制原则

在直接与公司订立对赌协议或公司为对赌责任提供担保的,这种对赌模式应当接受公司法上的规制审查。对赌交易模式产生于投资领域的股债相融趋势,与可转换债或股、优先股、附带限制性协议的债券投资①等形式具有相同目的和功能,都是在法律制度与行政监管的空隙之间由多方主体协商形成的风险分配及责任承担安排。但无论经特殊安排的交易模式如何模糊化股权与债权之间的界限,投融资双方的这种内部安排仍应不能损害外部善意第三人的利益,如公司债权人的利益。因此,有关对赌协议的公司法规制主要表现为适用公司资本维持原则。该原则在一定程度上为债权人到期获得清偿提供了类似于担保效果的保障。这也是公司有限责任制度能够保有生命力的关键所在。同时,股东作为出资人的投资回报诉求与公司作为持续经营的独立法人之间天然存在冲突,资本维持原则可以约束股东和公司的机会主义行为。②

2. 关于公司资本维持原则的审查要点

(1)对于公司回购股权模式的审查。公司回购股权与股东抽回出资是密切相关的,这是司法评价上对于"与公司对赌"持高度审慎态度的根本原因,甚至在"与股东对赌"同时涉及公司提供连带担保的情况下也应进入这一审查范围。质言之,对赌协议中设置回购条款的实质目的就是抽回投资,本质上就是收回"借款"或"融资款",这在司法上应当进行公司法层面的审查,以保证抽回出资或收回"融资款"背后的各方利益得到公平权衡与保护。《会议纪要》第5条第2款指出,投资方

---

① 债权融资中,享有债权的人都会尝试透过在借款合同中加入"协议条款"的手段来保护自身利益。这些"协议条款"(或合同条文)试图对借款公司的自主权予以限制,以免其采取可以能致债权人无法得到清偿的行动,如向股东派发巨额(但合法)的股利,或者开展更高风险的商业活动。这些"协议条款"一般规定,如果公司在未经出借人同意的情况下实施了上述行为,则其应立即偿还该笔贷款。通过这些"协议条款",出借人成为公司治理结构中的一员,而且在公司即将违反"银行贷款协议"时,对管理层有着比股东更大的影响力。但"协议条款"的订立也取决于贷款市场的竞争激烈程度。参见[英]保罗·戴维斯、[英]莎拉·沃辛顿:《现代公司法原理》(第9版),罗培新等译,法律出版社2016年版,第1194页。

② 参见张保华:《资本维持原则解析——以"维持"的误读与澄清为视角》,载《法治研究》2012年第4期;潘林:《重新认识"合同"与"公司"——基于"对赌协议"类案的中美比较研究》,载《中外法学》2017年第1期;刘燕:《重构"禁止抽逃出资"规则的公司法理基础》,载《环球法律评论》2016年第3期。

请求目标公司回购股权的，人民法院应当依据《公司法》第35条关于“股东不得抽逃出资”或者第142条关于股份回购的强制性规定进行审查。须具体审查的相关机制为：一是法定减资程序，其中囊括了股东知情权、股东绝对多数决、债权人知情权与相关受偿保障（可请求提前清偿或提供担保权）、变更登记对外表征等保障机制，投资方请求目标公司回购股权但目标公司未完成减资程序的，人民法院应当驳回其诉讼请求；二是公司股本变化的对抗效力规则，如果目标公司回购过程脱离减资程序的，则公司与原股东的回购行为不得对抗善意的公司债权人，债权人请求原股东即投资人承担相应责任的，法院应予以支持；三是对赌协议的善意审查机制，对于脱离减资程序的回购条款或合同，在公司与投资人订约时，鉴于这种入股型模式下投资人对公司及规则的了解程度，法院应当严格审查投资人的善意程度，如投资人应对于公司（特别是法定代表人）对外订立如此涉及重大利益的对赌协议，是否经股东会决议、是否衔接合法减资等情况，负有适当审查义务。未妥善履行该审查义务的投资人，不应获得高于公司债权人的保护程度。通过审查以上三项机制，即可在整体上起到资本维持之功能，即保护公司独立财产以及维护其他股东与债权人利益。

（2）对于公司提供补偿模式的审查。这类模式实际上包括公司现金补偿以及回购股权时的溢价补偿，这在性质上应认定为公司盈余分配。其法理在于，对赌交易中的投资方（股权受让人）在法律地位的选择上指向了公司股东而非公司债权人，这种地位的差别也就决定了保护机制的不同选择，在公司财产充足的情况下，股东与债权人的收益差别在于前者以公司盈利或股份市场价值为基础，公司盈利或股份价值增长的无限制性，也使股权较于固定收益的债权有获得高收益的机会；相应地，在公司财产不足以清偿债务之时，债权人的利益应优先于股东，主要是基于风险—收益、信息对称—风险控制的合理考量，股东较之于债权人更便于获得公司运营及财务状况的信息，债权人对交易公司的信赖主要来自对外公示的公司资本，股东作为参与公司经营决策的主体，其控制和承担风险的能力应高于债权人，因而立法也为股东对公司破产科以更高的责任和负担。因此，股东作为公司的内部人,其与公司进行自我交易,应受公司法上的盈余分配机制的约束。[①] 这种补偿模式实质上反映了股债相融的趋势与现实需求,[②]其含有借贷融资之目的并不会改变投资人已然取得股东地位及身份的事实,该部分权益仍应以股东身份主张并接受相应的法律约束。投资方在请求目标公司履行现金补偿或回购股权时,目标公司须在确认具有可供分配的利润的前提下依法定决策程序作出决定。若目标公司没有利润或者虽有利润但不足以补偿投资方的,应当驳回或者部分支持投资方的诉讼请求;若之后在目标公司有利润时,还可以依据该新的事实另行起诉。[③]

---

① 罗培新载于《清华法学》2019 年第 1 期的《世行营商环境评估之"保护少数投资者"指标解析——兼论我国公司法的修订》一文中提出对于控制公司的管理者、控股股东,或者是两者,都可以利用权力将公司财富转移给自己,而不与其他投资者分享的行为,《自我交易的法律经济学》一文以一个程式化自我交易为例,衡量控制控股股东从这笔交易中成功脱身所必须跨越的障碍。障碍越高,反自我交易指数就越高。该文的研究对象以上市公司为主,在公司法律制度与监管制度中缺乏对有限责任公司的防范自我交易设计的情况下,通过对公司法相应条款的扩大解释,从交易的履行程序上增加一定程度的限制,在目前来看是较为合理的选择。

② 根据胡晓珂的《风险投资领域"对赌协议"的可执行性研究》一文分析,我国本土背景下的"对赌协议"产生基础在于企业的股权融资偏好行为,主要原因是:其一,我国股权融资成本偏低,由于相当多公司长期不分红,极少数企业将当年盈利全部实施分配,这也就意味着相比于支付固定利息的债务融资,股权融资的成本支出是极低的。其二,公司经理的报酬包括货币性收入和非货币性收入(控制权收益),通过举债融资将导致破产概率增加,且利息的支付也会减少公司资金,两个方面都会直接影响经理的报酬。在现有的制度框架内,由于缺少对内部人控制的有效抑制、激励机制流于形式,经理人表现出较强的股权融资倾向。对赌交易模式回应了在本土融资环境下处于特定发展阶段的企业对资金的强烈需求,投资人对此类企业做出了较为关键和重要的贡献,以 VC 投资中的投资者主要支持初创型和成长型企业,需要承担数倍于投资成熟企业的风险为典型。

③ 参见《会议纪要》第 5 条第 3 款。

第二章 典型案例：有限责任公司纠纷常见案由下的案例分析

本章简介

本章是典型案例分析，均源自广西壮族自治区高级人民法院审理的二审、再审审查以及再审案件。本章梳理了公司纠纷中收案较多的十类案由，同时尽量覆盖“出资法律关系”中的疑难争议问题。编写体例为“裁判要旨+基本事实+裁判理由”，主要特点如下：第一，正面典型与反面教例相结合，不仅甄选出一批由高级人民法院审理的示范案例，同时也包含一些中、基层人民法院的反面案例，整体呈现正反面经验相结合的体例。第二，“裁判要旨”不完全是规则描述，同时也注重提炼规则背后的法理与原则。第三，注重行文简洁精练，“基本事实”仅描述与裁判要旨相对应的案件事实，“裁判理由”主要展现可借鉴参照的说理部分。

一、股权转让纠纷

（一）伟峰公司、恒峰公司诉中恒公司股权转让纠纷案

股权转让中多重法律关系辨析

广西壮族自治区高级人民法院(2018)桂民终460号民事判决书

主要裁判要点

1. 当事人的诉讼请求可能包含多个法律关系，人民法院在审查案件时要首先注意固定和明确当事人的真实诉请，除应依法合并审理的之外，应当对于两个或多个法律关系分案处理，对于案涉法律关系之外的当事人要注意剔除，对于案涉法律关系之外的诉请要注意剔除，对于案涉法律关系之外的证据材料要注意剔除，且可以经释明后不予质证。

2. 股权转让关系的当事人是出让股东和受让人，不包括目标公司；侵害公司财产的侵权责任关系的当事人是侵害人与公司，不包括公司股东；公司高管损害公司利益责任关系的当事人是公司高管与公司，不包括公司股东。

3. 公司高管或他人损害公司利益造成资产贬损进而致使公司股东所持有的股权在客观上价值遭受贬损的，股东直接提起诉讼要求侵害一方赔偿损失的，人民法院不予支持。原因在于：公司作为独立法人，公司股东并不能对公司的财产直接享有自由支配权，法律上也不允许财产混同，故公司本身遭受不法损害并不等于股东同时也遭受不法损害，公司的损害应由其自己向侵害人主张权利，股东就此不享有独立诉权。

次要裁判要点

1. 在较为复杂的股权转让交易中，价款支付可能分为几期，双方可能约定须经双方共同协作核对财务或债务，并以核对结果确定交易总价或下一期付款义务。这种约定须双方共同行动，能否实现并不确定，一旦实现即可触发下一次付款义务，故具有"附生效条件"的性质。但同时，一旦该条件不成就，付款义务因缺乏可履行性而不具有法律约束力，整个股权转让合同也因缺少价款这一必备要素而无法继续履行，合同只能归于解除，故这种约定又具有"附解除条件"的性质。

2. 债务人原则上有权决定付款的用途及性质。债权人对债务人仅有请求权权能，债权人并不享有对债务人特定财产的支配权，债务人作为资金所有人对其财产享有支配权与处分权，其有权决定资金的用途及其清偿对象，故对于付款性质的认

定，原则上应当以付款方的意思为准。

案件基本事实

2010年3月中恒公司与伟峰公司签订《股权转让协议》，约定伟峰公司转让恒峰公司的100%股权给中恒公司，转让总价：人民币4500万元加上伟峰公司的投资总额及利息并减去伟峰公司已经提取转出非本项目的资金后的总额。协议约定中恒公司应分四次支付价款：第一次支付时间为2010年3月31日前付1000万元；第二次支付时间为2010年4月30日前付1000万元；第三次支付时间为2010年5月31日前付1500万元；第四次支付时间为2010年6月30日前付总数的剩余部分。协议第10条约定：中恒公司第一次支付后，伟峰公司应向其移交目标公司除财务部以外所有部门的管理权和人事权，并协作其完成工作交接，双方应指定专人共管使用公司所有证章，中恒公司第二次支付可以延后至以上工作完成；中恒公司第一次支付后，其即可入驻目标公司，伟峰公司应当协作中恒公司财务人员对目标公司所有财务资料进行核对整理，明确目标公司在开办至合同生效前期间产生的所有收入和支出，以便确定股权转让总金额，双方应以此为基础另签订相关约定作为本协议附件，中恒公司第三次支付可以延后至以上工作完成；中恒公司第四次支付后，伟峰公司应当向中恒公司移交目标公司财务部，并应当在3个工作日内协助中恒公司办理股权转让手续。该协议还约定中恒公司入驻经营期间不得挪用目标公司资金，不得违法、违规经营以及损害目标公司的形象；中恒公司第一次付款后，若伟峰公司不能履行责任，或反悔不将股份转让给中恒公司，伟峰公司应双倍赔偿中恒公司已支付的金额，并同时双倍赔偿中恒公司因管理、运作平果中心大市场名门天下项目而产生的所有费用和损失；若中恒公司不能按时付款，并按书面申请顺延一个月仍然不能按时付款时，伟峰公司有权解除本协议，收回平果中心大市场名门天下项目经营权，中恒公司已支付给伟峰公司的所有费用一律不予退回。

《股权转让协议》订立后，同年3月，中恒公司多次向伟峰公司支付了股权转让款2090万元。中恒公司依约完成了上述第一次付款义务，伟峰公司也移交了恒峰公司除财务部以外所有部门的管理权和人事权，并协作中恒公司完成工作交接，双方指定了专人共管使用公司所有证章，中恒公司派黄某入驻恒峰公司作为总经理管理公司。但双方在上述第三次付款期限前并未实现共同核对并确认支付总金额的约定。2012年7月23日，伟峰公司向恒峰公司发出通知，决定解除黄某的恒峰公司总经理职务，要求其交出恒峰公司所有证照、印章、合同、档案及其他材料。2012年年底因伟峰公司、恒峰公司认为中恒公司挪用恒峰公司的资金，共同向百色市公安局报案，公安机关立案侦查后移送检察院，但检察院决定对黄某不起诉。

伟峰公司、恒峰公司向一审法院起诉请求：(1)依法判决解除伟峰公司与中恒公司签订的《股权转让协议》；(2)判决伟峰公司依约不予退还中恒公司已付的2090万元股权转让款；(3)判决中恒公司返还侵占恒峰公司资金3691万元(暂定)，并赔偿从侵占起至实际返还之日止按月利率2%计算所得出的损失；(4)判决被告黄某芸和黄某恒在继承黄某遗产的范围内对上述债务承担连带偿还责任。中恒公司向一审法院反诉请求：依法判令伟峰公司、恒峰公司共同连带偿还中恒公司已支付的转让款4460万元和投资款2704万元，两项共计7164万元，从2012年7月24日起按年利率12%计付利息至付清之日止。

一审法院认为，双方当事人提出诉讼请求包含的法律关系有三：一是股权转让纠纷的法律关系，如股权转让合同解除后伟峰公司应否返还中恒公司的股权转让款项；二是损害公司利益责任纠纷的法律关系，如本诉方伟峰公司、恒峰公司要求中恒公司返还侵占恒峰公司资金3691万元，反诉方中恒公司要求伟峰公司、恒峰公司偿还投资款2704万元等；三是继承法律关系，如黄某芸、黄某恒应否在继承黄某遗产范围内对本案债务承担连带偿还责任。对于当事人讼争裁决的三项请求，应以一案一诉为原则，不把当事人所有的公司纠纷在同一案件“一揽子”解决，即根据公司纠纷具体法律关系的不同，区分股权转让合同纠纷、股东权益纠纷、损害公司权益纠纷，故只审理股权转让合同解除后，伟峰公司应否返还中恒公司的股权转让款项的股权转让纠纷，不审理其他公司诉讼。关于股权转让纠纷，中恒公司与伟峰公司于2010年3月9日签订《股权转让协议》当事人主体适格，意思表示真实，内容合法，合同有效。股权转让合同履行期间，中恒公司于同年3月多次向伟峰公司支付了股权转让款2090万元，有田阳县检察院不起诉决定书认定的司法会计鉴定结论为佐证，应依法予以采纳。中恒公司未能按约定足额支付股权转让金，已构成违约。对于股权转让合同解除后，伟峰公司应否返还中恒公司的股权转让款项，本案股权转让合同中约定的“中恒公司已支付给伟峰公司的所有费用一律不予退回”条款实为违约金计算标准的条款，关于违约金的性质，《合同法》第114条(现为《民法典》第585条)等规定已确定违约金具有“补偿和惩罚”双重性质，系以赔偿非违约方的损失为主要功能，而非通过约定严厉惩罚违约方以获取暴利，根据中恒公司的反诉请求，以及民法的公平、诚实信用原则，对于伟峰公司、恒峰公司不予退还中恒公司已付的股权转让款不予支持。对于中恒公司违约行为是否造成伟峰公司的利润、收益损失，因涉及损害公司利益责任纠纷的法律关系，伟峰公司可另案提起诉讼。中恒公司反诉要求伟峰公司、恒峰公司返还已支付的股权转让款于法有据，但主张转让款项4460万元的数额与田阳县检察院不起诉决定书认定结论不符，溢于鉴定结论的款项不予支持。

二审期间，当事人围绕上诉请求依法提交了证据。由于伟峰公司、恒峰公司所提交证据主要是为了证明黄某在经营恒峰公司期间或有挪用、侵占该公司财产及相关损失数额的事实，与本院开庭审理时所释明的本案审理范围不相符，因此不予质证。

裁判理由

本案的争议焦点为：(1)伟峰公司、恒峰公司在一审的诉请是否涉及多个独立法律关系？如何确定本案的审理范围？(2)中恒公司与伟峰公司订立的《股权转让协议》的合同性质与条款效力如何？

1. 关于伟峰公司、恒峰公司在一审的诉请是否涉及多个法律关系的问题。其诉请至少包含以下几个关系，即股权转让关系及其衍生的委托经营关系、损害公司利益责任关系或一般侵权责任关系。本案案由是股权转让纠纷，应以一案一诉为原则，主要审理伟峰公司与中恒公司之间的股权转让关系及其衍生的委托经营关系。关于本案的审理范围，具体而言主要有以下几点：

第一，关于本案股权转让法律关系主体范围的认定。股权转让关系是以目标公司的股权份额为交易标的、以移转股权以及支付股权对价为主给付义务。在涉及转移目标公司经营控制权的情形中，还可能涉及控制股东授权受让人提前入驻经营的委托经营关系，但这些关系的当事人均仅限于转让股东与受让人，在本案中即伟峰公司与中恒公司。本案目标公司恒峰公司并非该法律关系的当事人，其在本案不具有诉讼主体资格，不是适格原告和反诉被告；同理，黄某不是股权转让关系的当事人，其法定继承人黄某芸、黄某恒也不是本案的适格被告。

第二，关于本案股权转让法律关系客体范围的审查。恒峰公司作为独立法人，具有独立财产与独立人格。伟峰公司所获股权主要表现为参会权、表决权、知情权等共益权以及股利分配权等自益权。故伟峰公司并不能对恒峰公司的财产直接享有自由支配权，法律上不允许财产混同。恒峰公司的财产完全独立于伟峰公司的财产，恒峰公司的损失并不等于作为股东的伟峰公司的损失。因此，恒峰公司或有的财产损失并不属于本案股权转让法律关系的客体范围。

第三，关于本案股权转让纠纷中财产损失的审查范围。案涉《股权转让协议》不仅体现了股权转让性质的权利义务，而且体现了相关授权委托经营性质的权利义务，双方在合同中涉及多项配合、协作、移交以及保全的约定内容。伟峰公司主张对方违约并承担赔偿责任，就负有提供对方违约以及己方损失的法律与事实依据，本案也只审查伟峰公司基于股权转让而受损的相关证据材料。

综上，一审法院未能依法基于主体不适格驳回恒峰公司的起诉、驳回中恒公司在反诉中对恒峰公司的起诉、驳回伟峰公司对黄某芸、黄某恒的起诉，实属不当。一审法院还不当判决恒峰公司与伟峰公司共同承担返还股权转让款2090万元，并错误认为中恒公司违约行为是否造成伟峰公司的利润、收益损失是损害公司利益责任纠纷的法律关系，实属不当。至于恒峰公司主张中恒公司挪用、侵占其公司资金，实质上是主张在恒峰公司中履行高管职责的黄某承担违反忠实或勤勉义务的责任，或实质上是主张中恒公司与黄某承担共谋侵害恒峰公司财产的侵权责任。恒峰公司可以选择另案起诉，本案股权转让纠纷不予审理。

2. 关于合同条款效力及违约责任问题。伟峰公司的一审诉请及理由主要涉及两类合同条款：一是关于双方合同义务以及如何履行的约定；二是关于合同解除后违约方如何承担责任的约定。

第一，关于双方合同义务以及如何履行的约定。根据双方约定，本院认为，中恒公司第一次付款属于合同生效所附条件，至于中恒公司的善管经营义务、第二次付款义务以及伟峰公司在对方第二次付款前应当完成的工作，属于具有明确可履行内容及期限的合同义务；但对于双方在第三次付款前所应当完成的工作，并不完全属于具有法律约束力的合同义务，双方需要共同协作核对整理财务资料、共同确定股权转让总金额、共同就此达成协议并作为补充附件。双方虽然有主动对接并协作的义务，但即使履行也未必能实现合作目标。因此，中恒公司第三次付款的前提条件是双方共同完成特定行为及合意，该条件并无强制性，其实现与否并不确定，一旦实现即可触发第三次付款义务，故该条件实质上是“附生效条件”。一旦该条件不成就，则第四次付款约定因缺乏可履行内容而不具有法律约束力，整个股权转让合同也因价款不能确定而无法继续履行。尽管双方当事人都没有主张有关第三次付款的条件是附生效条件的约定，但该问题属于合同条款效力的法律评价范畴，本院依职权予以认定。

第二，关于合同解除后违约方如何承担责任的约定。双方约定若中恒公司不能按时付款的，伟峰公司有权解除本协议，收回项目经营权，且中恒公司已支付给伟峰公司的所有费用“一律不予退回”。首先，该条约定了伟峰公司的解除权，即在中恒公司不能按时付款并书面申请延期仍然不能按时付款的情形下，伟峰公司有权解除合同。其次,该条约定了合同解除后应当如何处理已经履行的给付内容:伟峰公司收回经营权且不退回中恒公司已支付给伟峰公司的所有费用。至于“一律不予退回”的约定效力如何,依据《合同法》第 97 条(现为《民法典》第 566 条)关于合同解除效力之规定,合同解除后当事人可以要求恢复原状,即返还已支付款项,但本案双方约定已付合同价款不予退还,说明这一条款具有违约责任的性质,且属于《合同法》第 114 条第 1 款(现为《民法典》第 585 条)后半段规定的“因违约产生的损失赔偿额的计算方法”。在中恒公司反诉返还该笔款项的情况下,应视为其请求法院调整“不予退回”这一赔偿额计算方法。综上,双方应围绕违约实际损失提供相关证据,故一审法院仅根据民法的公平原则、诚实信用原则就驳回当事人诉请实属不当,本院予以纠正。

3. 关于当事人主张多笔债务抵充的问题。伟峰公司主张中恒公司在开始履行第二次付款义务时,应将收到的款项先清偿中恒公司以前尚欠伟峰公司的 120 万元债务,本院认为,伟峰公司主张的 120 万元债务未经任何裁判或仲裁文书确认,也未在本案审理的法律关系或合并审理的法律关系中得到实质性审查,法院也不宜超出本案审理的基础法律关系或有必要合并审理的其他法律关系之外再做实质性审查,故伟峰公司主张中恒公司对其负有多笔到期债务尚无事实依据。在此情况下,债务人付款时并未明确表示用途的,合同双方就付款行为也无约定或共识且依据《合同法》第 61、62 条(现为《民法典》第 510、511 条)仍未能确定的,应以付款方事后或诉讼中所表示的用途或性质为准,原因在于,债权人对债务人仅有请求权权能,债权人并不享有对债务人特定财产的支配权,债务人作为资金所有人对其财产享有支配权与处分权,其有权决定资金的用途及其清偿对象,故对于所支付资金性质的认定,应当以付款方的意思为准,并由收款方承担异议的举证责任。中恒公司主张其支付款项属于股权转让款,而伟峰公司并未提供相反证据支持其抗辩,故伟峰公司主张对方所支付款项应首先清偿其他债务没有事实与法律依据,法院不予支持。

(二)关某诉旺林公司股权转让纠纷案

股东退股中的资本维持原则

广西壮族自治区高级人民法院(2019)桂民申 1575 号民事裁定书

主要裁判要点

1. 股东退股涉及撤回出资,进而牵涉公司资本的减少,故公司资本制度基于债权人利益保护，对股东退股予以一定限制。股东通过公司股东会决议同意退股、通过主张异议股东回购请求权退股的，原则上应当通过法定减资程序保障公司债权人利益；股东通过公司解散退股的，应当通过法定清算程序保障公司债权人利益。

2. 股东通过全部出让股权的方式退出公司的，不涉及公司资本减少，不直接受公司资本管制，但在股权转让合同关系中，目标公司承担股权受让方的股款支付义务或为其担保的，可能涉及资本抽逃或侵害公司独立财产，人民法院在个案中要注意审查。

次要裁判要点

股东会决议与股东间协议有本质区别，前者为公司决策机构形成意思表示的一种方式；后者是一种民事主体间的合同关系，该关系可能体现为股东间的股权转让协议。在实务中，要注意一些有限责任公司的股东会决议可能同时包含股东间协议的性质，故不能单纯以文件名称进行定性，而应当以具体约定内容判断其性质。

案件基本事实

一审查明主要事实：2004 年，原告关某和被告莫某以及潘某、邹某四人约定共同投资经营旺林公司，其中，关某投入 80 万元，占股 13%。2005 年旺林公司成立。2013 年 8 月 31 日，上述四人召开公司股东会议，作出《旺林公司股东会议决议书》，主要内容为：关某全部退股，退股的股金按原股金 1∶2.89 计算；退股金额于 2013 年 9 月 5 日前还清，如不能按时还清的从 2013 年 9 月 1 日起按月计息；股东在经营期内借款部分，清理计息至 2013 年 8 月 31 日，在该日期前未归还所借本金及利息的在退股股金中扣减。按照旺林公司制作的按原参股股金清算分配情况表确认关某的 13% 股权价值 231.2 万元。同日，旺林公司根据公司财务账单制作私人借旺林木业款项本息计算表一份。该表数据显示，自 2003 年 11 月 15 日起至 2012 年 2 月 7 日止，关某向旺林公司借款 719,067 元，本息合计1,362,395元。关某退股后，旺林公司没有按 2013 年 8 月 31 日的决议书的约定的时间支付款项给关某。2013 年 11 月 20 日，旺林公司到工商管理部门办理了股权变更手续。

关某向一审法院起诉请求：旺林公司与莫某共同支付股权转让款及其利息。

一审法院认为，关某与潘某、邹某以及莫某四人签订《旺林木业联营合同书》以及《旺林公司股东会议决议书》合法有效，当事人应全面履行义务。关某的股份退给旺林公司后由旺林公司再重新分配给各股东，旺林公司应按股东会决议把关某股金扣除其借款本息后支付给原告。原告关某与被告旺林公司形成了债的关系，关某作为债权人有权要求债务人旺林公司按协议的约定履行义务。关某要求被告莫某支付股权转让款，由于没有充分的证据证实关某退股后其股权转让给被告莫某，故不予支持；关某要求被告旺林公司支付股权转让款，理由充分，予以支持。诉讼中，旺林公司与莫某要求在原告股金中扣减原告向旺林公司借款本息合计1,362,395元，由于有旺林公司财务制作的私人借旺林木业款项本息计算表及潘某的书证等相关的原始证据相互佐证，故予以采纳。

二审另查明：2013 年 11 月 20 日，关某与莫某签订《旺林公司股权转让协议》，关某将其在旺林公司的 13% 的股权转让给莫某，同日到工商管理部门进行变更登记。

二审法院认为，关于旺林公司是否还应支付股权转让款给关某，如应支付，莫某是否应共同承担的问题。根据公司法的规定，法律对有限责任公司的股东退股有严格的限制，有限责任公司的股东退股方式有三种：一是通过股权转让退股，包括股东之间相互转让股权、向股东之外的人转让股权、公司章程约定的股权转让；二是申请强制退股，即《公司法》第 74 条规定的公司收购股权；三是公司解散退股。本案中，旺林公司的股东在 2013 年 8 月 31 日作出关某退股公司的决议，但是关某的退股不符合公司法规定申请公司收购股权退股和公司解散退股的情形，决议部分无效。且关某与莫某在 2013 年 11 月 20 日签订了股权转让协议，并办理了股权变更登记，符合公司法规定的股权转让退股，因此可以认定关某在旺林公司的股权是转让给莫某而不是旺林公司回购股权。在股东决议中，关某、莫某、旺林公司及其他股东均同意在关某的股金中扣减其向旺林公司借款本息后，剩余部分支付给关某。因此，剩余的部分应由受让股东莫某退回给关某。综上，旺林公司不应支付股权转让款给关某，而应当由莫某向关某支付剩余股权转让款 949,605 元。一审法院对此认定有误，本院予以纠正。

裁判理由

本院经再审审查认为，本案原审在法律理解与适用方面存在部分错误，结论也因此错误，故本院决定予以提审。理由如下：

第一，关于退股方式的认定有误。公司股东会决议可能同时包含股东之间的协议内容，故不能单纯以文件名称进行定性，而应依据具体约定内容判断其性质。案涉《旺林公司股东会议决议书》中约定"二、增资扩股……4. 公司实行扩股后总股金为 4000 万元，原有股东可根据自己的情况自由增减股份，退股的可半退或少退或全退，退股按 1∶2.89 退还现金，股东也可根据自己的实际情况购买退股及增资的股份……6.经股东一致协商同意：通过整合后股东邹某、关某退出旺林木业不再为旺林公司股东；通过整合后旺林公司新股东为莫某、潘某、梁某三人”。这些实际包含了两种股权调整方式：一是公司自主决议回购公司股东股权并支付相应价款；二是公司股东之间进行内部转让。第一种方式依法要求公司按照减少公司注册资本的程序操作，第二种方式即股权转让。结合2013年11月20日关某与莫某签订《旺林公司股权转让协议》，关某将其在旺林公司的13%的股权转让给莫某，同日到工商管理部门进行变更登记的事实，可推定关某采取第二种方式实现“退股”。虽然关某与莫某未在协议中载明股权转让中双方权利义务，但在《旺林公司股东会议决议书》中，参会股东已对股权转让价款及违约金计算方式等内容表示同意，在关某与莫某达成股权转让、受让合意之时，从逻辑上应推定双方的合意内容包含股东会决议中的具体权利义务约定。故关某有权按照股东会决议书中的条款向莫某请求履行支付义务。

第二，关于公司以抵销的方式承担股款义务有误。对于股东会决议中“关某股金由公司财务计清借款本金及利息后剩余股金全部退股”的性质分析：由于公司不能直接处分股东股权利益，该条款本质上为旺林公司与关某之间进行债权债务的抵销。但该条款对双方产生效力的前提为旺林公司回购关某的股权而产生支付股款义务，关某同时对旺林公司负有债务，双方中的一方主张行使抵销权。本案基础法律关系是关某与莫某订立的股权转让合同关系，旺林公司并非股转关系中的主体，其与关某之间的债权债务不能在关某与莫某的股权转让债权债务中进行抵销，因此，原审法院认定莫某支付股权价款为关某所持13%股份（价值231.2万元）减扣关某欠付旺林公司借款本息合计1,262,395元属于错误。

（三）德保公司诉周某解除股权转让合同案

股权转让中的资本维持原则

广西壮族自治区高级人民法院（2019）桂民申1635号民事裁定书

裁判要点

在股权转让合同中，当事人约定由目标公司履行支付义务的，可能使目标公司资产受到不当减损，成为一种变相抽逃出资的行为，这属于违反公司资本维持原则，最终将损害目标公司债权人利益，故人民法院可以根据个案情况认定该类约定为无效，并判定目标公司不应承担支付股权转让款的义务。

案件基本事实

周某(占股32.92%)、德保公司(占股13.58%)以及案外人赵某(占股53.5%)是报业房开公司的股东。2017年7月报业房开公司召开全体股东会,讨论公司股权转让问题,三方到场参会,并形成会议决议:同意赵某将其持有公司53.5%的股权全部转让给德保公司;同意周某将其持有公司32.92%的股权全部转让给德保公司;股权转让完毕后,德保公司持有公司100%股权,赵某、周某不再是公司的股东。同日,周某与德保公司签订《股权转让协议》约定:"周某将其持有的报业房开公司32.92%的股权全部转让给德保公司;股权的转让价为人民币8,830,000元,德保公司以报业房开公司所开发项目的住宅按单价3300元/m^2,共2675m^2抵作股权转让款,办理网签、过户到周某或周某指定的第三人名下……"后双方因股权转让协议的履行产生分歧,德保公司向一审法院起诉请求依法解除《股权转让协议》并赔偿德保公司经济损失。

一审法院认为,德保公司以报业房开公司开发项目的住宅单价3300元/m^2,共2675m^2抵作股权转让款8,830,000元,即以公司的财产用作股东个人的股权转让款,变相地减少了公司的资产,侵害了公司的利益,以及公司债权人的利益,该股权转让协议违反了《公司法》的禁止性规定,应为无效。因一审法院认定的《股权转让协议》的效力与原告主张的不一致,依法向原告德保公司进行释明后仍坚持其诉讼主张。德保公司诉请要求解除其与被告周某签订的《股权转让协议》是以双方之间的协议合法有效为前提,在双方之间协议无效的情况下,原告诉请没有法律基础,故裁定驳回德保公司的起诉。

二审法院认为,一审认定《股权转让协议》无效正确。上诉人德保公司主张《股权转让协议》有效与法院认定的效力不一致,根据2008年最高人民法院《关于民事诉讼证据的若干规定》第35条第1款的规定,一审法院已经告知德保公司变更诉讼请求,其仍坚持不变更诉讼请求。故德保公司提出"解除《股权转让协议》"的诉请没有事实依据,不符合《民事诉讼法》第119条第3项"有具体的诉讼请求和事实、理由"规定的起诉条件,一审法院裁定驳回德保公司的起诉而不作出实体判决是正确的。

裁判理由

法院经再审审查认为,本案的争议焦点为股权转让协议的效力。周某与德保公司作为股权转让交易双方,均为目标公司报业房开公司的股东,双方在股权转让协议中约定"德保公司以报业房开公司所开发项目的住宅单价3300元/m^2,共

2675m^2 抵作股权转让款 8,830,000 元”,是对股权转让款支付方式的约定。该约定由目标公司履行支付义务,直接使目标公司资产受到减损,是一种变相抽逃出资的行为,违反公司资本维持原则,最终将损害目标公司债权人利益,故而该项约定应当被认定为自始无效、当然无效,目标公司依法不承担支付股权转让款的义务。同时,该条款被认定为无效后,应视为交易双方对股权价款支付的履行方式尚未形成合意。在本案审理过程中,双方对该内容未作出任何意思表示及达成任何合意,而此内容是该股权转让关系的关键组成部分,其缺失直接影响案涉股权转让协议的整体效力。因此,德保公司提出解除案涉合同的诉请没有事实基础及法律依据。原审裁定并无不当。

(四)岳某杰诉岳林公司股东会决议、股转合同无效案

出资法律关系中的冒名行为

广西壮族自治区高级人民法院(2019)桂民申 1266 号民事裁定书

主要裁判要点

冒名行为是指冒名人在合同中冒充他人直接签署他人的名字,这与无权代理行为不完全相同,不应直接适用追认权、催告权、撤销权等规则。冒名行为导致订约时被冒名人一方的意思表示实际上是缺失的、不存在的,即订约时并不存在双方意思表示与真实合意,冒名人与对方所订立的合同不具有法律效力。但在公司出资法律关系中,冒名人与被冒名人具有亲属、夫妻或特定人身关系的,则须特别对待。这一情形可能既非无权代理,也非冒名行为,而可能是亲人间的赠股行为,或者是亲人间对“借名”行为的默许或默认,任一情形都是符合常情常理的。在登记股东的股权未依法涂销的情况下,公司或其他股东要否定该登记股东的资格,就应当承担举证证明责任。

次要裁判要点

1. 法院审查案件要首先注意准确固定当事人的诉请对象、明确当事人的诉请范围、抓准当事人的诉请目的,在确定本案基础法律关系的前提下确定本案案由。要注意剔除不属于本案基础法律关系的其他法律关系下的诉讼请求、相关当事人、事实、证据材料等。

2. 股东诉请确认股东会决议无效的,要以该决议是否在内容上违反法律、行政法规作为判断标准。当事人的诉请实质上是在主张召集程序、表决方式或表决过

程中存在瑕疵的，且可能涉及决议可撤销或决议不成立的，人民法院可以就此向当事人予以释明，引导其作出准确诉请。

案件基本事实

岳林公司成立时的工商登记档案上显示，2000年7月岳某杰、岳某、陈某共同发起成立。公司股东（发起人）名册记载陈某认缴出资15万元，持股比例22%；岳某认缴出资38万元，持股比例56%；岳某杰认缴出资15万元，持股比例22%。就以上出资，广西中和会计师事务所出具验资报告予以确认实收。2000年7月1日岳林公司第一次股东会议纪要载明："出席会议的股东代表岳某、陈某、岳某杰三人……会议讨论和审议了股东代表陈某关于筹备公司情况、公司章程、公司组构，并作决议如下：通过了公司章程；鉴于公司的规模较小、人数较少，公司决定不设立董事会和监事会，只设立一名执行董事、一名监事；大会选举陈某为执行董事兼任总经理；大会选举岳某杰为公司监事。"在以上公司章程和第一次股东会议纪要中落款处均有"岳某、陈某、岳某杰"签字字样。在岳林公司经营过程中，2002年4月10日，岳林公司的法定代表人由陈某变更为岳某，后陈某将其持有的22%的股份转让给岳某。2004年1月15日的《股份转让协议》记载，岳某杰将其持有岳林公司22%的股份以15万元的价格转让给芦某。在该协议的落款处有"岳某杰"及芦某的签字字样。同日的股东会决议记载，同意岳某杰退股，芦某持有公司22%的股份，岳林公司监事由岳某杰变更为芦某。在该股东会协议的落款处有"岳某杰"及岳某、芦某的签字字样。岳林公司就以上变更事宜在工商局进行了变更登记。此后，芦某将其持有的22%股份转让给岳某，并进行了工商变更登记。岳某杰称其于2012年2月17日通过工商电脑咨询单查询岳林公司变更为自然人独资的有限责任公司，认为岳某、芦某侵犯了其股东权益，于2014年12月24日向柳州市公安局经侦支队报案，后了解到岳某、芦某伪造了岳某杰的签字订立了2004年1月15日的《股份转让协议》及股东会议决议，并进行工商变更登记。为此岳某杰诉至法院，酿成诉讼。

另查明，岳某杰、岳某、芦某告均明确上述设立岳林公司所有文件上"岳某杰"签字并非岳某杰本人所签，具体包括：岳林公司章程、岳林公司第一次股东会议纪要、任命书、发起设立公司申请报告、公司名称预先核准申请书、办理营业执照证明。双方还确认2004年1月15日的《股份转让协议》，股东会议决议中"岳某杰"签字并非本人所签，岳某杰从未参加过公司股东会议。

岳某杰向一审法院起诉请求：（1）判令确认岳林公司2004年1月15日的股东

会议决议《股份转让协议》无效；(2)判令确认岳某杰享有岳林公司股东资格、持有22%的股权、享有公司监事资格；(3)判令确认芦某岳林公司股东资格、持有22%的股权及公司监事资格无效；(4)本案诉讼费由岳林公司、岳某、芦某承担。

一审法院案由定为公司决议效力确认、股东资格确认纠纷，认为岳某杰的诉讼请求没有事实和法律依据，判决驳回岳某杰的诉讼请求。二审法院案由定为公司决议效力确认纠纷，认为上诉人岳某杰上诉理由成立，应予支持，判决如下：(1)撤销原判；(2)柳州市岳林钢木制品有限公司2004年1月15日的股东会议决议、《股份转让协议》无效；(3)岳某杰为柳州市岳林钢木制品有限公司股东、公司监事，持有公司22%的股权；(4)芦某不具有柳州市岳林钢木制品有限公司股东资格，不担任柳州市岳林钢木制品有限公司监事。

岳林公司、岳某、芦某申请再审称，原审法院未对岳某杰是否具有股东资格进行查明，未对岳某杰是否实际出资进行查明，属于适用法律错误。岳林公司设立时岳某杰仅是名义股东并不是实际股东。岳某杰没有发起设立岳林公司的意思表示，没有参与岳林公司的筹备设立过程，没有参与公司章程的制作及表决过程，也没有与其他股东达成出资协议。岳某杰没有实际出资，其提供的验资报告不足以证明已经实际出资，验资报告只是形式上的要求，不具有客观性。岳林公司实际上由岳某出资，验资报告没有反映该事实，同时岳某杰也没有持有岳林公司出具的出资证明。

裁判理由

法院认为，二审法院的最终裁判结果基本正确，但对于当事人诉请的认定、案件的定性以及裁判理由仍有不当之处，法院在此予以纠正：

第一，本案原审没有能够准确固定当事人的诉请对象，没有适当明确当事人的诉请范围，导致当事人的诉请与法院的判项范围过大，混合了多种不同的法律关系：其中，有涉及出让股东与受让人之间的股权转让行为，有涉及股东与公司之间关于公司决议效力的争议纠纷，有涉及股东之间关于发起设立公司的共同意思表示行为，有股东与公司之间关于股东资格认定的争议纠纷，等等。关于本案原告的诉请以及案件性质认定问题，法院认为，一审原告岳某杰的诉请目的实质上是通过否定以自己名字订立的《股份转让协议》的效力而恢复其股东资格，其对股权转让前的股东资格与出资情况并无争议。岳某杰请求“判令确认岳林公司2004年1月15日的股东会议决议、《股份转让协议》无效”，实质上是请求法院基于签名造假而否定股权转让关系的合法性；其请求“判令确认岳某杰享有岳林公司股东资格、持有22%的股权、享有公司监事资格；判令确认芦某岳林公司股东资格、持有22%的股权及公司监事资格无效”，实质上是基于自己与芦某之间的股权转让无法律效力而恢复相关当事人原来的应有权益与地位。因此，岳某杰的诉请应主要包含两个法律关系：一是其与芦某之间的股权转让法律关系；二是其与岳林公司之间关于股东资格的出资法律关系。其中，股权转让关系为主，出资法律关系为辅，股权转让关系得到妥善处理后，可以进一步确定岳某杰与芦某的现有法律地位，人民法院可以就此合并处理，但是，对于公司决议效力纠纷、公司设立纠纷以及股东出资纠纷，本案不应予以审理。综上，一审法院将案由定为公司决议效力确认、股东资格确认纠纷，二审法院将案由定为公司决议效力确认纠纷，均属不当，法院纠正为股权转让纠纷。

至于岳某杰请求判令岳林公司于2004年1月15日作出的股东会议决议无效，该诉请涉及股东对公司股东会决议的无效之诉。根据股东会议决议内容：一是作为其他股东的岳某是否同意岳某杰对外转让股权；二是股东会决定将公司监事由岳某杰变更为芦某。就前者而言，作为出让人的岳某杰无须对自己出让股权的行为表示同意；就后者而言，并未存在内容瑕疵，即不存在违反法律法规的情形。因此，虽然案涉股东会议决议上岳某杰的签名是伪造的，其也未认可经授权或指定人员代签，但这类未能真实表达股东意愿的情形不属于《公司法》第22条第1款规定的决议无效的情形，仅可能涉及决议是否可撤销或不成立的问题，且该决议的效力实质上与本案基础法律关系即股权转让关系并无直接关联性，该决议效力不影响岳某杰与芦某之间的股权转让效力的认定问题，故原审法院不仅就此认定结论错误，其审理范围也有不当，其不应对岳林公司于2004年1月15日作出的股东会议决议的效力作出认定，法院在此予以纠正。

至于岳某、岳林公司在原审以及再审审查阶段主张的关于岳某杰是否有发起设立公司的合意与行为、是否在设立公司时履行了出资义务等问题，实际上涉及岳某杰与岳某、陈某之间关于发起设立公司的共同法律行为关系，该法律关系与本案股权转让法律关系并无直接关联性，岳某可另案诉请解决；上述主张还涉及岳某杰与岳林公司之间关于出资义务的履行问题，该出资法律关系与本案股权转让法律关系也无直接关联性，岳林公司或岳某可另案诉请解决，本案不应对岳某杰的出资义务作实质审查。综上，岳某、芦某、岳林公司主张岳某杰没有发起设立公司的意思与行为、没有履行出资义务，并不能在本案股权转让关系中作为对抗岳某杰相关诉求的合理事由。

第二，二审法院支持岳某杰诉请的判决理由有不当之处。二审法院认为，无论是谁代岳某杰在公司管理的相关文件上签名,如果当时没有岳某杰的授权,就属于无权代理。关于案涉协议及文件的效力问题,法院认为,岳某杰的签名主要涉及两类文件:一是岳某杰与芦某之间的股权转让协议;二是岳某杰签署的各类发起设立公司文件及股东会决议等书面材料。就股权转让协议而言,文本上的签字并非岳某杰本人签署,其也不认可该签名经其授权或指定人员代签,这类情形属于冒名行为,属于冒名人冒充他人直接签署他人名字,这与无权代理行为不完全相同,不应直接适用追认权、催告权、撤销权等规则。冒名行为导致订约时被冒名人一方的意思表示实际上是缺失的、不存在的,即订约时并不存在双方意思表示,故案涉股权转让协议不存在当事人真实合意,该协议不具有法律效力,岳林公司、岳某、芦某据此所办理的相关股权变更手续无法律效力。二审在判决中认定案涉《股份转让协议》无效,并确认岳某杰恢复其股东资格、芦某不具有股东资格,在实体结论上并无不当。至于岳某杰签署的各类公司设立文件及股东会决议而言,虽然文本上的签字并非本人所签,但岳某杰认可其签名为其父亲代签,这一情形既非无权代理,也非冒名行为,而可能是其父亲或亲戚间的赠股行为,或者是岳某杰对"借名"行为的默许或默认,任一情形都是符合常情常理的。法律并不禁止为他人赋予权利,但要否定他人经登记公示取得的权利则需要确实充分的证据支持。在岳某杰的登记股权未依法涂销的状态下,岳林公司或岳某要否定岳某杰作为登记股东的资格,就应当承担举证证明责任,但该问题实质上仍属于涉及公司设立行为的出资法律关系,并非本案所必需查实与审理的范围,故二审法院以无权代理的追认规则主动认可岳某杰的股权被转移之前发起设立行为的效力与参与公司管理的事实,实属不当,法院在此予以纠正。

综上,虽然本案在裁判理由与结论上存有瑕疵,但二审法院确认案涉《股份转让协议》无效、岳某杰享有股权、芦某股东资格无效的实体裁判结果是正确的,本案不必启动再审程序。

(五)陈某诉周某解除乾龙公司股权转让合同案

当事人多次订约的效力判断

广西壮族自治区高级人民法院(2018)桂民申1518号民事裁定书

主要裁判要点

当事人前后多次订约的,并不必然构成完全替代关系。当事人新订立合同与原先订立合同约定不一致的，应视为当事人以新合同变更原合同；当事人新订立合同超出原先订立合同约定内容的，应视为当事人以新合同补充原合同；当事人新订立合同未提及原先订立合同约定内容的，应视为当事人意在维持原合同约定内容。

次要裁判要点

1. 股权转让合同约定双方共同核定股份转让前公司的债权债务的，属于附生效条件的条款。双方当事人未能完成共同核定债权债务的，不属于违约行为，而仅为条件未成就而相关合同义务尚未生效；一方当事人为自己的利益不正当地阻止条件成就的，也不宜直接认定为条件已成就，而应依据违反诚信原则追究该方当事人的违约责任。

2. 支付股权款的义务属于金钱之债，依据《合同法》第 109 条（现为《民法典》第 579 条），金钱之债唯发生迟延给付，而不存在履行不能，故该付款义务仍有继续履行之可能，合同目的并不会因付款迟延而丧失。

案件基本事实

本案当事人陈某与周某于 2013 年 3 月 28 日签订《股份转让合同书》（以下简称《3・28 合同》），约定转让目标公司乾龙公司的股权，该合同实质上是四方合同，另两位合同方是李某与梁某。其中，陈某将其全部股权转让给梁某；李某将其全部股权转让给周某；合同目的在于将乾龙公司仅有的两位出资人由陈某、李某变更为梁某、周某（以下简称案涉四位当事人）。但事后，陈某与周某又于 2013 年 4 月 1 日签订《灵山乾龙公司股权转让合同》（以下简称《4・1 合同》）约定陈某的股权转给周某，同日李某也与梁某订立类似合同，约定李某的股权转给梁某。以上合同订立后，第三人梁某到工商行政管理局申请变更乾龙公司的股权登记及企业法人营业执照，于 2013 年 4 月 11 日取得了以第三人梁某为法定代表人的企业法人营业执照。上述合同签订及变更乾龙公司的股权登记及企业法人营业执照后，乾龙公司由一审被告周某、第三人梁某共同管理经营，但双方均没按约核定股份转让前公司的债权债务。事后被告周某亦未依约支付股权转让金 232 万元给原告梁某。另查明，2014 年 2 月 28 日，因乾龙公司在股权转让前于 2011 年 1 月 25 日、2011 年 2 月 28 日分别向案外人叶某借款 605 万元及相应的款项，乾龙公司无法按时偿还而被叶某于 2014 年 2 月 28 日向仲裁委员会申请仲裁，仲裁委员会裁决乾龙公司向叶某返还欠款 200 万元及利息。后叶某向法院申请强制执行，该院召集叶某、梁某、乾龙公司达成执行和解意见，确认梁某、乾龙公司偿还欠款 530 万元给叶某。之前，周某因与永欣房地产公司商品房预售合同纠纷一案，法院判决永欣房地产公司需退还212万元给周某，后因叶某申请钦州市中级人民法院申请强制执行，该院遂向永欣房地产公司发出履行到期债务通知书，责令其直接向叶某履行债务，并不得向周某本人清偿。永欣房地产公司债务完毕后，钦州市中级人民法院遂发出结案通知书，确认永欣房地产公司将本应向被告周某清偿的212万元清偿给了叶某。再查明，自第三人梁某、乾龙公司于2013年4月变更乾龙公司的股权登记及企业法人营业执照后，原告陈某并没有向被告或第三人催收股权转让款或向有关部门主张过权利。原告陈某仅至2016年8月23日才以其上述的诉讼请求、事实与理由诉至一审法院。陈某向一审法院起诉请求：(1)解除原告和被告于2013年4月1日签订的乾龙公司《股权转让合同》；(2)被告返还因违约而取得的乾龙公司89.23%(出资额232万元)股权给原告；(3)第三人予以协助原告恢复乾龙公司89.23%持股权；(4)被告及第三人赔偿原告经济损失40万元；(5)案件诉讼费用由被告及第三人负担。

本案一审法院以陈某的解除权已过诉讼时效驳回诉请。二审法院对此予以纠正，认为上诉人的解除权未归于消灭，上诉人有权直接诉请法院解除合同，一审以超过诉讼时效期间来处理上诉人的该项权利不当。但二审法院认为，被上诉人周某依法受让涉案股权后，已实际经营、管理乾龙公司达3年之久，并办理了相关股权及法人变更登记。从维护交易安全及公示登记的效力角度，上诉人陈某请求解除《灵山乾龙公司股权转让合同》、恢复股权，不予支持。

裁判理由

本案审理的基础法律关系是股权转让合同关系，故本案的关键问题在于：一是当事人分别于2013年3月28日及2013年4月1日签订的两份合同效力关系如何；二是陈某请求解除合同的主张是否有法律与事实依据。

关于第一个问题，当事人签订《3·28合同》实质上是四方合同。其中，陈某将其全部股权转让给梁某；李某将其全部股权转让给周某；合同目的在于将乾龙公司仅有的两位出资人由陈某、李某变更为梁某、周某。当事人签订的《4·1合同》与另一个同日订立的以李某与梁某为当事人的股权转让合同存在高度关联性，这两个同日订立的合同实质上与《3·28合同》存在主体一致、目标公司一致、合同目的一致、仅转让方与受让方互换的同质关系，该关系可以依据案涉四位当事人于2013年4月1日共同签订的《灵山乾龙公司股东会决议》为佐证。案涉四位当事人前后两次订约，虽然合同的标的物、价款、当事人等合同实质要素一致，但具体在受让对象、履行方式、争议解决仍有不同，故前后两次订约并非构成完全替代关系，一、二审将《4·1 合同》与《3·28 合同》认定为合法有效并可作为定案依据，并无不当。综上，当事人新订立合同与原先订立合同约定不一致的，应视为当事人以新合同变更原合同；当事人新订立合同超出原先订立合同约定内容的，应视为当事人以新合同补充原合同；当事人新订立合同未提及原先订立合同约定内容的，应视为当事人意在维持原合同约定内容。

关于第二个问题，陈某以周某未履行支付股权款义务为由依据《合同法》第 94 条（现为《民法典》第 563 条）主张法定解除权。对此，法院认为，陈某的诉请实质上是主张周某因不履行主要合同义务而构成根本违约。由于陈某自 2013 年订立《4·1 合同》以来从未向周某主张过权利且仅于 2016 年 8 月 23 日始向一审法院提起诉讼，故本案的主要审查对象是一审受理之时周某是否构成根本违约而导致合同目的落空。对此，法院认为，首先，当事人对于股权转让价款一直是确定的，陈某作为出让股权一方已经完全履行包括办理变更登记、移交章证等关于转移股权的主要合同义务，陈某可以随时向周某请求支付股权款以实现其合同目的，故本案不符合《合同法》第 94 条第 1 款第 4 项规定的解除权发生事由。其次，合同仍有继续履行的可能。该合同未履行的一方是股权受让方，其支付股权款的义务属于金钱之债，依据《合同法》第 109 条（现为《民法典》第 579 条），金钱之债唯发生迟延给付，而不存在履行不能。因陈某从未向周某催告，故本案不符合《合同法》第 94 条第 1 款第 3 项规定的解除权发生事由。最后，经一审法院查明，根据钦州市中级人民法院结案通知书，周某以第三人支付的方式向乾龙公司的债权人叶某完成了清偿，支付数额为 212 万元。依据《3·28 合同》与《4·1 合同》中关于股权转让前的公司债务由出让人承担的相关约定，如果合同当事人共同对此次清偿予以确认，则应当对于陈某所应得的股权款 232 万元予以扣减。但事实上，陈某并未在周某代乾龙公司清偿债务时提出异议，也从未催告周某履行全部价款或剩余价款，且在乾龙公司移交经营权并开始由新股东组织经营管理的三年多时间内也无证据证明其曾提出过异议。因此，在陈某未提出充分相反证据的情况下，陈某的沉默或容忍已初步体现出其认可周某代为清偿的事实，也认可该代为清偿与股权转让款相互抵减的事实。综上，陈某主张周某构成根本违约而导致合同目的落空没有法律与事实依据，故陈某诉请行使合同法定解除权也没有法律与事实依据。至于二审法院仅从维护交易安全及公示登记的效力角度，以合同已部分实际履行且一方当事人已享有相关合同权益的事实阻却另一方合同当事人行使法定解除权，无法律依据，法院予以纠正。

此外,至于二审法院认为陈某未依约履行核定股权转让前公司债权债务的义务构成违约行为,法院认为,当事人在《3·28合同》第6条约定的“自本合同签字画押之日起三个工作日内,双方共同核定股份转让前公司的债权债务,并建立清单作为本合同附件”内容,属于附生效条件的条款,当事人未能完成共同核定债权债务的情况,不属于违约行为,而仅为条件未成就而相关合同义务尚未生效,故法院在此对二审法院的认定予以纠正。

(六)张某诉汇能公司股权转让纠纷案

股东会决议特殊情形下可视为股权转让协议

广西壮族自治区高级人民法院(2017)桂民申3132号民事裁定书

裁判要点

股东会决议原则上属于公司全体股东作出的共同意思表示行为,其不能当然视为股东之间的合同。但如果该份股东会决议是由公司仅有的两位股东所作出的,基于不存在第三方股东这一非此即彼的特征,那么关于转让股权的决议可以包含两位股东彼此之间就标的物及价款等股权转让合同成立要素所达成的一致合意,当字面含义也表达出双方愿意接受合同约束的意思时,该股东会决议可视为股东之间就股权转让达成一致合意的书面形式。

案件基本事实

2003年,建设资源县梅溪胡家田水电站时,资源县水电局全体职工集资与汇能公司设立资能公司。职工方占股41%,以张某为登记股东,汇能公司占股59%。同年7月15日,张某出资11万元,2004年11月16日出资275万元,共计出资286万元。电站的建设由汇能公司控制,建设资金不断突破原计划。2008年10月10日,资能公司召开股东会会议,决定:增加投资由汇能公司承担,职工占股降低至30%,汇能公司升至70%;如因政策不允许国家公职工人员集资,汇能公司可按银行同期贷款利率本息购买职工集资部分股份。2012年6月6日,资源县监察局针对县水利局职工参股企业的行为下发文件《关于对县水利局部分国家工作人员参股企业的违规行为予以纠正的决定》,要求参股人员退出各自所持有的企业股份,在企业兼职的一律撤回。从2009年起,张某未再参与资能公司的经营、管理、分红。张某与汇能公司就退股本金及利息问题进行了协商,双方因利息如何计算,协商不清,张某诉至法院。汇能公司抗辩:双方并未订立任何股权转让协议,汇能公司并未获得张某的股权，张某仍是资能公司的股东。

汇能公司申请再审称，张某至今一直作为股东和董事身份参与资能公司的经营活动，张某并未将其资能公司的股权全部转让给汇能公司。根据2008年的股东会决议的字义解释，汇能公司没有赋予该条款承诺购买的意思表示。汇能公司和张某没有达成股权转让的合意，也没有签订《股权转让协议》，汇能公司更没有支付过张某任何股权转让款，资能公司也没有办理过相关股权转让的变更登记。原审法院没有充分证据就认定张某已经将资能公司的股权转让汇能公司，缺乏事实依据。

裁判理由

法院经审查认为，案涉2008年股东会决议决定："如因政策性不允许国家公职人员集资，汇能公司可按银行同期贷款利率本息购买职工集资部分股份。"虽然该份决议属于资能公司全体股东作出的共同意思表示行为，但该份股东会决议是由资能公司仅有的两位股东汇能公司和张某所作出的。基于不存在第三方股东这一非此即彼的特征，因此其决议内容也包含了两位股东彼此之间就交易标的物及价款计算方式等股权转让合同成立要素所达成的一致合意，其字面含义也表达出双方愿意接受合同约束的意思。故该份股东会决议可视为汇能公司与张某就股权转让达成一致合意的书面形式，且以"政策性不允许国家公职工人员集资"作为附生效条件。因此，原审法院认定汇能公司与张某已达成股权转让协议并已由汇能公司实际受让了张某在资能公司的全部股权，并无不妥。

（七）韦某诉张某百纳公司股权转让纠纷案

付清股款不是受让股权的法定生效要件

广西壮族自治区高级人民法院（2019）桂民申1323号民事裁定书

裁判要点

付清股款不是受让股权的法定生效要件，也不是向下一手继续转让的前提条件。股权转让协议作为双务合同，虽然受让人支付股款与出让人履行股转程序之间属于对待给付关系，但并不意味着付清股款是完成股权转移的法定要件，受让人不依约支付股款的，出让人有权请求其付清股款或依法依约解除合同。

案件基本事实

百纳公司成立于2003年，注册资本200万元，股东为张某（出资102万元）、何某(出资40万元)、叶某(出资58万元)。2004年11月经公司股东会决议,何某将所持股份40万元(占股20%)转让给张某,叶某将所持股份58万元中的20万元(占股10%)转让给韦某,并办理了工商变更登记。2004年12月经公司股东会决议,张某将所持股份142万元的中的20万元转让给何某,占10%,20万元转让给陈某,占10%,并办理了工商变更登记。2005年4月经公司股东会决议,陈某将所持股份20万元中的10万元(占股5%)转让给韦某,韦某至此持有股份30万元(占股15%)。2006年8月6日张某将所有股权全部收购,持股100%并办理了工商变更登记。因张某从韦某处收购15%股份,并未支付相应对价。韦某多次催款未果,遂诉至法院。

原审法院认为,韦某虽然继受取得叶某10%、陈某5%的公司股权,但未支付股权对价。韦某属于实际意义上的空股股东,其持有的公司股份未具备股权转让所必需的价值构成,故,韦某要求张某支付出让15%公司股权的对价30万元及利息于法无据,反之,若韦某向叶某、陈某支付受让股权的对价,韦某即有事实和法律依据向张某主张股权转让给付之诉。

裁判理由

法院再审认为,关于韦某是否合法受让取得百纳公司15%股权的问题。本案中,张某已受让了韦某名下持有的百纳公司15%的股权,并办理了相应的工商变更登记。张某以韦某在接受叶某、陈某转让的百纳公司合计15%的股权时未实际出资为由,主张韦某未合法取得该15%的股权,故其亦无须向韦某支付相应的股权转让费,该主张于法无据,不应予支持。首先,叶某、陈某转让给韦某合计15%的股权均经过股东会决议进行确认,百纳公司章程及公司股东(发起人)名录亦明确记载了韦某的股东身份及出资额,百纳公司亦对此进行了相应的工商变更登记。其次,张某于本案再审审理过程中陈述,在叶某、陈某转让上述股权给韦某时,其未主张过优先购买权,亦未有证据证明有其他股东主张过优先购买权,因此韦某受让叶某、陈某所转让的股权符合《公司法》第72条关于有限责任公司股东股权转让的相关规定,其已合法持有百纳公司15%的股权,其股东资格无瑕疵。至于张某认为韦某在受让该15%股权时未支付对价故韦某未合法取得股东资格,但张某未能提供证据证明韦某与叶某、陈某分别签订的《股权转让协议书》存在《合同法》第52条(现为《民法典》第153条)所规定的合同无效的情形,亦不能提供证据证明韦某受让股权时未支付对价违反《公司法》及相关司法解释关于取得股东身份的禁止性规定。且韦某受让股权时是否支付对价属于另一法律关系,并非本案股权转让的前置条件，相应的前手股权转让人可另行向其主张权利，不在本案审理范畴，故张某的该项抗辩无事实和法律依据，不予采纳。基于以上分析，韦某通过受让股权而合法持有百纳公司 15% 的股权份额，其与张某签订的《股权转让协议》合法有效，张某在受让韦某 15% 的股权后，应向韦某支付相应的股权转让价款。原审判决对此认定错误，法院依法予以纠正。

（八）前海公司诉林某明利公司股权转让纠纷案

对赌协议属于股权交易对价的组成部分

广西壮族自治区高级人民法院（2019）桂民申 1647 号民事裁定书

裁判要点

含有“对赌”模式的股权投资交易，其基础法律关系仍为股权转让交易，不宜将对赌协议作为单独的法律关系处理。一般股权转让交易中，股款支付义务与股份给付义务互为对价；但在含有对赌交易模式时，股价所对应的合同对价在订立合同之时暂不确定，该对价可能既包含给付特定股权数额，还可能包含金钱补偿或溢价回购等内容，这需在约定条件成就时方能最终确定。对赌条件作为或有债务存在，属于交易对价的组成部分，属于股份出让方（对赌承诺方）的主合同义务的一部分。

案件基本事实

一审法院认定事实：节节高资管计划的资产管理人为前海公司。2015 年 6 月，前海公司（代前海资管计划）作为甲方与林某作为乙方签订《广西明利仓储股份有限公司业绩承诺与补偿协议》约定：在乙方协调见证下，甲方拟通过全国中小企业股份转让系统受让 600 万股明利公司股票。乙方为明利公司的实际控制人。该协议第1.1条约定，乙方向甲方保证，本次投资完成后，明利公司未来两年的年度保证净利润应至少达到以下指标：2015 年度保证净利润不低于 6000 万元；2016 年度保证净利润不低于 22,000 万元。明利公司在承诺期内年度实际净利润以股转系统平台公布的企业财务年报为准。该协议第 1.2 条约定：若目标公司在 2015 年度和 2016 年度两个年度中的任一会计年度的年度实际净利润未达到前述承诺的年度保证净利润，则乙方将以现金形式给予甲方及时、充分、有效的补偿。补偿方式为，甲方可在明利公司相关年报公布之日起 15 个工作日内向乙方发出书面通知，乙方应在甲方发出书面通知后 15 个工作日内支付补偿金额。补偿金额按照下述标准计算确定，（1）2015 年度补偿金额计算公式为：甲方持有的明利公司股票数量所对应

的初始投资额 ×（1 +20%）－明利公司实际完成净利润 ×30.42 × 持股比例 －公司历年累计向甲方实际支付的股息和红利。(2)2016 年度补偿金额计算公式为：甲方持有的明利公司股票数量所对应的初始投资额 ×（1 +40%）－实际完成净利润 ×8.30 × 持股比例 －公司历年累计向甲方实际支付的股息和红利。该协议第 3.1 条约定，本合同经甲、乙双方正式签字、盖章，且甲方通过全国中小企业股份转让系统完成受让 600 万股目标公司股份后即生效。2015 年 6 月 12 日，前海公司通过全国中小企业股份转让系统以 3000 万元受让广西明利仓储股份有限公司 600 万股股份（后经转增为 1200 万股），持股比例为 1.64%。该公司 2016 年度报告中载明归属于挂牌公司股东的扣除非经常性损益后的净利润为 4,958,733.73 元。2017 年 7 月 7 日，前海公司向林某寄函要求林某按照 3000 万元 ×（1 +40%）－495.87 万元 ×8.3 ×1.64% －0 进行现金补偿，金额为 4132.5 万元，补偿期限为收到该函后 15 个工作日内。前海公司向一审法院诉请林某向前海公司支付 2016 年度业绩补偿款 4132.5 万元。一审法院支持了前海公司的诉请。

林某申请再审称：前海公司 2015 年设立节节高资管计划，该计划投资人之一为川财证券公司，即川财证券公司是节节高资管计划的委托人，前海公司是节节高资管计划的基金管理人。作为管理人，前海公司有权管理和运用资产计划的财产，但除依据《前海节节高 2 号资管计划资产管理合同》收取管理费外，无权获取节节高资管计划的投资收益及其他补偿，即便其有权以自身名义代理资管计划进行诉讼，最后的利益归属仍为资管计划委托人川财证券公司。且由于林某就本案中同一笔投资交易分别与委托人川财证券公司订立了《资产管理计划份额受让承诺》、与受托人前海公司订立《广西明利仓储股份有限公司业绩承诺与补偿协议》，两份协议本质上均为林某对资管计划委托人的担保，委托人川财证券公司只能选择其一。如果本案和另案均发生法律效力，则川财证券公司会获得 4200 万元转让款，前海公司将获得 4132.5 万元补偿款并向川财证券公司分配，即川财证券公司可获得 8332.5 万元，该结果违反现行法律规定或社会常识。

裁判理由

法院在再审审查中查明，前海公司作为节节高资管计划的资产管理人，于 2015 年 6 月 12 日通过全国中小企业股份转让系统受让明利公司 600 万股股份（后经转增为 1200 万股）。明利公司于 2015 年 6 月 15 日在全国中小企业股份转让系统中公告，其股东桂东公司于 6 月 12 日通过全国中小企业股份转让系统以协议转让方式将所持有明利仓储股份 6,434,000 股转让减持。该公告第 5 项“股权转让协议的主要内容”载明不存在签订股权转让协议。

法院认为，本案的争议焦点为本案纠纷的基础法律关系属于何种法律关系以及《广西明利仓储股份有限公司业绩承诺与补偿协议》的法律性质。根据原审查明事实，2015 年 6 月，前海公司代节节高资管计划与林某签订《广西明利仓储股份有限公司业绩承诺与补偿协议》，协议载明在林某协调下，前海公司拟通过全国中小企业股份转让系统受让 600 万股明利公司股票；同时，双方还约定若明利公司未来两年任一会计年度的年度实际净利润未达到林某承诺的指标，则林某将以现金形式给予前海公司相应的补偿；该协议自前海公司受让 600 万明利公司股份后生效。2015 年 6 月 12 日，前海公司通过全国中小企业股份转让系统受让明利公司 600 万股股份，登记股东为节节高资管计划，持股比例为 1.64%。以业绩补偿为“对赌”方式的股权投资交易，其基础法律关系仍应认定为股权转让交易，不宜将业绩补偿协议作为单独的法律关系处理。一般股权转让交易作为基础交易，股份价款与股份数额互为对价。但在对赌交易模式下，合同对价在订立合同之时暂不确定，需在约定条件成就时方能最终确定。因此，补偿方式作为或有债务存在，属于交易对价的组成部分。对赌交易模式之合理性在于其作为股权投资交易对价的一部分，有助于降低股权投资人的投资风险，保障投资人利益，故其中的“赌”有别于赌博的风险不平衡性。

在案涉交易框架中，林某作出业绩补偿承诺是以前海公司代表节节高资管计划购买桂东磷业公司持有的明利公司股份为基础，明利公司实际控制人林某作出的业绩补偿承诺实际是为受让股东的投资利益作保障，该利益保障承诺促成双方的股权投资交易。从交易双方的对价给付内容来看，桂东磷业公司与林某的行为存在一致性，均为换取另一方作出购买明利公司股份的允诺，两者在本质上构成了股权投资交易中的一方。故而，本案的基础法律关系为股权转让关系，实际控制人林某所作出的业绩补偿承诺、桂东磷业公司转让 600 万股股份与前海公司支付 3000 万元形成交易对价，桂东磷业公司与林某共同构成该股权投资交易中前海公司的相对方，两者分别独立地对前海公司负担不同性质的义务，《广西明利仓储股份有限公司业绩承诺与补偿协议》本质是该股权转让关系中卖方义务的组成部分。由此，对林某认为其作出业绩补偿承诺是法律意义上的担保主张，本院不予支持。案涉业绩补偿内容系双方基于真实意思表示订立，内容不存在损害第三方利益的情形，应认定为有效。因明利公司未达到约定业绩额度，补偿条款的履行条件已经成就，原审法院判决林某向前海公司支付 2016 年度业绩补偿款 4132.5 万元并无不当。

对赌协议作为股权投资交易对价的构成部分，对赌中的受益人与基础交易中的股权投资人应为同一主体。前海公司运用节节高资管计划财产并以其自身名义投资购买明利公司股份，是案涉股权交易中的交易一方，在本案的股权转让纠纷中是适格主体。林某所主张的川财公司与前海公司之间存在的法律关系并非本案审理范围，本院不予评判；其主张川财公司是本案纠纷适格主体无事实依据，本院不予支持。

二、损害公司利益责任纠纷

（一）野麦公司诉李某荣、李某损害公司利益纠纷案

责任主体具有特定性与封闭性

广西壮族自治区高级人民法院（2017）桂民申2409号民事裁定书

裁判要点

1. 侵害公司利益的责任主体具有特定性与封闭性。主体范围仅限于董事、监事、经理、副经理、财务负责人、上市公司董事会秘书和公司章程规定的其他人员（以下简称董监高人员），该范围之外的其他民事主体都不能基于主观上的共谋或客观上的一致行动成为该种责任的承担主体。

2. 侵害公司利益责任中侵害方式具有特定性。正是由于负有忠实与勤勉义务的董监高人员拥有超出其他人员的对公司各项事务的决定性管控权，故特定的侵害方式体现为董监高人员实际运用该决定性管控权侵害了公司合法利益。

案件基本事实

野麦公司与“野麦”合伙组织是两个同时存在的民事主体。“野麦”合伙组织成立在先，野麦公司于2010年12月22日成立在后；野麦公司成立后与新亮、新概念、财富等十家网吧订立协议，形成归口统一管理关系，“野麦”合伙组织的网吧为其中的八家，但野麦公司并未兼并上述网吧，“野麦”合伙组织继续存在；野麦公司以李某荣作为出纳，其他财务人员包括担任财务总监的罗某及担任会计的刘某。依据“野麦”合伙组织中各个网吧与谢某之间长期保持的事实经营关系，“野麦”合伙组织中各个网吧每月将营业收入直接转入以谢某为户名的三张案涉银行卡，在每月中旬依据各网吧的预算申请及谢某与罗某的审批，由三张案涉银行卡中的资金统一对各网吧的费用予以支出，并在月末由李某荣将余额划入以李某荣为户名的银行卡中，作为分红或留用储备金。2012年5月底6月初，李某荣将三张收入卡上的剩余款转入自己用于出纳的卡中，后李某荣依李某的指示将该出纳卡交予李

某保存，自己保留密码，该笔资金至今仍存在卡中尚未动用。此后李某荣因休产假将相关账簿交接给继任者，但未将原先用于出纳的银行卡或卡中的资金进行交接，李某亦未交出该卡。

野麦公司在一审诉称，李某荣曾任野麦公司的出纳，李某曾任公司的技术部经理。2012 年 5 月 7 日，李某与李某荣恶意串通，由李某荣利用职务之便，谎称办理公司业务，采取欺骗手段，先后分四次将原告公司流动资金人民币 54 万元转入李某荣个人名下的银行卡账户上，并随即将银行卡交给李某。李某荣、李某恶意串通，侵占野麦公司资金的行为，严重侵害了公司的合法权益，应当依法承担民事侵权责任，并归还侵占的 54 万元公司资金，赔偿该笔资金被侵占期间的利息损失。

裁判理由

本院经审查认为，就原审案由所确定的侵害公司利益责任而言，该责任属于公司内部关系中特定主体违反受信义务而产生的违信责任，与不特定第三人侵害公司财产的一般侵权责任有本质差别。第一，受信法律关系的主体具有特定性与封闭性。《公司法》第 147 条规定了董事、监事、高级管理人员对公司负有忠实义务和勤勉义务；《公司法》第 216 条第 1 款第 1 项规定："本法下列用语的含义：(一)高级管理人员，是指公司的经理、副经理、财务负责人，上市公司董事会秘书和公司章程规定的其他人员。"故受信法律关系的主体范围仅限于董事、监事、经理、副经理、财务负责人、上市公司董事会秘书和公司章程规定的其他人员(以下简称董监高人员)，该范围之外的其他民事主体都不能基于主观上的共谋或客观上的一致行动成为该种责任的承担主体。第二，违信责任中侵害权益的方式具有特定性。受信义务分为两种具体义务，即忠实义务与勤勉义务，前者是督促董监高人员在面对公司利益与自身利益冲突时应以公司最佳利益为准，后者是督促其在执行公司事务、履行自身职责时要尽到管理者通常应有的合理注意义务以免损害公司利益；与此同时，受信法律关系中与受信义务相对应的权利就是董监高人员拥有超出其他人员的对公司各项事务的决定性管控权。因此，特定的侵害方式体现在董监高人员实际运用该决定性管控权侵害了公司合法利益，这也是受信法律关系主体具有特定性与封闭性的根本原因。第三，受信法律关系所保护的利益归属具有特定性，即提起损害公司利益之诉的前提要件是讼争受损利益归属于公司，公司一方应就案涉利益归公司所有的事实承担举证责任。本案中，野麦公司既未提供证据证明李某、李某荣是野麦公司的董监高人员并且行使了决定性管控权，也未提供足够证据证明案涉资金归属于野麦公司所有。因此，野麦公司的诉讼主张不符合侵害公司利益责任的法定构成要件,依法不能成立。

（二）恩迪公司诉苏某损害公司利益纠纷案

股东不当然享有直接管控公司的权利

广西壮族自治区高级人民法院(2018)桂民申831号民事裁定书

主要裁判要点

公司股东权利主要分为共益权和自益权,前者主要表现为参会权、表决权、知情权、质询监督权等,后者主要表现为财产性受益权,故公司股东并不当然拥有直接管理和经营公司的权力和地位。股东利用其管理公司公章、法定代表人印章等职务之便将公司款项转入自己账户并非属于滥用股东权利,该行为的发生并非基于股东身份而是基于其实际作为公司高级管理人员的身份,其不当行为实质上属于公司实际高级管理人员的失职行为或不忠实行为。

次要裁判要点

对于公司以加盖公司公章对外订立合同的,即使所用公司公章是违反程序重刻的,在所盖公章属于公章主管机关依法颁发且未依法撤销的情况下,该公章依然具有表达公司意志的法律效力。

案件基本事实

恩迪公司成立于2010年,公司类型为有限责任公司,注册资本为100万元,股东分别为韦某及被告苏某,其中,韦某出资49万元,苏某出资51万元,两人均为实缴出资。韦某任公司法定代表人,苏某任公司监事。2015年5月13日,苏某在未经韦某同意的情况下将恩迪公司账户中的51万元转账至其个人账户。苏某承认转账时恩迪公司公章及法定代表人韦某的印章均由其保管。苏某还称该51万元是用于支付房租、工人工资及购买三通公司清洗剂等货物的货款。恩迪公司对苏某的陈述均予以否认。恩迪公司的另一股东韦某获知被告苏某的转账行为后,催促苏某将公司公章及51万元返还给恩迪公司。由于苏某未予返还。2015年5月26日,恩迪公司向南宁市公安局申请重新刻章,经南宁市公安局同意,恩迪公司重新刻章六枚,分别为公章、合同专用章、业务专用章、财务专用章、发票专用章及法定代表人印章。2015年9月30日,恩迪公司向苏某发出通知函要求其返还51万元及公司公章、法定代表人印章。苏某一直未予返还,恩迪公司遂向一审法院诉请苏某归还51万元及利息。

苏某申请再审称，恩迪公司法定代表人韦某虚构公章遗失事实、提供虚假材料申请重刻公章的行为违法，该公章无效。原审法院未对该公章效力进行审查，其认定加盖了该公章的民事起诉状系恩迪公司的真实意思表示显然错误。由于恩迪公司的两名股东发生激烈的矛盾冲突，双方丧失合作基础，无法召开股东会，股东会机制失灵，恩迪公司丧失了自身意志，只能被韦某所操控。恩迪公司的经营模式为两股东均有权支配公司资金，以进行公司经营活动。苏某一直参与公司的经营管理，其合法持有公司公章，有权使用公章进行经营管理。恩迪公司法定代表人韦某出国期间，授权苏某进行经营管理。苏某将公司款项转至其个人账户再进行经营的行为无须经韦某的同意。原审法院未对恩迪公司经营模式进行审查就认定苏某将公司款项转入其个人账户的行为侵害了恩迪公司财产权利，显然是错误的。

裁判理由

本院经审查认为，根据再审申请人的申请，本案的争议焦点是：(1)苏某提出的恩迪公司所用公司印章属于违法重刻的主张是否影响恩迪公司向法院提起诉讼的效力？(2)苏某将公司款项转入自己账户的行为是否属于侵害公司财产行为？

关于第一个争议焦点，公司法人意志形成分为内部决策与外部表示，公司股东会或董事会、高级管理人员等可依据法律、章程或决议在内部享有决策权并就某一事项形成法人意愿，之后通过公司法人公章、法定代表人或授权证明等方式完成对外表示行为，并据此发生相应的法人意思表示效力。为保障一般交易安全与交易效率，法人意思表示的相对方原则上无须审查法人意志的内部形成过程，仅负担审查外部表示行为真实性的注意义务。法人表示行为的外观之一是加盖法人公章，由公章主管机关颁发或重刻的法人公章具有合法性与真实性。本案中，恩迪公司向法院起诉属于法人意志的外部表示行为，该行为属于主张和维护自身权益的利己行为，既不属于法定的股东会决议事项，也不属于如提供担保等无偿行为，法院作为该表示行为的相对方，没有义务审查恩迪公司意志内部的形成过程。首先，对于以加盖公司公章作为外部表示行为，苏某主张恩迪公司所用公司公章是违反程序重刻的，本院认为在所盖公章属于公章主管机关依法颁发且未依法撤销的情况下，该公章依然具有法律效力，原审法院不支持苏某的主张并无不当。其次，对于以法定代表人行为作为外部表示行为，本院认为恩迪公司提起本案诉讼时提交的民事起诉状加盖有编号为4501000354210的恩迪公司公章，并有公司法定代表人韦某的签字确认，原审法院认定本案起诉是恩迪公司真实意思表示并无不当。

关于第二个争议焦点，本案案由为损害公司利益纠纷，原审法院在确定本案基础法律关系时,认定苏某滥用股东权利侵害公司财产。但本院认为,公司股东权利主要分为共益权和自益权,前者主要表现为参会权、表决权、知情权、质询监督权等,后者主要表现为财产性受益权,故公司股东并不当然享有直接管理和经营公司的权力和地位。本案中,苏某主张其一直参与公司经营管理,且在持有公司公章的情况下对公司资金自由支取属于恩迪公司的正常经营模式。苏某错误地将其行为视为股东固有权利,原审法院也错误地认为苏某利用其管理公司公章、法定代表人印章等职务之便将公司款项转入自己账户属于滥用股东权利,实际上该行为的发生并非基于股东身份而是基于其实际作为公司高级管理人员的身份,其涉嫌不当行为属于公司实际高级管理人员的失职行为。据此,《公司法》规定公司董监高人员对公司负有忠实义务与勤勉义务,公司董监高人员是法人意志与行为的代表,其应以公司最佳利益为标准。董监高人员不仅要依据法律法规以及公司章程履行职责,《公司法》第148条还规定了董监高人员的禁止性行为。该条第1款第1、2项规定:“董事、高级管理人员不得有下列行为:(一)挪用公司资金;(二)将公司资金以其个人名义或者以其他个人名义开立账户存储。”本案中,苏某将案涉51万元公司款项转入自己账户的行为属于违反法定忠实义务,该事实已初步表明其转账行为具有侵害公司利益的嫌疑,其须进一步举出确实充分的证据来排除这一嫌疑。但苏某仅称该51万元系用于支付公司房租、工人工资及支付向三通公司购货的货款,除其本人自行制作的收据及租金表外,并无其他可采证据予以佐证,故原审法院对苏某的主张不予采信并无不当。虽然原审法院对于苏某行为的定性不够准确,但其判决认定苏某将公司款项转入自己账户构成侵害公司财产并无不当。

(三)六点半公司诉胡某、李某损害公司利益纠纷案

职位交替阶段董监高的忠实勤勉义务

广西壮族自治区高级人民法院(2018)桂民申745号民事裁定书

主要裁判要点

董监高人员应以公司最佳利益为准,其是公司经营管理事务的直接责任人,即使董监高人员处于职位交替阶段,也应相互处理好交接事宜,勤勉维护好公司利益。就新任董监高人员而言,其在被任命之时即负有勤勉职责,应积极与原任进行接洽并主动提请和办理交接事宜,故新任董监高人员负有实现交接行为的积极义务;就原任而言,其在离职时也应维护好原职务中的公司利益,这是忠实义务和勤

勉义务的合理延伸，其应中止积极的经营决策行为，转而以保全现有利益为主要职责，同时协助新任处理善后事宜，负有配合交接、说明及照顾等被动义务。

次要裁判要点

股东会是公司的权力机关，公司的重大事项应当由该机关作出决议，故在法律或公司章程未授权董监高人员就某一公司重大事项自行决策时，董监高人员负有就该事项向股东会及时汇报并获指示的义务。

案件基本事实

2006 年，佟某、莫某、胡某、李某四人共同出资成立六点半公司，胡某被选举为公司执行董事及总经理，佟某为公司监事。2007 年 5 月六点半公司注册登记并领取企业法人营业执照，公司法定代表人为胡某，租用灵川县食品罐头厂厂房及设备生产，李某负责管理产品生产。2007 年 6 月，灵川县食品罐头厂通知六点半公司，因上级部门拟对该厂进行破产清算，根据合同规定，双方解除租赁合同，六点半公司得在三个月内搬离。但 2009 年 1 月，六点半公司与灵川县食品罐头厂签订续租合同。2010 年 9 月，灵川县食品罐头厂再次向六点半公司发出解除租赁合同通知，要求其在接到通知后 30 日内迁出场地。六点半公司在未召开股东会的情况下复函同意解除租赁合同，但同时提出一个月内迁出场地确有困难，要求宽限至 2010 年 12 月 31 日迁出，并得到灵川县食品罐头厂同意。2010 年 12 月 28 日，六点半公司召开 2010 年公司股东大会决议：免去胡某公司执行董事兼总经理职务，同意选举佟某为公司执行董事，聘任佟某为公司总经理，股东莫某、佟某在会议记录上签字。会后，公司以张贴通知的形式在门卫室、办公室、财务室车间报道栏将此决议公之于众，胡某由此不再管理公司，也未将公司公章等移交佟某；佟某也未履行公司执行董事、总经理管理公司的职责，亦未到工商行政管理部门进行法定代表人变更登记。

六点半公司认为胡某、李某身为六点半公司高级管理人员，擅自与灵川县食品罐头厂中止了公司场地的租赁合同，严重损害公司合法权益；胡某、李某不仅拒绝服从公司股东会免职决议，反而利用职务之便控制公司资产拒绝返还，造成公司经营损失，遂向法院起诉请求：(1)胡某、李某连带返还六点半公司财产 196 万元；(2)胡某、李某连带赔偿六点半公司固定资产损失 72 万元；(3)胡某、李某连带赔偿六点半公司停止经营期间损失 32 万元。

裁判理由

本院经审查认为，本案的案由是损害公司利益纠纷，六点半公司在原审中的诉请也是针对胡某(原任法定代表人、执行董事)、李某(原任监事并负责管理生产)作为高级管理人员的身份主张相关责任的。故根据原审情况及六点半公司的再审申请,本案的关键在于两个问题:一是胡某与李某作为六点半公司高级管理人员是否违反忠实义务或勤勉义务?二是胡某、李某是否应连带返还六点半公司财产196万元、固定资产损失72万元以及停止经营损失32万元?

关于第一个问题,公司董监高人员应当遵守法律、行政法规和公司章程,对公司负有忠实义务和勤勉义务。首先,股东会是公司的权力机关,公司的重大事项应当由该机关作出决议,故在法律或公司章程未授权董监高人员就某一公司重大事项自行决策时,董监高人员应就该事项向股东会及时汇报并获指示。本案中,灵川县食品罐头厂作为六点半公司经营场地出租方于2010年9月发出解除租赁合同通知,要求六点半公司在接到通知后30日内迁出场地。如何处理和答复该通知事关公司经营场所的变更以及公司是否能够继续生产经营,该事项属于公司重大事项,法律或公司章程并未授权作为高级管理人员的胡某与李某自行决策处理,故胡某与李某在未就该事项召集或请示股东会的情况下就复函同意解除租赁合同,属于违反其职责范围、未妥善履行其勤勉义务的行为。其次,董监高人员应以公司最佳利益为准,其是公司经营管理事务的直接责任人,即使董监高人员处于职位交替阶段,也应相互间处理好交接事宜,勤勉维护好公司利益。就新任董监高人员而言,其在被任命之时即负有勤勉职责,应积极与原任进行接洽并主动提请和办理交接事宜,故新任董监高人员负有推动交接行为的积极义务;就原任而言,其在离职时也应维护好其原职务中的公司利益,这是忠实义务和勤勉义务的延伸,其应中止积极经营决策行为,转而以保全现有利益为主要职责,并积极协助新任处理善后事宜,其负有配合交接、说明及照顾等消极义务。本案中,六点半公司召开股东会决议免去胡某的高级管理人员职务,同时选举佟某为公司执行董事兼任总经理,此后李某在转让其全部股权后也不再担任公司高级管理人员。在新旧高级管理人员职位交替阶段,双方一直没有办理相关公章、证照、财务资料、资产等移交手续,也没一方主动与原出租人协商并交接相关搬迁事宜,或组织相关人员迁移公司设备。这些交接事宜的主要义务人是新任执行董事兼总经理的佟某,六点半公司主张交接事宜未完成的责任完全在于胡某、李某一方,则六点半公司应就佟某已主动提请交接及胡某、李某不配合、协助交接的情况予以举证证明,但六点半公司并未就此提供充分证据证明。综上,原审法院认定佟某、胡某和李某均未妥善履行公司高级管理人员的相关职责在结论上并无不当。

关于第二个问题，胡某和李某是否应就特定损失承担赔偿责任或就特定财产予以返还，公司一方还应就损失以及损失与失职行为之间的因果关系要件予以举证证明。首先，六点半公司未能举证证明损害事实。其主张的相关财产损失的证据来源于公司部分财产报表，缺乏其他相应财务资料相互印证；停止经营期间损失证据来源于公司部分报表、银行储户流水账和证人证言，也缺乏其他财务资料相互印证；固定资产的具体数量、数额以及去向也未有证据予以证明。其次，六点半公司未能举证证明因果关系要件。其未能提供证据证明其停止生产和经营、生产设备下落不明是胡某、李某未尽配合、协助交接职责或未就解除租赁合同事宜及时向股东会汇报请示所导致。最后，对于佟某、胡某和李某在职务交接阶段的失职行为，六点半公司也未能提供证据证明各自失职行为对于损失的原因力大小。综上，原审法院认为六点半公司所主张的损失以及损失是胡某、李某的失职行为所致没有事实根据并无不当。

（四）赵某诉融昌公司股权转让纠纷案

目标公司向出让股东提供担保可能无效

广西壮族自治区高级人民法院（2019）桂民终522号民事判决书

裁判要点

股东之间进行股权转让交易时，该目标公司向出让股东提供担保的，可能最终导致公司向出让股东支付股款，这实际造成了该股东间接抽逃出资的后果，不当减损公司资本，违反公司资本原则，损害公司及债权人合法权益。该种行为具有一定隐蔽性，极易破坏有限责任公司资信基础，不利于公司组织机制及市场经济的健康发展，可依照《合同法》第52条（现为《民法典》第153条）将该担保条款认定为无效。对于该担保条款无效产生的缔约过失责任问题，在目标公司受股权交易双方实际控制的情况下，该目标公司已经丧失独立意志，无法为公司自身利益考量而履行注意义务，故目标公司对该担保条款无效造成的损失不存在过错，无须承担赔偿责任。

案件基本事实

2018年4月，融昌公司召集股东美越公司（其法定代表人赵某参加）和股东金某参加股东会，以股东会决议的形式通过了美越公司将所持融昌公司的股权转让给金某的事项，并由美越公司与金某共同签署了确认函；同日，美越公司与金某签署《股权转让协议》。该协议约定:甲方美越公司将持有的融昌公司50%股权全部转让给乙方金某,股权转让款总价为1200万元。协议约定了合同款项的支付方式及时间。协议约定了关于支付股权转让款的特别条款:乙方金某取得融昌公司100%股权后,同意融昌公司作为乙方履行本协议义务的连带担保方,并由融昌公司作为保证人在本协议结尾处盖章。此后,金某向赵某支付转让款100万元;5月4日,融昌公司向赵某支付转让款100万元。往后金某未再付款。美越公司已经将其持有的融昌公司50%股权转移登记至金某名下。另查明,《股权转让协议》签署后,美越公司将《股权转让协议》中全部应收股款及权利转让给赵某,并就此通知了金某、融昌公司。赵某向一审法院起诉请求:(1)金某支付股权转让款,融昌公司承担连带责任;(2)金某按照月利率2%支付逾期利息,融昌公司承担连带责任。

一审法院认为,美越公司与金某、融昌公司在2018年4月17日签署的《股权转让协议》,是各方当事人真实意思表示且不违反国家强制性法律规定,为有效合同。美越公司与金某、融昌公司各方亦认为股权转让行为合法有效,故合同各方当事人均应依照该协议约定享受权利、履行义务并承担相应法律责任。本案中,美越公司已经将合同标的即融昌公司50%股权转移登记至金某名下并退出公司管理,履行了合同义务。金某没有按照约定支付第二笔和第三笔股权转让款项。金某、融昌公司逾期未支付剩余转让款的行为构成违约,应当承担支付剩余转让款并支付利息及违约金的责任。当美越公司将案涉股款债权转让给赵某后,即时以书面形式向金某、融昌公司送达了债权转让通知并由金某和融昌公司签字盖章认可,故赵某有权依照案涉《股权转让协议》向金某、融昌公司主张收取尚欠的股权转让款及承担相应违约责任。

裁判理由

二审法院认为,关于融昌公司提供担保的效力问题及应承担责任的范围。公司资本维持原则要求公司在其存续过程中,应维持与其资本额相当的实有财产;公司资本不变原则要求公司的资本一经确定,非依法定程序,不得随意改变。两项原则作为公司资本原则的重要内容,是公司独立的财产责任和股东有限责任机制运行的必要基础,其目的是保护债权人利益,维护交易安全和社会经济稳定。本案中,融昌公司为其股东之间的股权转让交易提供担保,承担担保责任的后果是公司向一方股东支付资金,实际导致股东间接抽逃出资,不当减损公司资本,违反公司资本原则,将损害公司及债权人合法权益;该种行为具有一定的隐蔽性,极易破坏有限责任公司资信基础,不利于公司组织机制及市场经济的健康发展,依照《合同法》第52条(现为《民法典》第153条),该担保条款应认定为无效。对于该担保条款无效产生的缔约过失责任问题,融昌公司的唯一股东、法定代表人金某利用其地位优势代表公司与原股东美越公司签订担保条款为己担保,融昌公司已经无法独立为公司利益考量而履行注意义务,故对该担保条款无效造成的损失不存在过错,无须承担责任。一审法院认定融昌公司承担连带担保责任有误,二审法院予以纠正。

三、隐名出资关系纠纷

(一)东宇公司诉朱某合同纠纷案

隐名出资主要属于当事人之间内部合同关系

广西壮族自治区高级人民法院(2018)桂民申1773号民事裁定书

主要裁判要点

隐名出资合同属于实际出资人与名义出资人的内部法律关系,受合同相对性原则约束,当事人的权利仅为合同权利,不具有对世性,原则上不得对抗合同关系之外的公司、其他股东、债权人等第三人。名义出资人具有股东资格,其在公司中享有股东权益并承担股东义务与责任,其原则上不得以隐名出资关系对抗公司、其他股东及债权人向其主张相关股东义务与责任;实际出资人并非公司股东,其不享有任何公司股东权利,其原则上不得以隐名出资关系向公司直接主张股东权利,其仅有权依据隐名出资合同向名义股东主张合同权利。

次要裁判要点

1. 实际出资人是否实际履行出资义务是隐名出资关系当中合同义务履行问题,其可以佐证合同关系的存在,可以成为实际出资人主张合同权利的前提要件,但不应成为隐名出资合同关系成立的要件。

2. 隐名出资法律关系并不当然包含实际出资人是否有权或如何成为显名股东的内容,实际出资人想要自己成为显名股东,实质上是要形成新的股权转让关系,即由名义股东将其股权转让给实际出资人。若当事人在隐名出资合同中明确约定或默示表明隐名出资关系解除时,名义股东应将股权转给实际出资人,则可视为双方已达成股权转让合意,实际出资人方可请求成为显名股东。

案件基本事实

红木棉公司成立于2004年6月,公司注册资本1000万元,由东宇公司及南方出租车公司筹备发起设立。在红木棉公司成立前，东宇公司的领导班子曾召开会议并于次日签订“关于成立红木棉运输有限责任公司的承诺书”，表达以下内容：一是东宇公司领导班子通过认购出资可以获得新成立公司的股东资格，并独立承担相关公司股东的义务与责任；二是东宇公司领导班子并不实际出资，故不享有股东权益，相应的股东权益应归东宇公司所有；三是东宇公司领导班子在实际支付出资后即可自己享有相关股东权益。红木棉公司成立时，朱某为东宇公司的领导班子，朱某未实际出资，东宇公司委托朱某持有红木棉公司的股份，公司的运营资金在朱某的认缴范围内由东宇公司实际出资。东宇公司一审起诉主张：朱某名下股权的投资权益应当归东宇公司所有，东宇公司有权要求朱某将目标公司股权变更至东宇公司名下。

东宇公司申请再审称，原审法院认定朱某履行了出资义务并具有红木棉公司的股东资格，没有证据证实。东宇公司与朱某之间的代持股权关系客观存在，无论是从资金来源、公司设立原因还是从双方合意来看，都客观体现了双方之间的代持股关系。二审法院以公司内部治理结构不予干预为由不支持东宇公司主张朱某所持红木棉公司 11.5% 的股权及股权权益应当归东宇公司所有是错误的。

裁判理由

经审查认为，本案案由为合同纠纷，当事人讼争的基础法律关系是隐名出资法律关系。隐名出资合同主要内容为公司实际出资人与名义出资人约定以名义出资人为名义股东但由实际出资人出资并享有投资权益、承担投资风险。对于该合同效力的判断以《合同法》第 52 条（现为《民法典》第 153、154 条）规定的情形为依据。该种协议属于实际出资人与名义出资人的内部法律关系，受合同相对性原则约束，当事人的权利仅为合同权利，不具有对世性，不得对抗合同关系之外的公司、其他股东、债权人等第三人。因此，名义出资人实质上具有股东资格，其在公司中享有股东权益并承担股东义务与责任，其不得以隐名出资关系对抗公司、其他股东及债权人向其主张的相关股东义务与责任；实际出资人实质上并非公司股东，其不享有任何公司股东权利，其不得以隐名出资关系向公司直接主张股东权利，其仅有权依据隐名出资合同向名义股东主张合同权利。据此，本案的关键问题在于：一是东宇公司与朱某之间是否存在合法有效的隐名出资合同法律关系（以下简称隐名出资关系）；二是东宇公司能否依据该法律关系主张朱某在红木棉公司所持有股权的投资权益归东宇公司所有并请求将朱某名下 11.5% 的股权变更至东宇公司名下。

对于第一个问题：

第一，合同关系是当事人意思表示一致的产物，表意行为既可以是书面形式也可以是口头形式，既可以是语言表达等明示方式也可以是依特定行为或情形推定的默示方式。本案中，根据东宇公司的领导班子于2004年5月27日召开会议的记录以及28日签订的“关于成立红木棉运输有限责任公司的承诺书”，东宇公司与朱某等班子成员之间的表意、承诺以及相互行为初步表现了隐名出资关系的行为模式与法律特征，且该隐名出资关系自东宇公司领导班子实际支付出资后即消灭。对此，朱某没有提供任何反证证据，公安询问笔录也佐证了案涉隐名出资关系的存在。因此，一、二审法院将全部举证证明责任分配给东宇公司显属不当，其认定双方不存在隐名出资关系，属认定事实不当。

第二，实际出资人是否实际履行出资义务是隐名出资关系当中合同义务履行问题，其可以佐证合同关系的存在，而不应成为合同关系成立的要件。故一审法院以“实际出资人必须实际履行了出资义务”作为判断隐名出资关系存在的法律依据不够准确。至于《公司法解释三》第25条第2款规定的“……实际出资人以其实际履行了出资义务为由向名义股东主张权利的，人民法院应予支持”，该条规定的并非隐名出资关系的成立要件，而是依据隐名出资关系主张权利的前提要件，即实际履行了出资义务，且主张权利也仅限于相关合同权利。

第三，本案主要审理东宇公司与朱某之间的隐名出资关系，不必然牵涉朱某的股东资格认定、履行出资或抽逃出资认定等问题。隐名出资关系的存在并不意味着合同约定的名义股东已经有效取得股东资格，也不意味着名义出资人或实际出资人已实际完成出资义务；反之，合同约定的名义股东是否取得股东资格或是否履行出资并不影响相关隐名出资关系的认定。本案中，二审法院通过确认朱某的股东资格以及出资义务的履行而否定东宇公司依据隐名出资关系主张权利，显属不当，应予以纠正。

对于第二个问题：

东宇公司主张朱某在红木棉公司所持有股权的投资权益归东宇公司所有并请求将朱某名下股权变更至东宇公司名下。该主张的基础是东宇公司与朱某之间的隐名出资关系，但隐名出资关系的存在并不等同于人民法院应当支持东宇公司的主张。

第一，依据《公司法解释三》第24条第2款的规定，东宇公司主张投资权益的前提是其实际履行了出资义务，东宇公司对此负有举证证明责任。其在此所负担的举证证明义务要重于其仅主张隐名出资关系存在的举证证明义务。在前者情形中,实际出资人要充分证明其已实际履行出资义务,方有权请求名义股东支付投资权益;在后者情形中,实际出资人证明其履行出资义务的目的仅在于佐证其与名义股东之间存在隐名出资关系。此外,实际出资人还应就名义出资人已基于其股东资格取得了相关投资权益提供证据证明。因此,东宇公司在本案原审中并未提供充分证据证实其已履行出资义务,且原审法院已查明红木棉公司从未向朱某分红,故原审法院对东宇公司的主张不予支持并无不当。

第二,隐名出资关系的主要内容为以名义出资人为名义股东但由实际出资人出资并依合同享有投资权益、承担投资风险。该种法律关系并不当然包含实际出资人是否有权或如何成为显名股东的内容,实际出资人想要成为显名股东,实质上是要形成新的股权转让关系,即由名义股东将其股权转让给实际出资人。若当事人在隐名出资合同中明确约定隐名出资关系解除时名义股东应将股权转给实际出资人,则可视为双方已达成股权转让合意,在实际出资人并非公司股东的情况下,其他股东半数同意且放弃优先购买权的,实际出资人方有权请求成为显名股东。若当事人在隐名出资合同中没有约定隐名出资关系解除时应如何处理名义股东的股权,双方在解除关系后也未就股权转让达成补充协议的,实际出资人不得仅以其隐名出资关系中的合同权利向名义股东或公司请求变更股权,名义股东仅向实际出资人承担隐名出资合同中的补偿或赔偿责任。本案中,即使朱某在实际支付出资之前可能与东宇公司存在隐名出资关系,但东宇公司与朱某之间并未约定股权转让的内容及条件或其他股权处理方法,也未就此达成任何补充协议,东宇公司仅以隐名出资关系主张将朱某名下的股权变更至东宇公司名下没有法律与事实依据,原审法院对东宇公司的主张不予支持,在实体结论上并无不当。

综上,东宇公司的再审申请不符合《民事诉讼法》第200条规定的情形。

(二)超大公司诉现代公司与公司有关的纠纷案

实际出资人的显名化规则

广西壮族自治区高级人民法院(2018)桂民申833号民事裁定书

裁判要点

隐名出资(代持股)法律关系并不当然包含实际出资人是否有权或如何成为显名股东的内容,实际出资人想要成为显名股东,实质上是要形成新的股权转让关系，当事人可就此进行约定，即由名义股东将其所代持股权转让给实际出资人。股权转让分为对内转让与对外转让，《公司法解释三》第24条第3款关于“实际出资人未经公司其他股东半数以上同意，请求公司变更股东、签发出资证明书、记载于股东名册、记载于公司章程并办理公司登记机关登记的，人民法院不予支持”之规定，实质上属于外部转让规则。若某一股东作为另一股东所持股权的实际出资人，其要自己成为该份股权的显名股东，应适用《公司法》第71条第1款关于股权内部转让规则的规定，即无须适用《公司法解释三》第24条第3款。

案件基本事实

2002年12月26日，运管处、运德公司、超大公司、现代公司作为股东，共同出资成立运宁公司。公司注册资金为500万元，是金桥客运站、西乡塘客运站的建站公司。2004年6月26日，运宁公司修改公司章程，确定了调整后的出资股比为：运管处占30.76%，出资2153.2万元；运德公司、超大公司、现代公司各占23.08%，出资各为1615.6万元。2005年8月3日，运宁公司召开股东会与董事会并形成一份“广西运宁公司第一届第八次股东会暨第十三次董事会纪要”，内容有：运管处转让运宁公司股份，由各股东于9月20日前认购，逾期面向社会转让。8月5日，运宁公司制作出一份股东认购转让股金及建站资金一览表，内容为：运德公司、现代公司、超大公司分别各自认购及认缴的资金为2000万元，现代公司、超大公司均出函确认。2005年9月14日，现代公司作为甲方与超大公司作为乙方签订了《9.14协议》，约定：双方同意以甲方的名义共同出资认购运宁公司股份2000万元，其中甲方出资600万元（占认购股份的30%），乙方出资1400万元（占认购股份的70%），双方以各自的出资额承担该项目的相应责任和享受相应的权利。9月16日、19日，超大公司分两次分别转账100万元、1300万元至现代公司账户并注明款项性质为“投资款”。2007年12月30日，超大公司作为甲方与现代公司作为乙方签订《12.30协议》约定，为了解决运管处退出运宁公司金桥客运站出资后的法人治理结构和甲、乙双方以合作筹资共同认购运宁公司股份时甲方出资1400万元的问题，甲乙双方进行协商并达成如下协议：……在以上工作完成以后，甲乙双方应就各自在运宁公司、金桥客运站和西乡塘客运站的股权的转换问题进行清算，即合作筹资甲方出资的1400万元自动转为甲方名下。

超大公司向一审法院提出诉讼请求：判令现代公司将超大公司出资的，登记在现代公司名下由其代持的运宁公司14.96%的股权（原值1367.772万元）交还给超大公司并协助办理股权工商登记变更。

一审法院支持了超大公司的诉讼请求，但二审法院认为，依据《公司法解释三》第24条第3款关于“实际出资人未经公司其他股东半数以上同意，请求公司变更股东、签发出资证明书、记载于股东名册、记载于公司章程并办理公司登记机关登记的，人民法院不予支持”的规定，该变更行为应获得运宁公司半数以上股东的同意。现作为其他股东的运德公司已明确表示不同意超大公司显名持有运宁公司更多股权。因此，《12.30协议》签订后，超大公司提出的关于显名持有原由现代公司代持的运宁公司部分股权的主张，也缺乏事实和法律依据。

超大公司申请再审称，二审判决适用法律错误。代持股关系的双方当事人均为运宁公司内部的股东，而非外部人员，公司内部股东之间约定的股权转让不违反公司的人合性。且代持股关系的双方当事人所占运宁公司股权份额已合计达76.92%，已超过该公司2/3以上的股权份额。本案不应当适用《公司法解释三》第24条第3款关于实际出资人成为显名股东须经其他股东半数以上同意的规定。

裁判理由

法院经审查认为，隐名出资（代持股）法律关系的主要内容为以名义出资人为名义股东但由实际出资人出资并享有投资权益、承担投资风险。该种法律关系并不当然包含实际出资人是否有权或如何成为显名股东的内容，实际出资人想要成为显名股东，实质上需要形成新的股权转让关系，即由名义股东将其所代持股权转让给实际出资人。因此，超大公司的主张涉及有限公司股权转让规则：一是内部转让规则，依据《公司法》第71条第1款的规定，股东之间可以相互自由转让股权，在公司章程未另规定其他限制性条件的情况下，股东之间转让股权无须其他股东同意，也不受转让数量或转予对象的限制，法律在此不严格维护有限公司的人合属性，即使发生出资比变动或控制权转移，均属于公司内部自治范畴；二是外部转让规则，基于保护有限责任公司股东之间特定的人际关系，《公司法》第71条第2款规定，股东向股东以外的人转让股权，应当经其他股东过半数同意。根据外部转让规则，《公司法解释三》第24条第3款规定：“实际出资人未经公司其他股东半数以上同意，请求公司变更股东、签发出资证明书、记载于股东名册、记载于公司章程并办理公司登记机关登记的，人民法院不予支持。”本案中，超大公司与现代公司在2007年12月30日订立《12.30协议》时均为运宁公司股东，故超大公司作为实际出资人要成为显名股东，应适用《公司法》第71条第1款关于股权内部转让规则的规定，即无须经其他股东运德公司同意。二审法院依据《公司法解释三》第24条第3款规定认为超大公司从隐名享有股权变更为显名持有应获得运宁公司其他股东半数以上同意，属于适用法律错误，应予以纠正。

四、公司增资、减资、抽资纠纷

（一）邓某诉百程通公司增资纠纷案

完成向公司增资须合意加履行

广西壮族自治区高级人民法院（2017）桂民申2626号民事裁定书

裁判要点

公司增资并吸纳新股东时，通常表现为内容上的内、外法律关系和过程上的前、后两个阶段：一是公司与投资人之间的投资入股协议或股权认购协议；二是公司内部依法完成增加资本及吸纳新股东的法定程序。就后一阶段而言，具体包括以下步骤：公司就增资通过代表2/3以上表决权或出席会议所持表决权2/3以上的股东会决议；向新股东出具出资证明书并修改公司股东名册；增加的资本应按照缴纳出资或股款的有关规定进行；依法向公司登记机关办理变更登记，等等。法律并未具体规定完成增资及新股东身份生效的时间点。就公司内部关系而言，单一地看，这些法定程序并非每一个都是增资并吸纳新股东的必备要件，但都是公司股东重要事项的实质变更，应结合这些程序手续的办理情况综合判定公司是否实际认可了该增资行为，使新股东对股权的原始取得自此发生法律效力。

案件基本事实

2015年1月27日，邓某以入股资金的名义向百程通公司支付6万元。同日，百程通公司向邓某出具一份收款收据，载明："今收到邓某交来广西百程通入股资金陆万元。"2015年5月14日，邓某向百程通公司南宁分公司的账户转账6万元，附言："邓某百程通投资款。"同日，百程通公司南宁分公司向邓某出具一份收款收据载明："今收到邓某百程通入股款6万元。"双方未签订书面股权认购协议。邓某出资后，百程通公司未召开股东会议确认邓某的股东身份，亦未向邓某出具出资证明，未将邓某出资及金额载入公司章程，也没有将邓某变更为注册股东。另查明，百程通公司成立于2013年11月19日，注册资本为500万元，法定代表人为莫某，登记股东为莫某、刘某。2016年6月20日，百程通公司注册资本变更登记为3500万元，登记股东仍为莫某、刘某。

邓某向一审法院起诉请求：百程通公司、百程通公司南宁分公司返还入股资金12万元及资金占用费。理由是，百程通公司存在故意隐瞒事实的行为，误导原告投入股金,给原告造成了重大误解,具体表现为:百程通公司收取原告12万元款项后,未与其订立认购协议,也未告知其入股方式与股权比例;原告入股时百程通公司的汽车服务店并未开业;百程通公司收取原告款项后并未到工商部门办理股权变更手续。

裁判理由

法院经审查认为,本案的关键在于如何判断投资人通过公司增加资本的方式完成出资并获得股东资格的时间点。公司增资并吸纳新股东同时表现为内容上的内、外法律关系和过程上的前、后两个阶段:一是公司与投资人之间的投资入股协议或股权认购协议;二是公司内部依法完成增加资本及吸纳新股东的法定程序。就后一阶段而言,根据《公司法》第31、32、43、103、178、179条的规定,公司增资并吸纳新股东的法定程序具体包括以下步骤:公司就增资通过代表2/3以上表决权或出席会议所持表决权2/3以上的股东会决议;向新股东出具出资证明书并修改公司股东名册;增加的资本应按照缴纳出资或股款的有关规定进行;依法向公司登记机关办理变更登记,等等。法律并未具体规定完成增资及新股东身份生效的时间点。由于法人意志的形成源于股东的共同表意行为,原股东各自或相互之间关于增资并吸纳新股东的意思表示尚不足以构成公司的意思表示,各原股东须共同形成一致意思并对外向新股东表示该意思。此后,公司还应履行向新股东出具出资证明、将新股东的出资及金额载入公司章程、将新股东变更为注册股东等法定程序。单一来看,这些法定程序并非每一个都是增资并吸纳新股东的必备要件,但都是公司股东重要事项的实质变更,应结合这些程序手续的办理情况综合判定是否依法完成了增资行为,并使新股东就股权的原始取得自此发生法律效力。

本案中,邓某与百程通公司虽未签订书面股权认购协议,但双方的交易行为表明邓某确实有出资入股的意愿,邓某与百程通公司之间达成了由邓某出资入股的非书面的一致合意。故百程通公司增资及吸纳新股东的外部法律行为存在且合法有效。但外部法律行为成立并不意味着百程通公司依法完成了增资且邓某取得了股东资格。在邓某支付出资后,百程通公司并未召开股东会议形成决议以确认邓某的股东身份,亦未向邓某出具出资证明,未将邓某出资及金额载入公司章程,也没有将邓某变更为注册股东。百程通公司未就增资及确认新股东身份依法完成法定程序,并未完成吸纳邓某成为股东的实质要件,故至此尚未发生邓某原始取得百程通公司股权的法律效力。原审法院在向邓某释明后根据百程通公司在出资协议中的违约行为判决百程通公司返还邓某的投资款及利息并无不妥。

(二)张某诉雄风公司增资纠纷案

仅将特定财产登记在公司名下不构成出资

广西壮族自治区高级人民法院(2018)桂民申1774号民事裁定书

裁判要点

公司增资并吸纳新股东表现为内容和过程上的前后两个阶段:一是公司与投资人订立投资入股协议或股权认购协议;二是公司依法完成增加资本及吸纳新股东的法定程序。仅将特定财产登记在公司名下的行为并不构成履行出资。财产过户登记作为一种事实行为,须与相关意思表示行为相结合才能产生相应的法律效力。

案件基本事实

1998年雄风公司成立,法定代表人邓辉某,注册资本30万元,公司章程载明公司注册资本由股东三人以客车和汽车修理厂为资本共同出资构成,公司章程及工商登记载明股东为邓辉某、邓福某、邓华某。2001年9月雄风公司将注册资本30万元变更为500万元,法定代表人邓辉某,公司章程载明公司注册资本由股东三人以客车和汽车修理厂为资本共同出资构成,公司章程及工商登记载明股东为邓辉某、邓福某、邓华某。2001年1月张某与雄风公司签订《协议书》,约定桂P86226、桂P86248车辆挂靠管理费为每车每月300元,挂靠车辆的一切交通规费由张某自理,如果发生交通事故一切责任由张某自负,张某按时交纳保险费等。张某的10辆车于2001年变更登记在雄风公司名下。张某从未在雄风公司分红。2001年11月11日,雄风公司为道路旅客运输企业经营资质评定委托会计师事务所对公司全部资产及负债进行评估,会计师事务所出具资产评估报告,评估公司净资产约为17,125,553元。张某向一审法院起诉请求:要求确认张某股东资格,并要求雄风公司签发出资证明书并办理相应公司登记。

张某申请再审称,张某是雄风公司的实际出资人,其在公司决定增资后实际向公司给付并过户相关车辆财产,对此有相关验资报告、公司证明及申请运营资质的申请材料予以证明。张某与雄风公司之间不是挂靠关系。公司成立后实际采取承包经营制,故以车辆出资的股东对自己承包车辆的管理不能否认该承包车辆属于公司所有的事实。承包人只是在配合公司经营管理,其对车辆并无真正支配权,车辆完全是公司的财产。

裁判理由

法院经审查认为,本案案由为股东资格确认纠纷,故本案的关键问题在于认定出资人与公司之间存在出资法律关系。本案中,张某主张其具有股东资格的主要依据是通过公司增资扩股方式成为雄风公司股东。对此,应分为两个问题分析:一是张某的行为是否符合向公司增资的要件。二是张某将其车辆登记在雄风公司名下的行为是否构成履行出资。

关于第一个问题。公司增资并吸纳新股东表现为内容和过程上的前后两个阶段:一是公司与投资人订立投资入股协议或股权认购协议;二是公司依法完成增加资本及吸纳新股东的法定程序。本案中,根据当事人在原审提供的证据材料,张某并未与雄风公司订立任何书面或口头等形式的股权认购协议,也未实际在雄风公司中行使股东权利或享受股东利益;雄风公司也从未履行签发出资证明、变更股东名册、变更公司章程等增资程序,或以其他方式表现出吸纳张某为新股东的意思或行为。因此,张某与雄风公司之间的行为与意思表示,均未体现出张某向公司增资或认缴股权的事实特征,反而双方之间还订立了一份具有挂靠经营性质的《协议书》,此后双方之间的行为也基本体现出挂靠经营的法律特征,故原审法院认定张某要求确认其雄风公司的股东资格无事实依据和法律依据,并无不当。

关于第二个问题。本院认为,张某将其车辆登记在雄风公司名下的行为并不构成履行出资。车辆过户登记作为一种事实行为,须与相关意思表示行为相结合才能产生相应的法律效力。客观上,车辆过户登记行为可以基于买卖合同、赠与合同以及挂靠协议等在当事人之间产生买卖法律关系、赠与法律关系、挂靠经营法律关系。本案中,张某主张其与雄风公司之间存在出资法律关系,并证明了其于2001年完成了车辆过户手续,同时雄风公司也正在进行增资扩股,故其提供了证明其主张的初步证据。但雄风公司不认可张某的股东资格,经原审法院查明,双方之间并不存在任何书面或口头等形式的股权认购协议,张某也未实际在雄风公司中行使股东权利或享受股东利益,雄风公司也从未履行签发出资证明、变更股东名册、变更公司章程等增资程序。原审法院还依据查明的证据认定双方之间具有挂靠经营关系。据此,张某的车辆过户登记行为与履行出资并获得股东资格之间并无必然联系。对于上述事实,张某并没未提出充分的相反证据,其应当对自己的主张承担举证不能的不利后果。因此,原审法院不认可张某的车辆过户登记行为就是履行出资行为,并无不当。

此外,关于雄风公司在2001年增资扩股时表明以客车作为出资是否意味着其认可了张某进行车辆过户就是履行出资的问题。法院认为，虽然公司增资扩股在事实上表现为将股东或出资人的财产转移为公司财产，但张某既不是公司原股东也不是与公司订立增资认购协议的出资人，雄风公司将他们所有的车辆财产过户到自己名下，并不会导致相关车辆的原所有人直接取得公司股东资格。此外，二审法院经审查认为雄风公司确认为出资的财产并不必然包含张某的车辆。综上，张某主张雄风公司增资扩股时所作的资产评估对象可能包含其过户给雄风公司的车辆，由此可证明其履行了出资并获得股东资格，对此原审法院不予支持，并无不当。

（三）中汽公司诉李某合同纠纷案

减资后股东之间清算调股协议的性质界定

广西壮族自治区高级人民法院（2019）桂民申 2168 号民事裁定书

裁判要点

1. 股权登记效力属于对抗效力，主要保护善意的公司债权人，其不必然与股权的实际权属或实际股比完全绑定，股东之间关于股比调整或变动的约定，可形成债权债务关系，可在内部生效并约束订约当事人。

2. 减资本身并不违反公司资本管制，法定减资程序已足以照顾公司债权人利益，公司可随时通过法定减资程序完成减资；至于公司或股东的某些决议或行为引起减资效果的，如股权转让交易中约定目标公司负担股款支付义务的，可能属于侵害公司独立财产的行为。

案件基本事实

佳源公司的股东为：黎某，占 45% 股权；中汽公司，占 35% 股权；李某，占 20% 股权。2012 年 2 月 17 日，佳源公司三位股东召开全体股东会，形成并通过股东会决议，内容为：在黎某提出分立公司或退股后，公司的股权变更为李某占 49%、中汽公司占 51%；若黎某以退权形式退出佳源公司，则由李某、中汽公司按相应的受让股份支付权益价款给黎某；佳源公司的章程作相应的修改。2012 年 2 月 28 日，佳源公司再次召开全体股东会，决议内容为：全体股东同意黎某将其持有佳源公司的 45% 股权转让给中汽公司、李某，其中 16% 转让给中汽公司、29% 转让给李某；在签订股权转让合同后，黎某辞去佳源公司董事长职务，公司章程作相应的修改。2012 年 2 月 29 日，李某、中汽公司和黎某签订《股权转让合同》，约定黎某以 880 万元价格转让 16% 给中汽公司、以 1600 万元价格转让 29% 股权给李某；李某、中汽公司在合同签订当日以现金形式一次性支付黎某所转让的股权价款。之后，佳源公司办理了工商登记变更手续。2018 年 5 月，经李某、中汽公司与案外人黎某三方，共同委托会计所对佳源公司 2004 年 3 月 1 日至 2012 年 2 月 29 日的财务状况及股东权益进行审计。审计报告记载："七、佳源公司资产分割及权益处置账务处理……股东中汽公司和李某承接黎某的股份，继续经营佳源公司，黎某退股后结余权益 31,383,422.24元，其中中汽公司享有 19,971,268.70 元（折合 63.64%），李某享有 11,412,153.54 元（折合 36.36%）。双方可按 2012 年 2 月 29 日签订的《股权转让合同》和各方享有的权益，对价确定受让股份后 51% 和 49% 所占股东权益份额，或重新确定股权比例。"同日，黎某作为甲方，中汽公司作为乙方，李某作为丙方，三方共同签订了清算决议书，记载："五、……佳源公司……由乙、丙共同享有，其中中汽公司享有 19,971,268.70 元（折合 63.64%），李某享有 11,412,153.54 元（折合 36.36%）……乙、丙方根据各方享有的股东权益也可以考虑与公司的往来款项，另行商定对价，确定受让股份后 51% 和 49% 所占股东权益份额，或重新确定股权比例""十、本决议书签订后……任何一方不以任何理由对三方股东享有佳源公司 2012 年 2 月 29 日的股东权益和各股东与佳源公司的往来款项提出异议"等内容。

中汽公司向一审法院起诉请求：确认李某所持有佳源公司 49% 股权中的 12.64% 股权归中汽公司所有，李某的股权由 49% 变更为 36.36%，中汽公司股权由 51% 变更为 63.64%。

一审法院认为，三方于 2018 年 5 月 28 日签订的清算决议书，是各方的真实意思表示，内容没有违反法律法规的强制禁止性规定，是合法有效的。虽然佳源公司办理了工商登记变更手续，李某、中汽公司分别取得了佳源公司的 49% 和 51% 股份，但由于审计报告确认了中汽公司占有佳源公司 2012 年 2 月 29 日的 63.64% 股份、李某占有佳源公司 2012 年 2 月 29 日的 36.36%，且清算决议书也确认"中汽公司享有 19,971,268.70 元（折合 63.64%），李某享有 11,412,153.54 元（折合 36.36%）"，因此，各方依法应按照清算决议书的约定，"另行商定对价，确定受让股份后 51% 和 49% 所占股东权益份额，或重新确定股权比例"，由于双方并未能达成相关协议，原告中汽公司起诉要求占有佳源公司的股权由 51% 变更为 63.64% 的诉讼请求，合法有据，应予以支持。

二审法院认为，本案争议的焦点是中汽公司在佳源公司享有的股权应该为多少？关于本案案由的定性问题。从本案查明的事实可知虽然李某、中汽公司和黎某签订了《股权转让合同》，但实际上李某、中汽公司均没有向黎某支付对应股权份额的对价；黎某退出其占佳源公司的45%股份的相应对价是由佳源公司用应收其他公司和黎某的款项来对冲扣减的，且对冲扣减后黎某还应向佳源公司支付15,963,379.77元。故实际不存在黎某的股份转让，而是佳源公司的减资，减资的数额即为黎某的股东权益也就是股份的相应对价25,677,345.47元。本案是因此产生的纠纷，本案案由应确定为公司减资纠纷。关于中汽公司在佳源公司享有的股权问题。李某、中汽公司、佳源公司签订清算决议书系各方当事人的真实意思表示。审计报告与清算决议书显示的关于黎某退出前后的佳源公司的资产情况和各股东之间的份额和享受的权益均一致。对于股权登记与实际股权比例不符的问题，清算决议书在第5条第2款也约定了解决方法，可以在确定对价的基础上按登记的股权确定，也可以按实际股权比例重新确定登记。李某要求享有佳源公司的49%股权，则应按清算决议书的约定，与中汽公司另行商定对价。李某没有支付相应的对价给中汽公司，中汽公司要求确认其在佳源公司所占的实际股权比例有理，故一审法院认定中汽公司占有佳源公司的股权为63.64%正确，二审法院予以支持。

裁判理由

法院经审查认为，首先，清算决议书是黎某、中汽公司、李某基于真实意思表示签订；该决议书第5条内容未违反相关法律、行政法规规定，应认定为合法有效，对双方均有法律约束力。李某主张清算决议书涉嫌股东个人利用佳源公司的资产支付购买黎某股份价款，存在损害公司利益的行为。对此本院认为，李某主张事由属于黎某与李某、中汽公司的股权转让法律关系中的问题，与本案李某与中汽公司的合同纠纷不属于同一法律关系，不属于本案审理范围，故李某所主张事由不影响清算决议书第5条的效力认定。

其次，从文义解释及条文的内部逻辑分析，上述清算决议书第5条第1款确认：李某与中汽公司因工商登记股份比例与股东权益不相符，李某因持有的股份比例高于其实际权益，中汽公司所持股份比例低于其实际权益，双方形成债权债务关系。第2款中双方约定债务履行方式包括：其一，在维持当前登记的股份比例不变的情况下，双方协商对价，由李某向中汽公司支付相应价款；其二，以股东权益折合的股份比例为计算基础，李某返还差额比例股份。双方可以选择其中一种方式予以解决。据此，李某与广汽公司双方形成广义上的债之关系，债务人李某对广汽公司负有给付义务；双方因约定两种选择性给付方式，实际上为选择之债。因双方未约定选择权归属，选择权属于债务人。但根据原审查明事实，在双方发生本案纠纷前及诉讼期间，李某一直未作出选择，故因怠于行使该权利，其已经丧失选择权利益。基于尊重双方意思自治及诚实信用原则,该选择权应转移至债权人。现债权人中汽公司请求确认李某所持有佳源公司49%股权中的12.64%股权归中汽公司所有,中汽公司股权由51%变更为63.64%,李某的股权由49%变更为36.36%;实际是行使选择权请求确认债务人李某的给付内容。原审法院判决从实体结果上支持了该请求,并无不当,法院予以维持。

由于本案基础法律关系是基于清算决议书而产生的债之关系,本质上属于合同之债,又因该合同不属于任何一类有名合同,故本案案由应定为合同纠纷。二审法院以李某、中汽公司和黎某签订的《股权转让合同》为基础法律关系,将本案定性为公司减资纠纷,确有错误,本院予以纠正。虽然原审案由认定不准确,但审理过程及结果未受影响,基于此,本院对原审判决整体上予以维持。

(四)东立公司诉梁某股东出资纠纷案

起诉抽逃出资行为的请求权基础

广西壮族自治区高级人民法院(2019)桂民申2167号民事裁定书

裁判要点

1.《公司法解释三》第12条规定公司与股东均可起诉其他股东的抽逃出资行为,但公司诉请与股东诉请这两者所依据的法律关系与请求权基础是不一样的。一方面,股东完成缴纳的出资属于公司的法人独立财产,股东抽逃出资的行为实际上是对公司独立财产的侵犯,故公司的请求权基础本质上属于侵权损害赔偿之诉;另一方面,股东之间基于共同设立公司的共同法律行为,相互间形成持续的出资法律关系,故股东之间有权互相督促并请求履行出资义务。因此,前一法律关系中,原告主体应当为公司,给付对象为公司;后一法律关系中,原告主体应当为公司股东,但给付对象仍为公司。当公司与股东同时起诉时,应注意准确释明并固定当事人地位与诉请,谨慎决定择一审理还是合并审理。

2."股东出资纠纷"规范的是股东违反出资义务的各种情形,主要包括:虚假出资纠纷、出资不足纠纷、逾期出资纠纷、抽逃出资纠纷。而"追收抽逃出资纠纷"则是指破产管理人在破产程序中对债务人股东抽逃已投入公司的出资予以追收而产生的纠纷。

案件基本事实

2007年东立公司成立,注册资本为100万元,法定代表人为梁某,公司有三位股东：梁某、莫某、王某，认缴出资额分别为34万元、33万元、33万元。同日，三股东分别向东立公司的账户缴款34万元、33万元、33万元。会计师事务所出具验资报告，显示注册资本全部缴存到位。同月21日东立公司将99.99万元汇给潘某。2008年4月18日东立公司召开股东会形成决议，将公司注册资本增加至800万元，其中梁某增加至272万元，王某增加至264万元，莫某增加至264万元。同月22日，梁某、莫某、王某分别向东立公司的账户转款238万元、231万元、231万元。会计师事务所出具验资报告，显示注册资本全部缴存到位。同月23日，东立公司分别向永得服务部、智邦公司、星球服务部、力进经营部的银行账户转款135万元、298.5万元、100万元、100万元。同月24日，东立公司向力进经营部的银行账户转款66.5万元。2008年4月28日，东立公司在梧州市工商局办理增资变更手续，注册资本增加到800万元，股东梁某、莫某、王某的出资额分别为272万元、264万元、264万元。2008年11月14日，王某和党某签订股权转让协议，将其持有的东立公司33%股份转让给党某。2011年5月4日，莫某将其股份转让给第三人潘某、李某，各占15.15%份额。同月20日，东立公司办理了变更股东登记手续。

东立公司、党某、李某作为原告向一审法院提出诉讼请求：梁某向东立公司、党某、李某返还出资款人民币272万元及利息。原审法院将本案案由定为“追收抽逃出资纠纷”。

一审法院认为，对于抽逃出资的认定，应从以下几方面考虑其构成要件：一是行为主体，抽逃出资行为的主体应为公司出资者，即股东；二是主观方面，需要看公司股东主观上有无抽逃出资的故意；三是侵犯的客体，抽逃出资侵犯的是国家对公司的管理制度；四是客观方面，应表现为违反公司法的规定，在公司验资成立后又抽逃出资的行为。本案中，原告主张被告存在抽逃出资行为，依法应当由其举证证明被告梁某存在符合上述构成要件的情形。梁某提供的验资报告以及工商登记资料可以证明股东梁某出资的272万元在验资完成后被实际转出。对于被告是否构成抽逃出资，原告还应当举证证明梁某在主观上具有抽逃出资的故意，实施了抽资行为或者明知存在抽资行为而予以默认。从原告提交的证据来看，东立公司的账户在收到出资款后随即转出99.99万元和700万元，该款项的转账行为发生在东立公司与潘某、永得服务部、智邦公司、星球服务部、力进经营部之间，原告提供的证据并不能证明272万元出资系梁某实施抽逃行为或者明知而予以默认，也不能证明梁某向潘某及永得服务部等单位借资验资，因此原告主张被告存在抽逃出资行为的依据并不充分，该院不予支持。判决：驳回原告的诉讼请求。

二审法院认为,本案的争议焦点是梁某是否存在抽逃出资的行为。《公司法解释三》第21条规定,“当事人之间对是否已履行出资义务发生争议,原告提供对股东履行出资义务产生合理怀疑证据的,被告股东应当就其已履行出资义务承担举证责任”,故上诉人东立公司、党某、李某提供证据证实被上诉人梁某履行出资义务中有以上将验资后的资金转出的行为,足以对梁某是否履行出资义务产生合理怀疑,上诉人已完成举证责任。梁某虽主张其出资款项的转出行为系东立公司正常经营行为,但未能提供相应证据予以证明。按照《公司法解释三》第12条第2款的规定“公司成立后,公司、股东或者公司债权人以相关股东的行为符合下列情形之一且损害公司权益为由,请求认定该股东抽逃出资的,人民法院应予支持:……(二)通过虚构债权债务关系将其出资转出……(四)利用关联交易将出资转出”,在梁某无法证明两次出资后短期内即将出资款转出的行为系基于正常的交易关系、正常合理的对价支付的情况下,应承担相应举证不能的法律后果,其行为符合股东抽逃出资的情形。一审判决认为上诉人应当举证证明被告在主观上具有抽逃出资的故意,属于理解适用法律错误导致错误分配举证责任,二审法院在此予以纠正。判决:梁某应返还东立公司出资款2,719,660元及利息。

裁判理由

本院再审审查认为,本案原审在法律适用与理解上仍存在瑕疵:

第一,原审案由适用错误。“追收抽逃出资纠纷”是指破产管理人在破产程序中对债务人股东抽逃已投入公司的出资予以追收而产生的纠纷。根据公司制度原理,股东作为出资的财产投入公司后,属于公司的法人独立财产,股东抽逃出资的行为实际上是对公司财产权利的侵犯。进入破产程序后,管理人作为债务人财产的管控者,有权代表债务人企业要求股东补足抽逃的出资,并纳入债务人财产的范畴,由债权人根据规定进行分配;行为人拒绝缴纳的,管理人有权代表债务人通过诉讼方式予以追回。本案不涉及破产程序,而仅涉及股东抽逃出资的情况,按原审的思路可以定为三级案由“股东出资纠纷”,该案由规范的是股东违反出资义务的各种情形,主要包括:虚假出资纠纷、出资不足纠纷、逾期出资纠纷、抽逃出资纠纷。

第二,原审未厘清法律关系,可能存在原告主体不适格的问题。一方面,股东完成缴纳的出资属于公司的法人独立财产,股东抽逃出资的行为实际上是对公司独立财产的侵犯,故公司作为独立的民事主体可以诉请该股东返还财产并赔偿损失,这种请求权基础本质上属于侵权损害赔偿之诉;另一方面,股东之间基于共同设立公司的共同法律行为,相互间形成持续的出资法律关系,具有共同出资、共同经营、共担风险、共享收益的权利义务关系，且具体以发起协议或公司章程为关系载体，故股东之间有权互相督促并请求向公司履行出资义务。因此，上述前一法律关系中，原告主体应当为公司自己；在后一法律关系中，原告主体应当为公司股东，但给付对象仍为公司。原审法院在公司与股东同时起诉的情况下未能梳理清楚多个法律关系，未能予以准确释明并固定当事人地位与诉请。

第三，可能存在重要事实未查清的情况。本案涉及的抽逃出资情况，并非仅有原审被告梁某一人所为，实际上东立公司的注册资本金被抽走时，涉及了所有股东名下的所有资本金，作为原告起诉的党某、李某两位股东也是从具有抽逃出资行为的股东手中受让股权，该两位股东在明知前手也有抽逃行为的情况下，仅对东立公司法定代表人梁某起诉，这是否遗漏了抽逃出资行为的当事人，或是否存有不当目的或滥用权利的情形，仍应进一步查清。

五、股东知情权纠纷

（一）邹某诉国祥公司股东知情权纠纷案

行使知情权是否损害公司利益的举证责任分配问题

广西壮族自治区高级人民法院（2018）桂民再76号民事判决书

裁判要点

股东知情权是股东行使其他权利的基础，在法律性质上属于共益权，旨在方便股东了解公司情况，参与股东大会的表决，监督公司的运营。赋予股东知情权的立法目的并非直接满足股东个人利益需要，而是维护和促进公司及全体股东的整体利益。因此，股东知情权应限于一定的权利边界，即以不损害公司合法利益为前提，人民法院应当在双方之间就公司合法利益是否受侵害问题分配举证责任。首先，股东应举证证明自己的股东身份及有权行使知情权。其次，公司一方在拒绝股东行使查阅权时应就公司合法利益是否受损进行举证，其中一种受损情形是股东自营或者为他人经营与公司主营业务有实质性竞争关系，公司一方应当就此提供证据予以证明。最后，当公司一方已初步证明双方经营业务存在实质性竞争关系且公司利益可能受损时，应转由主张知情权的股东承担反证义务，就其不具有不正当目的以及行使查阅权不会损害公司利益进一步举证，以自证清白。

案件基本事实

国祥公司成立于1999年，注册资本为50万元。2010年3月股东会决议记载

"股权转让后,公司股东及出资情况、出资比例为:贾某,15 万元,30%;黄某,18 万元,36%;邹某,17 万元,34%"。同日,国祥公司任黄某为执行董事、法定代表人、总经理,任邹某为监事。同日,国祥公司办理工商变更登记。截至 2016 年 3 月,国祥公司的工商登记显示,股东为黄某、邹某、贾某。2016 年 7 月 26 日,邹某向国祥公司及其法定代表人黄某分别邮寄查阅会计账簿申请函,申请函记载"为能全面了解贵司的真实经营状况、财务状况,维护邹某作为股东的合法权益并有助于敦促贵司健全、规范、完善相关管理制度和措施""一、对下列材料进行查阅:2008 年 1 月 1 日至 2015 年 12 月 31 日的会计账簿。二、对下列材料进行查阅、复制:1. 2008 年 1 月 1 日至 2015 年 12 月 31 日的财务会计报告;2. 2008 年 1 月 1 日至 2015 年 12 月 31 日的股东会会议记录"。寄给国祥公司的快递回单收件人一栏签名为"黄某"。同时,在国祥公司及黄某的 EMS 快递跟踪查询单均显示"2016 年 7 月 28 日投递并签收,签收人:本人收"。2016 年 9 月 2 日,邹某因国祥公司未履行查阅会计账簿申请函中的内容诉至法院。一、二审法院均以国祥公司仅提供该两家公司的电脑咨询单,并未提供其他证据证明邹某的目的具有不正当性为由,支持了邹某的诉请。

国祥公司申请再审称,国祥公司有合理根据认为邹某查阅会计账簿有不正当目的,由于邹某自营的公司与国祥公司主营业务存在实质性竞争关系,这一事实导致其查阅公司账簿将损害国祥公司合法利益,故国祥公司有权拒绝提供查阅。国祥公司目前经营"SKK"涂料,其相关会计账簿与原始记账凭证涉及采购销售信息、价格构成及销售对象信息等重要公司信息、商业秘密。邹某在朗达公司与国富公司担任股东及法定代表人。这两家公司经营范围与国祥公司经营范围相同、相近,且这两家公司也在争夺"SKK"涂料市场。此外,邹某一直参与国祥公司经营及清算工作,并自 2012 年以来与公司其他股东之间存在纠纷,邹某曾抢夺并藏匿公章阻碍公司生产经营。邹某自营两家公司与国祥公司之间存在利害冲突关系和同业竞争事实。

再审法院另查明如下事实:国祥公司股东黄某、贾某、邹某于 2013 年 5 月 24 日召开股东会,决议国祥公司于 2013 年 7 月 1 日开始进行停业清算,清算组成员为黄某、贾某、邹某,清算组长为邹某,负责主持清算以及公司日常工作。朗达公司与国富公司于 2014 年、2015 年、2016 年年底向南宁市国家税务局申报的可反映当年纳税情况的 6 份增值税纳税申报表显示,该申报表盖有税务局业务专用章,当年作为计税依据的各项销售额均为零。朗达公司与国富公司的企业信用信息公示报告中“社保信息”一栏显示，这两家公司于2016年、2017年缴纳各项保险金的职工数量为零。

裁判理由

本院再审认为，根据诉辩双方意见，本案的争议焦点是：国祥公司能否以邹某查阅会计账簿有不正当目的并可能损害公司合法利益为由拒绝提供查阅？

关于该争议焦点，《公司法》第33条第2款规定：“股东可以要求查阅公司会计账簿。股东要求查阅公司会计账簿的，应当向公司提出书面请求，说明目的。公司有合理根据认为股东查阅会计账簿有不正当目的，可能损害公司合法利益的，可以拒绝提供查阅，并应当自股东提出书面请求之日起15日内书面答复股东并说明理由。公司拒绝提供查阅的，股东可以请求人民法院要求公司提供查阅。”该规定涉及维护股东知情权与保护公司商业信息、秘密之间的利益平衡问题，本案当事人的诉辩内容体现了这两个法益之间的冲突。就股东知情权而言，其是股东行使其他权利的基础，在法律性质上属于共益权，旨在方便股东了解公司情况，参与股东大会的表决，监督公司的运营，以便更好地促进公司良好运营以及公司利益最大化的实现。赋予股东知情权的立法目的并非满足股东个人利益需要，而是维护和促进公司及全体股东的整体利益。因此，股东知情权应限于一定的权利边界，即以不损害公司合法利益为前提，这也是前述法益冲突所应当遵循的平衡点。由于当事人实现自己权利的最终途径是司法诉讼，故权利边界以及法益平衡点反映在诉讼程序中，就是在双方之间就公司合法利益是否受侵害问题分配举证责任。

首先，股东应举证证明自己的股东身份及有权行使知情权。本案中，国祥公司于2010年3月召开股东会，同意邹某基于合法继承许某34%的股权而成为公司股东。同日，国祥公司对公司章程进行修正并办理工商变更登记，将股东姓名变更为贾某、黄某、邹某。截至2016年3月工商登记显示，国祥公司的股东再无变更。综上，邹某有权向国祥公司依法主张知情权。至于邹某还具有公司监事和清算组成员等身份，并不影响其对公司主张股东知情权。

其次，公司一方在拒绝股东行使查阅权时应就公司合法利益是否受损进行举证，其中一种受损情形是股东自营或者为他人经营与公司主营业务有实质性竞争关系，公司一方应就此提供证据予以证明。本案中，国祥公司在原审中表明其实际经营的主要业务为“SKK”涂料产品，并提供邹某作为法定代表人的朗达公司与国富公司电脑咨询单，即企业信用信息公示报告，其显示了该两家公司的经营范围。

相比较于国祥公司营业执照上所列经营范围，朗达公司与国富公司在“建筑材料”“电子产品”“五金”“装饰材料”等经营类型上与国祥公司具有相同或相似的情况。虽然这些经营类型之间所具有的字义重叠性或相似性还不足以直接证实双方实际经营活动的具体类型，更不足以直接证明双方之间存在实质性竞争关系，但就企业的一般经营行为而言，在无相反证据的情况下，可推定企业的实际经营业务与其所公示的经营范围基本一致。国祥公司的举证已初步证明双方之间经营业务相同，可能存在实质性竞争关系，邹某的查询行为可能对国祥公司的主营业务造成不良影响，其行为具有不正当目的之嫌。

最后，当公司一方已初步证明双方经营业务存在实质性竞争关系且公司利益可能受损时，应遵循举证责任转移规则，由主张知情权的股东承担反证义务，就其不具有不正当目的以及行使查阅权不会损害公司利益进一步举证，以自证清白。本案中，国祥公司在原审中提供了邹某具有不正当目的的表面证据，其已初步完成己方举证责任，邹某据此应承担反证义务。经过合议庭在再审庭审中释明，邹某在再审中就其行使查阅权的正当目的及其自营公司的经营情况提供了相关证据。法院经审查认为，一方面，邹某于2010年3月合法继承其丈夫许某在国祥公司的股权并成为股东之一，同时在公司任职监事，在国祥公司停业清算后担任清算组长，负责主持清算以及公司日常工作，故邹某作为股东及公司清算组组长，为了全面了解国祥公司真实的经营状况与财务状况而行使股东知情权，并无不正当目的；另一方面，邹某作为法定代表人的朗达公司与国富公司的增值税纳税申报表显示在2014年至2016年度中作为计税依据的各项销售额均为零，加之这两家公司的企业信用信息公示报告中“社保信息”一栏显示其在2016年、2017年度缴纳各项保险金的职工数量为零，以上证据在客观上表明邹某自营的两家公司无正常营业，国祥公司就此未能进一步提供相反证据，也未能提供证据证明邹某自营的公司将要开展与国祥公司相同或同类业务，故国祥公司关于邹某自营公司与其存有同业竞争关系的主张并无事实依据。综上，法院认定邹某行使知情权的查询行为不存在不正当目的，其作为法定代表人的朗达公司、国富公司与国祥公司之间实际上不存在竞争关系，不会对国祥公司的主营业务造成不良影响进而损害国祥公司的合法权益。

（二）刘某诉蓝某等飞龙公司抽逃出资纠纷案

股东无权向其他股东主张知情权

广西壮族自治区高级人民法院(2017)桂民申3163号民事裁定书

裁判要点

1. 股东知情权必须由股东向公司提出书面请求，该权利义务关系的主体为股东与公司，股东无权向其他股东主张知情权。

2.《公司法解释三》第20条关于“当事人之间对是否已履行出资义务发生争议，原告提供对股东履行出资义务产生合理怀疑证据的，被告股东应当就其已履行出资义务承担举证责任”之规定，并非股东主张知情权的依据，也并非股东可以向其他股东单独诉请的请求权基础，而是关于股东出资纠纷中举证责任分配的问题，即公司或其他股东与负有出资义务的股东之间就是否已履行出资义务发生争议的情况下，原告与被告股东应如何承担举证责任的问题。

案件基本事实

2004年3月飞龙公司经批准由全部国有资产产权改制为多元投资主体的有限责任公司，包括刘某、蓝某、覃某、韦某、廖某、劳某在内的32位自然人成为该新成立公司的股东。2004年3月24日，飞龙公司的全体股东经股东会通过公司章程，该章程记载：蓝某出资265.85万元，覃某出资118.61万元，韦某出资116.565万元，廖某出资51.125万元，劳某出资51.125万元。飞龙公司成立后，于2004年4月6日召开董事会第三次会议，并形成决议：“考虑到购买公司股权的全体股东，绝大多数都是向亲朋好友借钱的，经济比较困难……因此同意采取预支股利等方式或同意全体股东在经济困难的情况下可向公司借款，额度为出资额的80%，待公司分红时，在实际分红中多还少补。”该决议落款处由飞龙公司董事会成员即本案的蓝某、覃某、韦某、廖某、劳某签字，并加盖飞龙公司印章予以确认。

刘某以蓝某、覃某、韦某、廖某、劳某“借回”80%出资款实为抽逃出资，且“借回”出资款程序不合法，超越董事会职权，侵害其他股东利益为由诉至一审法院，提出诉讼请求：(1)蓝某等向刘某举出其履行了在公司章程中承诺的出资义务的证据包括：①验资证明、验资存入飞龙公司账号时银行给付的收据；②出资款在飞龙公司账户流转至今的银行记录，以及账簿和资产负债表等关联记载。(2)判令蓝某等承担本案的诉讼费。

裁判理由

本院经审查认为，就刘某主张的诉讼请求而言，涉及股东与公司之间的股东知情权法律关系。股东知情权是指法律赋予股东通过查阅公司文件和账簿等有关公司经营、管理、人事、财务等相关资料，了解公司运营状况的权利。该权利必须由股东向公司提出书面请求，该权利义务关系的主体为股东与公司。本案中，刘某作为飞龙公司的股东，并未向公司而是向同为股东的蓝某等主张知情权，故刘某所主张的股东知情权的义务人指向错误，刘某的请求并无法律依据。

此外，刘某错误地理解了其所引用法条的含义。刘某主张权利的依据是《公司法解释三》第20条的规定："当事人之间对是否已履行出资义务发生争议，原告提供对股东履行出资义务产生合理怀疑证据的，被告股东应当就其已履行出资义务承担举证责任。"该条规定不是关于股东出资纠纷的请求权基础，而是关于股东出资纠纷中举证责任分配的问题，即公司或其他股东与负有出资义务的股东之间就是否已履行出资义务发生争议并主张实体权利义务的情况下，原告与被告股东应如何承担举证责任的问题。因此，刘某并未针对股东出资纠纷中的请求权基础提出诉讼请求，而是单独请求其他股东提供已履行出资义务的相关证据，该请求并无法律依据。

六、股东资格确认纠纷

季某诉艺杰公司股东资格确认纠纷案

出资行为属于一种意思表示行为

广西壮族自治区高级人民法院(2017)桂民申3686号民事裁定书

裁判要点

公司出资法律关系的确立意味着股东与公司之间的权利义务得以确定，出资人可就此取得公司股东资格。出资行为本质上是一种表意行为，而不仅仅是一种客观动作，出资法律关系的确立需出资人自己以意思表示的方式完成，主要方式有三种：一是发起人之间以发起协议为基础认缴股权并设立公司；二是投资人以投资协议为基础向公司增资；三是股权受让人通过股权转让协议取得新股东资格。当事人自己或其代理人从未作出过这类意思表示的，即使其财产已转移纳入公司资产，人民法院也可不予确认其股东资格。

案件基本事实

季某与章某、陈某在2001年9月至2004年4月合伙经营柳北艺杰连锁家电、柳州艺杰家电经营部。艺杰公司于2004年3月1日成立，工商部门登记的发起人为章某、陈某，出资情况为章某、陈某各以现金25万元出资。目前艺杰公司的股东为陈某、唐某。季某向一审法院提出诉讼请求：确认季某是对艺杰公司持有50%股权的股东。理由为：章某、陈某用于设立艺杰公司的出资系由章某、陈某、季某合伙经营柳州艺杰家电经营部的经营所得，章某、陈某对合伙期间经营利润未予以结算和分配。

季某申请再审称，章某、陈某利用对柳州艺杰家电经营部、柳北艺杰连锁家电进行日常经营管理的职务便利，以季某与章某、陈某合伙经营柳州艺杰家电经营部、柳北艺杰连锁家电的全部资产为基础，未经季某同意和知晓，成立了艺杰公司。据此，章某、陈某存有侵占合伙财产的主观故意。现柳州艺杰家电经营部、柳北艺杰连锁家电的全部资产已经纳入了艺杰公司，故应按照原合伙人的身份和合伙出资比例来确认季某的股东身份和持股比例。章某、陈某作为对合伙经营体的日常经营管理人，负有证明艺杰公司成立时合伙经营体的全部资产情况的举证责任，原审法院未责令章某、陈某举证，致使本案的事实未能查清以及适用法律错误。

裁判理由

法院经审查认为，本案涉及两项法律关系：一是章某、陈某与艺杰公司之间的公司出资法律关系；二是季某与章某、陈某之间的合伙经营法律关系。就前者而言，公司出资法律关系的确立意味着股东与公司之间的权利义务得以确定，出资人可就此取得公司股东资格。该种关系的确立需出资人以意思表示的方式完成，主要方式有三种：一是发起人之间以发起协议为基础认缴股权并设立公司；二是投资人以投资协议为基础向公司增资；三是股权受让人通过股权转让协议取得新股东资格。本案中，季某对艺杰公司的设立并不知晓，既未通过参与艺杰公司的发起设立成为股东，又未通过向艺杰公司增资的方式成为公司新股东，也未通过与艺杰公司的股东以股权转让的方式持有艺杰公司的股权，故季某未取得艺杰公司股东资格。至于季某与章某、陈某之间的法律关系，根据季某的再审请求及理由，涉及章某、陈某是否对合伙期间经营利润予以依法结算和分配，是否存有侵占其与季某合伙财产的主观故意或侵害行为，是否将柳州艺杰家电经营部的合伙经营所得用于出资设立艺杰公司等问题。但这些问题仅属于合伙经营法律关系的范畴，季某可以据此向章某、陈某主张相关权利。季某不属于公司出资法律关系中的权利义务主体，其诉请确认股东资格没有事实和法律依据。原审法院不支持季某的主张并无不妥。

七、公司决议撤销纠纷

彭某等诉聚百惠公司撤销决议纠纷案

可否在微信群里通知召集股东会

广西壮族自治区高级人民法院(2018)桂民申2399号民事裁定书

主要裁判要点

1. 法律关于股东会召集程序、表决方式的形式要求可以在特定情况下有所缓和。但人民法院在判断是否属于“对决议未产生实质影响的轻微瑕疵”时，应注意两个问题：一是全体股东或符合人数要求的股东是否实际就决议内容明确表达了意见；二是对于案涉决议对公司利益或股东权益产生重大变动的，应持更为慎重的态度。

2. 关于当事人提供的微信群聊天记录是否能够作为认定相关案件事实的依据的问题。依据《民事诉讼法》第63条、《民事诉讼法解释》第116条第2款的规定，微信群聊天记录属于“电子数据”，是存储在电子介质中的信息，属于人民法院可据以认定案件事实的证据种类之一。

次要裁判要点

公司章程关于股东会召集程序、表决方式的规定在程序上比《公司法》更严格的，符合公司法立法精神，应认定为合法有效。

案件基本事实

聚百惠公司于2016年5月成立，注册资本200万元，由10位自然人出资设立。公司章程规定：股东会由股东按照出资比例行使表决权，股东会会议分为定期会议和临时会议，并应当于会议召开15日以前通知全体股东。定期会议应每半年召开1次，临时会议由代表1/4以上表决权的股东或者监事提议方召开。股东会会议由执行董事召集和主持，股东会议应对所议事项作出决议，决议应由全体股东表决通过，股东会应当对所议事项的决定作出会议记录，出席会议的股东应当在会议记录上签名。聚百惠公司于2016年5月6日的股东会决议选任方某为公司执行董事，潘某为法定代表人兼任经理。

2017年2月17日，聚百惠公司的股东会决议授权潘某全权负责转让谈判，所谈条件都无条件接受。2017 年 4 月 11 日晚上，由公司执行董事方某在聚百惠公司微信工作群发出召开股东会议的通知，2017 年 4 月 12 日，聚百惠公司召开股东会，出席股东有彭某等 8 名股东，缺席股东黄某、游某，股东会形成聚百惠公司股东会决议：聚百惠公司整体转让，含公司的设备、设施；同意法律顾问所有拟订的“关于聚百惠公司产权转让进价的方案”。2017 年 4 月 19 日凌晨，公司执行董事方某在聚百惠公司微信工作群发出召开会议的通知，2017 年 4 月 19 日作出《聚百惠公司股东大会决议》，内容为根据聚百惠公司转让竞拍结果，内部股东李某已合法取得竞拍标的，但由于公司账上现款返还公司借股东的融资款，致使公司欠供应商货款、租房、员工工资等费用大约 70 万元，经到会股东开会决议，每位股东按照公司总股数（14 股），按 70 万元平均到每股为 5 万元，按每位股东的占股比例在 2017 年 4 月 22 日前向公司财务交足款项金额。后原告彭某、黄某、游某认为被告公司决议不合法损害其利益，遂起诉至一审法院。一审法院认为，股东会议的通知是股东参加并行使干预权的前提，成功通知股东参会始终是股东会召开的关键。本案中，由于聚百惠公司股东会程序违反公司章程，为此原告在股东会议作出的 60 天内请求撤销决议于法有据，应予以支持。

聚百惠公司申请再审称，原审法院认定案涉两次股东会均为前一天夜晚在股东微信工作群予以通知是错误的。实际上，在 3 月底 4 月初，全体股东已通过公司股东之间的微信群知悉了案涉两次股东会的召开时间，且对于仅提前一天的会议通知也已由全体股东在微信群中回复收到，故两次股东会的召开时间都得到了股东一致同意，并未侵害股东权益。至于聚百惠公司章程中关于“决议应当由全体股东表决通过”的规定，缺席两次股东会的黄某、游某也已在股东微信群中对决议内容予以追认。因此，经全体股东同意后召开的 2017 年 4 月 12 日和 19 日股东会所作出的决议符合全体股东利益，且两次决议无论从程序还是实体内容上均是合法的。

裁判理由

法院认为，本案的关键在于：聚百惠公司分别于 2017 年 4 月 12 日、4 月 19 日作出的聚百惠公司股东会决议（以下简称 4.12 决议、4.19 决议）是否存在程序瑕疵，以至于本案一审原告有权依据《公司法》第 22 条请求法院撤销该两份决议。

首先，股东通过参加股东会可实现其参会权、表决权、提案权、质询权等股东权利，但该类股东权利在性质上属于共益权，其目的并非满足股东个人利益，而是为公司这一拟制人格生成法人意志而服务，具体方式是通过多数决规则将各个股东个人意志上升为集体意志，故法律要求法人意志的形成过程应具备一定形式要件或法定程序，以保证公司法人意志与股东个人意志相区分，从而实现公司独立人格。据此，股东会的召集程序、表决方式在形式上的法定性要比一般民商事合同的形式要件更为严格。本案中，聚百惠公司的公司章程关于股东会召集程序、表决方式的规定基本与《公司法》的相关规定保持一致，个别条款在程序上比《公司法》更严格，对此法院认为，符合上述公司法立法精神，应认定为合法有效。本案涉及的程序瑕疵主要有两处：第一，在召集程序上，公司执行董事方某通知召集2017年4月12日和2017年4月19日两次股东会议的时间均为会议前一天夜晚，该通知召集程序违反了《公司法》第41条及聚百惠公司章程关于“会议召开15日前通知全体股东”的召集程序规定。第二，在表决程序上，聚百惠公司章程第14条规定“决议应当由全体股东表决通过”，该条并非要求股东会决议须全体股东同意方才通过，而是强调股东会决议应由全体股东参与表决，再依据多数决予以通过。聚百惠公司股东会在通过4.12决议与4.19决议时，股东黄某、游某因缺席并未参与表决，且无证据表明黄某、游某弃权，故4.12决议、4.19决议违反了该公司章程规定的表决程序。

其次，法律关于股东会召集程序、表决方式的规定，目的在于维护和促进公司及全体股东的整体利益，故召集程序、表决方式的形式要求可以在特定情况下有所缓和。《公司法解释四》第4条规定：“股东请求撤销股东会或者股东大会、董事会决议，符合公司法第二十二条第二款规定的，人民法院应当予以支持，但会议召集程序或者表决方式仅有轻微瑕疵，且对决议未产生实质影响的，人民法院不予支持。”据此，对于本案涉及的两处程序瑕疵，还应进一步判断是否仅为轻微瑕疵，且对决议未产生实质影响。本案中，当事人通过手机通信软件微信群的方式进行会议通知，虽然不是正式的书面通知并附有相关议案的书面材料，但聚百惠股东之间以实名制的方式在通信平台上予以交流、报告、通知已为既成事实，这一通知方式符合当事人之间的信息交流习惯，且相关事项也已经在微信群中讨论已久，故法院认定这一会议通知的方式合法有效。但案涉股东会决议仍存在以下问题：第一，聚百惠公司主张在3月底4月初就已经通过公司股东之间的微信群完成了会议通知，且全体股东均在微信群中回复收到，两次股东会的召开时间都得到了股东一致同意，故股东会的召开合法有效且未侵害股东权益。但根据聚百惠公司在原审提交的微信群留言记录，主要体现的是股东之间对公司转让问题进行商议，并未体现已经提前多日完成会议通知的内容。至于在两次股东会前一天才发出的会议通知，也仅是部分股东留言收到，且两次股东会都存在未回复收到的股东未参会的情况。第二，关于聚百惠公司章程中关于"决议应当由全体股东表决通过"的规定，聚百惠公司主张缺席两次股东会的黄某、游某已在股东微信群中对决议内容予以追认，但根据微信群留言记录，黄某、游某的留言并未表明其对4.12决议、4.19决议予以追认。第三，两次股东会涉及聚百惠公司整体转让，含公司的全部设备、设施，决议结果可能导致公司股权结构重大变化或公司合并、解散等情形，就此可能符合《公司法》第43条第2款关于绝对多数决方式的规定。本案中，向法院请求撤销案涉决议的股东为黄某、游某、彭某，三个股东的股权比例达到35.74%，已超过全部股权的1/3，该案涉决议的撤销可能导致相关决议内容无法再次通过，鉴于4.12决议、4.19决议可能对股东权益产生重大影响，本院认为案涉程序瑕疵对决议具有实质性影响。综上，本案不符合关于"但会议召集程序或者表决方式仅有轻微瑕疵，且对决议未产生实质影响"的但书规定。

至于本案原审依据当事人提供的微信群聊天记录认定相关案件事实是否合法的问题，依据《民事诉讼法》第63条、《民事诉讼法解释》第116条第2款的规定，微信群聊天记录属于"电子数据"，是存储在电子介质中的信息，属于人民法院可据以认定案件事实的证据种类之一。本案中，相关聊天记录的发信人均以实名显示，相关当事人也未就聊天记录的真实性提出异议。因此，原审法院依据当事人提供的微信群聊天记录认定相关案件事实并无不当。

综上，聚百惠公司的再审申请不符合《民事诉讼法》第200条规定的情形。

八、公司解散纠纷

强远公司诉朝华公司解散纠纷案

股东会僵局不必然等于公司僵局

广西壮族自治区高级人民法院(2019)桂民申1271号民事裁定书

裁判要点

在股东请求法院强制解散公司的案件中，"公司经营管理发生严重困难"实质上是指公司机关无法作出法人意志，从而导致公司无法正常运营。公司长期不召开或无法召开股东会不必然意味着公司经营管理发生严重困难，只要公司董事会或经理层能够正常作出意思表示或内部管理决议，公司实际上也可正常地运营；股东因与其他股东分歧而被排斥参与公司日常管理的，也不必然意味着公司经营管理发生严重困难，股东的股权并不当然包含管控公司的权能，某些股东无法参与日常管理的情况属于股东之间的自治范畴，如果涉及侵害股东权利，如参会权、表决权、知情权等，则另有法律救济制度或异议股东退出机制，但股东无权直接请求解散公司。

案件基本事实

朝华公司于2010年6月成立，注册资本50万元，企业类型为有限责任公司，登记股东为罗某、庞某、庞某云，分别占股49%、26%、25%，庞某云担任公司法定代表人。朝华公司章程约定公司营业期限为10年。2014年5月26日，罗某将其持有的朝华公司49%的股权转让给强远公司。但股转交易后，强远公司便与其他股东开始产生矛盾及冲突。朝华公司长期不召开定期股东会，而强远公司自己也无法获得股东会多数决，其还因与庞某、庞某云的矛盾无法参与公司的经营管理活动。强远公司遂以公司股东之间矛盾尖锐，内部机制无法正常运行、公司经营陷入僵局为由，请求人民法院强制解散公司。

本案原审法院认为，本案的争议焦点是：朝华公司应否予以解散？公司解散的条件为，经营管理发生严重困难，继续存续会使股东利益受到重大损失，通过其他途径不能解决的。本案的朝华公司已符合法定解散的条件。理由如下：朝华公司章程第14条规定：股东会会议作出修改公司章程、增加或者减少注册资本的决议，以及公司合并、分立、解散，或者变更公司形式的决议，必须经代表2/3以上表决权的股东通过。朝华公司的股东持股比例为强远公司持股49%，庞某云持股25%，庞某持股26%。根据朝华公司章程所规定的表决机制，只要强远公司与庞某云、庞某的意见存在分歧，互不配合，就无法达到代表2/3以上表决权的股东通过，也就无法通过股东会决议的方式管理公司，股东会机制就会失灵。强远公司是通过受让原股东罗某的股份成为朝华公司的股东，因庞某云、庞某不认可强远公司的股东资格，强远公司通过诉讼并申请强制执行才将强远公司登记为朝华公司的股东。故朝华公司股东庞某云、庞某与强远公司长期存在矛盾及冲突，以致朝华公司在2014年7月25日召开定期股东会议后至今未再召开过定期股东会议。且朝华公司没有设立董事会，只有1位董事，股东变更后也没有重新选举董事，故强远公司虽为朝华公司股东，但其因与庞某云、庞某的矛盾无法参与公司的经营管理活动。以上事实证明，朝华公司股东之间因矛盾尖锐，内部机制已无法正常运行、无法对公司的经营作出决策，公司的经营管理已发生严重困难。法院审理过程中，要求双方协商处理本案纠纷，通过股权转让、减资等方式让公司继续存续，打破公司僵局，避免公司解散，但因双方当事人原因无法有效进行。故朝华公司的僵局无法通过其他途径解决。公司继续存续对公司及股东的利益都构成严重损害，股东强远公司提起解散公司的请求符合法律规定的公司解散条件，予以支持。

朝华公司申请再审称，朝华公司股东之间的矛盾尚未达到导致公司无法经营的程度。朝华公司原股东庞某云、庞某、罗某虽然就公司经营出现不同意见，但分别在2014年6月、2014年7月、2014年12月召开了股东会，并作出公司股东会决议，这说明朝华公司仍然在正常经营，公司股东会仍然正常召开。2015年8月被申请人强远公司成为朝华公司的股东后，朝华公司也分别于2017年、2018年召开过股东会。朝华公司是以经营竞拍所得债权作为主营业务的，朝华公司通过向债务人催收的方式来获得经营利润。催收方式包括诉讼方式，这往往需要很长时间，而在等待诉讼过程中，公司没有其他经营业务。因此，是否必须定期召开股东会，股东可以根据公司情况来决定，召开股东会不是唯一的、必需的经营管理方式。强远公司如果认为朝华公司的法定代表人怠于召开股东会，其有权提出召开股东会，而不是请求解散公司。从强远公司成为朝华公司的股东以来，强远公司从来没有提出召开临时股东会，也没有向朝华公司的法定代表人、其他股东发出召开临时股东会的会议通知，也没有提出明确的会议议题、需要讨论决定的事项。据此，不应认定公司内部机制已经无法正常运行。不能仅因为股东之间存在意见分歧，就认定公司无法正常经营。

裁判理由

法院认为，朝华公司目前并未符合法定解散条件，理由在于：第一，“公司经营管理发生严重困难”实质上是指公司机关无法作出法人意志，从而导致公司无法正常运营，股东利益也因此严重受损，公司失去了以营利为目的的存续价值，这是股东请求公司解散的正当性基础。本案中，即使作为股东之一的强远公司与另两位股东之间存在分歧隔阂，但另两位股东的股权份额合计达到51%，且分别任法定代表人、执行董事、监事，故公司完全能够正常作出意思表示或内部管理决议，公司实际上也在正常地运营当中。股东的股权并不当然包含管控公司的权能，若因股东之间出现分歧而排斥某些股东参与日常管理，这属于股东之间的自治范畴，如果涉及侵害股东权利，例如参会权、表决权、知情权等，则另有法律救济制度，但股东无权直接请求解散公司。第二，从现有证据来看，申请解散的股东强远公司也并未举证证明其曾经召集过定期或临时股东会，且因其他股东分歧而未能召开或无法作出相关决议。公司长期未开股东会可能是公司经营管理发生严重困难的表象，但并不能直接以长期未开股东会作为主要判断标准，每个公司自有其内部治理惯例，法官不能作过多的商事经营判断。第三，本案中请求解散公司的股东并未穷尽其他救济途径。如果公司股东会应当对重大事项予以表决，且应以 2/3 的股权份额通过，则异议股东可以请求公司按照合理价格收购其股权，由此也可能解决两派股东之间的分歧状况。

九、请求变更公司登记纠纷

股东诉宁明加德公司变更登记纠纷案

公司内部管理事项不得诉请法院强制执行

广西壮族自治区高级人民法院(2018)桂民申 1888 号民事裁定书

裁判要点

1."请求变更公司登记纠纷"的案由是指股东对于公司登记中关于股东自己的记载事项请求予以变更而产生的纠纷。股东的请求权基础主要来自《公司法》第 32 条第 3 款规定:"公司应当将股东的姓名或者名称向公司登记机关登记;登记事项发生变更的,应当办理变更登记。未经登记或者变更登记的,不得对抗第三人。"至于股东向诉请法院要求公司办理有关公司事务的变更登记和备案手续,则不具有请求权基础。

2.股东会对于公司经营管理事项作出的决议不得直接诉请人民法院予以执行。公司股东会是公司最高权力机关,其有能力实现其自身事务的计划与安排,仅当相关公司财产、章证、账册、文件等被不当侵占时,公司或股东可以凭借侵权之诉要求返还与赔偿,或在负有实施股东会决议职责的董监高人员违反忠实勤勉义务且对公司造成损害的情况下,公司或股东可以诉请相关主体承担损害赔偿责任。

案件基本事实

宁明加德公司成立于 2013 年 12 月 26 日，由股东广东加德公司、赵某、潘某出资 100 万元成立，现登记的法定代表人为叶某。宁明加德公司章程规定："股东会是公司的权力机构，公司法定代表人由股东会选举产生。"2017 年 6 月 20 日，宁明加德公司召开股东会议，以一致通过方式作出决议：免去叶某公司法定代表人兼总经理一职，任命赵某担任公司法定代表人兼总经理一职。但在申请依法变更登记和备案时，叶某与宁明加德公司拒不配合，拒绝提供营业执照等相关证明材料，并拒绝在申请变更登记材料上签字盖章确认，致使宁明加德公司法定代表人变更登记至今未完成，原告股东广东加德公司、赵某、潘某遂诉至法院：(1)确认原告 2017 年 6 月 20 日作出的关于任命和免去宁明加德公司法定代表人的股东会决议、法定代表人任职证明和法定代表人免职证明合法有效；(2)判令被告宁明加德公司和叶某于判决生效后10日内办理法定代表人变更登记和备案手续，将宁明加德公司的法定代表人和总经理变更为赵某。一、二审法院均认为，原告要求被告宁明加德公司办理法定代表人变更登记，合法有据，遂判决予以支持。

裁判理由

关于宁明加德公司的股东是否有权以提起诉讼的方式请求公司变更关于法定代表人的登记事项。本案的诉由是"请求变更公司登记纠纷"，即股东对于公司登记中关于股东自己的记载事项请求予以变更而产生的纠纷。股东的请求权基础主要来自《公司法》第32条第3款规定："公司应当将股东的姓名或者名称向公司登记机关登记；登记事项发生变更的，应当办理变更登记。未经登记或者变更登记的，不得对抗第三人。"其中的原理在于：股东的股权在权能上并不具有直接支配与管控公司的地位，其不得就公司的经营管理行为直接向法院诉请予以强制执行，其只能就与自己股权行使相关的事项诉请法院支持。因此，只有当股东转让股权或者发生其他应当变更股东的姓名或名称及其出资额时，股东才有权诉请公司向登记机关申请变更登记。本案中，宁明加德公司股东会是该公司最高权力机关，其有能力实现其自身事务的计划与安排，且作出决议之时即可生效，新任法定代表人及总经理已发生实际变更；若相关公司财产、章证、账册、文件等被他人不当侵占时，公司或股东可诉请返还与赔偿；或在负有实施股东会决议职责的主体违反忠实勤勉义务且对公司造成损害的情况下，公司或股东可以诉请相关损害赔偿责任。但一审原告广东加德公司、赵某、潘某向法院诉请的是：要求公司办理法定代表人变更登记和备案手续，这就属于不具有请求权基础的情形，应当依法驳回其起诉。一审法院支持了原告的诉请以及二审予以维持实属不当。

十、发起人责任纠纷

钟某诉卢某等公司设立纠纷案

发起人"对外"责任与发起人"内部"纠纷分属不同案由

广西壮族自治区高级人民法院(2019)桂民终416号民事判决书

裁判要点

发起人责任纠纷案由具有特定的适用范围，在公司设立失败的情况下，其主要涉及发起人的"对外"责任：一是对设立行为所产生的债务和费用负连带责任；二是对股份公司在募集设立时的认股人负返还股款及利息的连带责任。发起人内部之间引发的纠纷并不属于发起人责任纠纷案由，发起人或其他公司设立参与人之间的纠纷属于公司设立纠纷。

案件基本事实

2010年6月12日，钟某（甲方）与黄某（乙方）签订《股东合作章程》，约定：甲乙双方合作代理美国V－PULL（位拉）国际时尚牛仔品牌系列，代理区域为湖北省，项目投资总额100万元，2010年6月18日前各股东到位资金各30万元，余下资金则在8月30日前全部到位；合作期限自2010年6月12日至2015年6月11日；甲方出资51万元，占投资总资本51%，乙方出资49万元，占投资总资本49%。《股东合作章程》还对股东权利义务、股东会职权等事项进行了约定，章程附则第6条约定，本项目暂时所使用的交易账户为法迪莱公司，如本项目正式成立公司后，交易账户则改用新的公司所开设的账户。《股东合作章程》签订后，钟某分别于2010年6月22日、2010年11月16日通过案外人的银行账户转账30万元、21万元至卢某个人银行账户。此后，因钟某无法继续与卢某、黄某取得联系，当事人合作经营与成立公司不成，钟某遂向一审法院起诉请求：（1）判令钟某与《V－PULL（位拉）特许加盟合同》无关，该加盟关系由黄某承担；（2）判令卢某退还钟某被黄某、卢某合伙欺骗，以《股东合作章程》关系转给卢某的拟与黄某合作在湖北代理美国V－PULL（位拉）品牌系列的款项51万元，并按银行同期商业贷款利率的4倍支付利息。

裁判理由

关于《股东合作章程》的性质以及本案定性问题。本案基础法律关系的载体是《股东合作章程》，该协议的文本内容体现出混合合同的性质，既涉及发起设立公司的相关事项，又包含了关于合作代理销售V－PULL（位拉）品牌的相关条款，且钟某在一、二审中的陈述与主张也印证了以成立公司的方式进行合作经营是当事人的真实意愿。因此，钟某有权依据发起设立公司的法律关系主张权利，一审法院将钟某定性为公司发起人并无不当，但一审法院将本案案由定为发起人责任纠纷存在错误。发起人责任具有特定的适用范围，在公司设立失败的情况下，其主要涉及发起人的“对外”责任：一是对设立行为所产生的债务和费用负连带责任；二是对股份公司在募集设立时的认股人负返还股款及利息的连带责任。本案中，钟某本身就是发起人，而并非股份公司中的认购人，其与发起人黄某或其他公司设立参与人之间的纠纷属于公司设立纠纷，故法院将案由纠正为公司设立纠纷。

第三章 裁判指引：关于审理有限责任公司纠纷案件的若干问题

本章简介

本章归纳的裁判指引具有以下特点：第一，释义式指引。本指引不仅明确相关适用规则，更重要的是提炼这些规则背后的核心法理，进行必要说明、释义以及解析，故指引以“规则”结合“释义”的方式呈现，介于规范性条文与理论分析之间，搭起实务与理论的桥梁。第二，系统性与完整性。公司法的核心原理与价值理念贯穿其各项制度，商事法官应当树牢商事审判理念，并对公司法有系统性认识。本指引的体系结构相对完整，覆盖了有限责任公司的关键制度，利于引导商事法官形成体系思维，提高其在个案中的分析说理能力。第三，源于实务问题。本指引并非完全遵循学理体例，更多的是源于高级法院近年来发改案件的经验总结，大部分内容直面中基层法院的理解误区，具有较强的可操作性与针对性。

一、公司资本制的效力

1. 公司资本制原则及其地位

公司资本制是公司制度的基石。公司资本制原则包括:资本确定(充实)原则、资本维持原则、资本不变原则。理论上统称为“资本三原则”,其并不旨在保证注册资本等同于公司实际资产或公司清偿能力,更强调的是规范出资人缴付出资、规范公司法人运营或调整自身资产,使公司具备和彰显独立财产、独立利益以及独立人格,以使债权人能够与一个足够独立的民事主体进行交易。

“资本三原则”重点关注“出资”的两类动态过程:一是出资人将特定财产转入公司名下的“权利移转过程”;二是公司名下的资本随着公司经营而产生的“资产变化过程”。前者主要涉及“股东出资纠纷”与“公司增资纠纷”案由,具体包含虚假出资、出资不足、逾期出资、抽逃出资等情形;后者主要涉及“损害公司利益责任纠纷”“损害公司债权人利益责任纠纷”“公司关联交易损害责任纠纷”“公司减资纠纷”等案由。

2. 股东退股中的资本维持

股东退股涉及撤回出资,进而牵涉公司资本的减少,故基于对债权人利益的保护,公司资本制对股东退股予以一定限制:(1)股东通过公司股东会决议同意其退股或通过主张异议股东回购请求权退股的(《公司法》第 74 条),须通过法定减资程序保障公司债权人利益(《公司法》第 177 条);(2)股东通过公司解散退股的,须通过法定清算程序保障公司债权人利益(《公司法》第 183 条);(3)股东通过全部出让股权的方式退出公司,不涉及公司资本减少,无须受限于公司资本管制,但出让股东未全面出资就转让股权的,仍负担补足出资义务(《公司法解释三》第 18 条)。

3. 股权转让中的资本维持

股权转让合同的双方当事人是股权出让方与股权受让方,目标公司并非合同当事人,目标公司不应承担股权受让方的股款支付义务。合同当事人约定由目标公司履行支付义务的,或约定目标公司为股权受让方的股款支付义务承担保证责任或提供担保的,可能使目标公司资产直接受到减损,成为一种变相抽逃出资的行为，违反公司资本维持原则，最终将损害目标公司独立财产与债权人利益，故人民法院可以根据个案情况认定该类约定无效。

如果该目标公司参照《公司法》关于公司提供担保的相关规定（《公司法》第16条）履行了相应程序，且没有明显损害目标公司债权人利益情形的，则不应认定为无效。

4. 公司受损与股东受损的区辨

公司外部第三人损害公司利益造成资产贬损进而致使公司股东所持有的股权在客观上价值遭受贬损的，该股东无权直接起诉要求侵害一方赔偿损失。公司作为独立法人，股东并不能对公司的财产直接享有自由支配权，法律上也不允许财产混同，故公司本身遭受不法损害并不等于股东同时也遭受不法损害，股东就此不直接享有独立诉权，但股东以派生诉讼起诉的除外。

公司内部的董事、高级管理人员违反法律、行政法规或者公司章程的规定损害股东利益的（《公司法》第152条），或公司股东滥用股东权利给其他股东造成损失的（《公司法》第20条），受损股东据此享有独立诉权。

5. 不同主体追索抽逃出资的请求权基础

《公司法解释三》第12条规定公司、股东均可起诉相关股东的抽逃出资行为，但公司诉请与股东诉请这两者所依据的法律关系与请求权基础并不一样：对于公司诉请，股东完成缴纳的出资属于公司的法人独立财产，股东抽逃出资的行为实际上是对公司独立财产的侵犯，故公司的请求权基础本质上属于侵权损害赔偿之诉；对于股东诉请，股东之间基于共同设立公司的共同法律行为，相互间形成持续的出资法律关系，故股东之间有权互相督促并请求履行出资义务。因此，前一法律关系中，原告主体应当为公司；后一法律关系中，原告主体应当为公司股东。

当公司与股东同时起诉时，人民法院应注意释明并固定当事人地位与诉请。如果两者仅诉请追回已被抽逃的出资并返还公司的，可以由公司与股东作为共同原告合并审理；如果股东还另诉请相关违约责任的或公司还另诉请对于因抽逃出资造成的相关损失予以赔偿的，则人民法院应当注意向当事人释明并由其择一诉请。

公司与股东共同诉请特定股东出资不实、出资不足、虚假出资或逾期出资的（《公司法解释三》第13条），同样应当注意请求权基础的区别，处理方式参照本条第2款。

二、公司章程的法律效力

6. 分层次效力

公司章程体现了较强的合同属性，但承认公司章程的合同属性，并不意味着将其完全等同于一般民事合同，两者仍有区别。公司章程本质上具有三个不同层次的法律效力：一是合同意义上的权利义务关系；二是侵权责任意义上的请求权基础；三是司法不应直接介入的自治范围。

本部分的内容（第 7 条至第 10 条）可以不限于对公司章程文本的理解，而是扩展至理解整个公司治理结构中各方主体之间的法律关系与权利义务内容。

7. 股东与公司之间的合同效力：双务合同关系

公司章程的双务合同法律效力体现在：

（1）请求给付之效力。一方面，公司有权诉请股东履行出资义务，具体包括：①请求股东按期、足额缴纳公司章程中规定的各自所认缴的出资额：以货币出资的，请求足额存入公司的银行账户；以非货币财产出资的，请求依法办理财产权移转手续；以房屋、土地使用权或知识产权等财产出资的，请求实际交付；已交付公司使用但未办理变更手续的，请求在指定的合理期间内办理权属变更手续（《公司法》第 28 条、《公司法解释三》第 10 条）。②以非货币出资高估作价的，或以劳务、信用、自然人姓名、商誉、特许经营权、划拨土地使用权、设定担保的财产等不具有合法性、可转让性和可评估性的对象作价出资的，或以其他公司股权出资但又不符合法定作价出资条件的，或公司成立后股东抽逃出资或抽回股本的，均属于股东未履行或未全面履行出资义务，公司有权请求其补足或返还出资本息（《公司法》第 27、35 条，《公司登记管理条例》第 14 条，《公司法解释三》第 8、9、11、12、14 条）。③即使股东转让了股权，只要其未按期履行或未全面履行出资义务，公司仍有权请求其继续履行出资义务（《公司法解释三》第 18 条）。另一方面，股东有权诉请公司满足其股东权利的实现。具体包括：红利分配请求权（《公司法》第 34、166 条）；新股优先认购权（《公司法》第 34 条）；剩余财产分配请求权（《公司法》第 186 条第 2 款）；异议回购请求权（《公司法》第 74 条）；优先购买权（《公司法》第 71、72 条）；请求确认股东资格、请求签发出资证明书并记载于股东名册、请求变更公司登记（《公司法》第 31、32、73 条，《公司法解释三》第 22、23 条），等等。

（2）对待给付之效力。具体体现为三种牵连关系：①成立上的牵连关系，即一方的债务因无效或被撤销而归于消灭时，对方的债务亦因而消灭，由此涉及根本违约与解除合同的问题。具体体现为：有限责任公司的股东未履行出资义务或者抽逃全部出资，经催告及合理期间后，公司可通过股东会决议解除该股东的股东资格（《公司法解释三》第17条）；股份有限公司的认股人未按期缴纳所认股份的股款，经催缴及合理期间后，公司发起人可以对该股份另行募集（《公司法解释三》第6条）；如果股东无法获得出资对价即股东资格或股东权利的，股东有请求返还出资的权利，依据《公司法》第89条的规定，公司未能完成募集设立的，认股人有权请求返还所缴股款本息。②履行上的牵连关系，即一方履行的欠缺或瑕疵将减损该方请求对方履行的权利，由此涉及同时履行与先后履行抗辩权。具体体现为：股东在充实其认缴出资之前其股权将受到一定限制，例如，股东的利润分配请求权与新股优先认购权是按照其“实缴”而非“认缴”的出资比例享有权利（《公司法》第34条）的；股东未履行或者未全面履行出资义务或者抽逃出资，公司有权根据公司章程或者股东会决议，对其利润分配请求权、新股优先认购权、剩余财产分配请求权等股东权利作出相应的合理限制（《公司法解释三》第16条）；股东出资应当完成实际交付，未实际交付的可能无法享有相应股东权利，但完成实际交付但未办理权属变更登记的，仍可以享有相应股东权利（《公司法解释三》第10条）。③存续上的牵连关系，即一方的给付因不可归责于当事人的事由而减损或灭失后，另一方的给付义务是否受影响，由此涉及风险负担的问题。双务合同的风险负担规则原则上采“交付主义”（《民法典》第604条）。股东出资应当移转所有权并实际交付，只要股东完成了交付出资的义务，风险即转移给公司，即使交付公司的财产发生减损或灭失，股东也有权要求公司认可其股东资格并给付相应的股东权利。

（3）固有权利之效力。公司章程的自治边界在于至少要保持出资法律关系的对价属性或双务属性。公司章程不应排除股东固有权利，公司为股东提供的股权应当保有最基本的财产属性，具体体现在：股权的转让权能不得排除；股东知情权不得排除。

8. 股东与股东之间的合同效力：共同法律行为

就公司章程中的股东出资义务（如出资数额、出资方式、出资期限等）而言，涉及股东与股东之间的共同法律行为，这一内容实质上来源于发起人之间的发起协议或出资协议，反映了发起人之间的共同合意。这种共同法律行为的效力体现为：

（1）发起人是指为设立公司而签署公司章程、向公司认购出资或者股份并履行公司设立职责的人，包括有限责任公司设立时的股东（《公司法解释三》第1条）。

（2）发起人股东之间就出资义务互负连带保证责任，该出资包括货币以及非货币财产形式，但非发起人股东与其他股东之间不负连带保证责任（《公司法》第30条、《公司法解释三》第13条）。

（3）发起人不履行或不完全履行出资义务的，构成对发起协议的违约，已按期缴足出资的发起人有权请求其继续履行出资义务并依据发起协议或章程承担违约责任（《公司法》第28条、《公司法解释三》第13条）。

（4）通过公司增资或股权转让成为新股东的，也可视为对发起协议或出资协议的加入，但后入股东却无须与其他发起人承担连带责任。

（5）发起人之间对公司设立过程中所产生的债务、费用及损害赔偿责任承担连带责任；对返还认股人已缴股款及利息承担连带责任（《公司法》第94条、《公司法解释三》第2～5条）。

（6）对于股东之间在章程中约定的营业期限或其他公司解散事由，任何股东均可诉请人民法院对公司予以强制清算（《公司法》第183条、《公司法解释二》第7条）。

9. 侵权责任意义上的请求权基础

除合同属性之外，公司章程包含的侵权责任请求权基础主要涉及：

（1）就公司章程中的董事、监事及高级管理人员的职权或职责而言，涉及公司与董监高人员、股东与董监高人员之间的关系，这一内容来源于董监高人员的受信义务，即忠实义务与勤勉义务（《公司法》第148、149条），当他们在履职时违反受信义务损害公司利益或损害股东利益的，公司或股东对他们享有损害赔偿请求权。

（2）就公司章程中关于股东不得侵害公司利益的规定，涉及股东滥用股东权利造成公司损失后，公司对股东享有损害赔偿请求权，该救济权利源于法人的独立财产权，本质上属于财产权侵权法律关系（《公司法》第20条）。

（3）就公司章程中关于股东不得侵害其他股东利益的规定，涉及股东滥用股东权利造成其他股东损失后，受损股东对滥用权利的股东享有损害赔偿请求权，该救济权利以竞合的方式来源于股权的财产权属性以及股东之间基于共同出资所形成的合同关系（《公司法》第20条）。

10. 公司自治与司法介入的界限

公司章程可分为两类章程记载事项：一类是明确含有请求权基础的例如股东出资义务、股东个人权利及其实现规则、董监高人员职权与职责等内容；另一类是关于公司内部治理的机构规则、程序规则、运行规则或其他公司情况说明。就后者而言，原则上无须司法介入，不得直接诉请人民法院予以执行，而仅有事后司法救济，即对于内容上或程序上违反公司章程的股东会决议或董事会决议，股东有权在法定期限内请求法院予以撤销或确认不成立。

三、公司治理的相关规则

11. 股东会决议与司法介入的界限

股东会对于公司经营管理事项作出的决议，原则上不得由股东或公司直接诉请人民法院予以确认并执行。公司股东会是公司最高权力机关，其有能力实现其自身事务的计划与安排，一般无须司法介入。

例外需要介入的情形主要有：(1)当决议涉及的相关公司财产、章证、账册、文件等被不当侵占时，公司或股东可以凭借侵权之诉要求返还与赔偿；(2)在负有实施股东会决议职责的主体违反忠实勤勉义务且对公司造成损害的情况下，公司或股东可以诉请相关损害赔偿责任；(3)当公司决议通过具体分配方案的，股东可依据公司盈余分配纠纷诉请执行(《公司法解释四》第14、15条，《公司法解释五》第4条)；(4)其他明确规定请求权基础的情形。

至于“公司决议纠纷”案由，其涉及的是公司决议是否存在无效、可撤销或不成立的情形，而并非股东或公司可以任意要求对决议内容予以司法确认的依据，人民法院要注意正确适用该案由。

12. 股东与高管身份重叠时的责任认定

公司正式任命的董事、高级管理人员同时也是该公司股东时，其在管理和经营公司过程中，给公司造成损失的，应当以《公司法》第148、149条规定的忠实与勤勉义务为认定其责任的标准。公司没有正式任命的股东，或任命的职务与实际职权不相符的股东，利用其实际影响力与地位，或利用其管理公司公章、法定代表人印章等便利，在管理和经营公司过程中，给公司造成损失的，也应当以忠实与勤勉义务为认定其责任的标准。

上述规则的原理在于:公司股东权利主要分为共益权和自益权,前者主要表现为参会权、表决权、知情权、质询监督权等,后者主要表现为股利分配权、剩余财产分配权等财产性受益权,故公司股东并不当然享有直接管理和经营公司的权力和地位。股东利用其职权、便利或实际影响力与地位,在管理和经营公司过程中损害公司利益的,这并非属于滥用股东权利,该行为的发生并非基于股东身份而是基于其实际作为公司高级管理人员的身份,其涉嫌的不当行为实质上属于公司高级管理人员的失职行为或不忠实行为。

上述规则的区别于股东滥用权利损害公司利益的情形,股东滥用权利一般表现为:控股股东或部分股东利用股东会多数决规则通过实际上损害公司利益的股东会决议。

13. 股东知情权的性质

股东知情权是股东行使其他权利的基础,在法律性质上属于共益权,旨在方便股东了解公司情况,参与股东大会的表决,监督公司的运营。赋予股东知情权的立法目的并非直接满足股东个人利益需要,而是维护和促进公司及全体股东的整体利益,故股东知情权应限于一定的权利边界,即以不损害公司合法利益为前提。

14. 股东知情权与公司利益冲突时实质性竞争关系的判定方法

股东向公司主张知情权,而公司认为股东行使该权利会损害公司利益的,人民法院应当注意在双方之间分配举证责任。首先,股东应举证证明自己的股东身份及有权行使知情权。其次,公司一方在拒绝股东行使知情权时应就公司合法利益是否受损进行举证,其中一种受损情形是股东自营或者为他人经营与公司主营业务有实质性竞争关系,公司一方应当就此提供证据予以证明。最后,当公司一方已初步证明双方经营业务存在实质性竞争关系且公司利益可能受损时,应转由主张知情权的股东承担反证义务,就其不具有不正当目的以及行使查阅权不会损害公司利益进一步举证,以自证清白。

15. 股东协议与股权登记存在冲突的情形

股东之间协议确定的股比与股权登记中记载的股比存在不一致的,在处理公司与股东之间或股东与股东之间的内部纠纷时,应当以股东之间的约定为准,注意避免误用外观主义或对抗效力。理由在于：股东之间关于股比调整或股比变动的约定，具有股权转让合同的性质，其可以在内部生效并约束订约当事股东，而不适用外观主义；股权登记效力属于对抗效力，主要保护外部善意的公司债权人，其不必然与股权的实际权属或实际股比完全一致。

16. 在公司解散纠纷中如何判断公司经营管理发生严重困难

股东请求解散公司的，在认定“公司经营管理发生严重困难”这一要件时，应注意从两个维度判断：(1)从公司的股东会、董事会或执行董事等机构的运行现状进行综合分析，侧重点在于股东会或董事会是否因矛盾激化而处于僵持状态，造成公司管理层无法有效开展经营管理。(2)注意排除一种特殊情形：即使股东会或董事会发生运行困难，但执行董事或经理层等仍然能够正常作出经营管理指示，使公司日常经营实际上也能够正常运行。公司应当同时存在公司内部机关(股东会或董事会)僵局以及日常经营完全瘫痪的情形，方符合“经营管理发生严重困难”的要件。

股东因与其他股东分歧而被排斥参与公司日常管理的，不必然意味着公司经营管理发生严重困难，股东的股权并不当然包含管控公司的权能，某些股东无法参与日常管理的情况属于股东之间的自治范畴，如果涉及侵害股东权利，如参会权、表决权、知情权等，则另有法律救济制度或异议股东退出机制，但股东无权直接请求解散公司。

四、有限责任公司的股权转让

17. 股权转让合同与股权变动的区别

股权变动效力不等同于股权转让合同效力。股权转让合同本身属于权利变动的原因行为，其直接效果在于约束合同交易双方如约进行交易，而不是当然地产生交易效果或实现交易目的。因此，股权合同生效时间不等同于股权变动时间，股权是否能够依约发生变动不影响转让合同的成立与生效。

18. 股权变动时间点的判断

股权转让合同成立生效后，应当自公司认可新股东资格时发生股权变动效力，但法律、行政法规规定应当办理批准手续的股权转让除外。其原理在于：股权主要作为一种相对性的权利、一种对人权而非对物权，须具体向公司或其他股东主张，故股权受让人要替代性地进入与公司及其他股东之间的出资法律关系之中，应当经过公司及全体股东的知晓或确认环节，受让人才能完整获得股东成员资格，才能完整行使股权权利并承担股东义务。

个案中应以公司确认该次股权转让的时候为变动时间点。具体的时间点一般为公司开始变更公司股东名册、变更公司章程记载事项、办理工商变更登记、向新股东签发出资证明等变更手续；或在个案中新股东在事实上已开始行使股东权利的，也可视为公司对新股东成员资格的确认，并以此为股权变动时间点。

公司变更股东名册虽然不是发生股权变动效力唯一的时间点或形式要件，但如果股权受让人的姓名或名称已经得到了该公司股东名册的变更记载，则可以据此认定受让人已经取得了股权。

19. 股权转让合同明确约定股权变动时间点的情形

股权转让合同一旦成立生效，即可约束合同双方当事人。当事人明确约定股权变动时间点的，一般而言，该时间点既可以是支付股款或支付某期股款等合同履行行为，也可能与公司变更股东名册、办理工商变更登记等公司确认该次股权转让的时间相一致。如果当事人约定股权变动时间点早于公司确认该次股权转让的，则仅在合同双方当事人之间发生一定的权益转移效力，此时股权受让人可获得的具体效力包括：

（1）办理变更手续请求权。即向公司请求变更股东名册、签发出资证明以及办理工商变更登记等权利。

（2）股权收益权。即向股权出让人请求给付该出让人在权益转移时间点之后仍从公司获取的财产性权益。

20. 股权变更登记的效力

工商变更登记并非股权变动的生效要件，即股权发生变动不必然等到办理工商变更登记之时，工商登记真正的效力类型是针对善意第三人的对抗效力，这意味着股权受让人可以凭借工商变更登记防止原股东或公司与第三人以后再来侵害其已获权利。公司办理工商变更登记一般意味着股权转让交易最终完成。

21. 外部转让时是否放弃优先购买权的效力影响

有限责任公司股东对外转让股权的，其他股东享有优先购买权，但该权利并非保障直接取得出让股权，该权利不具有强制缔约效力，不能直接形成与出让股东之间的转让合同关系。此时，出让股东可以选择或不选择向行使优先购买权的股东出让股权；但即使不选择，也不得在同等条件下再向第三人转让股权。

其他股东是否放弃优先购买权不影响股权转让合同效力，因其他股东行使优先购买权而导致转让合同目的无法实现的，股权买受人可以依据有效的转让合同向对方主张违约责任。

其他股东放弃优先购买权的事实，并非股权发生变动的生效要件，而应将其他股东行使优先购买权视为股权变动效力的法定附解除条件：当其他股东向出让股东发出优先购买要约且得到后者承诺时，股权未向第三人变动时，应优先向该股东发生变动；股权已向第三人变动的，该变动效力被解除。选择该效力类型的理由为，在《公司法解释四》第 21 条的情形下，可能会出现一个“真空期”：当出让股东没有明确通知其他股东或其以欺诈等方式损害其他股东优先购买权时，善意第三人作为受让人可能在订立股权转让合同后较快地参与并融入了公司治理，一方面该第三人的“新股东”身份随时可能因其他股东行使优先购买权而消失，另一方面其可能已开始行使了参会、表决等共益权以及分配股利等自益权，若不处理好这段时间内的股东资格问题，则会出现相关股东权益无处归属或决议效力未决的“真空期”。因此，把行使优先购买权的效力解释为股权变动的附解除条件，并承认这段时间内股权向善意第三人变动的有效性，则可以较好地解决“真空期”问题。

22. 附条件的条款不得视为成就的情形

股权转让合同约定在某一交易环节或交易步骤中需双方共同协作才能完成的，如约定双方应共同核定目标公司在股权转让之前的债权债务以便确定最后的股权转让总价，这类约定具有附条件合同的形式。这类约定的特殊性在于，即使一方当事人为自己的利益不正当地阻止条件成就，由于共同协作的结果难以拟制，不宜直接认定为所附条件已成就，应当依据违反诚信原则追究该方当事人的违约责任。

五、有限责任公司的增资

23. 完成增资的必备前提

公司完成增资扩股的必备前提是相关当事人之间存在增资合意的事实：一是公司或者股东具有增资意愿以及接纳或认可新股东身份的意思；二是投资人具有投资入股或认购股份的意思。只有当事人之间的表意、行为或相关事件能够体现出这两方面的表意事实，才算完成了公司增资的必备前提；反之，即使当事人与公司之间存在支付相关款项、交付转移财产、变更名册或工商登记等行为，若没有以明示或默示等方式体现这两项表意事实，也不应当认定当事人的新股东资格。

24. 完成增资的判断方法

在当事人具备增资合意事实的情况下，法律并未具体规定完成增资及新股东身份生效的时间点。公司增资并吸纳新股东通常表现出三个阶段：一是公司与投资人之间订立投资入股协议或股权认购协议；二是投资人向公司依法缴纳出资或股款，或交付、移转非货币财产；三是公司为投资人依法完成吸纳、认可新股东的法定程序。这些阶段中的法定程序具体包括：公司就增资事项通过代表 2/3 以上表决权或出席会议所持表决权 2/3 以上的股东会决议；向新股东出具出资证明书并修改公司股东名册；依法向公司登记机关办理变更登记，等等。单一地看，这些法定程序并非每一个都是增资并吸纳新股东的必备要件，但都是公司股东重要事项的实质变更，应结合这些程序或手续的办理情况与认缴或实缴情况，综合判定公司是否在整体上完成了增资效果。

25. 完成增资的通常方式

公司增资在实践中可能体现为以下四种完成方式：

(1)先由公司股东会作出对外增资的决议，公司再依此与具体的投资人订立投资入股协议或股权认购协议，随后双方依约履行认缴或实缴出资、出具出资证明书、修改股东名册以及办理变更登记等义务；

(2)投资人与公司先订立投资入股协议或投资意向书，公司股东会就该增资事项作出决议，随后双方依约认缴或实缴出资，并继续完成余下法定变更程序；

(3)控股股东或大股东代表公司与投资人订立投资入股协议后，该投资人即开始认缴或实缴出资，公司也随后履行增资的法定变更程序，但公司从未就增资事项召开股东会并作出决议；

(4)投资人既未与公司订立投资入股协议或相关意向书，该公司也从未就增资事项召开股东会并作出决议，但投资人与公司之间又存在支付与接受款项、交付与转移财产、变更名册或工商登记等符合增资程序的行为。

就(1)、(2)类方式而言，投资人与公司股东会的表意事实可能互有先后地完成，就此应以在后发生的表意事实作为起始点，进而结合关于增资的履行行为或法定程序完成情况，具体判定投资人获得股权即股东身份的时间点。

就(3)、(4)类方式而言，涉及对当事人默示表意的判断，公司、股东以及投资人可能在相关增资变更程序或公司内部治理过程中，体现出投资人意在出资入股、公司意在接纳新股东的客观表象，人民法院须就此结合相关事实综合认定。例如，公司股东会就公司章程的股东变动事项予以审议表决、投资人在支付款项时明确表达出资入股的用途、投资人开始参与公司股东会决议并依据相关股权比例行使共益权、公司开始依据投资人的相关股权比例对其分配股利，等等。总之，应在这类个案中找出体现默示表意的关键事实，进而结合相关履行行为来判定完成增资的时间点。

26. 向公司投资行为的性质判断

股东或投资人直接向公司投资或向公司名下的项目投资，但又未经法定增资程序的，人民法院在认定该行为是否属于增资时，应注意以下参考要点：

(1)资金是否进入公司账下或财产是否转为公司名下，资金是否不记为公司负债，新增资金所投入的项目是否明显形成目标公司的新增财产外观，该项目是否以公司名义对外经营联系。

(2)新增投资的股东或投资人在事实上是否依新增的投资额及新的股比结构行使共益权或自益权。

(3)股东之间、投资人之间或股东会是否对新增投资的用途、性质、收益方式、风险承担等作出过协议、表态或决议。

当个案中越多地符合以上情形时，就越可以认定该股东或投资人已实际上完成对公司的增资，股东或投资人不能像收回借款那样直接从公司取出相应资产，若股东或投资人要收回相应投资就必须完成减资程序，否则就可能构成抽逃出资。

当个案中较少符合以上情形并据此无法认定付款人对公司增资的，人民法院可以通过释明引导当事人依据借款关系或合伙关系诉请相关权利。

六、隐名出资(代持股)的适用规则

27. 隐名出资关系的定性及其理由

关于名义股东与实际出资人之间关系定性问题,在理论和实务上的提法或定义大致有两种,即"隐名出资"关系和"代持股"关系,两者分别倾向于"形式要件说"与"实质要件说",根本区别是:前者坚持主要以合同关系来定性隐名出资,认可的是名义股东的股东资格;后者则认可隐名股东才是真正的股权所有者且否定名义代持人的股东资格。

两种定义在实体结论上并无根本冲突。无论采取哪种定义,实体结论上就是要承认隐名出资关系或代持股关系在公司内部治理中的实质效力,即登记显名的外观不具有对内的对抗效力。但原则上仍应当坚持"形式要件说"与合同关系的定性。原因在于:(1)承认隐名人具有实质股东资格,并不一定完全符合实际出资人的真实意图。所谓间接出资,就是打算排除自己的股东资格,这既可能旨在合理避开行政管制对某类公司的股东身份的特殊要求,也可能是基于特定的投资目的或经营安排。总之,实际出资人可能本来就打算利用与显名人的私下关系来实现特定的投资安排,其本身也完全能够预见此种投资模式的风险,故坚持主要以合同关系来定性隐名出资,不仅是合同相对性原理的自然体现,同时也符合市场交易规律,反之还存在司法过度干预之嫌。(2)"实质要件说"实际上混淆了出资法律关系与一般合同关系,弊大于利。基于实际出资人的委托,名义股东与公司及其他股东所形成的公司法上的出资法律关系,与一般的合同关系所不同,不宜简单地类比适用代理规则。认定实质出资人具有股东资格,易导致利益失衡。《公司法》明确了成为股东的法定方式,出资人仍可通过隐名或代持的方式扩展股权投资模式,在此出资人并不想直接成为股东;但当名义股东失控的时候,出资人又想直接获得股东资格。如果司法上完全满足出资人,任由其随意转换身份或资格,那么,一方面,从外部市场秩序与交易安全来看,债权人的信赖利益将受较大威胁,难以获得公平保护,最终徒增交易成本;另一方面,从内部公司治理来看,这种股东资格不确定性也极易泛化,将严重削弱股东集体表意或公司法人意志的安定性,破坏公司内部运行机制的稳定性,公司其他股东权益也将受到较大威胁。(3)隐名出资模式的现实样态较为多样,"代持股"的定义所着眼的案件类型仅为其中一种,即公司内部知悉的情形，该定义在其他情形或类型中可能形成不公平、不合情理的裁判结论；“隐名出资”的定义不仅能解释公司内部知悉的类型，还可以涵盖公司或股东不知悉等现实中多种情况、多种类型进而构建更为自洽、协调的规则体系。

28. 隐名出资的一般性规则

（1）合同效力问题。隐名出资合同（也可称为代持股协议）的当事人为实际出资人与名义出资人，双方约定以名义出资人为名义股东但由实际出资人出资并享有投资权益、承担投资风险。该合同为非要式合同，不以具备特定书面形式为要件。该合同生效不以获得其他股东之同意为条件；即使公司章程或股东内部协议禁止股东为公司外第三人持股，也只导致名义股东对公司或其他股东承担相应责任，名义股东与实际出资人间的合同效力仍可不受影响。

（2）股东资格问题。名义上的出资人实质上具有股东资格，其在公司中享有股东权益并承担股东义务与责任，其原则上不得以隐名出资关系对抗公司、其他股东及债权人向其主张相关股东义务与责任；实际出资人实质上并非公司股东，其不享有公司股东权利，原则上不得凭借隐名出资关系直接向公司主张股东权利，其仅有权依据隐名出资合同或代持股协议向名义股东主张合同权利。

（3）公司治理问题。在公司内部治理中原则上只能由名义股东直接参与公司经营管理。实际出资人直接以自己名义在股东会决议等公司文件上签名的，可能会导致该公司文件的效力存在瑕疵。

（4）出资义务问题。实际出资人原则上应先将所出资财产转让给名义股东，再由名义股东转让给公司。实际出资人可以以第三人的身份代为履行，其以名义股东缴纳出资的名义直接向公司转让相应财产权利的，履行出资的效果可归于名义股东；但出资财产存在瑕疵而导致出资不足或不实的，仍应由名义股东直接承担补足义务。

（5）知情权问题。实际出资人不具备股东资格，表面上无权依据《公司法》第33条直接向公司主张查阅权与复制权；同理，行使了知情权的名义股东也不得直接将获取的公司内部信息转达给实际出资人。但至少在以下两种情况中，名义股东可向实际出资人转交查阅与复制结果：一是公司或其他股东多数同意的情况下，即公司形成法人意志，同意向特定第三人披露相关公司信息；二是隐名出资的投资模式已经为全体股东所知晓或认可，甚至实际出资人一直以登记股东的名义实际参与公司经营管理。

(6)“隐转显”之问题。隐名出资法律关系并不当然包含实际出资人是否有权或如何成为显名股东的内容,隐名出资合同终止后并非意味着实际出资人当然地获得股东资格。实际出资人想要成为显名股东或真正的股东,实质上是要形成新的股权转让关系,即由名义股东将其股权转让给实际出资人。具体有两类情形:①若当事人在合同中约定隐名出资关系解除时名义股东应将股权转给实际出资人,则可视为双方已达成股权转让合意;其中,若实际出资人并非公司股东的,“隐转显”本质上属于股权外部转让,故应取得其他股东的半数同意(《公司法解释三》第24条第3款),若实际出资人本身也是该公司股东的,则“隐转显”属于股权的内部转让,无须取得其他股东同意。②若当事人在隐名出资合同中没有约定关系解除时应如何处理名义股东的股权,双方在解除关系后也未就此达成补充协议的,原则上实际出资人不得直接以其隐名出资合同权利向名义股东或公司请求变更股权,名义股东仅向实际出资人承担隐名出资合同中的补偿或赔偿责任;但根据隐名关系存续中的相关约定或行为能够推定双方存在隐转显合意的除外。

(7)名义股东对股权的处分问题。名义股东处分股权的行为属于有权处分。人民法院在适用《公司法解释三》第25条时,不应直接引用物权善意取得的相关法条,而应当注意考察第三人的善意情况,若属于名义股东与第三人恶意串通利用出让、质押或以其他方式故意损害实际出资人利益的,可依据《民法典》第154条认定名义股东处分股权的行为无效。

29. 隐转显的要件辨析

股权转让分为对内转让与对外转让,《公司法解释三》第24条第3款关于“实际出资人未经公司其他股东半数以上同意,请求公司变更股东、签发出资证明书、记载于股东名册、记载于公司章程并办理公司登记机关登记的,人民法院不予支持”之规定,实质上属于外部转让规则。若某一股东作为另一股东所持股权的实际出资人,其要自己成为该份股权的显名股东,应适用《公司法》第71条第1款关于股权内部转让规则的规定,而无须通知其他股东行使优先购买权。

30. 内部公开型隐名出资规则

实际出资人与名义股东的关系已为公司及其他股东所熟知与认可的,应在不否认名义股东的股东资格的前提下,就相关公司内部规则进行一定调整:

(1)在公司内部治理中,要求实际出资人获得名义股东授权并以名义股东名义行动的规则应适当放宽，实际出资人参与股东会并行使股权的形式手续无须严苛，特别是纠纷仅涉及公司内部关系的，应尽可能以股权权益的实质归属来认可实际出资人直接参与公司内部治理的行为。

（2）就出资义务而言，实际出资人可以直接向公司转让相应的财产权利，履行完成的效力可及于名义股东；出资财产存在瑕疵而导致出资不足或不实的，公司或其他股东可直接向实际出资人主张权利。

（3）名义股东可以将行使知情权的结果直接向实际出资人转交或报告，而无须公司或其他股东的同意；若公司或高管允许该实际出资人直接就相关资料或账册进行查阅复制的，人民法院也不应简单认定实际出资人因不具有股东知情权或公司高管因渎职行为而损害了公司或其他股东利益。

（4）实际出资人“隐转显”的过程可以简化，特别是其他股东均知晓的，就此可以不再专门征得其他股东明确表示放弃优先购买权。当实际出资人通过隐名出资关系的终止而将合同权益转为股东资格时，可推定其他股东在“隐转显”的过程中放弃其优先购买权。即使实际出资人与名义股东之间不存在关于显名化或隐转显的书面协议，个案中仍可鉴于双方在公司内部的实际关系、地位、态度以及默示行为等情形，认定双方之间事实上存在显名化或隐转显的合意约定，实际出资人有权诉请显名并变更登记。

（5）当公司直接向实际出资人给付相关利益时，名义股东不得以股东名册、公司章程等文件材料所登记、置备或公示的外观来对抗公司或否定公司行为。人民法院可以依据隐名出资合同或代持股协议在公司内部的实质效力，视情以隐名出资关系限制名义股东的权利行使。

（6）以上规则在适用时还应注意适用范围，如发起股东与后加入股东的认知情况与态度可能存在差别，故名义股东之外的其他股东部分知道或应当知道的，注意区分对待不知道或不应当知道的其他股东。

31. 实质股东型隐名出资

全民所有制或集体所有制等非公司制企业改制为公司时，由于公司制度对于股东人数的限制，采取了公司高管、主管或职工持股会等主体代原企业职工持股的治理模式。对此，虽然广大职工隐名于公司章程与工商登记，但这种情形一般为社会所知悉，故处于隐名的企业职工应认定为“实质股东”，即真正地、直接地享有股东权利并承担股东义务，原则上不适用上述隐名出资关系的一般规则。

这类公司的章程或内部规约往往会对股东共益权或自益权的行使与实现予以一定限制或特别规定,这类规定在公司内部具有法律约束力,故企业职工应当依据相关公司章程或内部规约行使其权利,其直接以其股东资格请求人民法院依据一般公司法规定判令公司为其显名登记的,人民法院不予支持。

七、董事、高管违反勤勉义务的责任

32. 责任主体的范围及实质判断标准

勤勉义务的法定主体限于:董事、监事、经理、副经理、财务负责人以及上市公司董事会秘书和公司章程规定的其他人员(《公司法》第216条)。

但任何实际上享有或行使董事、高管职权的人员,都可以属于勤勉义务的责任主体。具体有两类情形:(1)名义不适格但实质适格。(2)不显名的实质适格。他们实质上行使了公司董事、高管的职权,因为股权本身并无直接参与公司经营管理的权能,故不应简单依据《公司法》第20条来判断其是否滥用股东权利而承担相关责任,而是应当以公司法及章程关于董事、高管的忠实与勤勉义务作为判断标准。

33. 合谋主体的排除

董事、高管可能并非独自完成侵害行为,其可能与《公司法》第147、216条所列明的勤勉义务法定主体之外的人员主观合谋或行动上一致配合,对此应结合侵害方式区分对待:

(1)董事、高管不忠于公司最佳利益、利用职权之便直接侵害公司利益,该种行为本质上属于故意侵权,与一般侵权行为无异,董事、高管与其他人员进行主观合谋或行动上一致配合的,两者可以构成《民法典》第1168条规定的共同侵权行为。

(2)董事、高管在执行公司职务时违反勤勉义务,造成公司利益受损,对于参与合谋或协助的其他人员,如公司其他一般职员、股东或公司外第三人等,他们既不享有公司决定性管控权,也不受勤勉义务的规制或督促,故不应与董事、高管共同承担违反勤勉义务责任。就其行为可另行评价,法院应依其过错及因果关系等要件判断其是否承担一般侵权责任。

34. 侵害行为的特定性

董事、高管人员违反勤勉义务侵害公司利益的方式具有特定性,正是由于他们拥有超出其他人员的对公司各项事务的决定性管控权，故特定的侵害方式体现在董事、高管人员实际运用该决定性管控权侵害公司合法利益。

35. 勤勉义务的基本依据

勤勉义务的具体内容原则上应以法律法规、公司章程所规定的职责职权为主，但人民法院在适用相关职责规范时，可通过解释与类推方法适当地扩展、细化，并加入对行为人善管义务、注意义务的裁量判定。

36. 交接中的勤勉义务

董事、高管人员应以公司最佳利益为准，其是公司经营管理事务的直接责任人，即使董事、高管人员处于职位交替阶段，也应相互处理好交接事宜，勤勉维护好公司利益。就新任董事、高管人员而言，其在被任命之时即负有勤勉职责，应积极与原任进行接洽并主动提请和办理交接事宜，故新任董事、高管人员负有实现交接行为的积极义务；就原任而言，其在离职时也应维护好原职务中的公司利益，这是忠实义务和勤勉义务的合理延伸，其应中止积极的经营决策行为，转而以保全现有利益为主要职责，同时协助新任处理善后事宜，负有配合交接、说明及照顾等被动义务。

人民法院可以依据上述交接义务，在因新旧董事、高管人员交接不当而造成公司利益受损的纠纷中，妥善认定各方的义务与责任份额。

37. 因果关系规则

判断职务行为与损失之间的因果关系时，原则上可不采纳一般侵权责任中的“相当因果关系”规则，而应主要采“事实因果”或“条件因果”规则，即决策行为与公司利益损失具有事实上的直接因果关系即可，而无须具备“相当性”所要求的通常性或高度盖然性。

38. 利益损失的已然性

承担违反勤勉义务责任的前提是公司已实际遭受利益损失，这不仅是指物权、知识产权等公司固有利益遭受实际损失，而且包括债权性利益达到已遭受损失的程度。

债权性利益属于金钱给付或可转化为金钱给付的债权，金钱之债的债务人暂遇经济困难而无资力给付的，仅导致履行迟延，并无给付不能。只有当债务人确定无可供执行财产或遗产之后，或在确定破产财产分配方案或确定重整清偿率之后，未完全受偿的金钱本息债权才具备“已然性”，就此方能认定相关董事、高管的职务行为已导致了公司利益损失，进而明确损失具体数额。

八、公司法人人格否认之诉

39. 构成要件

在适用《公司法》第20条第3款时应当注意检验案件是否符合以下四个要件：

(1)主体要件。原告应当是公司的债权人，而不应是股东自己对公司主张法人人格否认；被告应当是实施了滥用公司法人独立地位和股东有限责任行为的股东；而不应是其他无辜股东。

(2)主观要件。实施相关滥用行为的股东应当是故意为之，其目的是逃避债务，主观上有明显过错；如果股东主观上没有过错，或者过错不明显，属于过失，未达到“滥用”的程度，就没有必要否定公司人格。

(3)结果要件。作为原告的债权人受到的损害必须达到“严重”程度，即不仅公司对原告的债权丧失清偿能力，且穷尽其他法律救济机制也无法保护债权人利益；例如，虽然控股股东存在相关滥用行为，但如果公司名下资产较为充足，也不宜由债权人直接诉请股东承担连带责任；又如，有证据明确显示控股股东从公司无偿拿走3000万元，没有做账，应直接诉请追回即可，只有是控股股东与公司财产完全混同，根本无法算清其从公司无偿抽走的具体数额的，才可能适用公司人格否认制度。

(4)因果关系要件。虽然债权人受到“严重”损害，如果不是股东“滥用”行为造成的，而是其他原因，如市场变化、交易风险、公司经营管理不善等，那么就不应突破公司的法人独立人格。

40. 法人人格否认的既判力范围

公司人格否认只是在具体案件中依据特定的法律事实、法律关系，突破股东对公司债务不承担责任的一般规则，例外地判令其承担连带责任。人民法院在个案中否认公司人格的判决的既判力仅约束该诉讼的各方当事人，不当然适用于涉及该公司的其他诉讼，不影响公司独立法人资格的存续。

如果其他债权人提起公司人格否认诉讼，已生效判决认定的事实可以作为证据使用。

41. 公司人格否认之诉与破产程序的衔接

债权人提起公司人格否认之诉以后，该公司进入破产程序的，审理公司人格否认之诉的人民法院应当中止审理。该公司破产宣告后，人民法院应当依照《企业破产法》第 44 条判决驳回债权人的诉讼请求。但是，债权人一审中变更其诉讼请求为追收的相关财产归入该公司财产的除外。

该公司破产宣告前，受理破产申请的人民法院依据《企业破产法》第 12 条或者第 108 条的规定裁定驳回破产申请或者终结破产程序的，审理该公司人格否认之诉的人民法院应当依法恢复审理（《企业破产法解释二》第 21 条）。

九、对赌协议的效力审查

42. 对赌协议的基本认识

含有“对赌”模式的股权投资交易，其基础法律关系仍为股权转让合同，不宜将对赌协议作为单独的法律关系处理。

一般股权转让交易中，股价与股权份额互为对价；但在含有对赌交易模式时，股价所对应的合同对价在订立合同之时暂不确定，该对价可能既包含出让特定股权份额，还可能包含金钱补偿或溢价回购等内容，这需在约定条件成就时方能最终确定。

对赌条件作为“或有债务”而存在，属于交易对价的组成部分，属于股份交易主合同义务的一部分。

43. 回购条款的性质

股权转让交易中采用对赌协议模式的，其设置回购条款通常旨在抽回投资，即收回“借款”或“融资款”，人民法院应当对此进行公司资本制层面的审查，即回购是否遵守法定减资程序，以保证抽回出资或收回“融资款”背后的各方利益得到公平保护。

44. 名为对赌实为借贷的认定标准

若对赌目标在客观上不可能或几乎不可能达成，则实质上消除了所附条件的

“不确定性”,其约定的违约责任就成为必然发生的结果,该部分收益即为投资方获得的固定收益,该内容已不再符合“对赌”的性质,对此人民法院可以根据个案情况认定为借贷关系。

第四章 风险指南：公司经营法律风险提示与防范指南

本章简介

本章旨在面向社会发布司法指南，一般性提示法律风险并提出防范意见。该指南以现行公司法及法理为基础，以企业家关心、关注的法律风险为回应，以企业家易理解的形式与文风来表达，为企业家的经营投资环境提供更有针对性的司法服务和保障。

一、选择设立公司开展经营的风险

风险点：

在股东利益与债权人利益之间，法律较倾向于优先保护后者。在公司对外交易中，债权人对于公司行为外观的善意信赖，原则上可获优先保护；在公司内部运营中，公司不遵守法定资本制要求的，债权人可以向公司股东追究责任；在公司资不抵债时，公司所有资产优先用于清偿债权人的债权。

依据与原理：

公司作为一种既受股东控制但又能为股东隔离责任的机制，同时其资产还可以依经营需要而时刻变动，这本身就是更偏袒于公司股东而不利于债权人的制度构造，所以它一定需要一套保护公司债权人的机制与之配套，才能实现整体上的利益均衡，才能赢得债权人的信任，使债权人愿意认可公司的独立人格，愿意承认与之交易的是公司而非股东本身，愿意接受股东仅承担有限责任这种制度安排（《公司法》第3、15、16、20条；《民法典》第61、66条；《企业破产法》第85、113、120条，等等）。

如何降低风险：

1. 如果在企业筹备阶段就打算保持出资人个人意志、个人身份、个人资信对企业发展运营的主导地位，那么可不选择公司制度，而是优先考虑个人独资企业、合伙企业等形式。

2. 如果几位发起人在企业初创阶段，主要依赖他们个人之间的信任与配合以及个人关系与资信，那么在企业步入正轨后，在大量债务形成之前，应该尽快回归公司法要求的股东与董事高管之分野、股东财产与公司财产之分割，及时按章程规定缴足出资，同时完备公司决议、财务会计、监事的检查监督等机制。

二、选择做小股东的风险

风险点：

1. 难以影响公司的经营决策。在与大股东有分歧的情况下，大股东的意志更有可能转化为公司意志或股东会决议；而小股东对于公司经营发展的想法与计划则难以实现，小股东还可能会被排挤在公司经营之外。

2. 难以收回或撤回其出资。小股东的强制退出机制门槛较高，法定的适用条件较为严格，个案中不一定得以满足。

依据与原理：

不同于上市公司或公众公司，有限责任公司属于封闭公司，人合性较强，股东之间有信赖关系，股份少的股东不一定处于弱势，其份额少，主要基于股东自己的投资决策或股东之间的投资安排。因此，公司法倾向保护有限责任公司小股东的机制，明显少于或弱于在股份公司或上市公司中。即使个案里小股东在经营决策中受到排挤、处于弱势，这也主要属于股东之间的自治范畴，因为股权并不当然包含管控公司的权能，并且股东要受制于其团体成员身份，要服从于多数决与团体自治机制，小股东不得因此直接请求解散公司或诉请争夺经营权。当然，如果涉及侵害小股东权利，如参会权、表决权、知情权、股利分配权等，则另有法律救济制度或异议股东退出机制。

小股东想收回出资或退股的方式主要有四种：一是转让所持股权，但可能因交易价格难定、交易机会较少以及公司经营现状等因素，出让股权不一定顺利；二是强制要求公司回购其股份，但回购条件较窄，限于《公司法》第 74 条所规定的情形；三是通过公司减资退出公司，但毕竟减资程序严格复杂，且减资的前提是获得股东会绝对多数同意；四是诉请解散公司并收回剩余资产，但只要公司还能够在大股东或控制股东的控制下正常运营，就不符合公司解散条件（《公司法》第 16、20、21、71、74、182 条等）。

如何降低风险：

1. 针对特定事项或重大事项，由公司章程设置绝对多数决（2/3）或更高比例的多数决、累积投票制、一人一票制等决议规则。

2. 在公司章程中规定或股东之间提前约定小股东的退出方式，明确退出的相关条件。

3. 小股东利用好股东知情权、参会权等共益权，在积极参与公司决策的过程中尽可能了解公司，以便更好地预估自己的股权价值并收集相关材料。

4. 小股东要清楚了解公司法侧重保护小股东的相关机制：限制公司为控制股东提供担保（《公司法》第16条）；向滥用股东权利的控制股东索赔权（《公司法》第20条）；针对排斥自己参会的瑕疵决议的撤销权（《公司法》第22条）；知情权（《公司法》第33、150条）；临时股东会召集权（《公司法》第39、40条）；异议股东回购请求权（《公司法》第74条）；累积投票权（参见《公司法》第105条）；股东代表诉讼或称派生诉讼权（《公司法》第151条），等等。

三、选择做大股东的风险

风险点：

1. 股东会是公司最高权力机关，而大股东特别是控制股东往往能够掌控股东会决议结果，但这并不意味着他们能够依其个人想法或喜好任意左右公司决议。如果该决议有损公司作为一个独立人格的自身利益，或有损其他股东或小股东利益，或有损公司债权人利益，则属于公司股东滥用股东权利之行为，须承担债务连带责任或相关赔偿责任。

2. 虽然大股东特别是控制股东能够掌控公司，并排斥小股东参与公司具体经营，或忽视其意见建议，但如果不与小股东处理好关系，造成股东之间矛盾过激，进而严重破坏公司正常经营的话，即使是小股东也可能以公司僵局为由请求法院强行解散公司。

依据与原理：

公司控制股东对公司过度支配、操纵公司决策、使公司完全丧失独立性、沦为控制股东的工具或躯壳，且严重损害公司债权人利益的常见情形包括：（1）母子公司之间或者子公司之间进行利益输送的；（2）母子公司或者子公司之间进行交易，收益归一方，损失却由另一方承担的；（3）先从原公司抽走资金，然后再成立经营目的相同或者类似的公司，逃避原公司债务的；（4）先解散公司，再以原公司场所、设备、人员及相同或者相似的经营目的另设公司，逃避原公司债务的，等等。《公司法》第20条规定：公司股东滥用股东权利给公司或者其他股东造成损失的，应当依法承担赔偿责任；公司股东滥用公司法人独立地位和股东有限责任，逃避债务，严重损害公司债权人利益的，应当对公司债务承担连带责任。

《公司法》第182条规定：公司经营管理发生严重困难，继续存续会使股东利益受到重大损失，通过其他途径不能解决的，持有公司全部股东表决权10%以上的股东，可以请求人民法院解散公司。

如何降低风险：

1. 在公司经营中尽量坚持公司法人的独立性与自利性，即以本公司自身最佳利益为股东会的决议目标；即使在集团公司内部，母子公司之间、各子公司之间也都属于相互独立的法人主体，故要慎用关联交易（包括关联买卖、关联担保、关联偿债等），做到账目清楚、公平合理、及时清结，尽量维护需要有限责任保护的子公司的独立性与自利性。

2. 依法规范召开股东会，通过充分协商讨论，尽量保持与小股东的和谐互信关系。

3. 尽量保障小股东的退出机制，不要因斗气赌气自酿僵局。

四、注册资本总额过低的风险

风险点：

若公司章程设定的资本金总额明显过低，导致公司明显不具备偿债能力的，债权人可能会以股东滥用有限责任为由，向法院诉请否定公司独立人格，要求股东对公司债务承担连带责任。

依据与原理：

公司设立后在经营过程中，如果股东实际投入公司的资本数额与公司经营所隐含的债务风险相比明显不匹配，这实际上是出资人对公司经营加入了过多的投机性，表明其没有从事公司经营的诚意，而是利用公司独立人格和股东有限责任把投资风险转嫁给债权人，这在法律上看来是不公平的，故需要用连带责任来平衡股东与债权人之间的利益及风险负担（《公司法》第20条第3款）。

如何降低风险：

如果公司注册资本明显较低，股东之间可以协议约定，依据公司债务不断增加，及时通过向公司增资的方式，或由股东或其他关联公司提供担保的方式，使公司净资产与公司债务之间基本平衡，以破除法律上对出资人恶意的预设，同时也排除了法院判定否认公司独立人格而由股东承担连带责任的风险。

五、股东自己经营管理公司的风险

风险点：

若有限责任公司股东自己具体经营管理公司的，无论其是否正式获任高管职位，实际上都是在行使公司高管的职权。这一现象属于股东身份与高管身份重叠，当这类股东在行使职权中侵害公司利益时，须受公司法规定的高管忠实与勤勉义务之约束，即承担违反忠实与勤勉义务的法定责任。

依据与原理：

公司股东权利主要分为共益权和自益权，前者主要为参会权、表决权、知情权等，后者主要为股利分配权、剩余财产分配权等财产受益权，故公司股东并不当然享有直接管理和经营公司的权力和地位。公司股东自己具体经营公司的，实际上是在行使对公司各项事务的决定性管控权，即使其没有获任高管职位，也属于行使公司高管职权的行为。因此，股东利用其实际影响力、地位或便利，在具体经营管理公司过程中损害公司利益的，这并非属于滥用股东权利，该行为并非基于股东身份而是基于其实际作为公司高级管理人员的身份，其涉嫌的不当行为实质上属于公司高级管理人员的失职行为或不忠实行为（《公司法》第147～149条等）。

如何降低风险：

1. 即使对于控制股东而言，经营管理公司不是管自己家务事，而是要遵守公司法规定的忠实与勤勉义务，“忠实”是要以公司最佳利益或既定发展方向为行动目标，要将本公司的独立利益置于首位，不得以权谋私；“勤勉”则要求在执行职务时应勤勤恳恳、努力不懈，不得拖延或消极履行，要尽到管理者通常应有的合理注意。

2. 股东具体经营管理公司的，应当依法对其任命相关高管职务，并明确权限与管理职责，该股东应依自身职务内容与性质履行经营管理职责。

六、公司为他人提供担保的效力风险

风险点：

公司以自身资产为他人(特别是股东或实际控制人)债务提供担保的，若未依据法定程序或方式进行，可能导致公司担保无效，公司无须为他人债务负担清偿责任。

依据与原理：

现行《公司法》允许公司以自身资产为他人债务提供担保，这实际上是在赋予股东经营自由的同时，增加了公司债权人的风险，因为从法律关系的角度来看，担保行为是无偿行为、单务行为，公司一方只有义务负担而没有对价，这类行为无异于直接从公司抽走资产。但另一方面，公司属于商主体，公司及其所有者有能力合理决策其经营行为，现实中公司往往并非真的无偿提供担保，其很可能在其他交易关系或更大的经营关系网中获取相应对价，因此法律也没有必要完全禁止公司为他人提供担保。故而在司法上，承认公司有提供担保的自由是原则，而认定公司担保无效则是例外，进一步而言，后者主要是一种个案矫正规则，即针对那些恶意利用公司担保抽逃公司资产、损害公司本身以及公司债权人利益的个例(《公司法》第16条)。

如何降低风险：

1. 严格依据《公司法》的规定完成公司担保程序。

2. 尽量在担保协议中体现相关对价情况，或尽量将担保行为置于相关交易关系中一并进行。

3. 不要利用公司担保的方式抽逃公司资产，否则不仅该担保无效，而且相关责任人还可能受到行政处罚，严重的还可能触犯抽逃出资罪。

七、自由订立公司章程的风险

风险点:

在公司内部治理方面,法律赋予公司章程很大的自治空间。但如果过于脱离公司法现有规定的,相关章程条款可能被认定无效。章程的越界风险大致有四个方面:一是违背公司法定资本制要求的;二是实质上剥夺股东固有权利的;三是违背股东个人意愿加重股东义务的;四是违反公司法任意性规范的内在价值导向的。

依据与原理:

公司法规定了很多组织机构方面的规则,但大多并不具有强制性,属于任意性规范,其中很多条款还明确赋予公司章程另行规定优先适用的地位。因此,无论是各机构的设置与职权,还是召集、议事、表决规则,抑或追责、赔偿机制等,每个公司都可以在公司章程中进行个性化安排。但是,公司机制涉及众多主体的利益平衡,公司法必须保持一定的强制性,故章程自治亦有界限,总结而言,其越界风险大致有四个方面:一是违背公司法定资本制要求的,如实质上形成公司与股东财产混同或意志混同的治理模式、公司可不经减资程序回购股东股权、公司分配利润的约定违反法定程序;二是实质上剥夺股东固有权利的,如造成股东丧失出让股权的可能性、无法实现股东知情权;三是违背股东个人意愿加重该股东义务负担的,如强行通过多数决修改章程的方式,加速异议股东的出资实缴到期或增加异议股东的出资额;四是违反公司法预设规则的内在价值导向,如章程设置股东会的召开条件很严、股东会决议通过难度很高,致使股东会被架空、形同虚设,进而造成股东会僵局甚至公司僵局。

如何降低风险:

尽可能依据公司法所预设、倡导、提示的治理规则来制定公司章程,尽可能在公司法明确赋予章程另行规定的范围内进行个性化设置,同时注意不违反法定资本制要求、不损害债权人利益、不损害公司中小股东利益。

八、股权转让程序不规范的风险

风险点：

1. 股东向其他股东以外的人出让股权的，若没有取得其他股东放弃优先购买权的，则会影响股权发生变动。

2. 外人向公司股东购买股权的，要注意该股东之外的其他股东是否都已承诺放弃优先购买权。只要其他股东在有效期限内行使了优先购买权，即使股权转让交易正在进行甚至已完成过户登记，那么该次交易也将终止。

3. 向公司股东购买股权但尚未完成过户登记的，虽然不必然影响买受人参与公司决议或行使股东权利，但买受人的权利没有对外公示，股权出让人在“一股多卖”或被其债权人申请法院强制执行的情况下，未获登记的股权买受人可能因此权益受损。

依据与原理：

有限责任公司股权对外转让的，出让股东外的其他股东享有优先购买权，因此外人要购买股权的，最好确定其他股东已放弃该权利，否则一旦有股东行使该权利，将直接阻却外人购买股权的行为，具体效力为：只要某股东行使优先购买权，且出让股东接受时，若股权尚未向外人转移变动的，应优先向该股东发生变动；若股权已向外人转移变动的，则该变动效力被解除。

理论上看，工商变更登记并非股权变动的必要条件，即股权变动不必然等到完成工商变更登记时才生效。但是，工商登记具有针对善意第三人的对抗效力，这意味着，股权买受人可以凭借工商变更登记防止原股东或公司与第三人以后再来侵害其已获权利。因此，办理过户登记仍是股权交易实践中的重要环节，往往成为出让股东完整履行合同义务的主要标志。

如何降低风险：

1. 规范开展股权转让交易：一是订立书面股转协议，商定价格、付款方式，尤其注意核清公司净资产，获取目标公司债权债务等影响交易价格的关键信息；二是出让股东向其他股东书面通知，确保每位股东放弃行使优先购买权；三是依约转款并进行交接，同时就股权转让事项书面通知公司，请求公司确认新股东身份，并修改股东名册、公司章程等；四是办理股权变动过户登记。

2. 在转让合同中可以设计违约责任或担保条款，若因公司其他股东行使优先购买权，导致股权转让无法及时履行的，买受人即可主张违约赔偿或担保责任。

3. 在转让合同中可以设计股权过户登记与相应的股款支付义务相绑定，并通过提存、监管账户等中介服务实现两者同时履行，最大程度降低纠纷风险。

九、法定代表人的签章规范与风险

风险点：

1. 表明自己为公司代表人身份，而非以自然人本人身份进行磋商与订约。

2. 书面合同中的当事人（甲方、乙方等）写明为该公司，而非写为法定代表人个人姓名。

3. 合同签章处标明“法定代表人：”，冒号后由法定代表人签写个人姓名。

4. 合同签章处标明公司全称即完整名称，由法定代表人自己或由其授权的他人在全称处加盖公司公章。

依据与原理：

公司法定代表人是法人人格的具体化载体，须由自然人担任，加之该自然人通常也是公司股东、公司高管（董事长或总经理等），实践中其身份多重性往往造成不少纠纷与争议。但实际上，每种身份都对应着特定的法律关系。除了该自然人自己所享有的人格与财产关系之外，法定代表人身份针对的是公司对外磋商以及对外订约关系；股东身份针对的是公司与股东以及各股东之间的出资法律关系；高管身份针对的是其与公司之间的忠实勤勉义务关系。因此，每种身份各司其职，不存在也不允许混淆合并，只有区分每种身份并规范其行为，才能准确触发相应的法律效力。

代表人实质上是以自己的人格代为法人表意，而并非代表人的任何行为都可以随时随意归属于法人，并非“法人代表即法人”，只有法定代表人规范开展其代表行为，其行为后果才归属法人。另外，公司法人行为也具有严肃性、规范性要求，并非任何人加盖公司公章都可以认定为公司表意，并非“公章即法人”，只有法定代表人或公司授权代理人代为法人表意同时加盖公章，才属于规范的法人表意外观。

债权人的信赖利益应当基于规范的外观而形成，即公司表意或行为越具有规范的外观，那么债权人就越值得相信该表意或行为归属于公司，法律上保护该信赖的力度也会越大，即使在公司内部存在相关决议瑕疵或越权行为，也不影响公司行为对外的有效性，不影响债权人基于该外观主张相关权利。

不规范签章的风险：

1. 原本计划实施的公司行为，可能被认定为法定代表人个人行为，相关合同义务与责任由该个人以其自身财产（或与公司连带）承担。

2. 原本计划是个人承担的债务关系，可能被认定为法定代表人的代表行为，而由公司承担（或与个人连带承担）相关合同义务与责任。

十、隐名出资或代持股的风险

风险点：

1. 实际出资人对于显名人而言，主要享有合同权利，如果显名人不按照隐名出资或代持股协议行使股权，实际出资人可以要求显名人承担违约责任。

2. 实际出资人对于公司而言，原则上没有直接权利，其应主要通过显名人来实现其对公司的权益。

3. 实际出资人对于显名人的债主而言，该债主原则上可以请求法院强制执行显名人名下股权用以偿债，实际出资人一般不能对抗善意债权人。

4. 显名人对于公司而言，其可能要直接承担股东义务和责任，公司原则上可以直接向显名人请求缴资、补资、赔偿等股东义务和责任。

5. 法律法规明确规定不得隐名出资或不得股权代持的，隐名出资合同或代持股协议可能无效。

依据与原理：

"隐名"或"代持"实际都是指出资人不在公司的商事登记或外观表征中显名。但我们清楚，出资人并非想将自己的权益赠与显名者，也并非想完全放弃对公司的管控，无论是"隐名"还是"代持"的提法，潜台词都是"躲在背后的人"才是真正权利人。这种投资意图是否能实现？根据《公司法》第26条第1款以及《公司注册资本登记管理规定》第8条的规定，显名的登记股东与公司注册资本、出资义务等有法定关联，作为股东应当以自己名义出资。显名出资首先在于保障出资义务明确，进而利于实现资本充实原则；其次是保障股东成员权有序行使，进而利于公司决议等法人意志的安定性。因此，公司法要求的显名出资属于强制性规定，不能任由出资人私下通过合同协议改变,故原则上名义股东就是具有股东资格的“真股东”。但至于实际出资人与显名人(代持人)之间的代理、指挥、配合、协作等私下关系,只要不违反法律强制性规定,原则上均可通过订立合同自由约定,这与显名出资的要求并不冲突,这实质上是合同自由在公司制度中的具体运用,属于股东背后的个人内部利益关系。

如何降低风险:

1. 实际出资人尽量约定清楚如何“隐转显”或其他处置股权的方法。实际出资人在与显名人订立隐名合同或代持协议时,要约定好终止隐名关系或代持关系的各种条件或情形,并约定好相应的股权处置方法,同时还可以约定显名人(代持人)相应的违约责任。

2. 实际出资人尽量让公司或其他股东事实上知悉其与显名人的隐名关系或代持关系。公司或其他股东越知悉这种关系,法律上就越认可实际出资人在公司内部的实际权益。实际出资人特别是公司实控人在订立隐名合同或代持协议时,可以让其他股东或全体股东也在该协议中签字认可,即作为一个多方协议。

3. 实际出资人尽量让显名人(代持人)的交易方或债权人事实上知晓该隐名或代持关系。特别是当显名人与第三人磋商股权转让事宜时,实际出资人尽可能亲自参与其中,在订立股权转让合同时也可以加入签字,总之越让债权人知悉这种关系,越可能阻却法律对于善意第三人的信赖利益保护,使实际出资人的利益无须因适用保护债权人的外观主义规则而做出牺牲。

4. 显名人(代持人)作为股东义务和责任的直接承担者,在与实际出资人订立合同时,应当约定好实际出资人的各项义务与责任,同时约定好实际出资人的相关违约责任,甚至可以要求实际出资人提供相应担保,避免自己既不享受股权利益但又成为责任与风险的最终承受者。

第五章 调研与建议：关于有限责任公司纠纷的实证分析

本章简介

调研背景：在广西壮族自治区高级人民法院审理公司纠纷二审或再审案件时，研究团队有以下体会：一是中基层法院的商事审判水平仍有欠缺，公司纠纷案件本身属于较复杂疑难的类型，在中基层法院往往由院庭领导作为审判长或主办人，但实际办理效果仍不够理想；二是案件地域分布很不均衡，有的地区公司纠纷案件极少，有的地区案件类型过于单一，实务中大部分案件为股权转让纠纷，这些都造成部分法官在办案经验上积累不够，或在办理少见类型案件时经验不足；三是关于公司纠纷及其理论的科研调研仍较少，导致审判队伍的理论提升与经验总结较为迟缓。基于上述情况，公司纠纷案件的质效水平总体不高。针对该现实问题，结合笔者在理论与案例部分中的成果，笔者通过实证调研，收集相关司法运行数据，访问征求各方观点意见，进一步梳理实务中的重难点争议问题，同时对已有的理论与规则进行验证与修善。

调研特色：传统课题的普遍问题在于，高校或研究机构的科研项目可能偏于学术理论，审判实务的针对性不足；法院等司法机关的课题项目可能限于实务，理论支撑与提升不够，且这种偏科问题，还会影响相关成果转化与实效落地。本课题组高度注重理论与实务相结合，不仅以学术标准打好理论基础，更是善用善借高级法院这一平台，联动广西各中基层法院、省级司法厅、市场监管局、工商联、律协等，实现对法官、律师、企业家等多类覆盖，做到客观数据与个体观点、群体意向相结合，使课题调研既针对实务争议与常见疑难，又能深刻分析现象与本质。

一、广西法院近年来公司纠纷案件的数据分析

（一）分析范围说明

1. 分析对象

本课题所称“公司纠纷案件”主要指，2020 年最高人民法院《民事案件案由规定》（法〔2020〕346 号）中二级案由“与公司有关的纠纷”之下的 24 类三级案由：股东资格确认纠纷；股东名册记载纠纷；请求变更公司登记纠纷；股东出资纠纷；新增资本认购纠纷；股东知情权纠纷；请求公司收购股份纠纷；股权转让纠纷；公司决议纠纷；公司设立纠纷；公司证照返还纠纷；发起人责任纠纷；公司盈余分配纠纷；损害股东利益责任纠纷；损害公司利益责任纠纷；损害公司债权人利益责任纠纷；公司关联交易损害责任纠纷；公司合并纠纷；公司分立纠纷；公司减资纠纷；公司增资纠纷；公司解散纠纷；清算责任纠纷；上市公司收购纠纷。

2. 数据来源

本报告所有数据来源于“广西法院审判平台”中收集的数据信息，该平台技术支持为北京华宇信息技术有限公司。本报告的数据并非完全依靠该审判平台中的搜索功能，部分数据是通过后台技术人员直接提取。

（二）公司纠纷案件的基本特点

1. 公司纠纷案件中出现最多的前三类案由及数量

广西法院近三年公司纠纷案件中，以新收一审案件数（即体现实际纠纷数）为准，出现最多的前 3 类案由及数量为，2017 年：股权转让纠纷，数量为 416 件；股东资格确认纠纷，数量为 230 件；请求公司收购股份纠纷，数量为 53 件。2018 年：股权转让纠纷，数量为 521 件；股东资格确认纠纷，数量为 197 件；股东知情权纠纷，数量为 68 件。2019 年：股权转让纠纷，数量为 883 件；股东资格确认纠纷，数量为 87 件；损害公司利益责任纠纷，数量为 66 件（见图 5－1－1）。

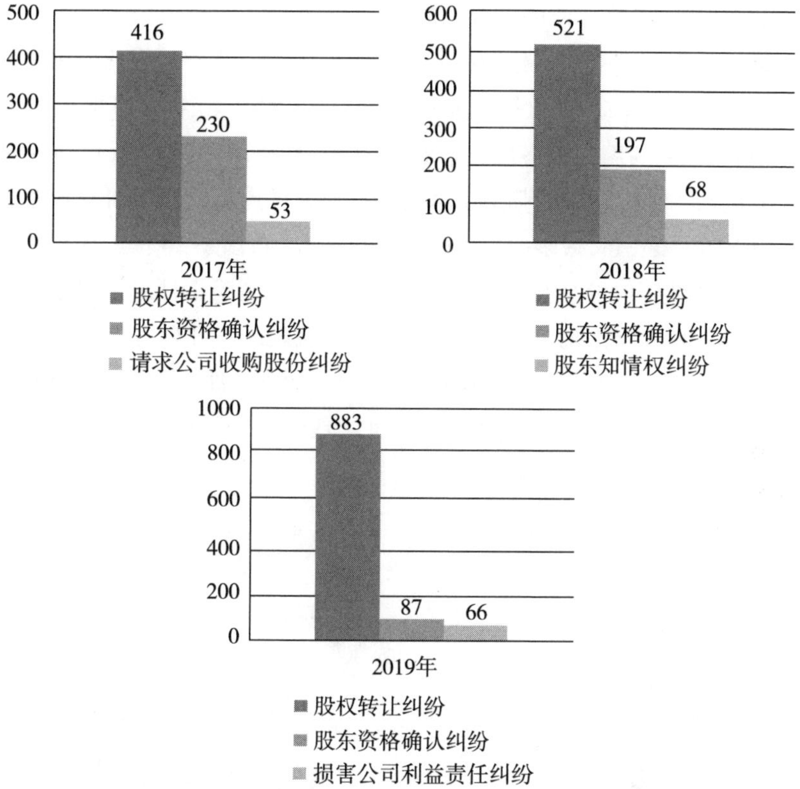

图5－1－1 公司纠纷案件中出现最多的三类案由示意图

2. 公司纠纷案件中股权转让纠纷占比近五成

广西各级法院近三年公司纠纷案件新收数量，以新收一审案件数为准，分别为：2017年1015件，2018年1198件，2019年1467件；广西各级法院近三年股权转让纠纷案件新收数量分别为：2017年416件，2018年521件，2019年883件，其占比情况（见图5－1－2）。

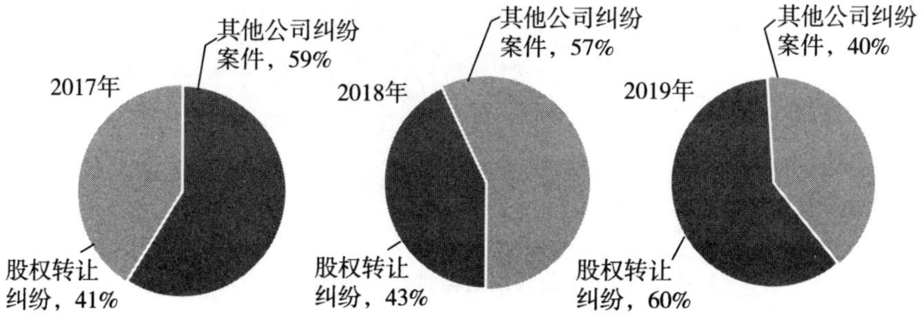

图5－1－2 近三年股权转让纠纷数量的占比示意图

3. 公司纠纷案件在广西的地域分布严重不平衡

以2019年为例，在广西辖区内14个地级市中，南宁市辖区内的公司纠纷案件占全广西案件量的37.3%（包括一审案、二审案、申字号案、再字号案）；对于广西辖区内新收公司纠纷案件最多的南宁市、柳州市、桂林市，这些地级市辖区内的案件则达到了全广西案件量的57.1%；较之于广西辖区内新收公司纠纷案件最少的贵港市、来宾市、崇左市，最多的三个市比最少的三个市多了10倍。从基层法院的角度来看，广西辖区内设有113个基层法院，新收公司纠纷案件最多的分别是南宁市江南区法院、西乡塘法院、青秀区法院，这三家法院的案件量占广西所有基层法院案件量的40.7%；但同时，广西辖区内新收公司纠纷案件在3件以内（包括3件、2件、1件、0件）的基层法院达到了40家，也就是说，广西35.4%的基层法院新收公司纠纷案件为3件以内（见图5-1-3）。

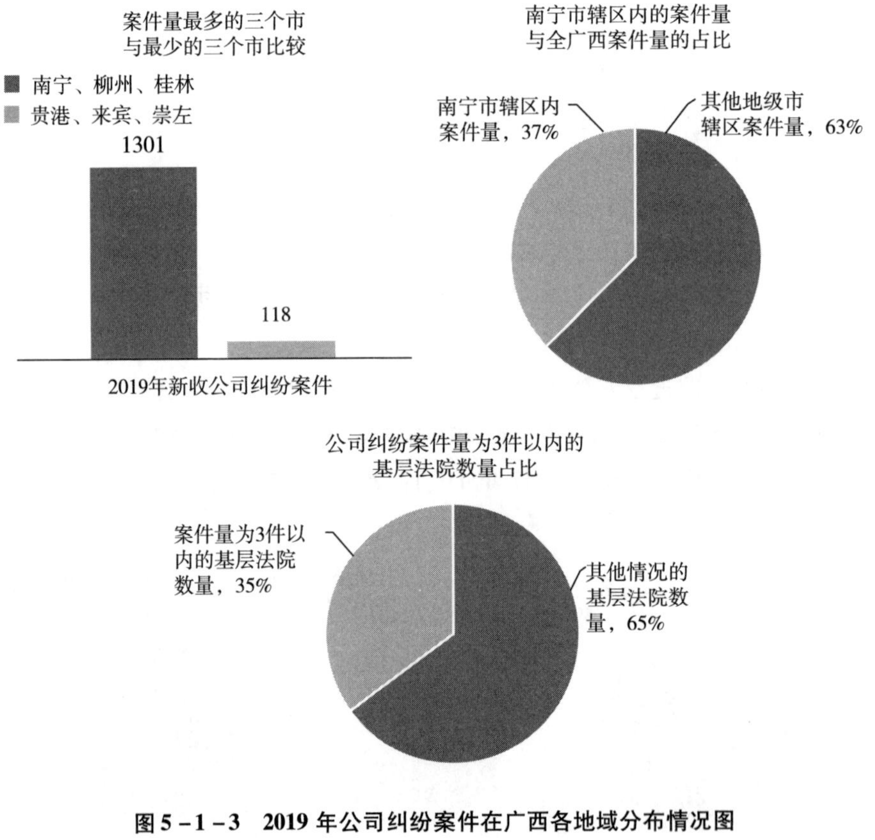

图5-1-3　2019年公司纠纷案件在广西各地域分布情况图

4. 公司纠纷中案涉公司类型主要为中小规模的有限责任公司（见图 5－1－4）

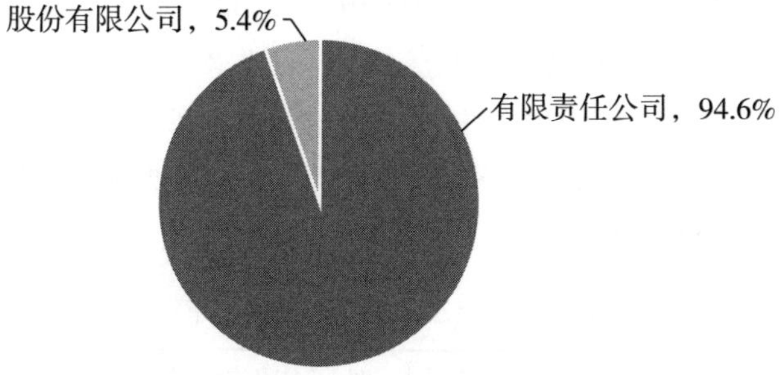

图 5－1－4　公司纠纷案件中案涉公司类型情况占比图

5. 公司纠纷案件较之于一般民商事案件数量增幅更大

广西各级法院近年民商事案件新收数量（包括一审案、二审案、申字号案、再字号案）分别为：2016 年 279,797 件，2017 年 303,137 件，2018 年 314,770 件，2019 年 390,115 件；同比增长率分别为 2017 年 8.3%，2018 年 3.8%，2019 年 23.9%。广西各级法院近年公司纠纷案件新收数量（包括一审案、二审案、申字号案、再字号案）分别为：2016 年 1506 件，2017 年 1574 件，2018 年 1707 件，2019 年 2250 件；同比增长率分别为 2017 年 4.5%，2018 年 8.4%，2019 年 31.8%。具体对比情况如图 5－1－5 所示：

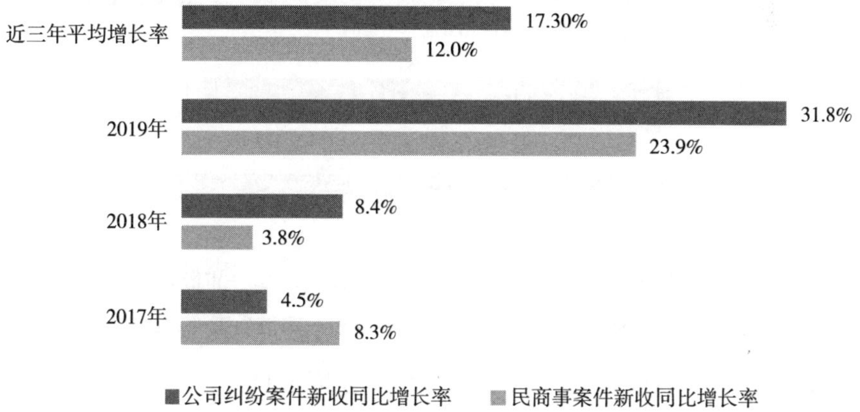

图 5－1－5　近年来公司纠纷案件与民商事案件增幅比较图

6. 公司纠纷案件较之于一般民商事案件的一审衍生案件率更高

一审衍生案件，是指某一纠纷并未在一审完结，该案当事人在一审结案后没有息诉服判，而是经由上诉、申请或信访等，由该案衍生出二审案、再审审查案或再审案，这些案件可统称为一审衍生案件。因此，一审衍生案件率，就是指衍生案件数（二审案、申字号案、再字号案）与一审案件数的比值。广西各级法院近三年民商事案件一审衍生案件率分别为（见表5－1－1）：

表5－1－1　广西各级法院近三年民商事案件一审衍生案件率对比表

年份	案件类型	一审案件数（件）	衍生案件数（件）	一审衍生案件率
2017年	民商事纠纷	262,287	40,850	15.6%
	公司纠纷	1015	559	55.1%
2018年	民商事纠纷	272,578	42,192	15.5%
	公司纠纷	1198	509	42.5%
2019年	民商事纠纷	334,441	55,674	16.6%
	公司纠纷	1467	783	53.4%

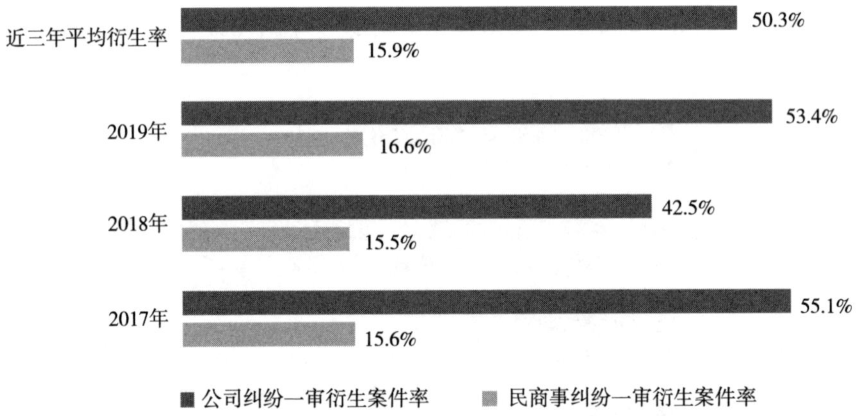

图5－1－6　近年来公司纠纷与民商事纠纷一审衍生案件率比较图

7. 公司纠纷案件较之于一般民商事案件平均审期更长

广西各级法院2019年民商事案件平均审期为105.2天；2019年公司纠纷案件平均审期为177.3天（见图5－1－7）。该审期的计算区间是从案件立案日到结案日，同时以一次纠纷为一案，将出现上诉审的案件与一审合并计算，具体算法为：一审、二审从立案日到结案日的审理天数之和除以一审案件数。

图 5-1-7 2019 年公司纠纷与民商事纠纷平均审期比较图

8. 公司纠纷案件较之于一般民商事案件第一次审限结案率更低

仅算一审的情况下，广西各级法院 2019 年民商事案件法定第一次审限结案率为 80.55%；2019 年公司纠纷案件法定第一次审限结案率为 67.62%。在计算民事一审、二审、再审、申请再审的情况下，2019 年民商事案件法定第一次审限结案率为 79.06%；2019 年公司纠纷案件法定第一次审限结案率为 70.06%（见图 5-1-8）。

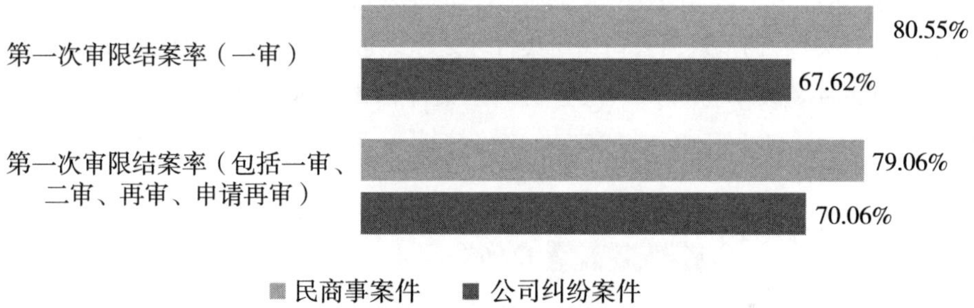

图 5-1-8 2019 年公司纠纷与民商事纠纷第一次审限结案率比较图

9. 公司纠纷案件较之于一般民商事案件一审息诉服判率更低

广西各级法院 2019 年民商事案件一审息诉服判率为 86.44%；2019 年公司纠纷案件一审息诉服判率为 63.09%（见图 5-1-9）。

图 5-1-9 2019 年公司纠纷与民商事纠纷一审息诉服判率比较图

10. 公司纠纷案件较之于一般民商事案件调撤率更低

广西各级法院 2019 年民商事案件调撤率为 38.99%；2019 年公司纠纷案件调撤率为 25.88%。该数据的案件统计范围包括一审、二审（见图 5-1-10）。

图 5－1－10　2019 年公司纠纷与民商事纠纷调撤率比较图

11. 公司纠纷案件较之于一般民商事案件发改率更低

广西各级法院 2019 年民商事案件(二审案件)发改率为 16.62%；2019 年公司纠纷案件(二审案件)发改率为 12.96%。但对于申请再审的申字号案件，广西各级法院 2019 年民商事再审申请案件的提审率为 11.73%；公司纠纷案件的再审提审率则更高，为 13.48%(该数据的筛选对象为结案方式含“本院再审”“本院提审”“指令原审法院再审”“指定其他法院再审”的申字号案件)。一旦进入再审程序，对于再字号案件，仍呈现出公司纠纷案件较之于一般民商事案件更低的发改率：民商事再审案件发改率为 51.29%；公司纠纷案件再审发改率为 40.54%(见图 5－1－11)。

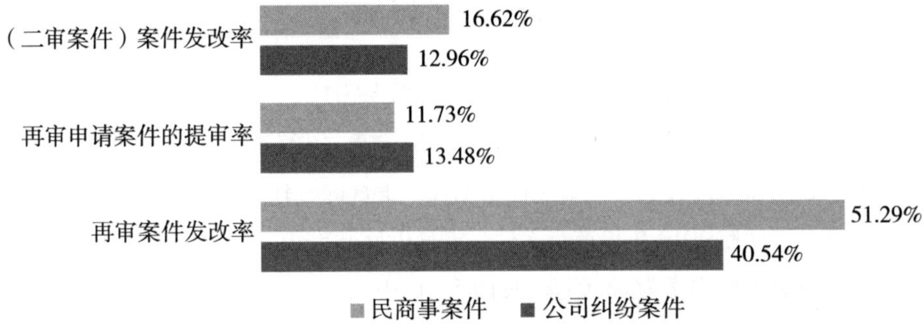

图 5－1－11　2019 年公司纠纷与民商事纠纷案件发改率比较图

12. 公司纠纷案件较之于一般民商事案件平均开庭与质证次数更少

广西各级法院 2019 年民商事案件平均开庭次数为 1.36 次；2019 年公司纠纷案件平均开庭次数为 1.07 次。广西各级法院 2019 年民商事案件平均质证(指开庭之外的单独质证会)次数为 0.33 次；2019 年公司纠纷案件平均质证次数为 0.2 次(见图 5－1－12)。

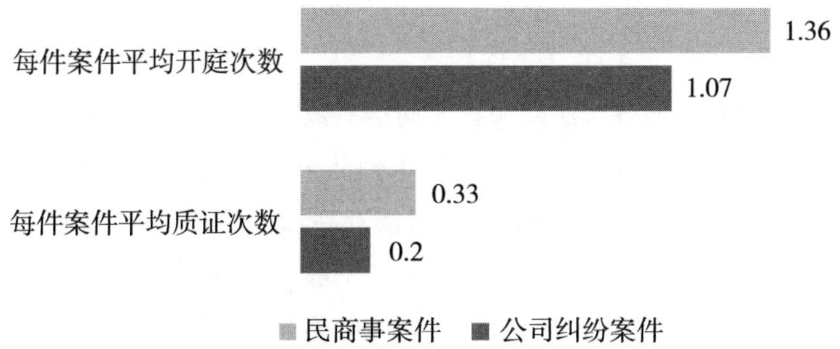

图 5－1－12　2019 年公司纠纷与民商事纠纷平均开庭与质证次数比较图

13. 公司纠纷案件原告起诉被驳回较之于一般民商事案件占比更高

广西各级法院 2019 年民商事案件中原告起诉被驳回的比例为 2.12%；2019 年公司纠纷案件中原告起诉被驳回的比例为 4.32%。该数据的案件结案方式包括“一审驳回起诉”“二审撤销原判驳回起诉”（见图 5－1－13）。

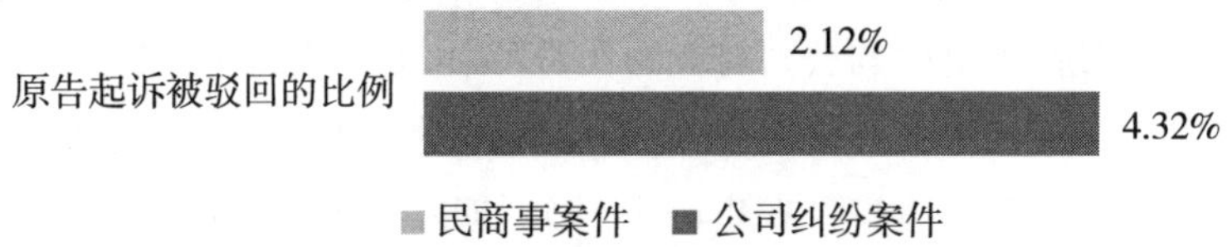

图 5－1－13　2019 年公司纠纷与民商事纠纷原告起诉被驳回比例比较图

（三）公司纠纷案件审理中存在的问题与启发

1. 商事审判队伍的实务经验与理论积累不足

（1）案件总量不高、人均案件量较少。公司纠纷案件实质上是指基础法律关系直接适用《公司法》及其司法解释的案件，这类案件的总量一般与当地经济发展水平及商业交易活跃度呈正相关。广西法院近三年来新收公司纠纷案件总量不高，三年总和共计新收一审案件 3680 件，即使在民商事案件急剧增长 23.9% 的 2019 年①（见图 5－1－5），新收一审公司纠纷案件也仅为 1467 件；即使加上一审衍生案件，即二审案、申字号案、再字号案，2019 年各类新收公司纠纷案件总量仅为 2250 件（见图 5－1－1），结合目前广西各级法院商事审判法官及法官助理人数（主要以民二庭或接收公司纠纷案由的庭室来计）约 700 人（暂计 700 人），2019 年广

① 2019 年广西民商事案件新收增长率为 23.9%，是全国增长水平的 2 倍多；较之于 2018 年 3.8% 的增长率，2019 年的增长水平是 2018 年的 6 倍多。

西法院商事审判队伍人均案件量仅为3.2件。至于2018年、2017年的人均案件量则不到3件(分别约为2.4件、2.2件)。

相较于2019年广西各级法院法官人均结案数164.5件,即使考虑到合议庭或审判团队的经验共享,目前广西法院商事审判队伍所能接触到的公司纠纷案件数还是严重偏少,无论是法官还是助理,都可能存在以下问题:①主观上对于公司纠纷案件重视不足,对于公司法理论与实务关注不够,一般很少对公司法疑难问题进行思考与研究。②实务经历不够连贯,办理经验不容易积累与延续,对一些问题的理解也不容易形成共识,这可能造成大家对这类案件存在一定的陌生感,在具体办案过程中往往拿不准、没把握、反复犹豫。③案件数较少将直接导致经验素材过少,现实具体情形的多样性和偶发性不容易收集与积累,这就会影响我们对于抽象法规范的理解与适用,可能造成对于"同案"或"不同案"的判断发生偏差,进而导致"同案不同判"或"不同案同判"。

(2)案件类型过于单一。在新收一审公司纠纷案件中,具体案件类型主要集中在"股权转让纠纷"案由("与公司有关的纠纷"案由之下有各类三级案由24个),近三年(2017年、2018年、2019年)该案由占所有公司纠纷案件的平均比例达到48%(分别为41%、43%、60%,见图5-1-2)。如此高的单一案由占比率,无论对于法官还是助理,可能会导致以下问题:①实务办案中的关注度与经验积累过于集中在单一案由中,使对其他类型的案由接触过少,对其他案由的实操熟悉程度较低,特别是在上述人均案件量仅为3.2件的情况下,案件类型单一的弊端更加明显,加剧了法官或助理缺乏实务经验素材的问题。②不利于对公司制度的体系性理解与适用。即使对于占比最高的股权转让纠纷,要审理好这类案件,应当深刻理解股权性质、权利变动要件、公司资本制、股东自治、股东权益保护等相关各类机制,并将这些问题置于整个公司法人制度的体系中予以考量,实现各类公司制度与规则之间的自洽、协调与统一。当我们过于偏重某一类案件及其适用规则时,则容易忽视公司法中的体系性思维。

(3)案件地域分布严重不平衡。以2019年为例,南宁市辖区内的公司纠纷案件占全广西案件量的近四成;就新收案件量而言,案件最多的三个市是最少的三个市的11倍;超过三成的基层法院新收案件量仅在3件以内(见图5-1-3)。这种不平衡的现象,当然会进一步加剧上述由于人均案件量少、案件类型单一所造成的经验与能力方面的问题,而更为直接且严重的问题在于,这种分布不平衡可能导致不同辖区法院对于公司法的理解与适用产生不同。原因在于,实务经验素材的明显差距或差别，将导致关注重心以及研判方向的不同，这可能也会使不同法院内部所形成的观点与认识不同。即不同法院在个案中对于相同或类似情形，所得出的裁判结论可能存在不合理的差别，当这种差别难以得到社会容忍或接受时，就形成舆论上所谓的“同案不同判”了。

（4）理论指导与激励不足。广西壮族自治区高级人民法院自2016年创办司法实务理论刊物《广西审判实务与探索》以来，致力于激励干警对实务疑难问题展开理论探讨与交流。但从首发辑至2020年第1辑，已总共刊发15辑，涉及商事审判或商事法理论内容的文章极少，从创刊至今已登发超过300篇论文及课题报告，却仅有5篇涉及商事审判，其中仅有1篇论及公司纠纷问题，仅有3篇涉及破产审判问题。这一数据表明，广西各法院之间对于商事法、公司法等实务或理论问题，严重缺乏交流与学习借鉴的尝试与努力。虽然我们创办了专业刊物，但广西法院系统并没有借此交流平台，在一定程度上缓解或弥补上述商事审判经验不足所造成的问题。

2. 公司纠纷案件中对于法律理解与适用是难点

广西各级法院在审理公司纠纷案件时，较之于事实查明与认定环节，体现出法律的理解与适用环节难度更高的情况，具体分析如下：

（1）公司纠纷案件审理期较长。广西各级法院2019年公司纠纷类案件平均审期177.3天，远多于民商事案件105.2天的平均审期（见图5－1－7）；同时，2019年公司纠纷类案件法定第一次审限结案率也明显低于一般民商事案件（见图5－1－8）。这组数据直接反映了广西法院在审理公司纠纷案件时，效率明显偏低，其中的原因可能较为复杂，根据司法审判规律，总体上存在两种可能性：一是这类案件主要事实的查明普遍较为困难；二是对案涉法律关系的理解与法律适用普遍较为困难。

（2）公司纠纷案件中事实查明工作难度不突出。广西各级法院2019年公司纠纷案件的平均开庭次数以及平均质证（指开庭之外的单独质证会）次数均明显低于一般民商事案件（见图5－1－12）。这一数据并非说明公司纠纷案件中的事实查明难度不高，而是相较于一般民事案件，公司纠纷的当事人往往是较为成熟的商事主体，其在证据收集与提供方面比一般民事主体更有优势，故法院在案件中的事实查明工作也能较有效率。但即使在这一优势下，公司纠纷案件的审期仍大幅高于一般民商事案件，这就可能意味着，审判周期长的问题并非主要源于案件事实查明存在重大困难，而是在于我们的办案人员在事实查明之外所需时间更多，可能在法律理解与适用方面消耗了更多的时间与精力，即法律理解与适用很可能是公司纠纷案件的主要难点。

3. 公司纠纷案件难以“一次性解决纠纷”

难以“一次性解决纠纷”的情况表现在以下三项数据中：一是公司纠纷案件的一审息诉服判率大幅低于一般民商事案件（见图5－1－9）；二是公司纠纷案件的一审衍生案件率是一般民商事案件的3倍多（见图5－1－6）；三是公司纠纷案件的调撤率也明显低于一般民商事案件（见图5－1－10）。同时根据上述公司纠纷案件审期较长、法定第一次审限结案率较低的情况，以及公司纠纷案件在一审阶段审限结案率更低（见图5－1－8）的情况，说明了即使我们的审判人员对公司纠纷案件投入了更多的时间与精力，甚至在一审阶段更为小心审慎，也没有获得诉讼当事人对裁判结果给予的更多认可，反而公司纠纷案件明显低于一般民商事案件的认可度与服判程度，表明了难以尽可能“一次性解决纠纷”。

其中的原因是复杂的，这可能源于这类案件或当事人本身的特点，但同时需要注意的是，这一现象很可能反映出我们法院自己的问题：当我们在具有更高难度的公司纠纷案件中，无法兼顾“质”与“效”之时，看起来我们似乎是牺牲了“效”，但实际上并没有换来“质”的明显提升，而只是“吃力且犹豫”地完成必须完成的审判任务，这背后反映出我们商事审判队伍的能力与水平很可能存在严重问题。

4. 公司纠纷案件体现出非效率性

商事审判理念往往强调“效率原则”，无论是对商事法的理解，还是在具体审判工作中，都要求注重效率优先的价值导向，我们还会认为正是商事行为的营利性目的，决定了当事人往往秉持效率至上的公平正义观，这都要求我们在商事审判中应当遵循外观主义或表示主义。但现实情况可能不完全如此，本报告所整理出的一些数据则给了我们另一种启发。

首先，近三年来公司纠纷案件的一审衍生案件率大幅高于一般民商事案件（见图5－1－6），同时公司纠纷案件的一审息诉服判率与调撤率也明显低于一般民商事案件。这意味着这类纠纷的当事人往往不能满足于一审程序，其总会诉诸于包括二审、再审申请等程序，加之公司纠纷案件的提审率也高于一般民商事案件（见图5－1－11），这说明法院也更倾向允许当事人进入再审程序。其次，实际上就案件发改率（判决发回重审或改判）而言，无论是在二审程序中还是再审程序中，公司纠纷案件的发改率都明显低于一般民商事案件（见图5－1－11），这说明即使当事人想尽可能走完所有救济程序，但我们法院却更倾向于维持原判，在结论上并没有契合当事人寻求改判的愿望。最后，公司纠纷案件中原告起诉被驳回的比例是一般民商事纠纷的2倍多(见图5-1-13)。上述三方面情况共同说明，商事主体一旦进入司法程序，往往不会完全坚持其在日常商事交往中的效率理念，反而不怎么在乎司法程序时长的大幅延展，更不注重司法诉讼的成本消耗与整体利益取舍之间的权衡，而是在司法程序中比一般民事主体更注重追求符合自身利益的“正义”结果，其对于司法公正的渴求远大于司法效率，且更希望穷尽所有可能的司法程序，希望法院更为慎重地、反复地考量最终的裁判结果。这给了我们一些启示，要更加注重实质正义，更加注重纠纷实质性解决，更加注重依法灵活适用调解，并诉等审理程序。

5. 公司纠纷案件体现出市场活跃度的提升

一般而言，民商事案件的总量一般与当地经济发展水平及商业交易活跃度呈正相关，而公司纠纷案件的数量情况可能更直接地反映市场主体的活跃度。以2019年为例，广西各级法院新收民商事案件增幅达到了23.9%，而新收公司纠纷案件的增幅则更是达到了31.8%(见图5-1-5)；同时，结合近三年(2017年、2018年、2019年)的一审衍生案件率(见图5-1-6)来看，基本变化不大，这就意味着上述新收案件的增量主要来自一审案件，即社会上的实际纠纷确实明显增多。再进一步结合2019年新收股权转让纠纷一审案件增长率达到69.5%，占所有公司纠纷案件总量的比例达到60%(见图5-1-2)来看，这意味着公司股权流转更加频繁、投融资交易更为活跃，进一步说明了广西市场活跃度确有明显提高。

二、广西法院、律师对于公司法相关制度理解与观点的分析

(一)分析对象说明

1. 数据来源

本报告的数据来源方式是发放问卷，问卷形式是“金数据”APP电子调查问卷，填写方式是手机微信扫描二维码后直接在线填写并提交。面向法院系统的发放方式为：广西壮族自治区高级人民法院民二庭自行组织填写；同时以广西高院的名义，向广西各法院发正式通知，要求各法院组织填写，填写人员包括：本院分管院领导，民二庭或负责公司纠纷案件的庭室中的庭领导、员额法官、法官助理；若不设民二庭或公司纠纷案件不归口审理的，则为审理商事案件的法官以及法官助理填写问卷。面向律师行业的发放方式为：以广西高院的名义，向省级律师协会发正式

函，商请律协通知广西各律协下的职业律师自愿填写问卷。我们于 2020 年 3 月 18 日向全广西各中基层法院发布通知，于 4 月 3 日向广西律协去函，截至 2020 年 7 月 20 日，从法院系统收集问卷 842 份，从律师行业收集问卷 168 份。

2. 广西法院商事审判队伍的基本情况

(1)本次问卷受访者的职务情况(见图 5－2－1)：

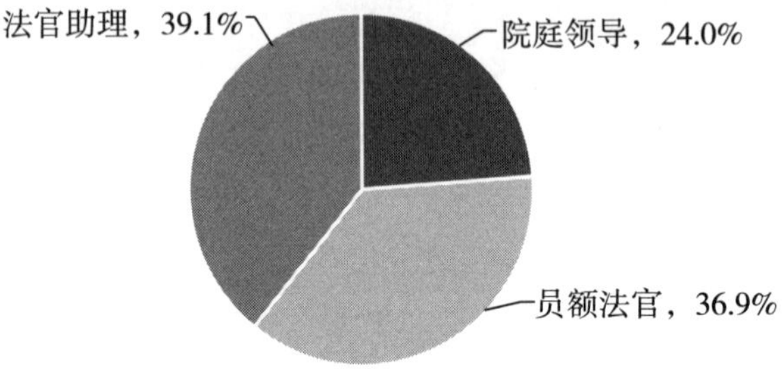

图 5－2－1

(2)受访者的层级工作经历(见图 5－2－2、图 5－2－3)：

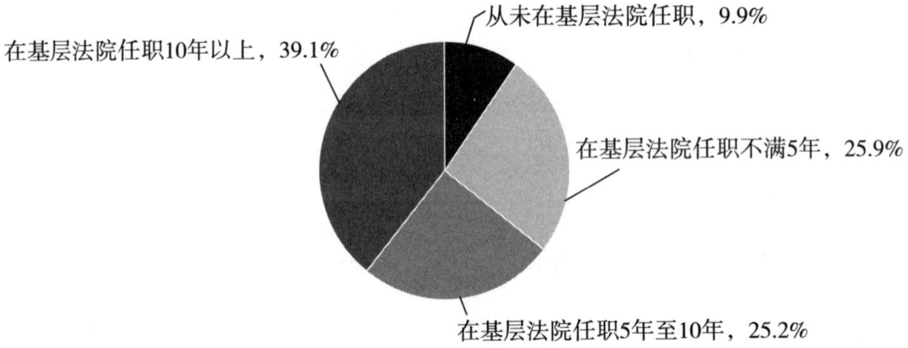

图 5－2－2

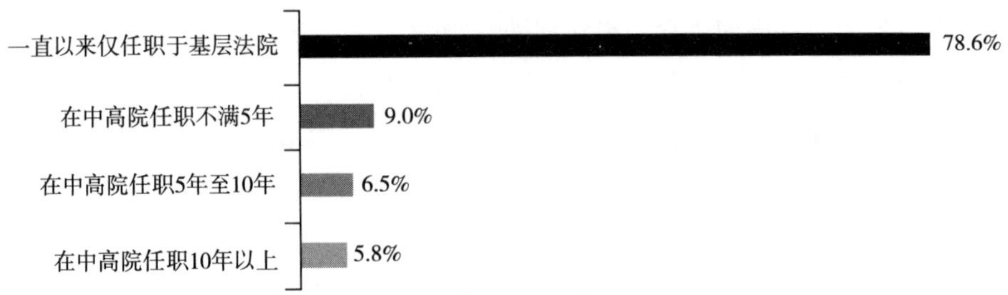

图 5－2－3

(3)受访者已在或曾在民二庭工作的时长；或已办理或曾办理商事案件的时长(见图5-2-4)：

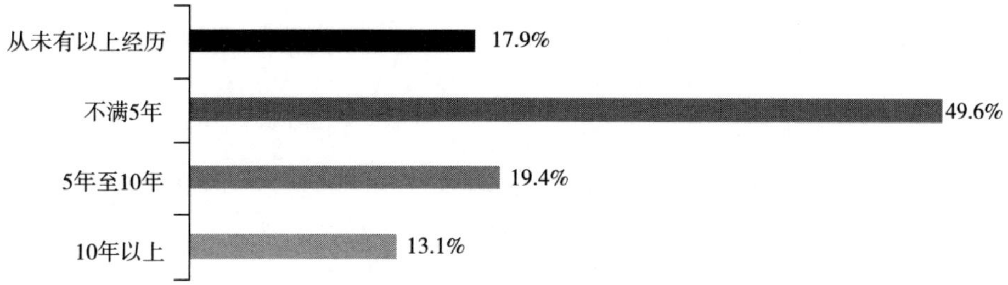

图5-2-4

(4)受访者已办理或曾办理破产案件的时长(见图5-2-5)：

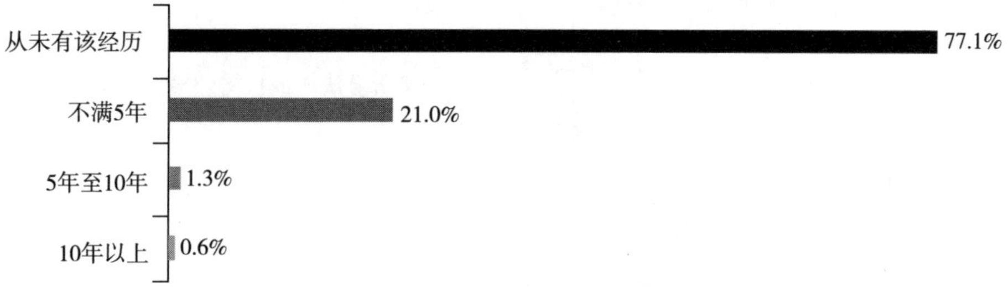

图5-2-5

(5)受访者的教育背景：

第一，最高学历(见图5-2-6)：

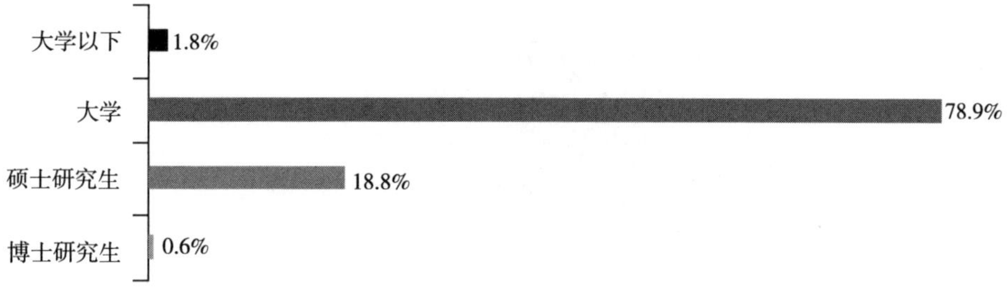

图5-2-6

第二，最高学历所属专业（见图5－2－7）：

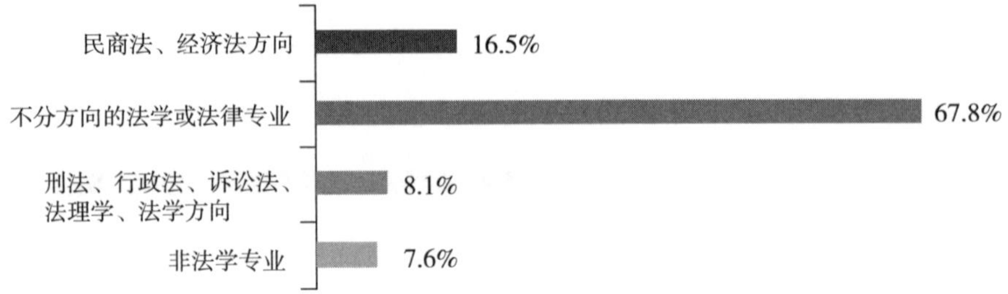

图5－2－7

3. 广西商事律师的基本情况

（1）本次问卷受访者的职务情况（见图5－2－8）：

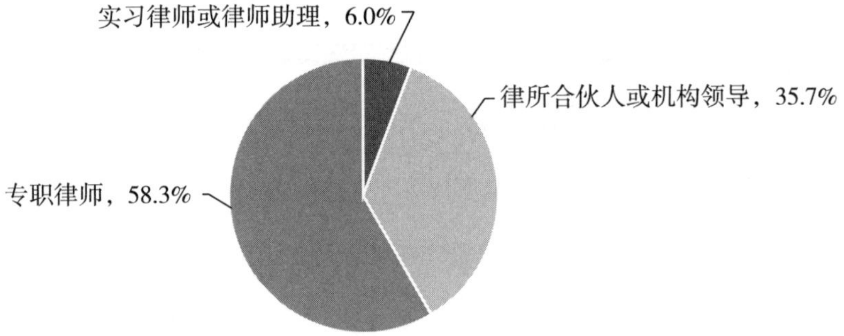

图5－2－8

（2）受访者的职业年长（见图5－2－9）：

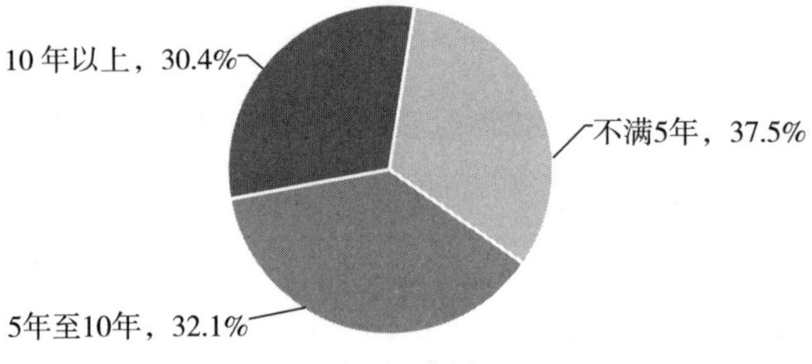

图5－2－9

(3)受访者的教育背景：

第一，最高学历(见图 5－2－10)：

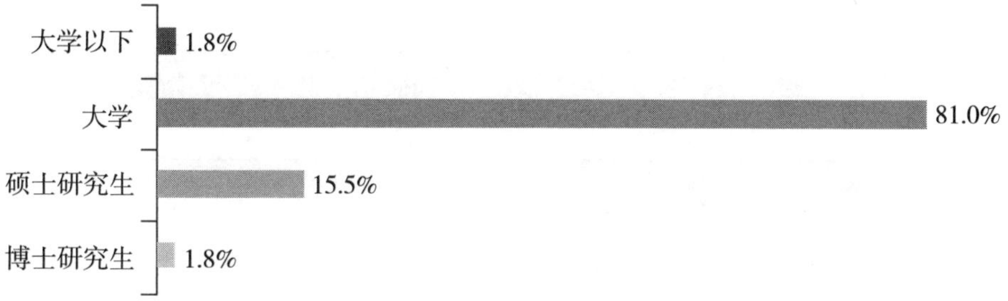

图 5－2－10

第二，最高学历所属专业(见图 5－2－11)：

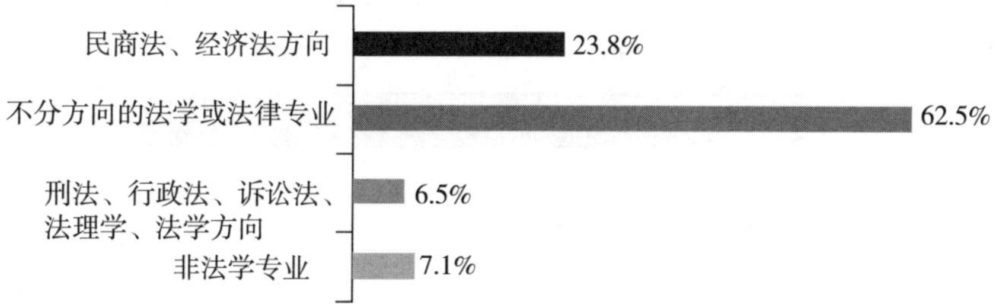

图 5－2－11

(二)广西法院、律师对于公司法相关制度的理解与观点

1. 您认为一般来说公司纠纷案件较之于其他民商事案件是否办理难度更高？(见图 5－2－12)

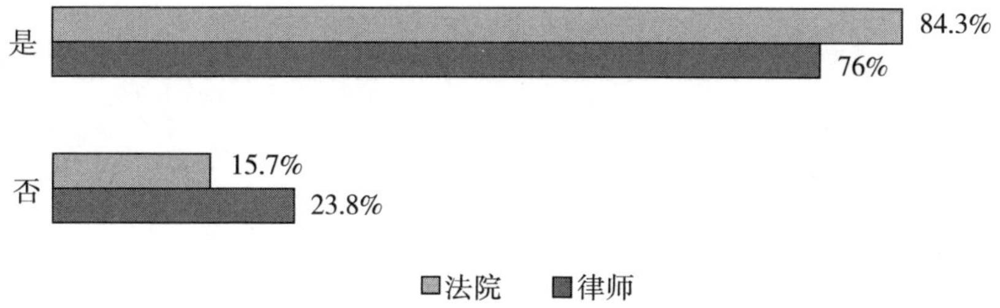

图 5－2－12

2. 您是否了解公司法理论上的“资本三原则”？（见图 5－2－13）

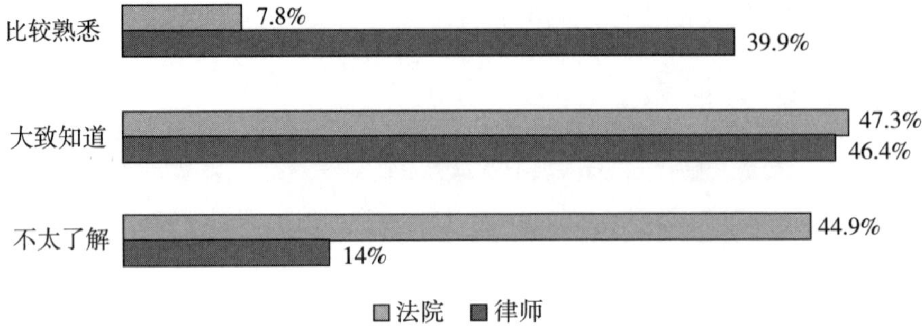

图 5－2－13

3. 目前我国采取认缴资本制以及资本制度不断宽松的背景下，您认为在我国现行公司法及司法实践中，是否仍遵循资本三原则（资本确定、资本充实或资本维持、资本不变）？（见图 5－2－14）

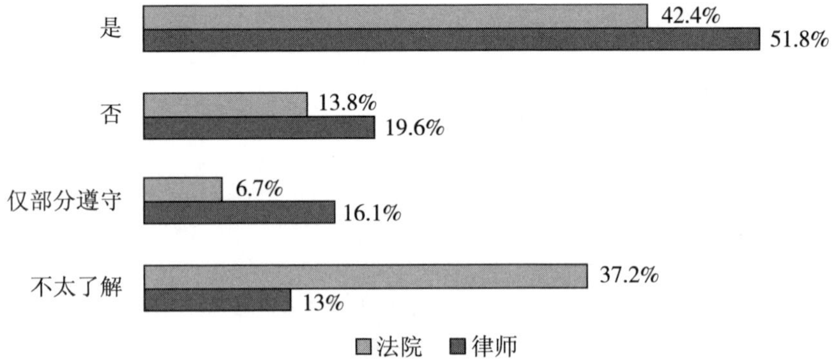

图 5－2－14

接上一问题，您认为我国未来是否还有必要遵循资本三原则？（见图 5－2－15）

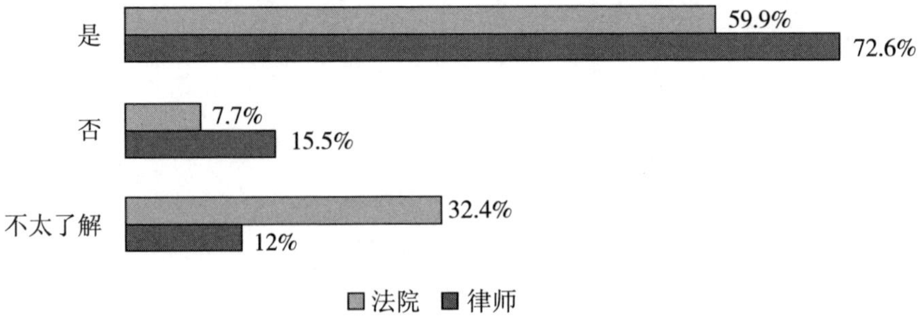

图 5－2－15

4. 您认为目前我国公司法对于违反资本三原则的情形，是否存在足够的追责机制？（见图 5－2－16）

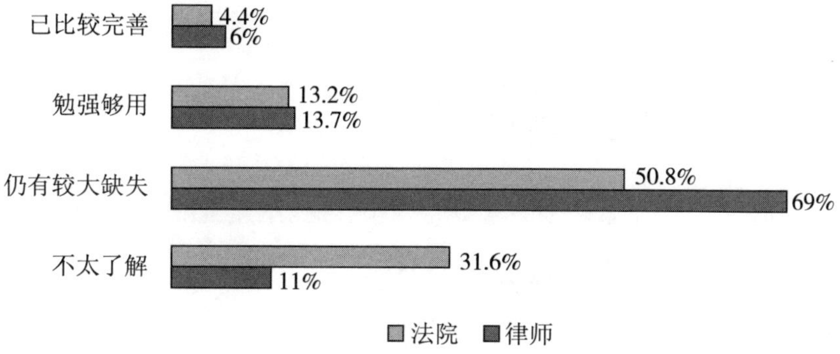

图 5－2－16

5. 您认为公司章程是否属于股东之间所订立的合同？（见图 5－2－17）

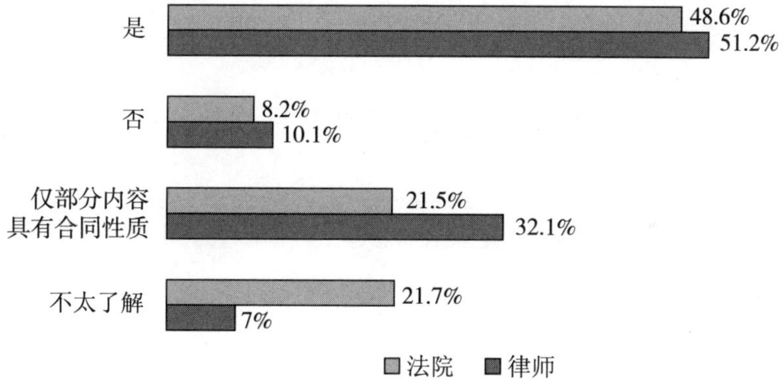

图 5－2－17

6. 您认为公司章程与发起协议是否有区别？（见图 5－2－18）

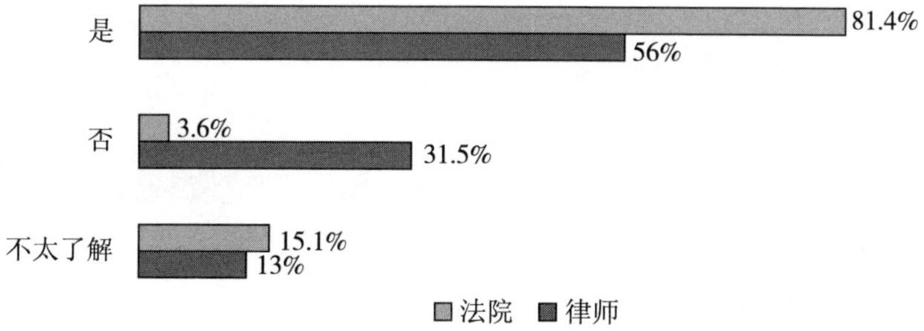

图 5－2－18

7.您认为违反公司章程直接产生违约责任吗(或相应责任在性质上属于违约责任吗)?(见图5-2-19)

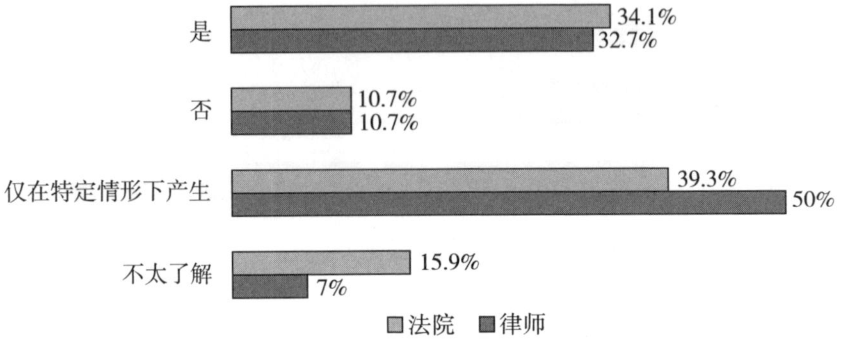

图5-2-19

8.您是否了解民法理论上的“共同法律行为”?(见图5-2-20)

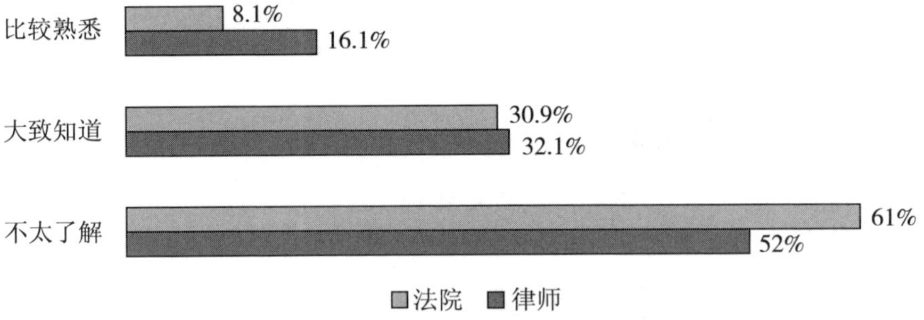

图5-2-20

9.公司章程可由股东自由订立,您认为公司章程是否可以完全改变公司法关于公司内部治理结构的相关规定(如股东会、董事会、监事会以及高管的存在和职能)?(见图5-2-21)

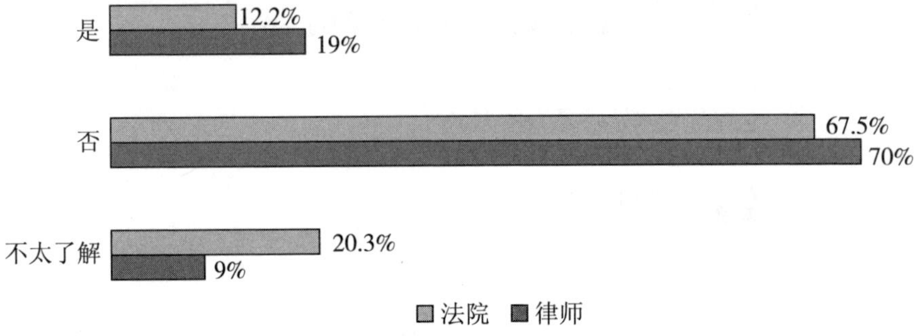

图5-2-21

10. 您认为是否存在某些股东固有权利，是公司章程不得完全限制或剥夺的？若是，您认为是哪些权利？（见图 5－2－22）

（1）第一问：

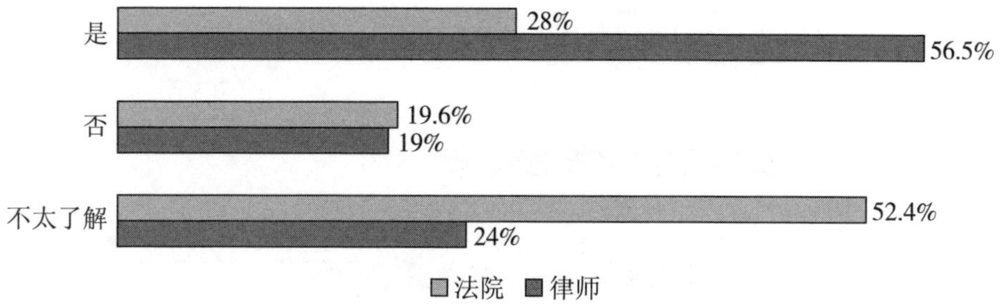

图 5－2－22

（2）第二问：归纳起来，受访者的回答主要为：第一，股权转让权（处分权）；第二，股东知情权；第三，股东表决权；第四，股东利益分配权；第五，优先购买权、优先认购权；第六，代表诉讼权；第七，异议股东回购请求权；第八，解散公司请求权。

11. 您认为股权知情权属于共益权还是自益权？（见图 5－2－23）

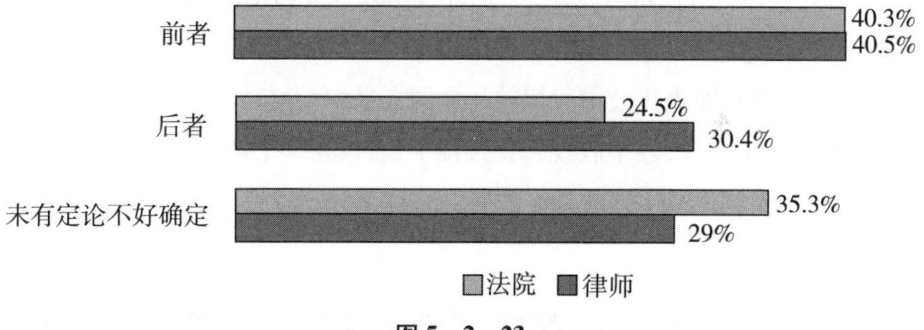

图 5－2－23

12. 您认为股东（特别是大股东、控股股东）或实际控制人是否对公司负有忠实义务与勤勉义务？（见图 5－2－24）

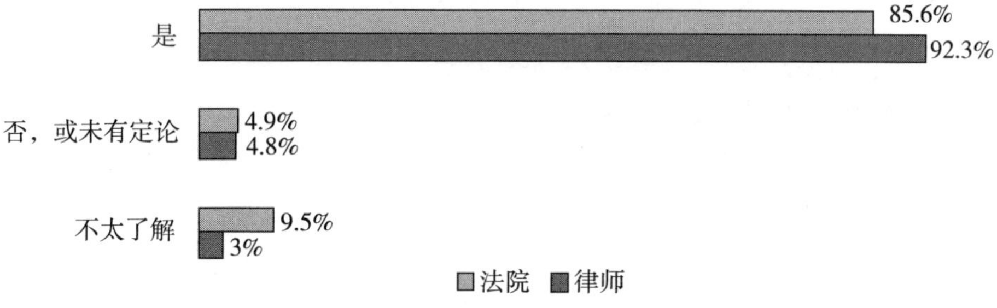

图 5－2－24

13. 您认为公司章程的记载事项是否都是可诉的(如向人民法院诉请确认或强制执行)? 若否,例如哪些内容是不可诉的? (见图 5－2－25)

(1)第一问:

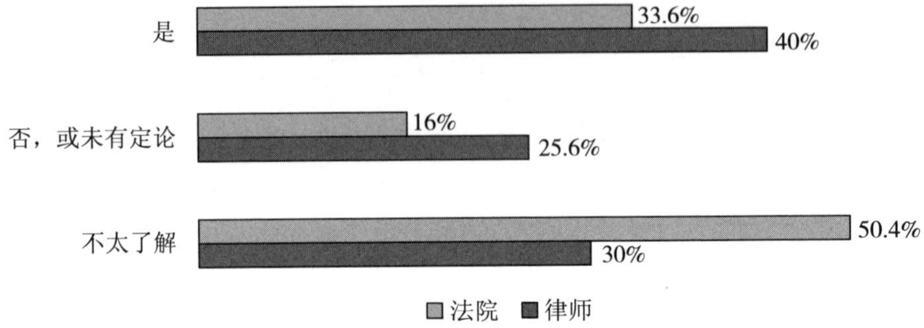

图 5－2－25

(2)第二问:归纳起来,受访者的回答主要为:第一,公司内设机构的职权职责,公司的内部议事规则,公司经营管理、人事管理等内部规约;第二,召开股东会,确认股东会决议有效;第三,公司名称、住所、营业场所以及经营范围;第四,股东行使表决权;第五,公司注册资本、股东人数、出资比例;第六,涉及国家行政管理要求的内容。

14. 您认为在有限责任公司股权转让合同交易中,股权发生移转或变动的时间点是什么时候? 抑或说,整个股权转让过程中,股权在哪个或哪些环节中发生了变动效力? (见图 5－2－26、图 5－2－27)

(1)法院结果:

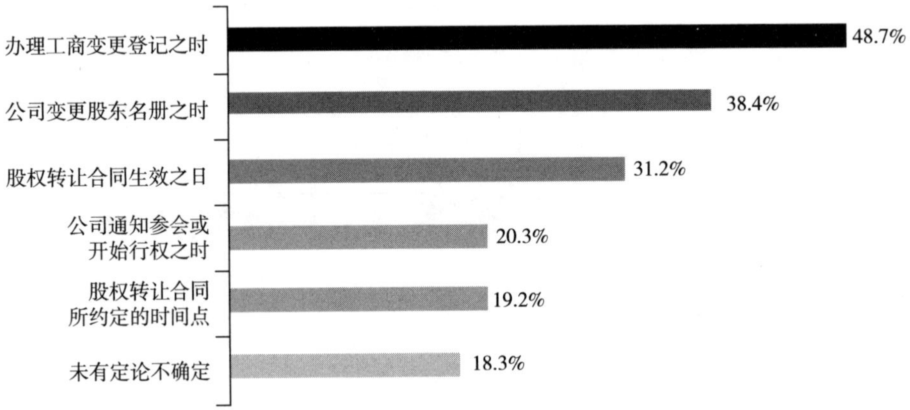

图 5－2－26

(2)律师结果：

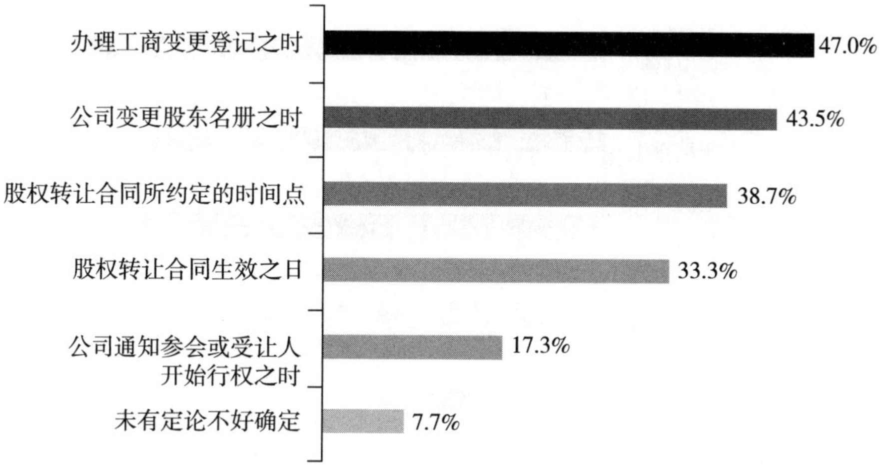

图 5 –2 –27

15. 您认为公司增资扩股或投资人出资入股的完成标志是什么？或者说什么环节完成后，增资扩股或出资入股算是完成了？（见图 5 –2 –28、图 5 –2 –29）

(1)法院结果：

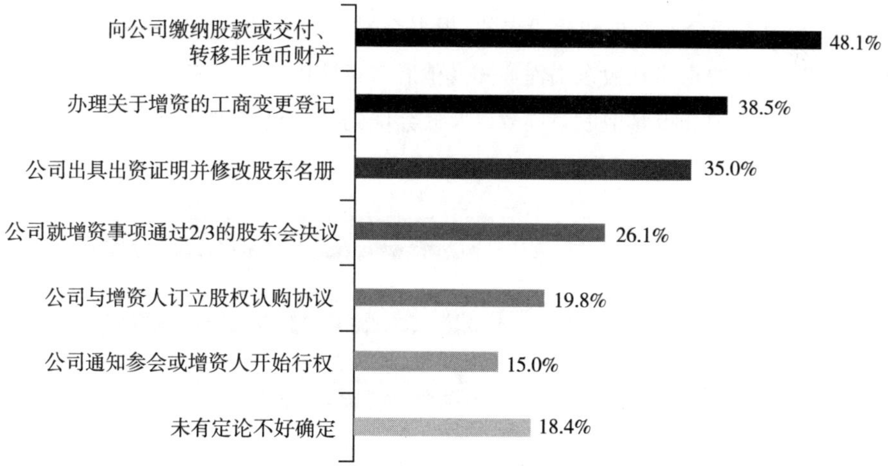

图 5 –2 –28

(2)律师结果：

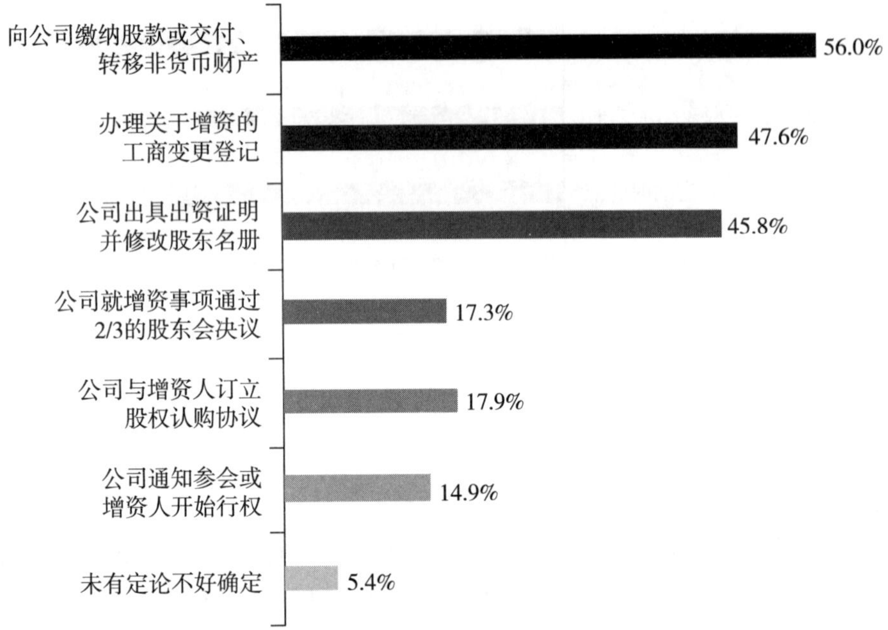

图 5－2－29

16. 有限责任公司对外转让股权的，根据《公司法》第 71 条(《公司法(修订草案)》第 85 条仅要求出让股东书面通知其他股东行使优先购买权，而不再要求征得同意)出让股东须征得其他股东同意以及放弃优先购买权，若没有征得其他股东同意就转让股权，会造成什么效力影响？(见图 5－2－30)

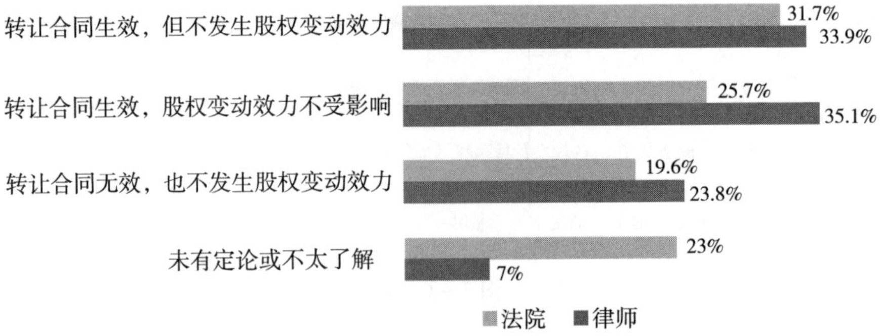

图 5－2－30

接上一题，若没有征得其他股东放弃优先购买权就转让股权，又会造成什么效力影响？（见图 5－2－31）

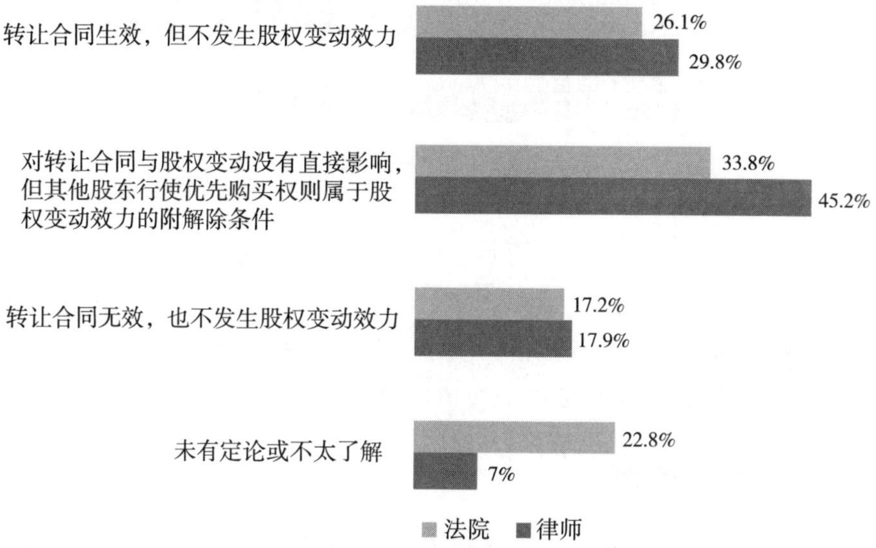

图 5－2－31

17. 公司作为一种团体或组织，您认为其本质上是一种实然存在的有机实体，还是一种由多个契约组合而成的拟制团体？（见图 5－2－32）

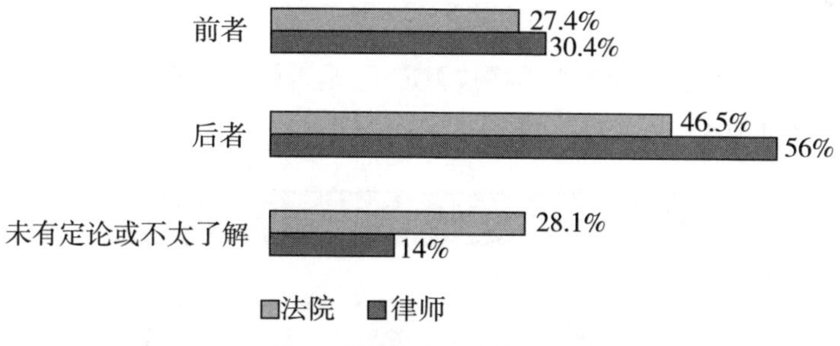

图 5－2－32

18. 您认为我国目前以有限责任公司形式存在的中小微企业，是否在现实中具备独立财产与独立人格，与其股东或实际控制人的个人财产与利益形成足够区隔？（见图 5－2－33）

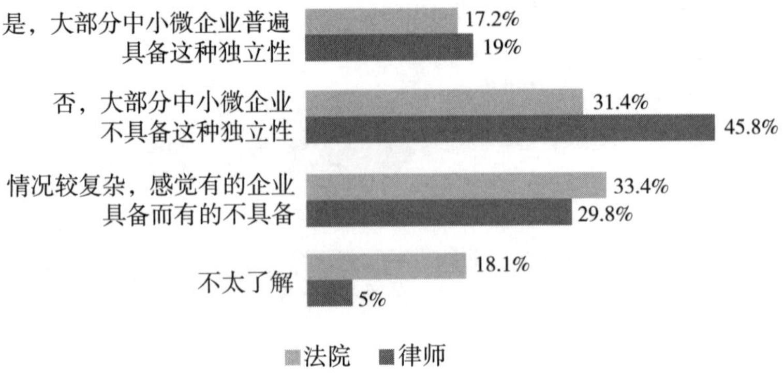

图 5－2－33

19. 您认为我国公司法所规定的有限责任公司治理结构与运行规范等内容，在现实中是否普遍得到较好的遵守？（见图 5－2－34）

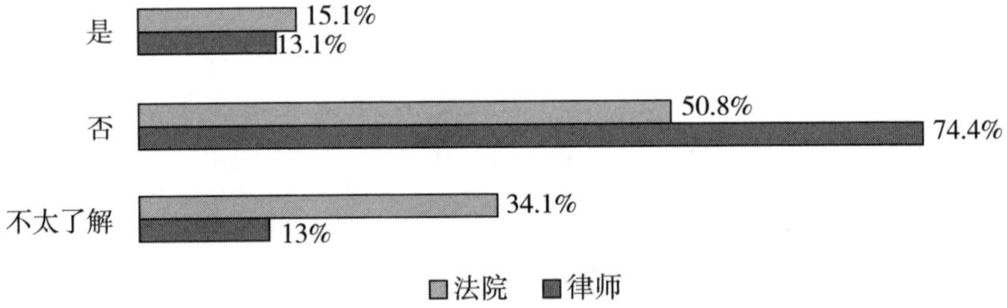

图 5－2－34

20. 您认为如果公司的独立人格被否定了，是否就意味着股东不再享受有限责任的保护？（见图 5－2－35）

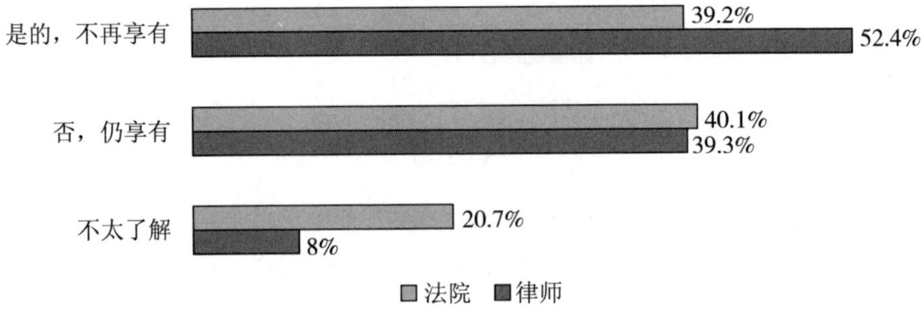

图 5－2－35

21. 您认为目前我国公司法中的债权人诉请公司人格否认制度，是否已能够在现实中较好地保护债权人利益以及督促公司保持独立人格？（见图 5－2－36）

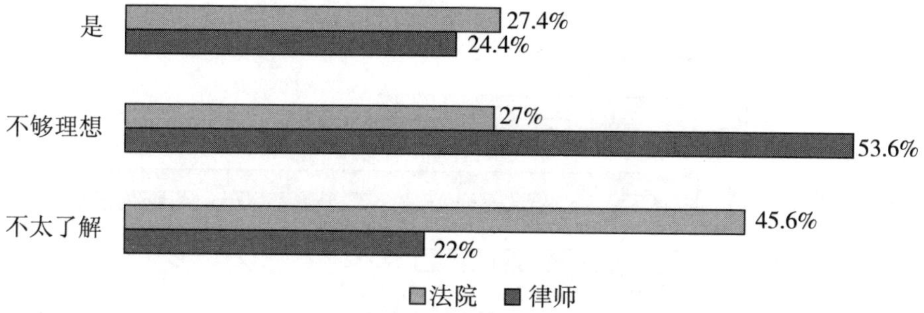

图 5－2－36

22. 您认为目前在我国设立有限责任公司并开展经营事业的制度门槛（如设立准则制、出资认缴制、行政监管制等），是否足够宽松自由；或是否过于宽松自由？（见图 5－2－37）

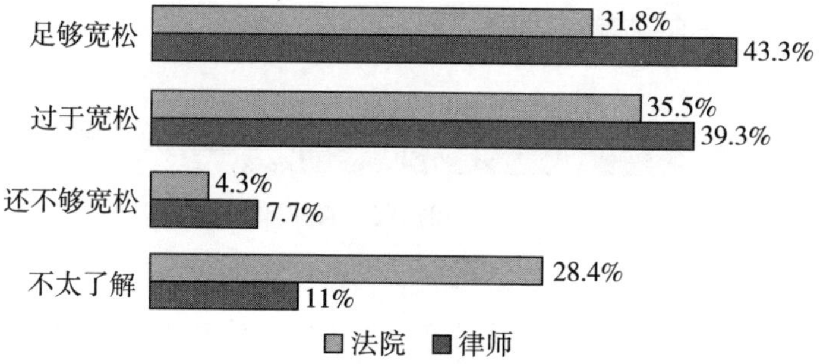

图 5－2－37

23. 您认为目前我国市场环境下利用企业破产制度逃债的情况是否严重或普遍？（见图 5－2－38）

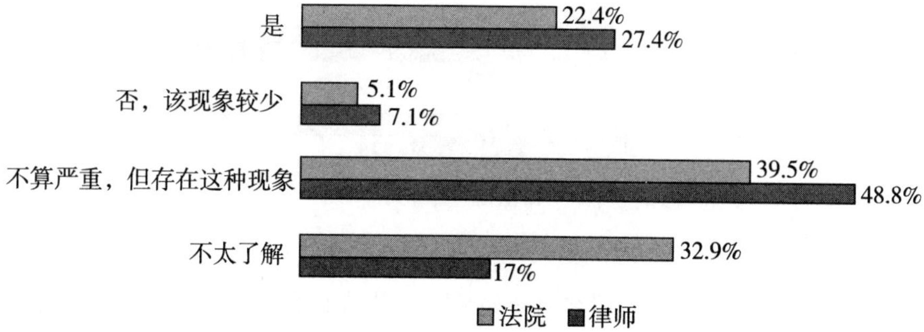

图 5－2－38

接上一题，您认为目前的我国企业破产制度是否能有效抑制逃债现象？（见图 5－2－39）

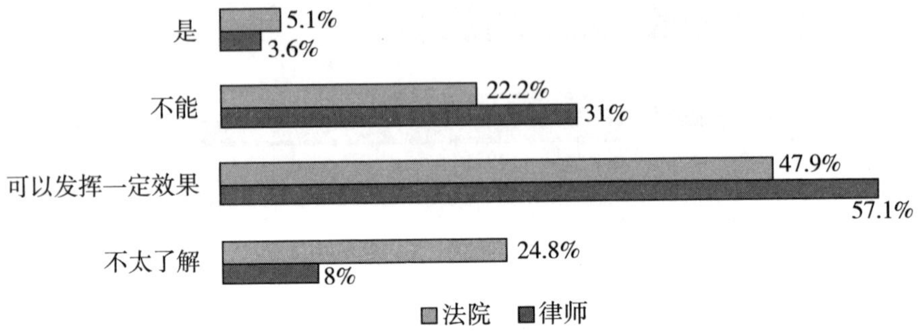

图 5－2－39

24. 您是否了解公司出资人、实际控制人、董事、高管等人员在破产程序或清算程序中可能构成哪些与该程序直接相关的犯罪行为？（见图 5－2－40）

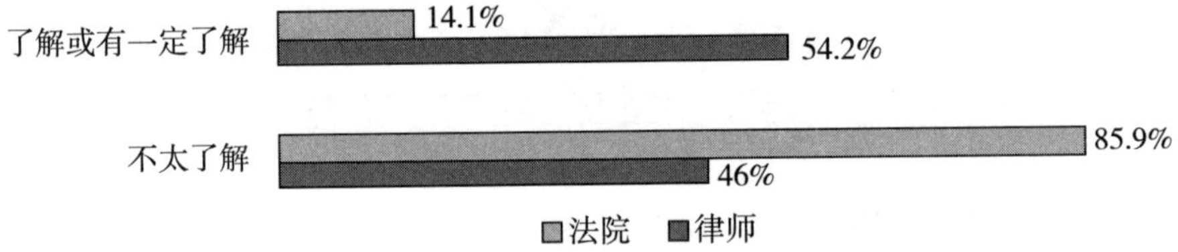

图 5－2－40

25. 您是否了解各级人民检察院在破产案件中应承担何种职责？或者说，检察院可以如何发挥其职权来协助和监督破产案件的办理？（见图 5－2－41）

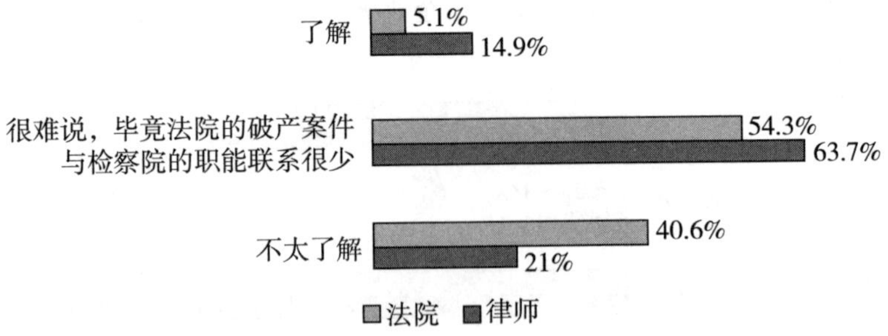

图 5－2－41

26. 您认为公司法上的“隐名出资关系”与“代持股关系”是否等同？（见图 5－2－42）

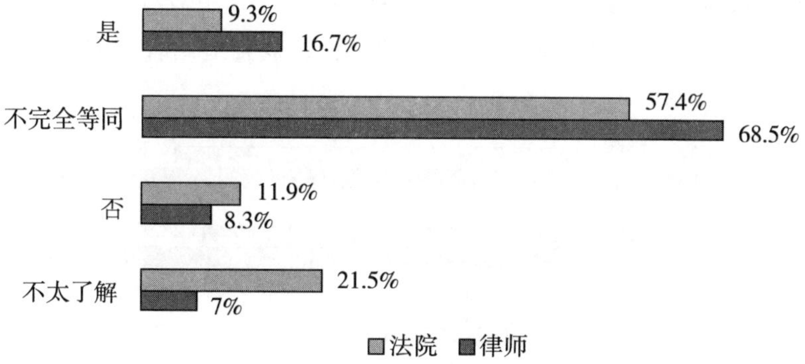

图 5－2－42

接上一题，您认为“实际出资人”与“隐名股东”又是否等同？（见图 5－2－43）

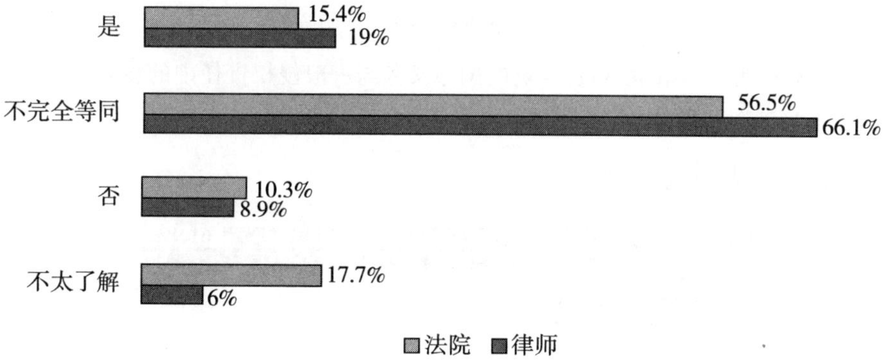

图 5－2－43

27. 您认为“实际出资人”或“隐名股东”是真正的股东吗；抑或说，其是否具备股东资格且直接享有股东权益？（见图 5－2－44）

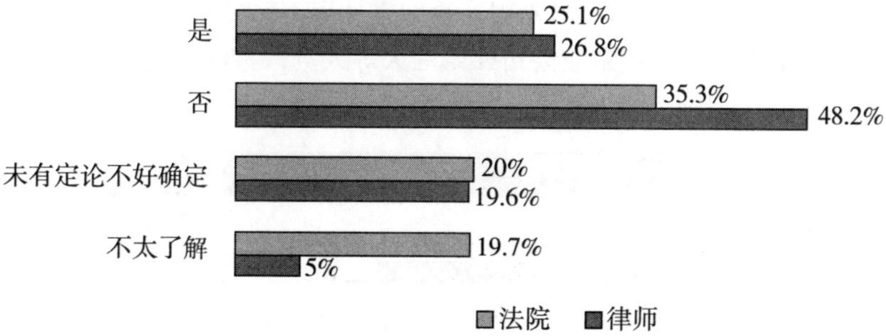

图 5－2－44

28. 您认为在“隐名出资关系”或“代持股关系”关系中，若其他股东或公司本身知悉该种关系，这是否会对该类关系的定性及规则适用有影响？（见图5－2－45）

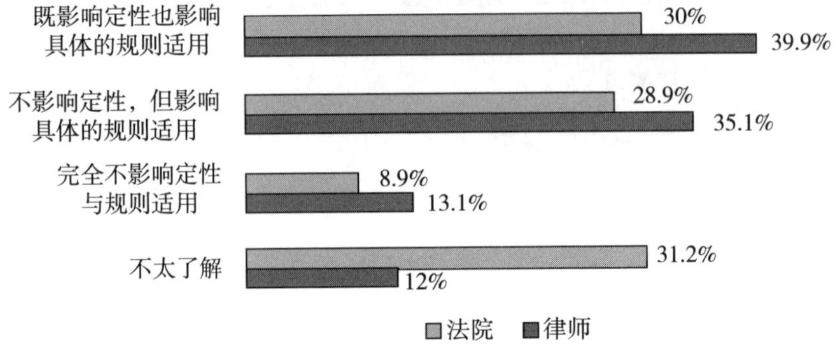

图5－2－45

29. 您认为公司董事、高管人员的勤勉义务与一般侵权责任中的注意义务是否相同？（见图5－2－46）

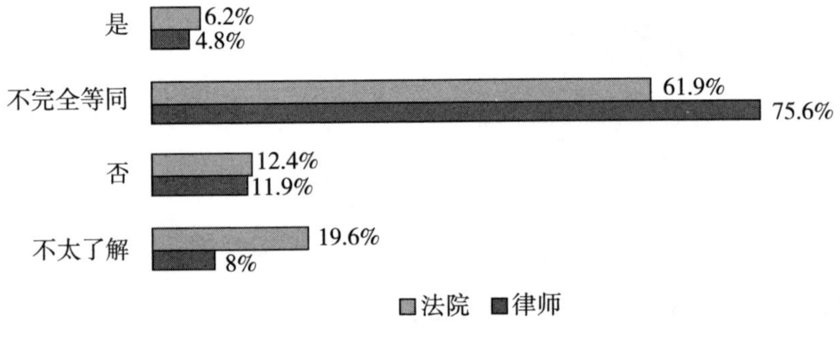

图5－2－46

30. 您认为在董事、高管违反勤勉义务的责任中，对于那些参与合谋或协助的公司其他一般职员、公司股东或公司外第三人等人员，是否应与董事、高管共同承担违反勤勉义务责任？（见图5－2－47）

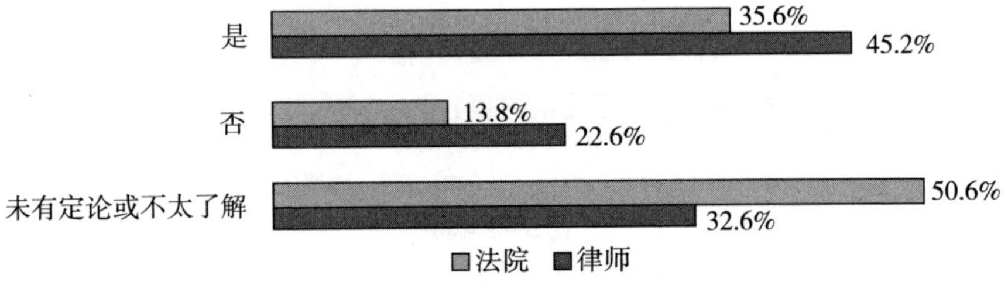

图5－2－47

31. 您是否办理过公司类纠纷中涉及对赌协议的案件？（见图 5－2－48）

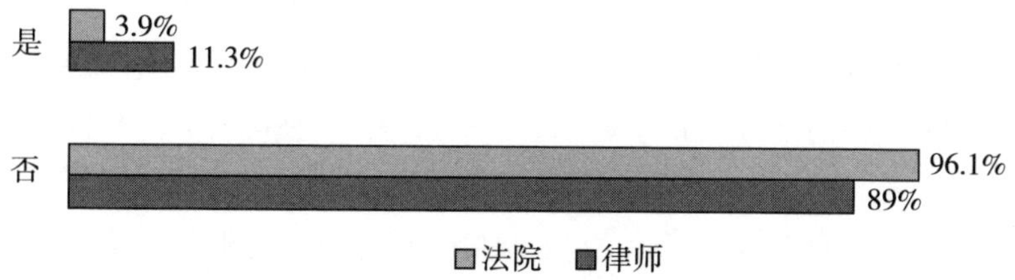

图 5－2－48

32. 就您个人观点而言，目前在我国设立自然人个人破产制度是否有其必要性与可行性？（见图 5－2－49）

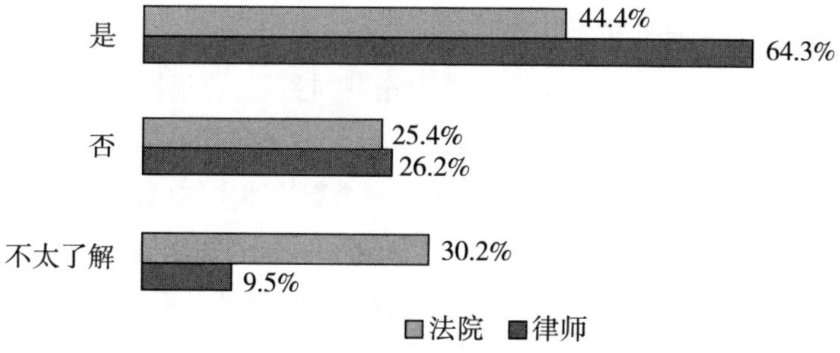

图 5－2－49

（三）现有理解与观点中存在的问题与特点

1. 公司纠纷案件办理难度较高、陌生感较强

本次问卷的法院受访者与律师受访者均认为，公司纠纷案件较之于其他民商事案件，办理难度更高（见图 5－2－12）。针对公司制度的基石——公司法定资本制（“资本三原则”），受访者在整体上了解程度不高（见图 5－2－13），法院受访者选填“大致知道”的比例高达 47.3%，而“比较熟悉”的占比则不到 10%。此外，值得注意的是，本次问卷涉及三十多道题目，基本都设置了“不太了解”的选项，而受访者在每题中选择“不太了解”的平均比例达到 25.7%。这进一步说明，1/4 以上的受访者在整体上对公司法制度的了解程度较低，对公司纠纷案件较为陌生，很可能是这类案件办理难度较高的原因之一。

2. 倾向于坚守公司资本制原则

公司资本制是公司制度的基石，公司法中大多数带有强制性的规范基本源于资本制的要求。公司法定资本制原则包括:资本确定原则、资本维持(充实)原则、资本不变原则。但毕竟,公司法定资本制的直接保护对象是公司债权人,资本制的主要内容就是要规范甚至“限制”公司及其股东的资本运作过程,这就一定会在某种程度上限制他们的交易自由与决策自由;若过分强调公司法定资本制,副作用就是影响自由交易与鼓励交易原则。因此,无论是法律规范,还是社会认知,都尽可能在公司资本制与自由经营、公司自治、风险自担等理念之间,不断调整相互间的平衡点。目前,公司设立、准入以及资本制度都在不断宽松,到底是继续坚守公司资本制,还是不断突破该制度理念,对于这个问题,受访者表达了对现状的一定担忧(见图5-2-35),他们似乎更倾向于坚守公司资本制,且更倾向于维护公司资本静态秩序(见图5-2-14、图5-2-15、图5-2-16)。

3. 对公司章程的理解较为朴素简单

公司章程最直观的表象就是由全体股东共同签署,这很容易让人产生第一印象:章程就是股东之间订立的合同。但实际上,出资人基于共同出资行为所形成的法律关系并非这么简单,他们的行为将促成一个新法律主体(公司)的诞生,同时在团体(公司)与成员(股东)之间形成非平等的关系,故公司法属于团体法、组织法,公司章程的法律效力具有区别于一般民事合同的特殊性。但遗憾的是,即使作为法律专业人士,受访者对于公司章程的特殊性也并未清楚地认识并形成共识,具体体现为:

第一(见图5-2-17),就性质而言,超过50%的受访者认为公司章程就是股东之间所订立的合同;而能够意识到公司章程并非完全属于股东之间合同的受访者,却不到3成。第二(见图5-2-19、图5-2-25),从章程的具体效力而言,受访者主要还是以类推一般民事合同的思路来理解公司章程的法律效力及其可诉性,除去选填“不太了解”的比例,有65%的受访者认为公司章程如同一般合同一样,其所有记载事项均具有可诉性;有近4成(38%)的受访者认为违反章程就是违约,将直接产生违约责任。第三(见图5-2-20),受访者大多不了解“共同法律行为”理论,故对于公司章程与一般民事合同(双务合同)之间的区别也欠缺了解。此外,即使受访者意识到公司章程的特殊性,也主要集中在受强制性法律规范限制这一层面的理解,即公司章程的拟定不得改变公司法关于公司结构与治理的强制性规范(见图5-2-21)。总之,大部分受访者对于公司章程的理解较为朴素简单,认为主要是一种股东之间受到公司法规范予以一定限制的合同关系。

4. 对于股东权利义务的理解不够深入准确

我国公司法清楚地列举和规定了主要的股东权利，这些权利在名称上可以说是我们耳熟能详的，但要系统深入地理解这些权利的性质与效力，将其与公司自治及公司法强制规范结合起来考虑，实属不易。即使作为法律专业人士，本次受访者在理解股东权利义务方面也表现出不够准确甚至分歧较大的情况。具体体现为：

第一，有过半数（52.4%）的法院系统受访者没有认真思考过股东权利与公司自治之间的关系，对股东权利是否可以被公司章程完全限制或剥夺，无法作出判断；而认识到股东权利不得完全被剥夺的受访者，只有不到2成（见图5－2－22）。第二，对股东知情权的性质与目的未形成统一认识（见图5－2－23）。共益权与自益权的区分实质上涉及股东权利边界与公司整体利益的平衡问题，但问卷结果显示，有1/3的受访者无法判断股东知情权属于共益权还是自益权；虽然选择共益权的比例更高一些，但选择自益权的比例也不小，这两个选择之间的比例约为4∶3，表现出一种分歧较大、观点对峙的态势。第三，受访者普遍认为股东（特别是大股东、控股股东）或实际控制人对公司负有忠实义务与勤勉义务（见图5－2－24），持这一认识的比例近9成（89%）。但实际上，这一认识是不严谨、不全面的，公司法明确规定负有忠实勤勉义务的主体为董事、监事、高级管理人员，而股东本身并非义务主体，大家产生这一错觉的原因在于，受到了股东或实控人与公司高管身份重叠的影响。实际上对于不具体参与公司经营管理的股东或实控人而言，没有必要负担忠实勤勉义务，其滥用自身股东地位或权利侵害公司利益的，承担相应赔偿责任即可。

5. 对于公司法中权利变动问题的认识不统一

本问卷问题具体涉及两类权利变动：一是有限责任公司股权转让的情形（见图5－2－26、图5－2－27、图5－2－30、图5－2－31）；二是有限责任公司增资扩股或投资人出资入股的情形（见图5－2－28、图5－2－29）。当问及“权利变动的时间点”这一具体问题时，我们设置了多个选项，并允许受访者多选。结果发现：每一选项都有一定数量的受访者选择，获选比例最高的选项并未达到半数，而获选比例最低的也能有20%左右。当问及股权对外转让中“其他股东同意”以及“优先购买权”的效力影响时，受访者的观点分散也较为明显，各个选项的获选比例差距不大，大家各持己见，大部分获选比例在两成到三成。因此，我们很难归纳出目前法院与律师中存在共识或通说的结论。从实证数据的角度来看，受访者的观点具有以下三个特点：

第一，受访者主要参照物权变动原理来理解公司法中的权利变动。实际上，股权的标的物是无形的，其与物权并不完全相似。这种权利其实更类似于债权，其主要属于一种相对性权利、一种对人权而非对物权，须具体向公司或其他股东主张。因此，股权不必然以有形物的公示为变动标志，不必须以牺牲交易速率来换取交易安全，其作为一种相对权，可以在当事人之间高效变动，同时把公示作为对抗效力即可。但也许是受到传统财产制度的影响，传统高价值财产主要为有形物，而对于股权这种高价值的无形财产，人们还是惯性地沿用物权变动原理。因此，当问及股权转让变动或增资完成时间点时（见图 5－2－26、图 5－2－27、图 5－2－28、图 5－2－29），受访者还是倾向选择那些带有公示作用的环节，如获选最多的是办理变更登记或交付财产。

第二，受访者意识到权利变动是一系列环节组成的过程。公司法中的权利变动往往涉及多方关系变动，故变动不是一蹴而就的，其涉及多个环节的衔接，涉及多方主体的通知、同意以及确认。因此，在受访者可多选的情况下，权利变动的主要环节都能获选一定比例，这说明受访者普遍认为各个环节都有一定作用与必要性，且认为在公司法中实施权利变动应该尽可能地规范、完整。

第三，受访者更倾向于减少股权变动的要件限制。可能是受到类推物权变动思维的影响，受访者普遍能够区分合同效力与权利变动效力。但至于股权变动效力，则分歧较大，认为“其他股东同意”是或不是生效要件的受访者基本各占一半（见图 5－2－30）。对于没有征得其他股东放弃优先购买权就转让股权的效力问题，也很难得出通说，获选最多的观点是：不直接影响股权变动生效，但其他股东行使优先购买权则属于股权变动效力的附解除条件（见图 5－2－31，除去没有表态的比例，获选比例达到 46%）。

6. 公司人格独立性未能充分得到理解与实践认可

法人的独立人格需要理论和实践两方面的支撑，但就本问卷体现的实证数据而言，目前这两方面都不容乐观。一方面，从理论上看，有超过 1/2 的受访者认为公司并非一个实然存在的有机实体，而仅为一种由多个契约组合而成的拟制团体（见图 5－2－32，若除去没有表态的比例，获选比例可达到 60%）。在这种理解之下，各个契约中的主体及其之间的经济关系可能会被过分强调，而法人独立人格则可能失位旁落。这种理解还可能误导大家对法人人格与有限责任之间关系的判断（见图 5－2－35）。在目前我国法律框架下，具有法人人格的组织体确实不一定能保障其成员享受有限责任（如个人独资企业、合伙企业等），但如果不具有法人独立人格，或法律预设的独立人格在司法中被否定了，此时原则上就应当由其成员（股东）承担责任，而不得享受有限责任。

另一方面，从实际情况来看，市场上大部分的公司企业是以有限责任公司形式存在的中小微企业，对于这些企业的独立人格，受访者并不看好：第一，仅有不到20%的受访者肯定了目前中小微公司具备独立财产与独立人格，而明确不认可这种独立性的比例则接近4成（39%）（见图5-2-33）。第二，超过60%的受访者明确表示，我国公司法规定的有限责任公司治理结构与运行规范等内容在现实中没有得到较好遵守（见图5-2-34）。第三，仅有1/4的受访者表示，目前我国公司法中的债权人诉请公司人格否认制度能够发挥作用；若除去没有表态的比例，超过60%的受访者认为我国公司人格否认制度并未较好地保护债权人利益以及督促公司保持独立人格（见图5-2-36）。第四，约70%的受访者对于目前我国市场环境下利用企业破产逃债的情况表示忧虑（见图5-2-38），而仅有不足5%的受访者肯定了目前我国企业破产制度能够有效抑制逃债现象（见图5-2-39）。

7. 认识到隐名出资（代持股）关系中存在不同类型或情形

目前，在我国公司经营领域中，隐名出资、代持股、实际出资人、隐名股东等概念已广为人知。但实际上，我国公司法并未规定这种持股形式或股东形态，这类现象实质上是在合同自由的框架下公司制度与合同制度结合的产物，故这类模式原则上并不直接与公司法相冲突。正是由于隐名出资或代持股本质上源于市场经营中的经济动因，因此这类模式背后的目的与功能一定是多元化、多样性的。受访者不仅明确意识到不同概念、不同隐名范围下的定性与规则应该有所不同（见图5-2-42、图5-2-43、图5-2-45）；同时，也更倾向于以合同关系而非以股东身份来理解隐名出资或代持股现象（见图5-2-44）。这说明，关于隐名出资或代持股关系的规范路径，主要应以合同关系来承认这类经营模式的合法效力，同时还要在规则体系自洽的基础上，兼顾各类隐名或代持关系的具体类型与情形。

8. 对公司高管勤勉义务的特殊性认识不充分

近70%的受访者能够明确意识到，公司董事、高管人员的勤勉义务与一般侵权责任中的注意义务有所不同（见图5-2-46）。但至于具体有何不同或勤勉义务有何特殊性，受访者似乎并没有清晰认识。实际上，法律之所以规定董事、高管人员负担勤勉义务，正是由于他们拥有超出其他人员的对公司各项事务的决定性管控权。因此，董事、高管在执行公司职务时违反勤勉义务造成公司利益受损的，对于参与合谋或协助的其他人员，如公司其他一般职员、股东或公司外第三人等，他们既不享有公司决定性管控权，也不受勤勉义务的规制或督促，还可能隶属于董事、高管的管控范围或合理信任董事、高管的身份，故原则上他们不应与董事、高管共同承担违反勤勉义务的责任。就其行为可另行评价，法院应依其过错及因果关系等要件判断其是否承担一般侵权责任。但本问卷结果显示，明确意识到不应当共同承担勤勉义务的受访者不到2成(18%)，而绝大部分的受访者要么认为未有定论或不太了解，要么没有注意到勤勉义务主体的限制问题(见图5-2-47)。

(四)群体性差异的分析与启发

1. 法院系统与律师行业之间的差异

本次问卷分别向法院系统与律师行业发放，在问卷结果中也直接显示了法院与律师之间的选填差别。其中最明显的差别在于，法院受访者选填"不太了解"或"未有定论"的比例大幅高于律师受访者。本问卷的专题问题有36个，其中有34个问题设置了"未有定论"或"不太了解"的选项。法院受访者选择该项的平均比例为31.2%，而律师受访者选择该项的比例为14.6%；前者是后者的2倍多，个别问题中法院受访者无法明确表态的比例是律师受访者的3倍以上。这一数据可能反映以下情况：一方面，法院受访者基于其身份与职业习惯可能在观点表达上更为谨慎、含蓄，对于没有足够把握的问题不轻易下结论；另一方面，律师受访者似乎更能明确选出答案，这并非直接说明律师受访者比法院受访者具有更强的专业能力，但可能反映出律师受访者在思考问题时更有决断力。这种决断力在笔者看来，我们的部分法官是有所欠缺的，这在一定程度上会影响审理效率。

2. 员额法官与法官助理之间的差异

本次法院受访者的职务比例为，员额法官(包括院庭领导)六成，法官助理四成。这两类人员在具体答题中的差异在于，法官助理在每一题中选填"不太了解"或"未有定论"的比例都要高于员额法官，有些题目中法官助理选填该项的比例甚至比员额法官高出10个百分点。实际上，本次问卷题目不仅包含偏理论性、抽象性的问题，也有需要一定审判经验或社会认知的问题，但法官助理在每一题中都更倾向于选择"不太了解"或"未有定论"，在两类人员学历结构相差不大的情况下(法官助理的研究生比例稍高于员额法官)，这很可能说明，我们广西商事审判队伍中的法官助理，不仅在司法经验与社会阅历上不及员额法官，同时在理论积累与理论分析能力上也稍落后于员额法官。从长期的队伍建设来看,这个情况值得关注并做更深调研。

3. 基层法院与中高级法院之间的差异

本次法院受访者的单位级别比例为,仅在基层法院任职的占79%(以下简称基层受访者),现任职或曾有过中高级法院任职经历的占21%(以下简称中高院受访者)。同样是针对受访者选填“不太了解”或“未有定论”的情况,虽然基层受访者在每一题中选填该项的比例都高于中高院受访者,但高出的幅度很小,很多题目中两者比例很接近,每个题目中的偏差比例也都在3%以内(基层受访者选填该项的比例较之于中高院受访者最多不高过3%)。这就说明,虽然中高院受访者可能比基层受访者更有把握下结论,或者在理论能力与经验积累上更有把握,但这种领先的幅度很小;再结合中高院受访者的高学历比例更高,即37.8%具有研究生(包括硕士与博士)学历,而基层受访者的研究生比例仅为14.4%,这进一步提示出,目前广西商事审判队伍中的基层法院水平与中高级法院比较接近,差距不大,中高院审判队伍的业务水平似乎没有明显高于基层法院。

4. 小结:商事审判队伍的结构性差异值得关注

本次调研特别注意到不同类型群体的答题差异,这些群体差异很有启发性,其中有一些负面性提示,值得我们关注。首先,法官助理在学历更占优的情况下,不仅在司法经验与社会阅历上不及员额法官,同时在理论积累与理论分析能力上与员额法官也有差距,这一现象虽然在整体上是合理的,符合员额办案与助理协助的分工安排,但员额是直接从助理中产生的,事实上有一定经验的助理已开始相对独立办案,故我们有必要注意法官对于法助的传帮带、注重助理的培训和培养,使法助的业务能力尽可能接近员额法官,甚至应该在理论储备上超过员额法官。其次,从法院审级制度来看,本应对中高级法院法官的理论与经验要求更高或期待更高,但实际上本次问卷显示,目前广西基层法院与中高级法院的业务水平差距很小,三级法院的审级结构与能力层次不够匹配、不够协调,我们在实务中也发现一些上级法院不当发改下级法院的案件,因此,三级法院应当更加注重业务交流座谈,上级法院应当更加注重择优遴选,中高级法院应当更加注重业务上的总结归纳与理论深化。

三、广西民营企业家对于公司法相关制度了解看法的分析

（一）分析对象说明

1. 调研背景

无论是在数量、总量规模还是普遍性等角度来看，有限责任公司在现代市场经济中都是最主要的企业市场主体。投资者从设立公司、经营公司，甚至到退出市场的整个过程中，很可能都不会进入司法诉讼，即使因纠纷进入司法程序，也很可能仅为整个公司经营历程中的一小段“插曲”。因此，就社会各界或市场各方而言，对有限责任公司的功能、价值、地位以及发展趋势等方面的认知与思考，可能一定程度上有别于法律人的视角与思路，同时更多涉及法律适用技术之外的价值判断。本课题将调研对象拓展到法院系统之外，就是要发掘不同的思考角度，更好地理解公司制度背后的市场功能、价值取向、发展趋势等，以利于我们在个案审理中更好地处理价值判断、解释路径等问题，为公司制度的规范发展以及营商环境进一步优化提供有力司法保障。

2. 数据来源

本报告的数据来源方式是发放问卷，问卷形式为“金数据”APP 电子调查问卷，填写方式是手机微信扫描二维码后直接在线填写并提交。问卷主要涉及企业家（包括企业的股东、实际控制人、高管人员等）关于相关公司法律制度的个人观点与认识。问卷发放方式是，由高级法院向工商联发正式公函，商请其通知下属的商会以及各地级市、县（区）的工商联下属的商会，组织执委企业和所属商会会员企业填写问卷。我们于 2020 年 4 月 7 日向广西工商联去函，截至 2020 年 7 月 20 日，收集广西民营企业家填写的问卷 391 份。

3. 本次接受问卷的民营企业家基本情况

(1)所创办企业或所任职企业所处的行业情况(见图5-3-1):

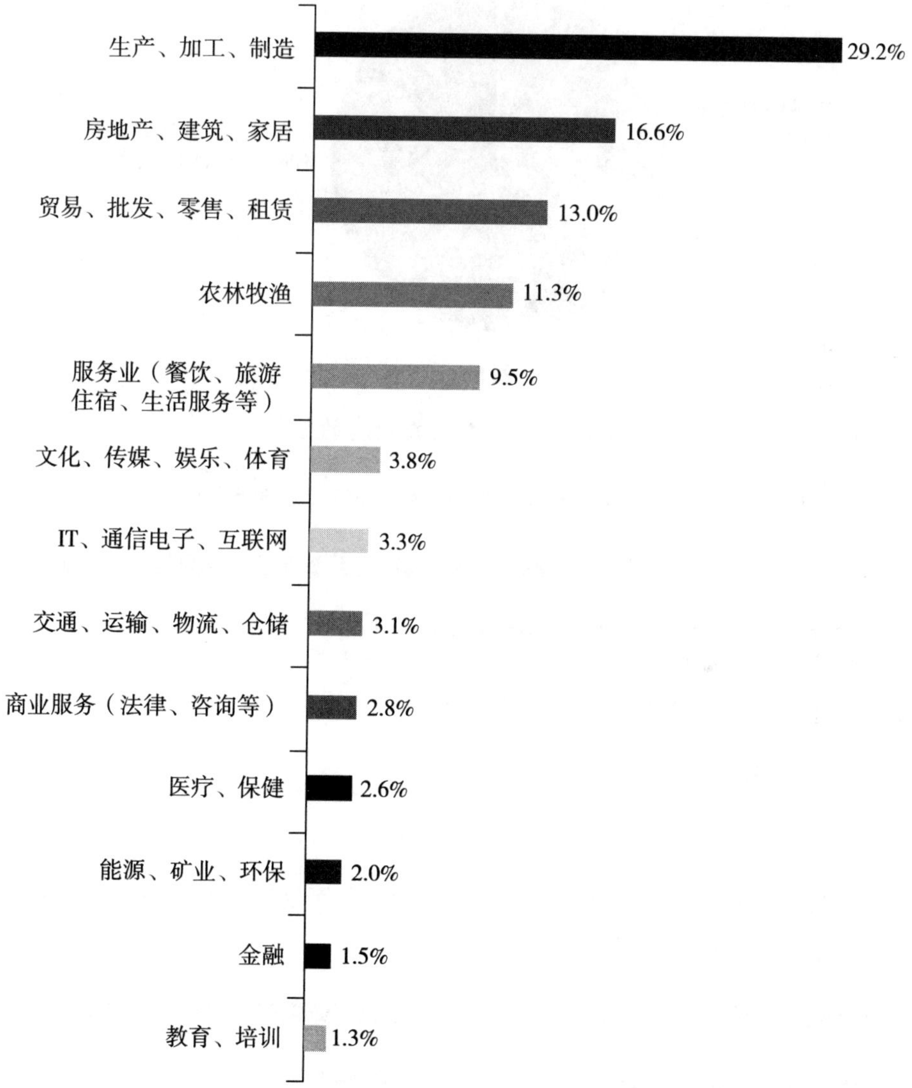

图5-3-1

(2)所创办企业或所任职企业享有法律专业服务的程度(见图5－3－2):

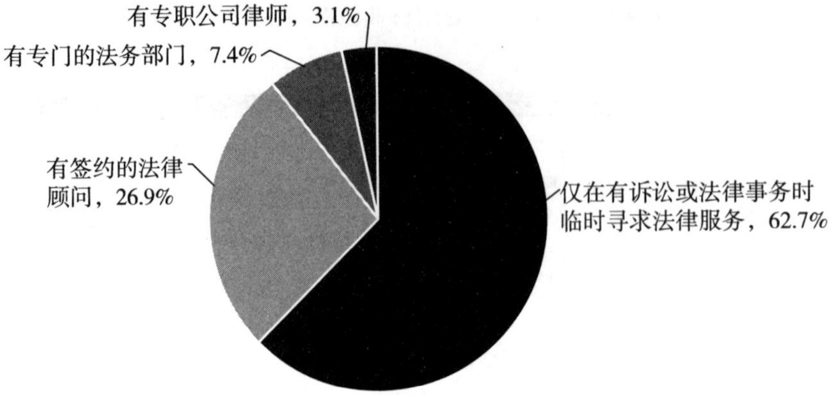

图5－3－2

(二)广西民营企业家对于公司法相关制度的了解看法

1.您自己是否了解我国公司法及相关法律规定?(见图5－3－3)

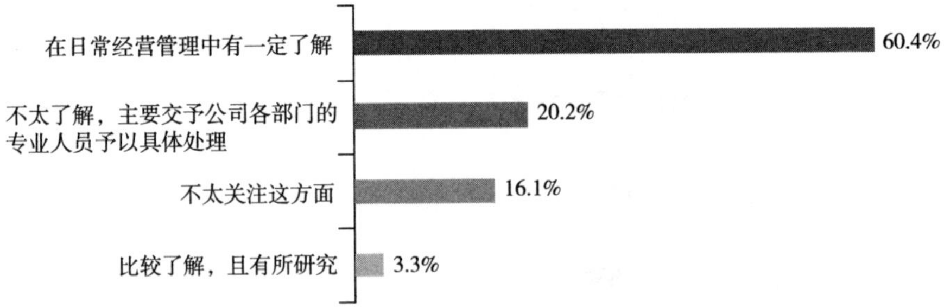

图5－3－3

2.您认为从整体上看我国目前的公司法制度是否足够完善,其是否对企业经营发展发挥了足够积极作用?(见图5－3－4)

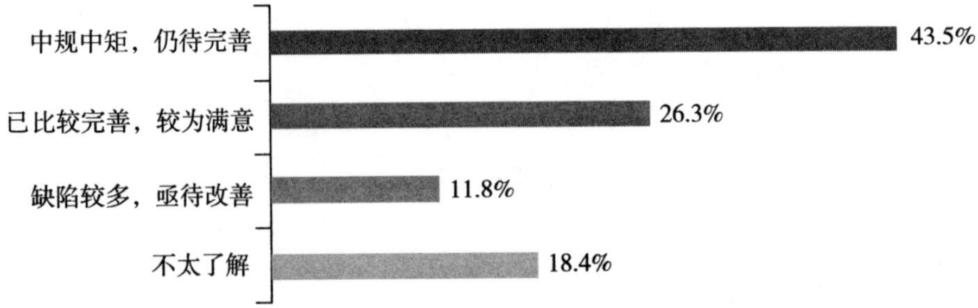

图5－3－4

3. 您认为我国目前以有限责任公司形式存在的中小微企业，是否在现实中具备独立财产与独立人格，与其股东或实际控制人的个人财产与利益形成一定区隔？（见图 5-3-5）

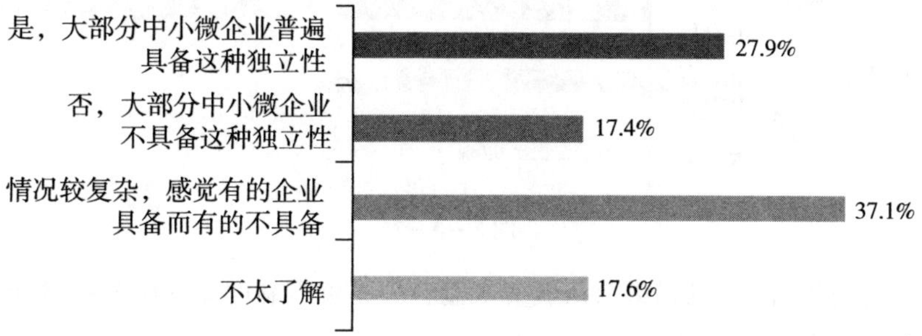

图 5-3-5

4. 您认为目前我国有限责任公司出现不具备上述独立性现象的主要原因是什么？（可多选）（见图 5-3-6）

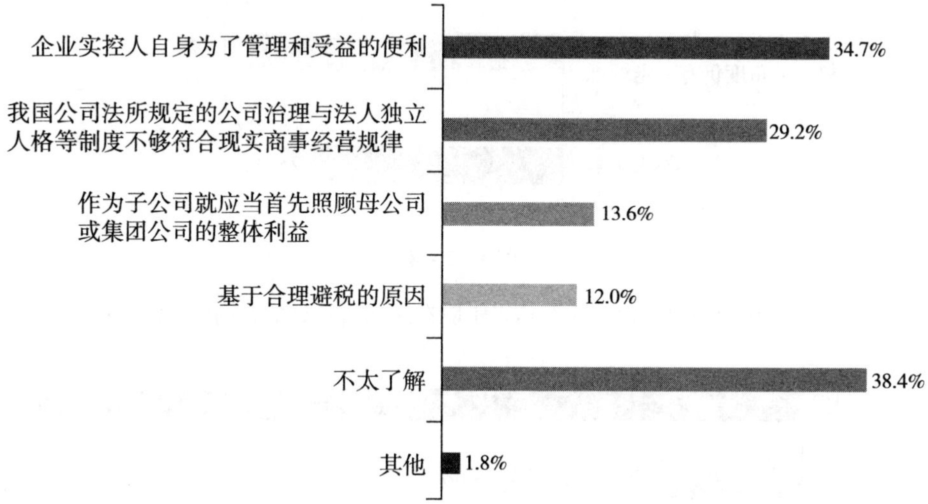

图 5-3-6

5. 如何评价目前广西中小微企业的整体融资环境？（见图5－3－7）

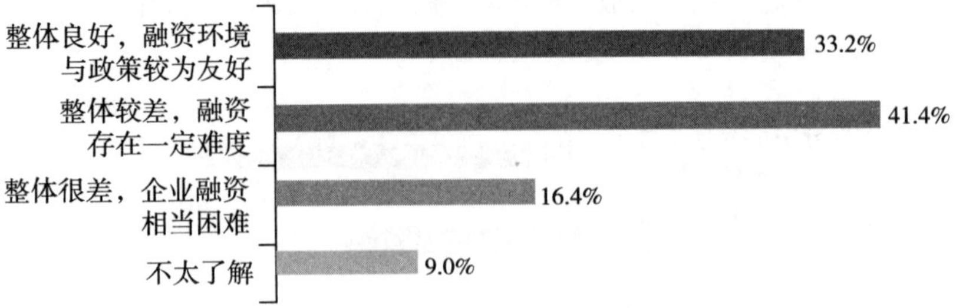

图5－3－7

6. 目前我国公司法已采取认缴资本制且公司资本制度呈宽松态势，对此您是否予以积极肯定？（见图5－3－8）

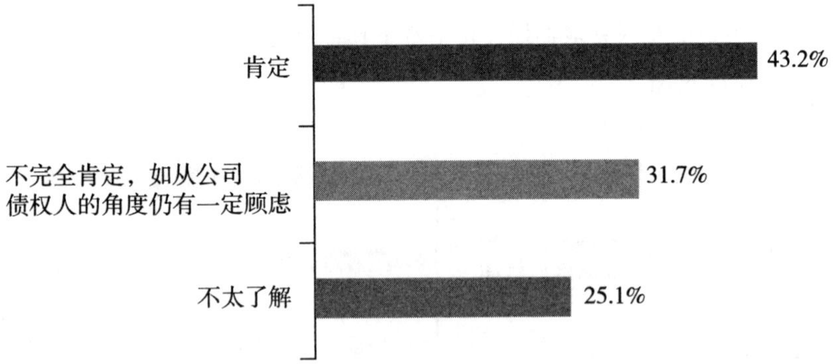

图5－3－8

7. 您是否认为公司章程实质上相当于股东之间所签订的合同？（见图5－3－9）

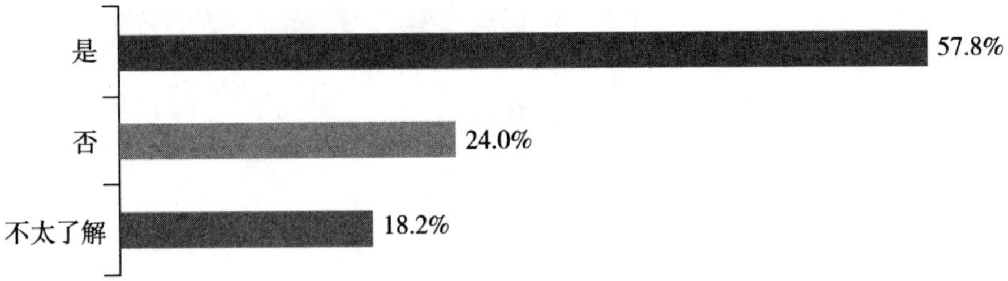

图5－3－9

8. 公司章程可由股东自由订立，您认为公司章程是否可以完全改变公司法关于公司内部治理结构的相关规定（如股东会、董事会、监事会以及高管人员的设置

与职权）？（见图 5－3－10）

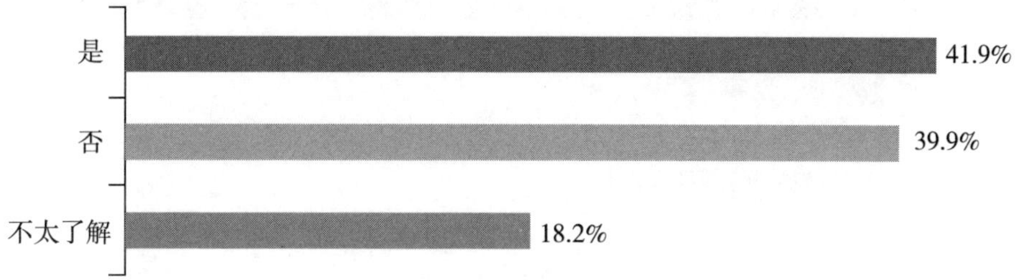

图 5－3－10

9. 您认为有限责任公司的章程是否可以规定禁止股东转让股权，或该规定实质上起到禁止转让的效果？（见图 5－3－11）

图 5－3－11

10. 您认为公司章程所记载的事项是否都可以向人民法院诉请确认或强制执行？（见图 5－3－12）

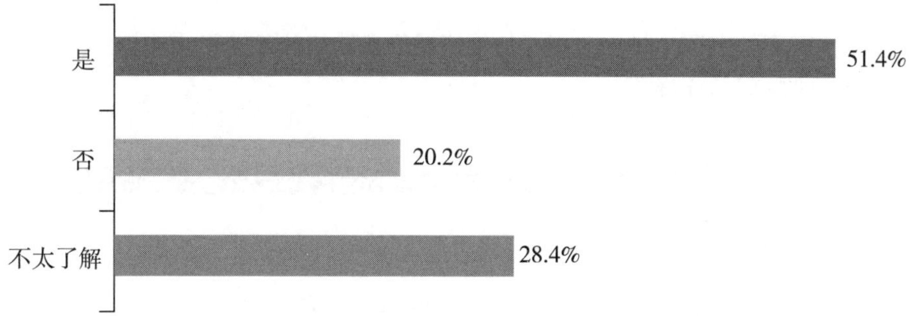

图 5－3－12

11. 您认为公司发起人股东之间对于出资义务是否负有连带互保责任？（见图 5－3－13）

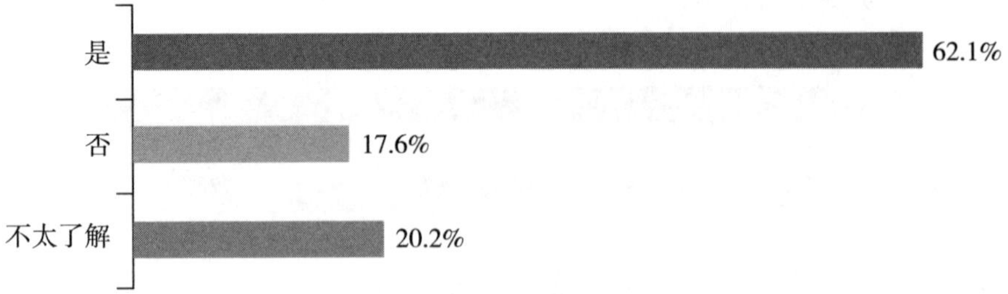

图 5－3－13

12. 您认为在有限责任公司的股权转让交易中，什么时候股权真正发生移转或发生变动？或者说，整个股权转让过程中，股权在哪个或哪些环节中发生了变动效果？（可多选）（见图 5－3－14）

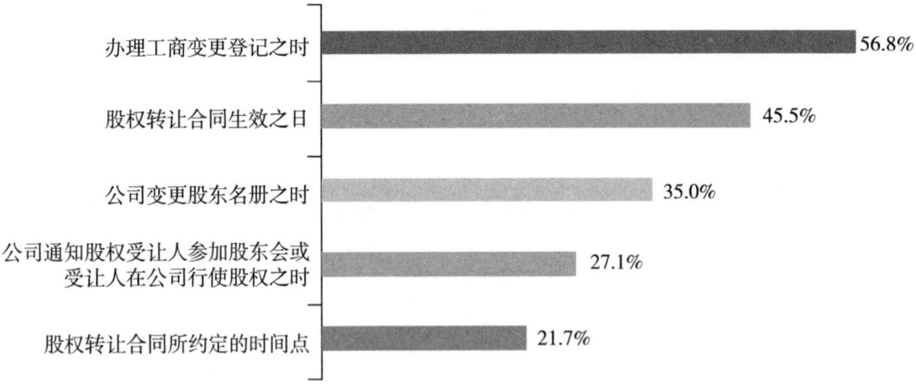

图 5－3－14

13. 关于目前我国市场上公司股份代持现象或隐名出资现象，您认为是否普遍存在？（见图 5－3－15）

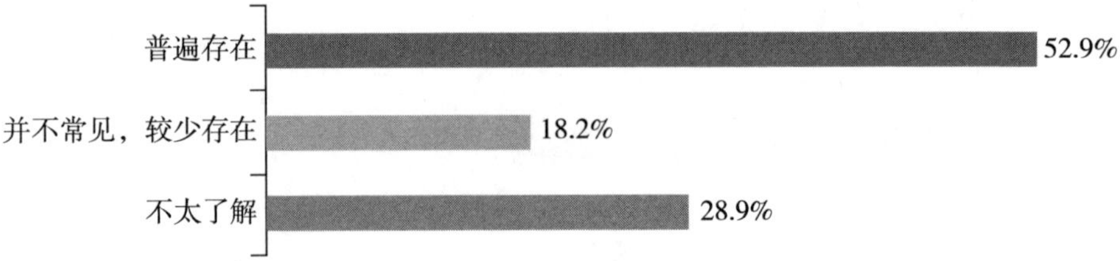

图 5－3－15

14. 您认为目前我国市场上存在公司股份代持或隐名出资现象的主要原因是

什么？（可多选）（见图 5－3－16）

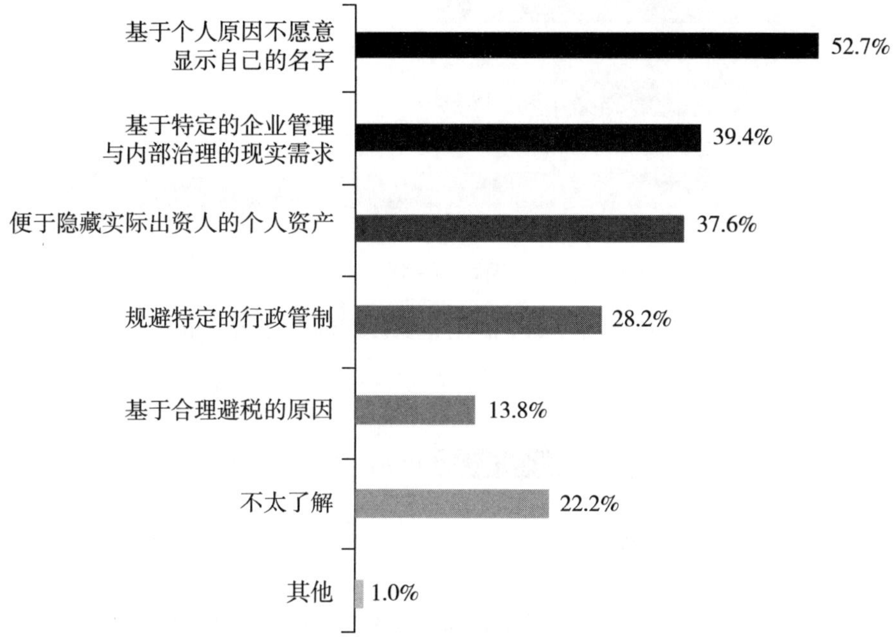

图 5－3－16

15. 在公司股东有代持的情况下或存在隐名出资的情况下，您认为隐名的出资人或实际的出资人是真正的股东吗？抑或说，其是否具备股东资格且直接享有股东权益？（见图 5－3－17）

图 5－3－17

16. 您是否了解我国的企业破产制度，您是否会考虑通过人民法院的破产程序来控制您的经营风险？（见图 5－3－18）

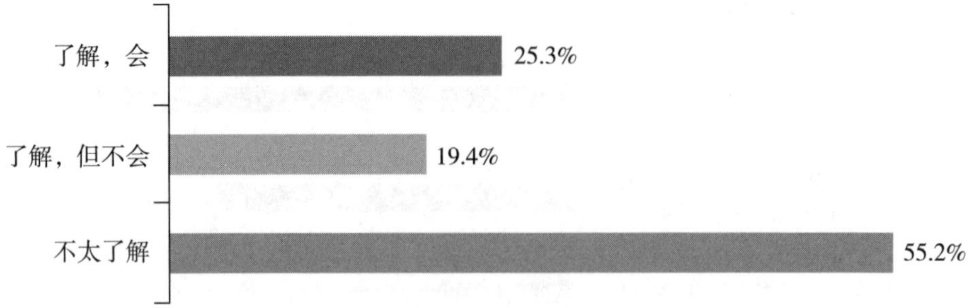

图 5-3-18

17. 您认为目前我国市场环境下利用企业破产制度逃债的情况是否严重或普遍?(见图 5-3-19)

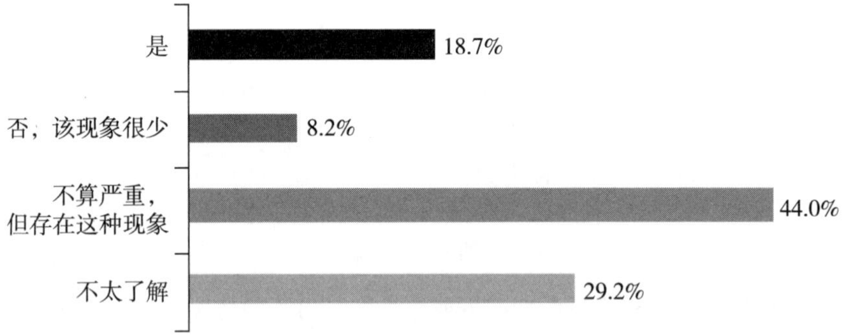

图 5-3-19

18. 就您个人观点而言,目前在我国设立自然人个人破产制度是否有其必要性与可行性?(见图 5-3-20)

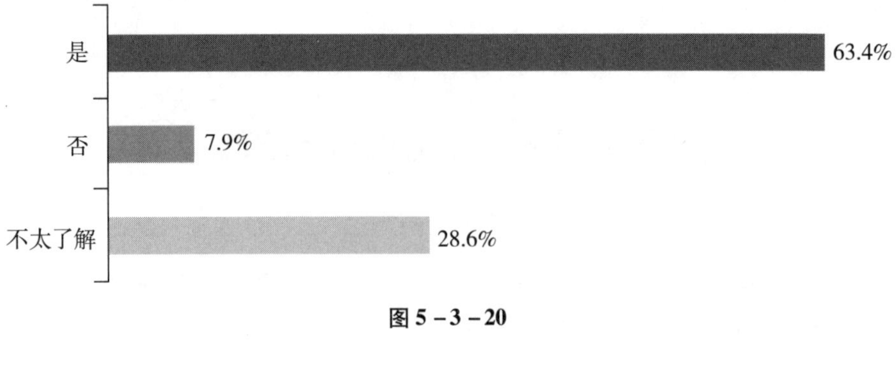

图 5-3-20

(三)现有了解看法中的特点与启发

1. 对现行公司法制度关注与认可度较高,但了解不深入

当被问及是否了解我国公司法及相关法律规定时,超6成的受访民营企业家表示"在日常经营管理中有一定了解",部分企业家表示会把相关事务交予公司各部门的专业人员具体处理。总体而言,受访者多少都会关注和了解公司法相关制度与法律规定,这一比例高达83.9%(见图5-3-3)。在较高关注度的情况下,受访者总体上对我国现行公司法制度的评价也比较积极,除去没有填选明确态度的比例,这些企业家认为公司法制度"已比较完善,较为满意"的达到3成,认为"中规中矩,仍待完善"的也超过40%(见图5-3-4);同样除去填选"不太了解"的比例,对我国公司资本制的发展与趋势持肯定态度的企业家达到57.7%(见图5-3-8)。

但我们也不能过于乐观,实际上企业家们的这种关注与认可,更多的只是一种笼统认识,并不真正涉及具体制度或具体问题。这主要体现在:只要是涉及公司法的具体制度或规定的问题,那么受访者选填"不太了解"的比例较高,平均每题下来,比例接近30%(有12题涉及具体制度或规定)。其中的直接原因可能在于,这些企业家虽然在大方向上是关注公司法制度的,但并没有把公司法及相关法律规定作为日常经营决策的主要依据,根据受访企业家所享有法律专业服务的程度(见图5-3-2),仅有约10%的民营企业具有常态性的法律意见供给机制(有专门的法务部门或专职公司律师),而62.7%的则仅在有诉讼或法律事务时临时寻求法律服务。

2. 对具体制度的了解看法分歧明显,且与司法上的理解适用有一定偏差

本问卷涉及对公司法具体制度的理解适用问题(见图5-3-9、图5-3-10、图5-3-11、图5-3-12、图5-3-13、图5-3-14、图5-3-17),这些问题源于公司商事交易中常见的纠纷与诉求,但却没有法律法规的直接明文规定,其结论需要通过法律解释方可得出,也就是说,这些问题并不能由普通民众仅通过查阅法条得出结论。根据企业家们的选填结果,他们选择结论相反的选项(如是或否、肯定或否定)的比例较为相近,或者每一选项都有相当比例的受访者予以选择。这就说明,我们民营企业家对于公司法具体制度的理解存在明显分歧,在实践中共识不足;进一步而言,既然每个选项都有人选,那么整体上企业家们的观点也与我们司法上的理解与适用存在明显偏差。这些现象不仅会直接影响发生纠纷的企业之间

能否和解成功，还会在司法诉讼中阻碍双方达成和解或接受调解，甚至会对人民法院的司法裁判结论产生质疑或不信任，从而不断通过二审、申诉、再审以及信访等程序诉求自己认为“正确”或“正义”的结果，这会使大部分的公司纠纷案件难以“纠纷一次性解决”。

3. 目前我国公司独立人格的现实情况不容乐观

有限责任公司属于封闭公司，同时具有人合性，其股东一般亲自经营和管理公司，故公司内部治理也主要受股东地位、能力、性格及相互间人际、身份或利益关系等因素影响。根据司法实务经验，特别在中小微企业中，股东或实控人影响公司独立人格的情况较为普遍，而本次问卷也涉及企业家们对这一现象的认知（见图5－3－5），认为法人人格独立性普遍存在的比例较少，仅为27.9%；而不完全认可这种独立性的比例则高达54.5%。这说明，我们从司法角度上对于法人独立人格问题的担忧，是基本符合目前社会实际情况的。至于该问题的原因，我们在设计问卷时有意列出两大类原因选项（见图5－3－6）：一是不符合独立人格与资本制的规范及价值的（具体选项为“企业实控人自身为了管理和受益的便利”与“作为子公司就应当首先照顾母公司或集团公司的整体利益”）；二是制度的具体规定脱离或滞后于现实商业发展需求的（具体选项为“我国公司法所规定的公司治理与法人独立人格等制度不够符合现实商事经营规律”与“基于合理避税的原因”）。问卷结果显示，受访的企业家们选择前者的比例达到了48.3%，即近半数；而选择后者的比例也不少，达到了41.2%。

这给我们的启示是：一方面，目前民营企业家们对待公司独立人格的现实情况不容乐观，我们司法机关应当通过司法裁判、沟通座谈、发布指南等方式，负担起倡导公司规范治理、坚守公司资本制的任务与使命；另一方面，我们也要清楚意识到，公司制度的最终目的还是要活跃市场、促进交易、鼓励创业，但成文法的滞后性以及僵硬性（适用刚性），又是难以避免的弊端，如何统一而又灵活地适用法律，以实现个案正义，或使之适配新的国家经济发展趋势，都是我们法院要重点关注的课题。

4. 对公司自治与司法介入的界限认识较为模糊

民事法律关系中主体地位是平等的，但在公司纠纷中，公司与股东，公司与其机关、高管、雇员之间，并非完全的平等关系。公司法属于团体法、组织法，在团体组织内部可以由多数决与权力管控而自行实现其事务，法律或司法原则上不必直接介入。也就是说，一方面，我们看《公司法》的法条规定，一定要注意其可诉性，不是每一条都是可以拿来起诉的；另一方面，也要注意司法介入的强制性，不是每一条法条规定都可由公司章程或公司决议任意改变的。但难点就在于，法律法规并没有明确划清这一界限，对公司自治与司法介入的界限把握，更多地需要依赖法律解释技术。本次问卷着重涉及了该界限下的具体制度（见图5－3－9、图5－3－10、图5－3－11、图5－3－12、图5－3－13），根据企业家们的选填结果，他们选择不同结论或相反结论的比例较为相近，同时相当比例受访者的选择与我们司法上的理解与适用存在明显偏差。

这组问题体现了企业家们的基本思路：他们更倾向于以一般民事合同关系来认识股东之间的关系，以合同自由原则来理解公司自治，他们并未清楚意识到公司法作为团体法的特殊性，以及股东之间、股东与公司之间法律关系的特殊性。这给我们的启示是：关于公司自治与司法介入的界限，首先我们法院自己应当尽快准确认识并形成共识，进而由法官有意识地在裁判文书中对该问题进行一定说理和解释；我们不仅要通过司法裁判向外引导公司自治与司法介入的理念，还应当积极通过向社会发布指南、指引，或通过座谈、交流、授课等方式，促进企业家们与司法机关逐步形成更多共识。

5. 对股权交易的认识值得我们在司法裁判上借鉴

在公司股权转让纠纷中，区分和认定股转合同效力与股权变动效力，是重难点问题。在《公司法》及其司法解释未明确规定的情况下，我们法官惯用的思维方式是寻找构成要件，但通过寻找股权变动要件来确定时间点，在司法实务上仍争论较大尚未有定论①，最新的司法政策有确定为“公司变更股东名册之时”的倾向。② 关于这一问题，本次问卷也向企业家们收集了观点（见图5－3－14），选填结果给我们的启示是：

第一，双方订立的合同一旦生效，虽然在法律上不认可股权立刻发生变动，但当事人却实实在在地认可双方之间的确发生了某种权益转移，具体而言，如要求公

① 参见最高人民法院民事审判第二庭编著：《〈全国法院民商事审判工作会议纪要〉理解与适用》，人民法院出版社2019年版，第133～134页。

② 《会议纪要》第8条规定：“当事人之间转让有限责任公司股权，受让人以其姓名或者名称已记载于股东名册为由主张其已经取得股权的，人民法院依法予以支持，但法律、行政法规规定应当办理批准手续生效的股权转让除外。未向公司登记机关办理股权变更登记的，不得对抗善意相对人。”

司办理变更手续请求权、股权收益请求权等①,对此我们在司法上也应当注意和承认这一层次上的权益变动。第二,股权交易以及股权变动是一个多步骤、多环节的整体过程,相较于股东名册变动,企业家们更认可的是以变更登记作为交易完结的标志,同时认为之前的各个环节或阶段也都有一定的重要性(图5-3-14中的各个选项均有一定比例的获选),据此,法官在个案审理中应当尽量避免过于严苛地以变更股东名册为唯一变动标志,而是注意明确股权变动的实质环节——以公司认可该次股权变动之时为准②,同时也要注意股权交易在不同阶段中所具有的相应法律效力。

6. 对公司隐名出资(代持股)的认识表明隐名情形的多样化

对于目前我国市场上公司隐名出资或代持股的现象,大部分的企业家认为该现象普遍存在(见图5-3-15),除去没有明确表态(即选填"不太了解")的比例,持该观点的受访者达到74%。当问及该现象的主要原因时,我们设置了五类原因作为选项,结果每一选项都有相当比例的受访者选择,这意味着背后的原因确实较为复杂;同时也表明,有些情形下隐名出资是一种偏于私下的、隐蔽的安排,而有些情形下则是一种公开的公司治理或交易安排。可能正是基于此,当问及隐名的或实际的出资人是真正的股东吗,或其是否具备股东资格且直接享有股东权益时(见图5-3-17),受访者选择"是"或"否"的比例较为接近,大致呈对半开的情况。同时我们发现,选择"是"、"否"或"不太了解"的比例几乎呈三分开(38.6%、30.3%、31.1%),这进一步意味着,企业家们对于隐名出资的法律效力的认识,还是较为模糊且存在明显分歧的。

这给我们的启示:第一,隐名出资的具体动因与具体情形在现实中存在多样性,我们在认识并规范这一现象时,应当注意区分类型化。第二,由于企业家们的

---

① 参见本书第三章"裁判指引"第19条规定:"股权转让合同一旦成立生效,即可约束合同双方当事人……如果当事人约定股权变动时间点早于公司确认该次股权转让的,则仅在合同双方当事人之间发生一定的权益转移效力,此时股权受让人可获得的具体效力包括:(1)办理变更手续请求权。即向公司请求变更股东名册、签发出资证明以及办理工商变更登记等权利。(2)股权收益权。即向股权出让人请求给付该出让人在权益转移时间点之后仍从公司获取的财产性权益。"《公司法(修订草案)》第87、88条也明确了公司有应请求办理变更登记、签发出资证明、修改章程等手续的义务。

② 参见本书第三章"裁判指引"第18条规定:"股权转让合同成立生效后,应当自公司认可新股东资格时发生股权变动效力,但法律、行政法规规定应当办理批准手续的股权转让除外……个案中应以公司确认该次股权转让的时候为变动时间点。具体的时间点一般为公司开始变更公司股东名册、变更公司章程记载事项、办理工商变更登记、向新股东签发出资证明等变更手续;或在个案中新股东在事实上已开始行使股东权利的,也可视为公司对新股东成员资格的确认,并以此为股权变动时间点……"

认识较为模糊且存在分歧，这就亟须我们在法律以及司法上规范这一现象、明晰其中的交易规则，同时还要注意不能机械地“一刀切”，而应当是在兼顾隐名出资的各类情形之下，构建一个公平合理、权衡各方、逻辑自洽的规则体系。

7. 对企业破产法的了解与利用严重不足

受访的 55.2% 的民营企业家表示，其对于我国的企业破产制度并不了解（见图 5－3－18），而仅有 25.3% 的表示了解且会考虑运用破产制度。受访者对于破产制度的功能评价表现得不够正面积极（见图 5－3－19），关注或担忧破产制度被非法利用于逃债的受访者达到了 62.7%。这给我们的启示是：一方面，我们宣传和倡导司法重整、司法清算等破产制度的任务还任重而道远，目前从整体上看，合法运用破产制度对公司企业完成市场出清，优化市场资源配置的大环境、大理念尚未形成。另一方面，我们法院在办理破产案件中，一定要警惕“借破产逃债”的情况，不仅要在受理案件时做好审查工作，更是要利用好破产程序，借助破产管理人清资核产的职责，彻查破产企业的财务账册、决策文件、交易合同等资料，依法追诉原股东、原实控人、债权人等不当侵占、挪用、转移、侵吞的企业财产，使破产程序真正成为企业自救、股东自保、债权人止损的“良方妙药”，而不是用以“金蝉脱壳”的“歪门邪道”。

（四）企业家们主动提出的意见

在本次问卷的最后，我们还设置了一道主观题：您觉得目前我国关于有限责任公司的法律规定或司法实践，有哪些方面您认为最不合理或最不满意？企业家们进行了积极回应，比较有代表性的观点大致归纳如下：

1. 应当把对开公司的责任与风险的认识普及到纠纷发生之前。现在社会中开公司的多，但真正懂得开公司的责任、担当与风险的人少。把公司法制度普及在公司创办前，就能更好地帮助企业规划未来，使其提高生命周期，提高其运营质量，把更多的纠纷提前化解，减少企业走弯路、走险路的风险，故防治企业纠纷的重要性不亚于司法个案判决。

2. 有限责任公司的责任“不有限”。对于股东或实控人而言，无论是强势的债权人通过保证条款约定其承担无限连带责任，还是债权人通过诉讼程序或破产程序诉请其承担无限连带责任，抑或作为法定代表人因公司被执行而被限制高消费，各类机制与大环境都让开办有限责任公司的出资人或实控人感觉其责任“不有限”。

3. 我国的公司制度对于商事营业的保护不足。具体体现为，法律对企业劳动者的保护、对小股东的保护，并非在现实中所有企业或所有情形中都能实现妥当的利益平衡，有时对劳动者或小股东赋予过多的保护救济机制，反而不当地耗费了公司企业的精力与成本，忽略了企业合理的发展需求，严重时直接影响公司的日常经营活动。

四、对公司纠纷案件审判工作的建议

（一）统一认识：从全局高度重视公司纠纷案件

公司纠纷案件的重要程度不能仅看其案件数量，质言之，即使进入司法程序的公司纠纷案件数不多，占法院案件总量的比例较小，也不能轻视公司纠纷案件，不能忽视对公司纠纷案件的分析研究。公司纠纷案件具有强烈的外导效应与渗透效应，其对于法院审理民商事纠纷案件的整体质效、对于商事纠纷的非诉解纷以及源头化解，对于发挥司法裁判的社会引导示范作用，对于营造高水平法治化营商环境等方面均具有重要影响。

首先，这类案件具有强烈的外导效应，即向社会示范并施以引导的作用。由于公司纠纷有其特殊性，公司较之于一般民事主体，其防范法律风险能力更强、非诉解纷机会更多、诉争利益更限于财产性目标，且商事行业标准、范式、模式也更为成熟定型，故实际发生的大多数公司纠纷并不会进入司法诉讼程序，即法院的公司纠纷案件①实际上并不多。以广西为例，新冠疫情暴发前三年（2017 年、2018 年、2019 年）总计新收一审案件 3680 件，案件最多的 2019 年新收一审案件也仅为 1500 件左右，加之这类案件在各地市的分布极为不平衡，某些地方法院就很少审理或接触这类案件。但是，我们仍要清醒地认识到，实际发生的公司纠纷并非这么少，而是进入司法程序的纠纷较少，而一旦纠纷进入法院，这些案件就具有强烈的外导效应。无论是作为纠纷当事人还是日常经营的市场主体，公司都会高度关注当地的司法裁判以及法院对公司法的理解与适用，这些也是他们控制交易风险、拟订交易计划、开展谈判协商的重要参考。同时，相关商业行会、调处机构、仲裁机构等多元解纷主体也会高度重视并研究公司纠纷司法裁判，并将其作为解纷工作的主要依据。当地政府会高度关注涉及重大项目、重大改革、重点任务的公司纠纷案件，并

① 这类案件主要指基础法律关系直接适用《公司法》及其司法解释的案件。

根据职能不断优化其服务企业、引导经营的法治环境，同时可能将涉及普遍性问题的案件作为典型案例或指引向社会发布。总之，公司纠纷案件广泛深刻地影响着法院之外的公司纠纷化解、公司风险防范、公司经营规范等方面。

其次，这类案件具有渗透效应，即影响着其他民商事案件的裁判规则。公司是现代市场经济中最重要的市场主体，也是最主要的投资载体，大量民商事纠纷的当事人都是公司法人，即使合同纠纷、借贷纠纷、侵权纠纷等并不直接使用公司纠纷案由，但也可能在具体审理中涉及对公司法制度的理解与适用，如合同订立、公司担保、隐名出资（代持股）、职员职务行为、法定代表人或分公司表见行为等问题，都包含了对公司行为或公司表意的效力认定，或涉及对公司责任的认定划分。因此，在公司纠纷之外的其他民商事案件中，也很可能渗透着公司法的规则与原理，体现着公司法的要求与精神，故审理这类案件的法官不能忽视对公司法以及公司纠纷案件的学习研判，而是应当提高认识、高度重视，确保对公司法规则深入理解、准确释义、统一适用。

（二）理念提升：全面准确把握公司法的核心要义与主要理念

1. 把握好公司资本制的坚守与缓和

公司资本制是整个公司制度的主旋律，是公司制度的基石，公司法中大多数带有强制性的规范基本都源于资本制的要求。公司资本制原则包括：资本确定（充实）原则、资本维持原则、资本不变原则。理论上统称为“资本三原则”，其并不旨在保证注册资本等同于公司实际资产或公司清偿能力，而更强调的是规范出资人缴付出资、规范公司法人运营以及调整自身资产，使公司具备独立财产与独立人格。但毕竟，公司资本制的直接保护对象是公司债权人，其主要内容就是要规范甚至是限制公司及其股东对资本的使用过程，这就一定会在某种程度上制约公司及其股东的交易自由与决策自由。若过分强调公司资本制，副作用就是不利于实现自由交易、创新交易、鼓励交易之原则。因此，公司资本制背后存在一定的紧张关系，在个案中把握好该原则也存在“时度效”的问题。

目前有些观点认为，公司资本制已经趋于宽松，特别是在资本认缴制推行以及公司担保、公司对赌等获认可的情况下，还强调公司资本制已有些过时或不合时宜了。本书认为，一方面，我们务必要在理念上坚守公司资本制的核心地位。公司作为一种既受股东控制，又能为股东隔离责任的制度，本身就是更偏袒于公司股东的制度构造，所以它就一定需要一整套保护公司债权人的规则与之匹配，才能实现各方利益的平衡。这就是公司资本制为什么重要的原因,因为它是公司制的正当性基础,不坚持公司资本制,有限责任就会失去正当性。另一方面,在树牢这一理念前提下,也应当注意到资本规制与交易自由存在一定矛盾紧张关系,我们在个案中也不能过于机械地、强硬地以违反公司资本制为由,轻易否定实践中新型交易模式或投融资模式。怎么把握这个度,其中的核心判断标准就是:是否损害债权人利益,抑或是否在实质上违反了公司资本制的用意与保护目的。

2. 把握好尊重和倡导公司法人人格的理念

公司法人人格的概念已老生常谈,但要透彻理解其精神与原理却不容易。举个例子,《会议纪要》第19条①对于公司法关于公司担保的法定决议程序进行了例外规定。这一规定实质上触及公司法人意志的形式要求,且对此进行了一定程度的松绑。这种尽量避免机械办案、避免个案实质不公的司法政策,在方向上是正确的。但有观点开始认为,这是一种重大导向转变,即公司法人意志的形成过程不再重要,只要占多数份额的股东有此意思,则该意思可视为法人意志,因为即使开了股东会,也会促成这一结果,故出现了重"实质"而轻"形式"的导向。甚至实务中,在解释《会议纪要》第19条第4项"股东签字同意"时,认为可以扩展适用到股东明知或应知、股东不作异议或反对等情形。上述观点值得斟酌,本书认为,最重要的是要把握好主次轻重。

一方面,公司法人是一种实体存在,并非其名下享有独立财产就能实现独立人格,而是说其相对股东或实控人而言,还应当有相对独立的公司利益、公司事业以及公司意志。只有当公司的内部治理机制是规范的、成熟的,那么基于公司资产之上才能形成独立的人格,也就是说,公司才能真正像个"人",像个独立的市场主体。另一方面,有限责任公司是具有高度人合性的封闭公司,从现实上看,大多数体现为中小微企业,股东往往自己就是经营者,公司内部治理模式常以股东个人经营习惯或业内惯例而定,因此在个案中适当弱化一些公司法上的形式要求,确实符合常情常理,也有利于实现实质正义。但我们必须清楚意识到,公司法人意志与股东个人意志应当有所区别,而现实这一区别的主要办法就是遵守公司意志的形成机制。

① 《会议纪要》第19条规定:存在下列情形的,即便债权人知道或者应当知道没有公司机关决议,也应当认定担保合同符合公司的真实意思表示,合同有效:(1)公司是以为他人提供担保为主营业务的担保公司,或者是开展保函业务的银行或者非银行金融机构;(2)公司为其直接或者间接控制的公司开展经营活动向债权人提供担保;(3)公司与主债务人之间存在相互担保等商业合作关系;(4)担保合同系由单独或者共同持有公司三分之二以上有表决权的股东签字同意。

这种机制是贯穿整个公司法的，例如，即使是公司全体股东一致同意的事项，也仅可不实际召开股东会，但仍须由全体股东在决定文件上签名、盖章（《公司法》第37条）；又如，即使是不设股东会的一人公司，股东作出决定时，也应当采用书面形式，并由股东签名后置备于公司（《公司法》第61条）。这都说明立法的真正导向还是要求我们尊重和倡导公司的治理程式与规则，这才是主要精神和主旋律，这关系着公司独立人格的基础，只有在坚持这一理念的基础上，才可以在个案中缓和一些形式要件，谨慎地将其作为一种例外予以适用。

总之，现实中公司内部治理的规范性不容乐观，企业家或企业管理者往往不会主动重视公司独立人格的构建。对于他们而言，效益动因在企业治理中肯定排在首位，这似乎无可厚非，但如果不注重规范治理，就将造成长远的负面影响。目前很多金融机构或投资方在与公司交易时，早已普遍地要求股东、实控人及其他们的配偶签订个人保证协议，这一现象所反映的实质是，欲通过合同意定的方式否定公司的独立人格、取消股东的有限责任，本质上就是在“架空”法人人格与有限责任制度。说白了，这些对市场风险最为敏感的主体可能早已不太把公司当“人”看了，如果我们法院在司法上还不主动倡导公司规范治理这一理念，那我们的有限责任公司制就真可能“名存实亡”了。

3. 把握好公司自治与司法介入的界限

我们看《公司法》的法条规定，一定要注意其“可诉性”，不是每一条都是可以拿来起诉的。《会议纪要》（第29条）指出了请求召开股东会不具有可诉性；最高人民法院的最新裁判也指出，请求确认股东会决议有效不具有可诉性。① 其实不仅如此，股东会对于公司经营管理事项所作出的决议，原则上均不得由股东或公司直接诉请法院予以确认并执行。② 其中的法理在于，公司法属于团体法、组织法，其最大特点在于，所规范的主体之间不完全具有平等主体地位，与一般民事纠纷不同，公司与股东之间，公司与其机关、高管、雇员之间，并非完全是平等关系。成员须服从于团体，股东必须接受少数服从多数的团体规则，公司参与者也要服从各自的职

① 参见“王某与付某等第三人撤销之诉再审案”［最高人民法院（2019）最高法民再335号民事判决书］。本案中，法院指出“建材公司的股东并未提起相应诉讼，应视为案涉决议不存在争议……故建材公司无须请求法院对于该决议的效力进行确认。”“依照我国现行公司法和相关司法解释的规定……但并未将确认公司决议有效之诉列为人民法院民事案件的受理范围。”

② 要注意正确适用“公司决议纠纷”案由，其涉及的是公司决议是否存在无效、可撤销或不成立的情形，而非股东或公司可以诉请对决议内容予以确认有效的依据。

权分配。公司股东会是公司最高权力机关,公司内部有能力和权力实现其自身事务的计划与安排,故一般情况下无须诉诸司法公权力。当然,例外情况下仍需司法介入:(1)当决议涉及的相关公司财产、章证、账册、文件等被不当侵占时,公司或股东可以凭借侵权之诉要求返还与赔偿;(2)负有实施股东会决议职责的主体违反忠实勤勉义务,且对公司造成损害的情况下,公司或股东可以诉请相关损害赔偿责任;(3)当公司决议通过利润分配方案的,股东可依据公司盈余分配纠纷案由诉请执行,等等。

把握好公司自治与司法介入界限的另一个维度就是股东与股东之间的自治范畴。有观点认为,小股东处于弱势地位,理应侧重保护。该观点存在一定误区,这是普通民事审判思维的延伸,是一种保护弱势的朴素正义观。当进入公司法的语境中,则应以商事审判理念以及团体法理念来考虑这一问题。有限责任公司并不是上市公司,上市公司的小股东普遍形成了一个弱势群体,基于对资本市场秩序以及市场长期利益的维护,在制度设计与价值取向上要特别注重保护小股东利益;但有限责任公司属于封闭公司,其人合性较强,股东往往亲自参与经营,股份少的股东也不一定处于弱势,其份额少,更多的是股东自己的投资决策或股东之间的投资安排。即使个案里小股东的确受到排挤、处于弱势,我们也要清楚地认识到,股权并不当然包含管控公司的权能,小股东在日常管理中受到的排挤主要属于股东之间的自治范畴,股东要受制于其团体成员的身份,要服从于多数决与团体自治机制。当然,如果这种排挤和受制侵害了股东权利,如参会权、表决权、知情权、股利分配权等,则专门有法律救济制度或异议股东退出机制等予以保护;如果涉及大股东利用其地位损害公司利益、损害小股东利益的,则有关联股东决议排除机制(《公司法》第16条第3款)或关联交易的禁止与追偿机制(《公司法》第21条)等予以保障。总之,法官不能轻易以保护弱势小股东为理由,就支持小股东诉请争夺公司经营权或直接解散公司。对于以有限责任公司形式存在的中小微企业,若要在司法个案中介入其内部关系并侧重保护小股东,则一定要审慎、谦抑、适度。

4. 把握好外观主义原则的适用范围

外观主义原则并非只是以权利外观为准这么简单,外观主义有其适用界限。外观主义原则的内涵在于,当权利的外观状态与真实归属不一致时,对于由外观状态所引起的债权人合理信赖,我们要优先保护,即以优于真实权利人的方式给予保护。外观主义的适用范围有两个界限:第一,关于真实权利人与名义权利人之间的权属纠纷,这属于外观状态背后的内部争议,不涉及外部交易安全与交易秩序,不得适用外观主义。第二，债权人在设定债权时对于外观状态没有形成合理信赖的，如债权人已知实际状态而恶意利用外观状态的，或者对于权利实际归属的审查有重大过失的，该债权人不应获得优先保护；又如，债权人在设定债权时，根本没有注意到特定的权利外观的，或尚未形成（事后形成）特定的权利外观的，也谈不上对于该权利外观的合理信赖，该债权人事后主张以权利外观为准也就失去了正当性，不具有优先于真实权利人获得保护的地位。此外，还要注意外观主义的适用前提——仅当权利的外观状态与真实权利归属不一致时方有适用空间。例如，在处理公司隐名出资关系的时候，不同个案中存在的情况与类型可能是不同的，有的个案中登记股东确实不是真正股东，其名下的股权实际上另有归属，这就符合外观主义的适用前提；但有的个案中名义股东就是真正股东，其与实际出资人或实际控制人之间仅为内部合同关系，此时权利的外观与真实权利归属并未发生冲突，这就没有适用外观主义及其规则的空间。

《会议纪要》在“引言”部分提示，要准确把握外观主义的适用边界，避免泛化和滥用。但有的法院在理解《会议纪要》时，又有些矫枉过正了，有观点认为外观主义只是例外，要限缩适用，而应当以审查权利实际归属为一般原则，这种误区就是没有全面准确理解外观主义原则。其实在市场交易中，只要涉及债权人合理信赖权利外观的，就应当坚持外观主义原则，从这个角度上看，外观主义就是商事审判中的主要原则或一般规则；而至于超出外观主义适用范围的，则不得误用外观主义及其相关具体规则。

5. 把握好商事审判理念树牢与商事常识积累

商事审判理念与民事审判理念之间存在诸多区别。但目前很多法院未能把握好商事审判理念的特殊性，而是习惯以民事审判理念来解读商事审判、以民事制度套用商事制度、以民事法理论类推商事法理论。本章第二部分关于法院理解与观点的问卷调研，就反映了受访者确实普遍存在民商不分的思维方式。形成这种思维方式有其客观原因，如商事案件数量远少于民事案件、绝大部分法官既办理商事案件也办理民事案件、法官与法助的学历层次与研判能力有限等。[①] 这种思维方式的问题值得我们高度关注，如不加以改善，可能对我们商事案件的审理效率、商事法律的准确适用、商事裁判的社会效果等方面均产生负面影响。本书认为，一方

① 80%的法院受访者的学历为大学或大学以下；且只有不到两成（16.5%）的法院受访者专业是民商法或经济法方向。详见本章第二部分中关于广西法院商事审判队伍的基本情况。

面，法官要在理念、思维、思路等方面狠下功夫，聚焦公司法的核心原理与精神实质，首先在理论学习上有所反思、有所突破、有所醒悟，通过审判队伍理论素养的提升带动司法能力的提升。另一方面，法官要高度重视对于商事常识常理的积累与总结。我们知道，民事裁判结果往往与民事社会常识高度吻合，民事审判不能脱离常识常情常理，实际上，商事审判与商事常识之间的关系亦同理。但问题在于，我们绝大多数的法官在日常生活工作中，是易于习得并积累民事社会常识常理的，至于商事常识常理，法官作为国家公务员，禁止从事商事经营活动，其难以在日常生活中深入接触且习得，这一定程度上造成了一些商事司法裁判结论是脱离商事常识的。可能也因如此，公司纠纷案件的服判息诉率大幅低于一般民商事案件，这类案件的调撤率也明显低于一般民商事案件。这种情况值得我们反思，在更追求效率的商人面前，商事纠纷案件比一般民事案件反而更难以“一次性解决”。针对上述问题应当从多方面、多举措着手，最直接的措施是注重审判团队的经验积累，即通过组建相对固定的商事审判团队，较为集中地审理商事案件，使他们能够在频繁接触纠纷当事人、在长期审理纠纷事实的过程中，不断积累商事常识常理，不断打磨商事审判思维，不断增强对公司法制度的深层次理解。

（三）机制完善：着重提升化解公司纠纷的司法能力

1. 更加注重建立健全多元解纷机制

公司纠纷具有很适合诉诸多元解纷的特质。一方面，这类纠纷有很好的协商调解潜质。纠纷的争诉目标大多数为财产性利益，而非涉及人格尊严、人身利益、情感纠葛等非物质性的争议，当事人之间主要以金钱让步为和解方式，通常以“讨价还价”方式达成和解，双方或各方之间实现利益平衡的主要方式即为财产性分配，这都使和解的方向、方式、目标较为单一明了，即各让一步、退取中值，这些特质都很有利于做纠纷当事人之间的调解工作。另一方面，公司纠纷案件具有很强的外导效应，其裁判规则广泛影响着非诉解纷机制的运行，为解纷方向、理念、方法等提供了重要依据与示范，这就使非诉解纷机制在处理公司纠纷时也能具有较高的权威性和公信力。

针对公司纠纷的特质，法院应当紧扣“抓前端、治未病”的目标要求，积极推动党委领导下政府、行会、调解组织与政法机关等各方力量有效整合，推动商会调解、行业调解、行政调解与司法调解有效衔接，推动调解、仲裁与诉讼精准对接，不断促进各类解纷机制形成合力，不断促进公司纠纷源头治理、多元化解、实质化解取得更大成效。

2. 更加注重深化“尽可能一次性解决纠纷”理念与措施

目前，公司纠纷案件可谓较难“一次性解决”的案件类型之一。以2019年整个广西为例，具体表现为：一是公司纠纷案件一审息诉服判率大幅低于一般民商事案件（63.09%∶86.44%）；二是公司纠纷案件的一审衍生案件率①是一般民商事案件的3倍多；三是公司纠纷案件的调撤率明显低于一般民商事案件（25.88%∶38.99%）。再结合一个数据，公司纠纷案件中原告被“驳回起诉”的比例是一般民商事纠纷的2倍多。这都说明，公司纠纷进入法院以后，较之于一般民事纠纷，将耗费更多的司法诉讼资源，并没有体现出商事审判的高效导向，也没有为商事纠纷主体提供足够高效的解纷效果。因此，“尽可能一次性解决纠纷”的理念很重要，要尽可能地将每一个司法环节工作做到最好，尽可能地依法一并解决纠纷案件相关联的问题，尽可能地避免一个纠纷反复引发新的诉讼程序；要以不断提高环节周转效率、并减程序性步骤、压缩程序办理时长为基本思路，实实在在地提升商事审判质效、减少商事主体诉累、优化宜商法治保障、提高法院司法权威。

具体到针对性措施，要注意这类案件的常见难点：多重法律关系并存、当事人身份重叠、经济诉求与法律诉求混杂、公司自治与司法介入界限不易把握，等等。据此建议从以下三方面入手：（1）做好庭前准备，注意厘清并固定当事人真实诉求，尽可能使其“诉得准确”。这类案件原则上不要匆忙开庭，尽量避免上了庭才开始看卷听案，这类案件本身数量相对不多，应当在开庭前梳理好所涉法律关系与争议问题，甚至在开庭前积极与当事人或其代理人进行沟通；在庭审中通过主动询问、释明以及调查，认真听取当事人或其代理人的陈述、意见及建议，帮助当事人厘清其真实诉求与真实目的，指明其主张的可诉性，引导其选择适当的请求权基础。（2）辨析与梳理好所涉法律关系，尽可能“审得准确”。公司纠纷可能牵涉众多主体，除了公司法人本身，还会涉及股东、债权人、实际出资人、实际控制人、董事、高管等，相互之间形成的法律关系性质不同，个案中可能出现重叠、竞合的情况，法官务必区辨好各个法律关系，搞清楚每种法律关系的主体、适用条件、举证责任等问题。例如，在股权转让纠纷中，可能出现高管违反忠实勤勉义务与一般侵权行为等并存的情况，就此可能涉及分案审理、合并审理或择一审理等问题。又如，债权人

---

① 一审衍生案件，是指某一纠纷并未在一审完结，该案当事人在一审结案后没有息诉服判，而是经由上诉、申请或信访等，由该案衍生出二审案、再审审查案或再审案，这些案件可统称为一审衍生案件。

诉公司承担主债务时，可能同时诉请签有保证书的股东承担连带保证责任，还可能同时诉请否定公司独立人格而要求股东承担连带责任，就此可能涉及合并审理但又责任竞合的问题。总之，只有在准确厘清各层次法律关系的前提下，才能实现精审准判，才能尽可能减少当事人不断诉诸二审程序、申诉程序的情况，才能尽可能地避免发回重审或提级再审等情况。(3)建立公司企业纠纷审判团队。以广西为例，目前公司纠纷或各类企业纠纷案件分布非常不平衡，大部分法院受理此类案件数量较少。针对这些法院，可以适当考虑进行集中分案，如将公司企业纠纷案件归口民二庭集中审理，或专门由特定审判团队负责，以便这些法院也能凭借有限的案件量，培养出具备一定实务经验以及专业熟悉度较高的审判团队。这不仅更利于完成上述“诉得准确”“审得准确”的目标，也更能提高这类案件的审理效率，同时也能提升裁判文书释法说理水平。此外，这些法院还应注重“传帮带”与人才梯队建设，以保证专门经验的传承与延续。

3. 更加注重强化公司纠纷案件的外导效应

强化外导效应，就是要加强与拓宽示范引导作用的实效与广度。建议从以下几个方面入手：(1)对外发布关于公司经营法律风险提示与防范指南。高级人民法院应当重点关注普遍性问题，主动梳理公司纠纷案件的核心问题与常见问题，以现行公司法及司法实践为基础，以企业家关心关注的法律风险为回应，以企业家易理解、易接受、易应用的形式与文风来表达，面向社会发布风险防范指南或者纠纷化解指南；地方法院则可以侧重关注与当地的发展实际、重大项目、特色产业等相关的公司法律实务问题，有针对性地面向特定企业群体或产业园区发布法律风险指南。总之，法院应当主动作为，积极走访调研企业，积极开展座谈研讨，积极建立健全诉调对接联动机制，积极利用新媒体丰富司法示范引导的方式方法，不断为企业家的经营投资环境提供更有针对性的司法服务。(2)发布公司纠纷案件裁判指引。这类指引不必然具有强制性，不像法条一样明令禁止。例如，高级人民法院业务庭室可以面向中基层法院相关庭室，下发一些针对公司法的说明、释义与评析，引导一线办案的商事审判人员系统全面地理解公司法，提升他们的专业分析与判断能力。(3)发布公司纠纷案件典型案例。所谓典型，重点是将上级法院发改或纠正下级法院裁判的案件梳理出来，提炼编写，形成符合公司法体例的案例群，既有重点，又有体系。这类案例有利于突出法条中的重难点、提示易发生的理解误区、展示实战分析方法，有利于训练一线法官的个案分析能力、完善他们审理商事纠纷的分析思路。后两类文件也可面向社会公布，以司法公开的方式强化司法实务规则的示范引导作用。

4. 更加注重针对特定主题、体系性开展授课培训

本书的调研结果显示了法官、法助、院领导等受访者多方面的理解与观点，反映了特定群体的思维特点，也反映了其中存在的问题。例如，理解公司法制度不够深入、全面、系统的问题，又如分析问题的逻辑性和体系性明显不足的问题，这都一定程度地造成了法院系统内部在很多问题上分歧较大，或长期未能形成共识与通说。因此，在法院系统里开展业务培训，若只是笼统地以某部法律、某个庭室业务、某类案件为培训内容，可能过于宽泛模糊、重点不突出。本书建议，尝试以特定制度或特定主题为授课内容，以小见大、以微探全，真正把一个制度讲精、讲细、讲透，使法官能够抓住本质与核心。同时，不单纯就案讲案，不过于针对个案问题，而是在提炼理论问题或抽象问题的基础上，注重系统学习与价值把握，使审判人员能够活用理论知识、活用法律解释，掌握好分析新问题、新情况、新类型的方法与能力，不断通过理论共识来统一裁判尺度、通过理论统一来实现司法统一。

5. 更加注重加强法、检两院之间联系配合

检察院是国家的法律监督机关，负有代表国家提起公诉的职能，但我们法院却很少借助检察院的职能来推进商事审判工作。当前，严重欠缺从商事审判角度构建法、检两院联系机制的意识。以一个具体方面为例，公司破产制度的基本功能就是清理债务，无论是清算注销还是重整或和解，都意味着破产企业名下的债务得以全部消灭。但这一制度在现实中可能被非法用于逃债，若我们对该现象不高度关注并打击遏制，则会极大削损企业破产制度与公司独立人格制度的功能作用。目前，根据本书的问卷调研结果，无论是法院受访者还是律师受访者，都对利用破产逃债表示了担忧警惕。有94%的受访者对于利用企业破产逃债的现状持不乐观态度；且仅有不到5%的受访者认为目前我国的企业破产制度能够有效抑制逃债现象。据此，本书建议，在打击遏制利用企业破产进行逃债的过程中，务必注意适时运用刑事侦查与刑事惩罚手段，进一步强化打击遏制的实效。但遗憾的是，目前我们法院系统和律师行业似乎没有做好这方面的准备，高达86%的法院受访者根本不了解相关人员在破产程序中可能构成的犯罪行为，如虚假破产罪，妨碍清算罪，隐匿、故意销毁会计凭证、会计账簿、财务会计报告罪等；同时仅有10%的受访者了解检察院可以发挥其职权来协助和监督破产案件的办理过程，近6成的受访者认为法院的破产案件与检察院的职能联系很少。这些情况都反映出，法、检两院进一步加强在民商事领域的联系配合，具有很高的紧迫性与必要性，且这种联系还应尽

可能常态化与机制化。

6. 更加注重发挥专业刊物作用

目前广西高院主办名为《广西审判实务与探索》的法律专业集刊，由法律出版社出版，原则上一年四期，面向社会公开发行，同时也印发广西各级法院。对此，建议由高院特定庭室或相关庭室合作，轮流负责每一期的征稿与编选，形成特定主题的“专辑”。这一举措一方面有利于集中特定领域的论文与科研成果，便于该刊物成为一线办案人员手头的参考书、工具书、辅导书；另一方面也能激发审判人员坚持写作、坚持钻研、坚持破难题的积极性，鼓励他们充分运用理性思维与抽象思维阐述问题与想法，积极发表观点、相互借鉴、深化认识、促成共识，切实提升审判人员的思辨、分析以及决断能力。

简 称 注 释

1.《中华人民共和国民法典》简称为《民法典》

2.《中华人民共和国公司法》简称为《公司法》

3.《中华人民共和国企业破产法》简称为《企业破产法》

4.《中华人民共和国刑法》简称为《刑法》

5.《中华人民共和国民事诉讼法》简称为《民事诉讼法》

6.《最高人民法院关于适用〈中华人民共和国公司法〉若干问题的规定(一)》简称为《公司法解释一》

7.《最高人民法院关于适用〈中华人民共和国公司法〉若干问题的规定(二)》简称为《公司法解释二》

8.《最高人民法院关于适用〈中华人民共和国公司法〉若干问题的规定(三)》简称为《公司法解释三》

9.《最高人民法院关于适用〈中华人民共和国公司法〉若干问题的规定(四)》简称为《公司法解释四》

10.《最高人民法院关于适用〈中华人民共和国公司法〉若干问题的规定(五)》简称为《公司法解释五》

11.《最高人民法院关于适用〈中华人民共和国企业破产法〉若干问题的规定(一)》简称为《企业破产法解释一》

12.《最高人民法院关于适用〈中华人民共和国企业破产法〉若干问题的规定(二)》简称为《企业破产法解释二》

13.《最高人民法院关于适用〈中华人民共和国企业破产法〉若干问题的规定(三)》简称为《企业破产法解释三》

14.《最高人民法院关于适用〈中华人民共和国民事诉讼法〉的解释》简称为《民事诉讼法解释》

致　谢

直到本书即将出版发行，坦率地说，我还在犹豫是否要写“致谢”。其实想感谢人的很多，犹豫的主要原因是担心挂一漏万、顾此失彼。但临近出版工作的尾声，回顾一路走来，每一位参与者、每一位守路人的敬业与付出，都令我深受感动和教育，书写致谢是对他们表达最基本的敬意。我深感他们并不只是在守本固职，他们基于本职，又突破本职，在既可以是也可以否的选择中，选择了一致的方向，不断促推本书形成且出版，他们的辛劳与创造，已融入本书的血脉之中。我要感谢广西壮族自治区高级人民法院这一包容、创新且富活力的科研实践平台；感谢为我们司法科研工作确标定向的黄海龙院长；感谢为本课题全程领航的戴红兵主任（原副院长）；感谢为本书提供业务指导的梁炳扬专委、蒋太仁庭长、韦威助庭长、兰曲庭长、李娜副庭长、周家开副庭长、张捷副庭长以及各位民二庭的法官们；感谢一直大力支持和帮助我开展课题和成书出版的黄朵成主任、黄承万法官、陈姗姗法官；感谢直接给我写作帮助和意见的钟瑛嫦副处长、刘超法官；感谢全程帮助我沟通协调处理各项出版工作的莫媛琳法官；特别是要感谢法律出版社对本书出版的支持以及编辑们细致专业地核校全书并提出宝贵意见；同时也感谢一直支持我和了却我后顾之忧的妻子和家人们。以上这些仍远不完整的罗列都是本书存世形式的一个重要部分。